Das große Honigbuch

Helmut Horn
Cord Lüllmann

Das große Honigbuch

Entstehung, Gewinnung, Gesundheit und Vermarktung

KOSMOS

Umschlaggestaltung von eStudio Calamar.

Mit 72 Farb- und 24 Schwarzweißfotos, 4 Farb- und 26 Schwarzweißzeichnungen.

Die Deutsche Bibliothek – CIP-Einheitsaufnahme
Ein Titelsatz für diese Publikation ist bei
Der Deutschen Bibliothek erhältlich

Gedruckt auf chlorfrei gebleichtem Papier

1. Auflage: © Ehrenwirth Verlag, München

2. Auflage

ISBN 3-440-09089-2
Printed in Germany / Imprimé en Allemagne
Druck und Bindung: Westermann Druck Zwickau GmbH, Zwickau

Inhalt

Vorwort

Der Markt für einheimischen Blütenhonig befindet sich zur Zeit in einer Krise. Große Lagerbestände drücken auf den Preis. Ursachen sind die durch den verstärkten Anbau von Raps und Sonnenblumen sowie durch die Flächenstillegung verbesserte Blütentracht. In den neuen Bundesländern muß der Markt praktisch neu aufgebaut werden. In der DDR wurde der Honig zu einem günstigen Preis vom Staatshandel aufgekauft. Die Imker brauchten sich um die Pflege des Honigs, um sorgfältige Lagerung und Abfüllung und auch um den Aufbau eines privaten Kundenkreises nicht zu kümmern. Nach dem Wegfall des alten Subventionssystems herrscht auf den genannten Gebieten großer Nachholbedarf.

In den letzten Jahrzehnten galt das Hauptinteresse der Imkerschaft der Erhöhung der Produktion durch verbesserte imkerliche Techniken. Dabei wurden auch beachtliche Erfolge erzielt.

Heute wendet sich notgedrungen das Interesse dem Produkt der Bemühungen, dem Honig und seiner Vermarktung zu. Auf einem engen Markt kann eine Ware nur Erfolg haben, wenn sie höchsten Qualitätsanforderungen genügt.

Das vorliegende Buch bietet die Möglichkeit sich über diverse Aspekte des Honigs gründlich zu informieren. Es bleibt zu wünschen, daß es vielen Imkern bei der Lösung ihrer Probleme behilflich ist.

Hohenheim, 3. Oktober 1992

Prof. Dr. rer. nat. habil. G. Vorwohl
Leiter der Landesanstalt für Bienenkunde
der Universität Hohenheim

Vorwort

Der Honig ist seit etwa zwölftausend Jahren ein »Evergreen«. Kein Wunder, daß sich um den Honig viele Legenden gebildet haben.
Das Warenbild war seit Jahrtausenden von schwer durchschaubaren Sagen umwoben.
Als im Jahre 1954 das Institut für Honigforschung ins Leben gerufen wurde, erhielt es den Auftrag, ein neues Warenbild zu konzipieren.
Mein Vorgänger, Herr Dr. Duisberg, hat diese Aufgabe mit großem diplomatischem Geschick ausgeführt.
In enger Zusammenarbeit mit der Landesanstalt für Bienenkunde der Universität Hohenheim entwickelte er ein Warenbild, das seinen Platz in der Honigverordnung von 1974 gefunden hat. Sein Nachfolger, der Verfasser dieser Zeilen, bemühte sich insbesondere, die Legenden um den Honig zu versachlichen, und die Unterscheidungsmerkmale von Trachtenhonigen herauszuarbeiten.
Herr Dr. C. Lüllmann, der Dritte der Reihenfolge in der Leitung des Institutes, legt hier mit seinem Coautor Dr. Dr. H. Horn eine Bestandsaufnahme über die Entstehung, Gewinnung, Zusammensetzung, Qualität, Gesundheit und Vermarktung des Honigs vor. Den Autoren gelang es, in einer erfreulich frischen und flüssigen Sprache, das angesammelte Wissen zu aktualisieren und leichtverständlich zu formulieren.

Worpswede, 22. September 1992

Dr. B. Talpay
Leiter des Inst. für Honigforsch., Bremen von 1976–1988

Die Bedeutung des Honigs in früheren Zeiten

Die Verwendung des Honigs geht in prähistorische Zeiten zurück. Ein beeindruckendes Zeugnis hiervon ist die steinzeitliche Höhlenmalerei von la Aranas in Spanien. Die Felszeichnung, die einen Honigjäger bei der Arbeit zeigt, wird auf eine Zeit um 7000 vor Christus datiert und gilt bis heute als das älteste Dokument zur Geschichte des Honigs (399 – Ziffern verweisen auf das Literaturverzeichnis).

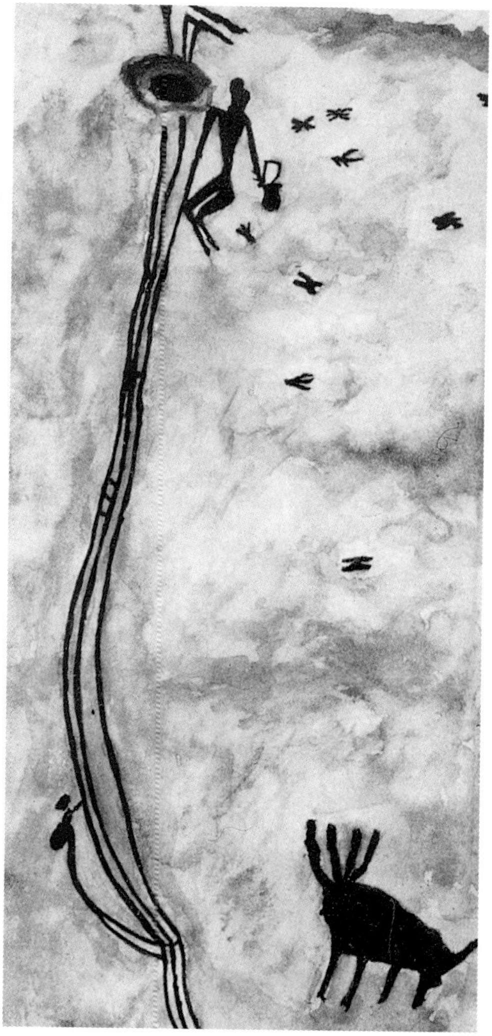

Abb. 1: Honigjäger bei der Arbeit (Felszeichnung in den Höhlen von las Aranas, Ostspanien)

In früheren Zivilisationen wurde der Honig als Substanz mit magisch religiösem Charakter oder gar als Medizin angesehen (400). So wurden im Irak Honigrezepte für Salben und Heilmittel auf Tontafeln entdeckt. Sie werden der Zeit der Sumerer um

etwa 2100 vor Christus zugeordnet und sind bis heute die ersten bekannten Schriften über Honig.
Wandzeichnungen und Gravuren aus einer Zeit um etwa 3200 vor Christus beweisen, daß auch in Ägypten Bienen und damit deren Produkte schon sehr früh bekannt und geschätzt waren. Wie aus einer erhaltenen alten Schrift hervorgeht, wurde mit Bienenvölkern zur intensiveren Nutzung der Tracht sogar schon vor Christi Geburt gewandert (401).
In asiatischen Ländern wurde der Bienenhonig schon sehr früh hoch geschätzt. Er wurde gut bezahlt und fand überwiegend als Medizin Verwendung. Im chinesischen Schrifttum wird Honig im Gegensatz zur Seide jedoch erst relativ spät erwähnt (4. Jahrhundert v. Chr.). Später wurde er als eines der wichtigsten Güter im Tausch gegen Seide gehandelt.
Im RIG-VEDA, der ältesten aller geheiligten Schriften Indiens, die auf eine Zeit zwischen 3000 bis 2000 vor Christi Geburt datiert wird, finden sich viele Hinweise auf Bienen und Honig. Zu dieser Zeit wurde Honig vorwiegend in Verbindung mit Feierlichkeiten und als Medizin eingesetzt. Aufzeichnungen dokumentieren, daß in Indien schon etwa 1000 vor Christus Honig intensiv gehandelt wurde, wobei dies den Brahmanen jedoch ausdrücklich verboten war.
Viele Hinweise über die Verwendung von Honig in arabisch-muslemischen Völkern finden sich auch im Koran. Als Mohammed (571–632 n. Chr.) seine Lehre verkündete, verbot er seinen Jüngern den Wein. Zum Trost dafür empfahl er ihnen den Genuß von Honig. »Iß Honig, mein Sohn, denn er ist gut, nicht nur zum Essen, sondern er ist auch ein sehr nützliches Mittel gegen mancherlei Krankheiten.« »Honig ist ein Heilmittel für jede Krankheit, der Koran ist ein Heilmittel für jede geistige Krankheit – aus diesem Grunde verordne ich euch beides, den Koran und den Honig.« Die 16. Sure des Korans ist mit dem Titel »die Biene« überschrieben. Aus dem Inhalt wird ersichtlich, daß Honig zu dieser Zeit nicht nur wilden Bienenvölkern entnommen, sondern auch von Völkern geerntet wurde, die in »künstlichen Behausungen« gehalten wurden.
Für den Araber ist Honig heute noch der Inbegriff paradiesischer Wonnen. Im Harem galt Honig als Mittel zur Steigerung der Sinnesfreuden.
Die frühen Hochkulturen in Europa, verkörpert durch die Stadtstaaten Sparta, Korinth, Athen und Theben erlebten ihre Blütezeit zwischen 900 und 600 vor Christi Geburt. Während der goldenen Zeiten Athens (600–300 v. Chr.) wurden insbesondere durch Alexander den Großen der demokratische Gedanke und die griechische Zivilisation weit in den Nahen und Mittleren Osten verbreitet. In diese Zeit gehen auch die Anfänge der Naturkunde zurück. Die »natürliche Geschichte« von Aristoteles (344–342 v. Chr.) (403) enthält eine Vielzahl von Beobachtungen über Bienen und Honig, die zum Teil nur dadurch möglich waren, daß Bienen direkt bei ihrer Arbeit auf den Waben beobachtet wurden.
Der Sieg der Römer über den Achaiischen Bund bei Leukopetra in der Nähe von Korinth und die Zerstörung dieser Stadt (146 v. Chr.) besiegelte das Ende des griechischen Reiches. Einhergehend mit der römischen Expansionspolitik wurde auch Literatur verbreitet, in der schon genaue Einzelheiten über Bienenhaltung und Honigproduktion beschrieben werden. Einer dieser Autoren war Virgil (70–19 v. Chr.), der sich in seinen Schriften mit der Bienenhaltung und dem Honig besonders intensiv befaßte. Aus seinen Aufzeichnungen geht hervor, daß Honig in der römischen Küche unter anderem als Dressing für verschiedenes Wurzel- und Salatgemüse Verwendung

fand. Bei Bedarf wurde sogar saurer Wein durch Zusatz von Honig nachgesüßt, um »den herben Geschmack zu mildern«. Frische Früchte, Gemüse und Fleisch wurden manchmal in Honig eingelegt, um sie zu konservieren (402).
Eine große Bedeutung wurde und wird dem Honig und den Bienen auch im religiösen Leben beigemessen. In der indischen Mythologie wird der Gott Vishnu als Erhalter und Bewahrer der Welt in einer seiner Inkarnationen als blaue Biene dargestellt. Er ruht im Kelch der Lotusblume. Hier, eng neben der blauen Biene schläft auch der Liebesgott Kama, der, ähnlich wie der griechische Liebesgott Eros mit seinem Pfeil und Bogen auf die Liebenden zielt. Die Sehne des Bogens besteht aus einer Kette von Bienen. So haben die Schmerzen, die die Pfeile des Liebesgottes verursachen vielleicht verschiedene Gründe. In Verbindung mit dem Honig sind es aber sicherlich »süße Schmerzen«.
Auch schon im Alten Testament der Bibel wird Honig an mehreren Stellen erwähnt. Jakob schickt seine Söhne aus dem Lande Kanaan zu Joseph nach Ägypten, um Korn zu kaufen und beschenkte diesen mit den besten Erzeugnissen des Landes, »etwas Balsam, etwas Honig, Tragakant und Ladanum, Pistazien und Mandeln«.
Moses zog mit den Israeliten aus Ägypten und führte sein Volk in »ein Land, das von Milch und Honig fließt«. Sie kamen zur Wüste Sin und »die ganze Gemeinde murrte wider Moses und Aaron« und sprach zu ihnen: »Ihr habt uns in diese Wüste geführt, um diese ganze Schar den Hungertod sterben zu lassen!« Und der Herr sprach zu Moses: »Ich habe das Murren der Kinder Israels gehört.« Am Abend schickte er ihnen Fleisch in Form eines Wachtelschwarmes, am Morgen lag auf der Oberfläche der Wüste »etwas Feines, Knisterndes, fein wie Reif am Boden«. »Die Israeliten gaben der Speise den Namen Manna. Es war weiß wie Koriandersamen und schmeckte wie Honigkuchen.«
Aus all den Beispielen wird deutlich, daß dem Honig schon von jeher etwas Besonderes, Geheimnisvolles, ja Göttliches zugeschrieben wurde. Honig bot den Menschen nicht nur eine willkommene Abwechslung in der Ernährung, er wurde auch aus gesundheitlichen Gründen verzehrt und galt daher als eine Speise, die zu den kostbarsten Gütern zählte.
Die Verwendung von Honig als Nahrungs-, Heil- und Stärkungsmittel war daher schon in früheren Zeiten nichts Außergewöhnliches und hat sich bis heute erhalten. Die derzeitige »Biowelle« hat dazu geführt, daß die Nachfrage nach naturbelassenen Lebensmitteln immer größer wird. Dies gilt natürlich auch für den Honig, der schon per Definition als »naturrein« angesehen wird.
Selbst in manchen Gebieten der Naturwissenschaften zeichnet sich ein Trend ab, mit dem Ziel:

Weniger von der Chemie, mehr Natur

In der Homöopathie wird dieser Gedanke umgesetzt, indem bevorzugt Naturheilmittel Anwendung finden. Dafür eignet sich die breite Palette der Bienenprodukte, speziell Honig, hervorragend. Die zunehmende Bedeutung der Bienenprodukte als Naturheilmittel wird noch dadurch unterstrichen, daß Bienenwissenschaftler gemeinsam mit Medizinern seit geraumer Zeit ein relativ neues Forschungsgebiet intensiv bearbeiten, die Apitherapie. Diese untersucht die Möglichkeit des Einsatzes von Bienenprodukten zur Therapie von bestimmten Krankheiten.
Auch wenn in manchen Zweigen der Naturwissenschaft ein stetiger Trend zu den

Naturheilmitteln deutlich wird, in der modernen, von der Industrie geprägten Naturwissenschaft, speziell der Pharmakologie oder der davon abhängigen Medizin, finden »natürliche Mittel«, also Stoffe wie der Honig, wenig Platz.
Mittel werden als solche nur dann akzeptiert, wenn sie chemisch genau definiert und immer in der gleichen Form und Zusammensetzung eingesetzt werden können. Dies gilt natürlich für keines der Bienenprodukte und schon gar nicht für den Honig.

1. Honighandel dieser Welt

Der Honig ist nicht nur eines der wertvollsten Nahrungs- und Genußmittel, er stellt auch weltwirtschaftlich ein bedeutendes Handelsprodukt dar. Am Beispiel der BRD ist zu erkennen, daß der Handelsweg vorrangig von den Entwicklungsländern in Richtung Industrieländer (Tab. 3, 4), aber auch in geringem Umfange (siehe Tab. 6), aus den Industrieländern in die Entwicklungsländer bzw. andere Staaten läuft. Der Honighandel ist für viele Länder eine bedeutende Einkunftsquelle. Mit dem Aufkauf von Honig durch die Industriestaaten haben die Entwicklungsländer die Möglichkeit, einen Teil ihres Bruttosozialproduktes zu bestreiten, ohne aufwendige maschinelle Ausrüstungen bzw. Erdölprodukte kaufen zu müssen. Das Produkt Honig stellt in keiner Weise eine Belastung der heimischen Ressourcen dar, sondern ganz im Gegenteil strahlt dieser Handel positiv auf die Entwicklungsländer aus. Die Honigproduktion steht, wie kein anderes Agrarhandelsprodukt, im Einklang mit der Natur.
Die Biene ist wie der Mensch auf eine unzerstörte Natur angewiesen. Darum gilt es, die Honigproduktion und den Honighandel im In- und Ausland mit aller Kraft zu unterstützen. Die Abbildung 2 zeigt die üppige Vegetation, in der in Mexiko geimkert wird und die Abbildung 3 verdeutlicht, daß die Handelsgewohnheiten und Verpackungen für Honig auf dieser Welt recht unterschiedlich sind. Es ist also wünschenswert, daß die Industriestaaten auch weiterhin Honig in großen Mengen zu vernünftigen Preisen aus diesen Ländern beziehen.

Abb. 2: Bienenkästen in Mexiko. In diesen klimatisch begünstigten Regionen sind drei und mehr Ernten pro Jahr möglich. Die Flora dieser Gebiete ist üppig und vielfältig.

Abb. 3: Andere Länder, andere Handelsgewohnheiten. Straßenverkauf von Honig in Mexico (Provinz Veracruz).

Damit kommt diesen Ländern eine wirkliche Hilfe zu, denn der Empfang von Almosen in Form von Entwicklungshilfegeld führt nicht unbedingt zur Stärkung der Wirtschaft. Leider ist es häufig der Fall, daß zu große Projekte gefördert werden, die dann eine Teilzerstörung der Natur herbeiführen.
Die Welthonigproduktion beträgt zur Zeit ca. 900 000 Tonnen pro Jahr. Herausragenden Anteil daran haben die Staaten Mittel- und Nordamerikas mit ca. 220 000 Tonnen, Asien mit ca. 185 000 Tonnen, Europa mit ca. 150 000 Tonnen und die UdSSR mit

ca. 190 000 Tonnen. Die anderen Länder dieser Welt produzieren nur geringe Mengen. Diese Gesamtproduktion von 900 000 Tonnen wird zu etwa einem Drittel, exakt 250 000 Tonnen auf dem Weltmarkt angeboten. Davon werden ca. 80% (200 000 Tonnen) von Japan und den europäischen Staaten aufgenommen, 60% (150 000 Tonnen) des Weltmarktangebots von 250 000 Tonnen werden von europäischen Firmen gehandelt. Der überwiegende Anteil der Honigeinfuhren gelangt über die klassischen Seehäfen Bremen und Hamburg nach Deutschland. Der über die Bremer Häfen importierte Teil beläuft sich auf ca. 50 000 Tonnen (1). Diese Menge ist ständig steigend. Der durchschnittliche Honigverbrauch in der BRD beläuft sich zur Zeit auf etwa 1,4 kg pro Kopf der Bevölkerung. Damit ist die Bundesrepublik Deutschland in Europa führend. Zum Vergleich seien die Zahlen aus Frankreich herangezogen. Die Franzosen verzehrten 1987 ca. 0,6 kg Honig pro Person (2). In Frankreich wie auch in anderen europäischen Ländern nimmt der Prokopfverbrauch zu, denn Honig erfreut sich zunehmender Beliebtheit.

Die deutsche Gesetzgebung hat sich bereits früh für den Schutz des Naturproduktes Honig entschieden. Die Tabelle 1 faßt die einschlägigen Verordnungen zusammen.

Tab. 1: *Verordnungen über Honig in Deutschland*

Jahr	Verordnung
1912	Reichsgesundheitsamt: »Festsetzungen über Honig«
1930	Verordnung über Kunsthonig
1930	Verordnung über Honig
1969	Europäischer Regionalstandard für Honig CODEX Alimentarius Commission in FAO/WHO
1974	Richtlinien des Rates (EG) »zur Angleichung der Rechtsvorschriften der Mitgliedsstaaten betreffend Honig«
1976	13. Dezember: Honigverordnung (BRD)
1972	Leitsätze für Honig, Dt. Lbm. Buch
1977	Leitsätze für Honig geändert

Die im folgenden aufgeführten Statistiken bzw. Tabellen sollen einen Eindruck geben über Mengen und Wert des über die BRD gehandelten Honigs.

Die Tabelle 2 zeigt die Importstatistik für Honig, der von 1960 bis 1990 in die BRD eingeführt wurde (3). Die Zahlen belegen eindrucksvoll, daß sich das Naturprodukt Honig in der Gunst des Verbrauchers ständig nach vorne gearbeitet hat. Die Wertangaben in DM zeigen, inwieweit der Honighandel vom Dollarwert abhängig ist, so daß sich die Wellenbewegung im Honigimportpreis leicht erklären läßt. Zahlenmaterial zum Im- und Export von Honig vor 1960 ist im Honigbuch von Zander und Maurizio (4) aufgeführt.

Tab. 2: *Importstatistik von Honig in die BRD von 1960 bis 1990*

Jahr	tons	1000 DM	Jahr	tons	1000 DM
1960	37.666	40.821	1976	50.077	–
1961	37.000	42.178	1977	51.241	104.449
1962	48.666	56.086	1978	57.656	119.257
1963	44.957	61.204	1979	62.146	132.758
1964	38.819	52.873	1980	65.596	144.389
1965	48.195	51.042	1981	74.722	169.839
1966	45.001	47.927	1982	75.829	182.050
1967	45.016	48.244	1983	66.385	166.827
1968	47.619	51.489	1984	73.949	181.552
1969	45.170	51.684	1985	78.787	191.448
1970	43.055	–	1986	87.234	192.089
1971	46.766	–	1987	83.407	162.065
1972	44.794	–	1988	84.438	147.619
1973	46.198	–	1989	84.447	150.013
1974	42.251	–	1990	78.977	140.549
1975	50.760	–			

Die Tabelle 3 zeigt die für die BRD bedeutendsten Honiglieferanten im Jahre 1990. Mit Abstand, wie schon in den Vorjahren, wird die Statistik von Mexiko angeführt. Mexiko liegt in einer klimatisch äußerst günstigen Lage, so daß drei und mehr Ernten pro Jahr und Volk eingebracht werden können. Trotz steigender Exportzahlen in Mexiko hat allerdings auch der Eigenverbrauch zugenommen, so daß die Erwerbsimkerei in Mexiko sehr weit verbreitet ist und zu guten Einkünften der Beteiligten führt. Die Argentinier belegen wie in den Vorjahren Platz 2 der Importstatistik, dicht gefolgt von der UdSSR. Die mexikanischen Honige zeichnen sich durch ihre häufig intensive Gelbfärbung und ein kräftiges Aroma aus. Aus Mexiko gelangen vorwiegend Blütenhonige zu uns. Auch Argentinien exportiert vorwiegend Blütenhonig, jedoch handelt es sich hier meist um hellere Honige. Die Importstatistik für 1990 (Tab. 3) belegt eindrucksvoll, wie viele verschiedene Nationen Honig in die Bundesrepublik liefern. Insgesamt handelt es sich um 39 Länder.
80% des Honigs auf dem deutschen Markt werden aus dem Ausland importiert. Nur 20% können durch inländische Honigernten gedeckt werden. Dieser Anteil ist aufgrund der ungünstigen klimatischen Verhältnisse und der zunehmenden Bebauung – und damit abnehmender Landschaftsflächen – schwankend und kaum steigerungsfähig. Honig kommt in erster Linie aus den klimabegünstigten Regionen dieser Erde, angefangen von den europäischen Mittelmeerländern bis hin zu Mexiko und Argentinien. Dort sind drei oder mehr Ernten im Jahr möglich. Große Produzenten sind aber auch Flächenstaaten wie Kanada und Australien mit riesigen Gebieten unberührter Natur, die den Bienen ideale Trachtbedingungen bieten.
Von Region zu Region der etwa 40 Lieferländer ändert sich die unendliche Vielfalt der Natur und damit das Angebot der Trachtpflanzen. Man denke nur an Eukalyptusblüten, Lavendel, Kakteen, Pinien, Orangen oder Thymian mit ihrem unverwechselbaren Aroma und einzigartigen Geschmackskomponenten. Sie alle und noch viele mehr, finden sich in dem breiten Angebot von Honigsorten, die dem deutschen Honigkenner zur Auswahl stehen.

Da Bienen überall in der Welt nach dem gleichen Prinzip arbeiten, besteht bezüglich der chemisch-physikalischen Eigenschaften eines naturbelassenen Honigs grundsätzlich kein Unterschied zwischen importiertem oder in Deutschland gewonnenem Honig. Unterschiede in Form von Qualitätsbeeinträchtigungen können jedoch durch die Art der Gewinnung und/oder bei unsachgemäßer Verarbeitung des Honigs auftreten. Die strengen Anforderungen der Honig-Verordnung, die jeder Honig erfüllen muß, stellen für den Verbraucher eine Garantie für eine gute Honigqualität dar.

Tab. 3: *Importstatistik von Honig in die BRD, 1990*

Herkunftsland	tons	1000 DM
Mexiko	24.436,3	38.141
Argentinien	11.322,7	16.989
UdSSR	8.713,9	10.603
CSFR	5.084,3	8.846
Ungarn	4.561,7	9.329
Polen	3.284,7	6.321
Spanien	2.613,1	7.473
Australien	2.314,8	3.618
Uruguay	2.233,2	3.509
Kanada	1.896,7	4.098
Chile	1.682,1	2.611
Frankreich	1.659,0	6.383
VR China	1.604,1	3.105
Cuba	1.550,7	2.348
USA	1.066,6	2.310
Griechenland	904,2	3.357
Guatemala	645,1	1.335
El Salvador	613,7	899
Türkei	575,9	2.131
Neuseeland	386,4	1.211
Jugoslawien	372,0	1.386
Bulgarien	366,4	603
Rumänien	363,5	884
Niederlande	285,5	768
Italien	176,2	945
Belgien	69,8	464
Dänemark	47,5	185
Brasilien	40,9	94
Österreich	37,4	191
Großbritannien	19,6	224
Paraguay	19,1	29
Haiti	11,9	27
Norwegen	8,0	78
Schweden	5,4	25
Schweiz	3,5	23
Libanon	1,0	1
Japan	0,3	3
Portugal	0,3	1
Neuseeland-Ozeanien	0,2	1

Die Tabelle 4 zeigt die Entwicklung einzelner Länder in ihren Exportmengen in die BRD. In der Zeitspanne von 1960 bis 1990 ist für Mexiko eine ständige Aufwärtsentwicklung zu beobachten; das gleiche gilt für Ungarn (bedingt durch die zunehmende Beliebtheit des ungarischen Akazienhonigs) und mit kleinen Einschränkungen für China, siehe auch Kapitel 9.5.4. Daß es sich beim Honighandel um ein Naturprodukt handelt, ist am Beispiel Argentiniens deutlich erkennbar, die Schwankungen in den Exportzahlen sind auf klimatisch bedingte Mißernten zurückzuführen. Die Länder mit kleineren Exportmengen haben sich über die letzten 30 Jahre kaum geändert.

Tab. 4: *Entwicklung des Handelsvolumens zwischen den 15 wichtigsten Exportländern für Honig und der BRD in 1000 t*

Jahr	Mexiko	Argentinien	UdSSR	CSFR	Ungarn	Polen	Spanien	Australien
1960	8,9	10,9	–	0,5	0,8	0,2	0,1	2,2
1962	13,0	13,4	0,06	0,9	1,2	0,9	0,3	6,6
1964	10,5	10,4	0,2	0,7	1,9	0,9	0,2	1,1
1966	15,6	10,0	–	0,8	1,4	0,9	0,07	0,3
1968	17,0	5,8	0,08	1,1	1,7	0,6	0,09	0,2
1970	11,0	8,4	0,8	1,4	1,6	0,3	0,2	0,3
1972	9,9	4,8	1,3	1,2	1,9	0,2	2,0	0,7
1974	19,0	8,5	1,5	1,0	1,4	0,02	1,3	0,2
1976	13,0	8,2	0,7	0,4	1,7	0,05	0,7	1,2
1978	19,9	10,3	1,7	0,7	1,4	–	1,1	0,1
1980	19,0	7,9	2,8	0,3	1,8	0,1	0,5	1,8
1982	22,0	7,8	7,0	0,5	2,4	0,7	0,6	2,2
1984	21,5	4,3	10,3	1,9	4,3	2,4	0,6	1,1
1986	26,2	10,4	5,9	1,1	4,1	0,8	0,6	3,8
1988	21,7	15,2	9,2	2,8	5,4	[illegible]	0,3	3,1
1990	24,4	11,3	8,7	5,1	4,6	3,3	2,6	2,3

Jahr	Uruguay	Kanada	Chile	Frankreich	China	Cuba	USA
1960	–	0,2	1,2	0,4	3,5	2,3	2,7
1962	–	0,06	1,4	0,6	0,6	1,5	2,2
1964	0,1	0,05	0,9	0,2	3,6	1,3	2,5
1966	0,02	0,02	0,5	0,3	6,9	1,3	2,4
1968	–	0,09	0,2	0,5	8,7	2,2	1,9
1970	0,04	0,2	0,08	0,6	7,2	2,6	2,0
1972	0,2	0,5	0,3	1,5	7,8	2,6	1,0
1974	0,8	0,5	0,4	0,8	4,0	1,5	1,3
1976	0,4	0,7	1,3	0,6	7,4	3,0	1,7
1978	0,5	1,1	0,9	0,7	7,0	1,9	2,5
1980	0,6	1,6	0,6	0,6	14,9	1,3	2,2
1982	1,0	1,6	0,3	0,6	18,3	1,9	0,7
1984	1,1	1,8	1,1	0,6	9,7	2,5	0,4
1986	2,1	1,0	1,0	0,6	17,8	2,2	0,4
1988	3,2	2,7	1,3	0,8	3,3	1,3	1,3
1990	2,2	1,9	1,7	1,7	1,6	1,6	1,1

Honig wird aber nicht nur in die Bundesrepublik Deutschland importiert, Honig wird auch exportiert (siehe Tab. 5).

Tab. 5: *Exportstatistik von Honig aus der BRD von 1960 bis 1989*

Jahr	1000 tons	Mill. DM	Jahr	1000 tons	Mill. DM
1960	0,8	0,2	1976	2,2	8,4
1962	0,4	0,3	1978	4,0	15,1
1964	0,3	0,6	1980	8,5	30,2
1966	0,4	0,7	1982	13,2	48,6
1968	0,6	1,1	1984	10,5	43,1
1970	0,7	1,6	1986	16,3	64,0
1972	1,4	3,7	1988	21,6	59,6
1974	1,5	6,5	1989	24,5	66,8

Dabei handelt es sich nicht nur um den hier erzeugten deutschen Honig, sondern auch um Honig ausländischer Provenienzen, der in Deutschland abgefüllt wurde, also Importhonig. Der Handel mit dem Produkt Honig hat in den letzten 15 Jahren erheblich zugenommen, wobei der Wert der Ware mehr oder weniger konstant geblieben ist. Die Tabelle 6 gibt beispielhaft für das Jahr 1990 die Liste der Länder wieder, die in der Bundesrepublik Deutschland unverpackten oder verpackten bzw. abgefüllten Honig gekauft haben.

Tab. 6: *Honigexport aus der BRD 1990*

Land	tons	1000 DM	Land	tons	1000 DM
Niederlande	4.205,4	12.343	Nigeria	7,4	42
Großbritannien	1.849,2	4.016	Hongkong	6,6	24
Italien	1.740,8	5.771	Afghanistan	6,1	15
Frankreich	1.454,4	3.636	Rumänien	5,2	19
Dänemark	1.272,3	2.579	Oman	4,2	23
Saudi Arabien	1.201,4	5.404	Syrien	4,2	9
Griechenland	1.185,8	3.862	Taiwan	3,9	22
Belgien/Luxemburg	746,0	3.121	Bahrain	3,4	18
Schweiz	661,6	2.288	Japan	2,9	15
USA	230,7	600	Südafrika	2,8	11
Pakistan	151,7	386	Ungarn	2,2	7
Österreich	137,9	555	Togo	1,4	7
Arabische Emirate	118,7	570	Südjemen	1,1	4
Libanon	98,0	410	UdSSR	1,0	13
Kuwait	78,8	339	Südkorea	0,9	15
Jugoslawien	58,7	259	Island	0,9	3
Schweden	46,5	171	Libyen	0,7	4
Spanien	31,0	155	Mosambik	0,6	3
Marokko	25,4	104	Norwegen	0,5	4
Kanada	24,6	63	Singapur	0,5	4
Portugal	21,4	37	Äthiopien	0,5	4
Kanarische Inseln	17,2	102	Dominica	0,3	20
Katar	16,7	157	Irak	0,2	1
Polen	15,7	104	Philippinen	0,2	1
Tunesien	14,2	77	Bulgarien	0,1	2
Jordanien	13,9	51	Mongolei	0,1	1
Finnland	9,3	25	Türkei	0,1	1
Thailand	8,0	48			

Um mit einem Produkt erfolgreich handeln zu können, bedarf es eines großen Wissens um das Produkt sowie einer entsprechenden permanenten Qualitätskontrolle. Die Tabelle 7 gibt ein Beispiel für den möglichen Untersuchungsablauf an einer Honigpartie ausländischer Herkunft.

Tab. 7: *Mögliche Untersuchungen einer Honigpartie*

Exporteur →	**Importeur**	
	1. Analyse	Vorausmuster o.k. → Kauf
	2. Analyse	Partiemuster / 10% aller Fässer bemustert Vergleich mit Vorausmuster
	Abfüller	
	3. Analyse	Partiemuster / 10% aller Fässer bemustert Vergleich mit Importeurmuster sowie
	4. Analyse	Glaswarenmuster der Abfüllung
	Handel	
	5. Analyse	Glaswarenmuster der Lieferung
	6. Analyse	Staatliches Untersuchungsamt Glaswarenmuster als Stichprobe entnommen wenn Gegenprobe vorhanden
	7. Analyse	Gegenprobe untersucht durch vereidigtes Labor

Der Exporteur, in den meisten Fällen eine Erzeugergemeinschaft bzw. der Honigaufkäufer im Herstellungsland, bietet seine Ware verschiedenen Importeuren in Europa an. Zu diesem Zweck versendet er sogenannte Vorausmuster, die einen qualitativen Querschnitt der meist aus mehreren Tonnen bestehenden Partie (ein oder mehrere Container, bestehend aus 300-kg-Gebinden) darstellt. Der Händler in Europa gibt diese Vorausmuster zu einer neutralen Untersuchungsstelle und wird im Falle, daß die Probe den Qualitätsanforderungen der EG genügt, einen Kaufvertrag auf Basis der analytischen Ergebnisse abschließen (1. Analyse). Die Ware gelangt dann zur Verschiffung und wird, nach Anlandung in Deutschland, bemustert. Bei dieser Bemusterung wird durchschnittlich aus 10% der Fässer (300 kg Inhalt) mit einem entsprechenden Probennahmegerät ein Muster entnommen. Das Probennahmegerät ist ein halbgeöffnetes Rohr mit einer der Höhe des Fasses entsprechenden Länge, so daß ein Querschnitt durch das Faß entnommen werden kann. Aus diesen Einzelmustern wird ein Mischmuster hergestellt und analysiert (2. Analyse). Die Analyse dieses Musters wird mit den Analysenergebnissen des Vorausmusters verglichen. Wenn festgestellt wird, daß die Ware entsprechend des Vertrages ausgefallen ist, wird sie bezahlt. Der Importeur in Europa wird dann die Ware an einen Honigabfüllbetrieb verkaufen. Dieser muß, um seiner gesetzlich verankerten Sorgfaltspflicht Genüge zu tun, wieder ca. 10% der Gebinde bemustern und analysieren lassen (3. Analyse). Zusätzlich müssen die Abfüller einen statistischen Querschnitt der abgefüllten Fertigwaren (Glaswarenmuster) zur Analytik einschicken und auf Verkehrsfähigkeit, d.h. Vereinbarkeit mit den gesetzlichen Anforderungen überprüfen lassen (4. Analyse). Die vom Abfüller an

den Handel gelieferten Gläser muß der Handel entsprechend der gesetzlich verankerten Sorgfaltspflicht stichprobenartig untersuchen lassen (5. Analyse), so daß der Verbraucher größtmögliche Gewähr für ein einwandfreies Produkt erhält. Die im Handel ausstehenden Gläser, die nun dem freien Verkauf zugänglich sind, unterliegen dann der möglichen Probennahme seitens eines Staatlich Chemischen Untersuchungsamtes (6. Analyse). Die Staatlich Chemischen Untersuchungsämter sind zuständig für die Kontrolle frei verkäuflicher Waren und müssen per Gesetz eine entsprechende Menge an Proben über alle im Handel befindlichen Produkte entsprechend der Einwohnerzahl des jeweiligen Landes oder der jeweiligen Stadt untersuchen. Wird eine Probe untersucht, die zu einem negativen Ergebnis, d.h. zu einer Beanstandung des Produktes führt, wird der Handel die vom Staatlich Chemischen Untersuchungsamt zurückgelassene »Amtliche Gegenprobe« des beanstandeten Produktes in ein Labor senden, das zur Untersuchung der amtlichen Gegenprobe zugelassen ist (7. Analyse). Bestätigt diese Untersuchung das Ergebnis des Staatlich Chemischen Untersuchungsamtes, ist der analytische Vorgang abgeschlossen. Wird das Ergebnis nicht bestätigt, kann eine gerichtliche Auseinandersetzung erfolgen. All diese Untersuchungen könnten »eine« Honigpartie treffen, d.h. ein und der gleiche Honig kann bis zu 7mal untersucht werden. Dem Verbraucher wird also eine größtmögliche Produktsicherheit gegeben.
Die Tabelle 8 zeigt deutlich, wie das Qualitätsbewußtsein des Handels bzw. des Verbrauchers gestiegen ist. Die Zunahme der Probenanzahl, die in den letzten 30 Jahren zur Untersuchung ins Institut für Honigforschung geschickt wurden, war beachtlich. Von 1960 bis 1990 hat eine Steigerung um über sechshundert Prozent stattgefunden.

Tab. 8: *Entwicklung der Analysentätigkeit im Institut für Honigforschung von 1960 bis 1990*

Jahr	Probenanzahl
1960	1017
1965	1798
1970	3030
1975	2262
1980	4202
1985	4544
1990	6257

Diese Statistik spiegelt lediglich die Anzahl der Proben wieder, nicht jedoch die Anzahl der an den einzelnen Proben durchgeführten Untersuchungen. Da durchschnittlich 5 bis 8 Parameter pro Probe untersucht werden, kann man davon ausgehen, daß eine jährliche Analysenanzahl von 30 000 bis 40 000 Stück zusammenkommt. Dieses ist eine eindrucksvolle Zahl, die aber notwendig ist, um ein qualitativ hochstehendes Produkt entsprechend abzusichern. Die Tabellen 9–13 und 14–18 geben einen Ausschnitt über Qualitätsmerkmale von Importhonig in 1981 und 1990 (5, 6). Man sieht, daß durch ständige Untersuchungen und entsprechendes Qualitätsbewußtsein im Handel auch die qualitätsbestimmenden Parameter des Honigs gestiegen sind. So lag zum Beispiel der HMF-Gehalt im Jahre 1981 bei lediglich 80% aller Proben zwischen 0–30 mg/kg, 1990 jedoch bei 90% aller Proben. Ähnliche Beobachtungen können bei der Diastase- und der Saccharase-Bestimmung gemacht werden. Die Qualität der

Ware Honig steigt stetig an. Diese Tatsache bestätigt noch einmal die Richtigkeit der Forderung

»Kontrolle schafft Vertrauen«.

Tab. 9: *Qualitätsmerkmale für ausländischen Honig (1981)*

Merkmale	Meßwerte	Probenanzahl
Wassergehalt (Chataway)	< 15–20%	98,1%
HMF-Gehalt	0–30 mg/kg	80,3%
Diastase-Zahl	8–>40	91,7%
Saccharase-Zahl	7–>25	74,2%

Tab. 10: *Verteilung des Wassergehaltes, bestimmt an 2461 Proben (1981)*

Wassergehalt [%]	Verteilung des Wassergehaltes in %
< 15,0	1,6
15,0–15,9	14,3
16,0–16,9	29,6
17,0–17,9	35,0
18,0–18,9	11,7
19,0–19,9	5,9
20,0–20,9	1,7
> 21,0	0,2

Tab. 11: *Verteilung des HMF-Gehaltes, bestimmt an 3352 Proben (1981)*

HMF-Gehalt [mg/kg]	Verteilung des HMF-Gehaltes in %
0,0– 5,0	21,3
5,1–10,0	18,8
10,1–20,0	24,5
20,1–30,0	15,7
30,1–40,0	5,5
40,1–60,0	8,0
> 60,0	6,2

Tab. 12: *Verteilung der Diastasezahl, bestimmt an 2005 Proben (1981)*

Diastasezahl [Schade]	Verteilung der Diastasezahl in %
< 8,0	8,3
8,0–10,0	10,0
10,1–15,0	7,5
15,1–20,0	29,4
20,1–25,0	18,4
25,1–30,0	11,4
30,1–40,0	10,8
> 40,0	4,2

Tab. 13: *Verteilung der Saccharasezahl, bestimmt an 147 Proben (1981)*

Saccharasezahl [Hadorn]	Verteilung der Saccharasezahl in %
0,0– 1,0	2,0
1,1– 4,0	13,6
4,1– 6,9	10,2
7,0–10,0	21,0
10,1–15,0	29,9
15,1–20,0	12,2
20,1–25,0	6,8
> 25,0	4,3

Tab. 14: *Qualitätsmerkmale für ausländischen Honig (1990)*

Merkmale	Meßwerte	Probenanzahl
Wassergehalt	< 15–20%	96,9%
HMF-Gehalt	0–30 mg/kg	90,1%
Diastase-Zahl	8–>40	93,1%
Saccharase-Zahl	7–>25	75,5%

Tab. 15: *Verteilung des Wassergehaltes, bestimmt an 4318 Proben (1990)*

Wassergehalt [%]	Verteilung des Wassergehaltes in %
< 15,0	0,9
15,0–15,9	6,0
16,0–16,9	35,2
17,0–17,9	27,3
18,0–18,9	17,0
19,0–19,9	10,5
20,0–20,9	2,7
> 21,0	0,4

Tab. 16: *Verteilung des HMF-Gehaltes, bestimmt an 3364 Proben (1990)*

HMF-Gehalt [mg/kg]	Verteilung des HMF-Gehaltes in %
0,0– 5,0	30,6
5,1–10,0	25,9
10,1–20,0	23,9
20,1–30,0	9,7
30,1–40,0	3,3
40,1–60,0	3,9
> 60,0	2,7

Tab. 17: *Verteilung der Diastasezahl, bestimmt an 2579 Proben (1990)*

Diastasezahl [DIN]	Verteilung der Diastasezahl in %
< 8,0	6,9
8,0–10,0	5,7
10,1–15,0	21,3
15,1–20,0	29,3
20,1–25,0	19,0
25,1–30,0	9,3
30,1–40,0	7,0
> 40,0	1,5

Tab. 18: *Verteilung der Saccharasezahl, bestimmt an 453 Proben (1990)*

Saccharasezahl [Hadorn]	Verteilung der Saccharasezahl in %
0,0– 1,0	0,4
1,1– 4,0	8,9
4,1– 6,9	15,2
7,0–10,0	24,9
10,1–15,0	31,2
15,1–20,0	15,2
20,1–25,0	3,5
> 25,0	0,7

In den Tabellen 19 und 20 werden Untersuchungsergebnisse der Landesanstalt für Bienenkunde der Universität Hohenheim für in Deutschland erzeugte Honige zusammengefaßt. Die Tabellen zeigen die Ergebnisse der Jahre 1985 und 1991 für Wasser- und HMF-Gehalte.

Tab. 19: *Wassergehalt [%-Brix] in deutschen Honigen, bestimmt an 372 (1985) und 870 (1991) Proben*

Wassergehalt [%]	Verteilung des Wassergehaltes in %	
	1985	1991
15,1–16,0	1,5	1,6
16,1–17,0	18,9	21,1
17,1–18,0	32,3	34,6
18,1–19,0	29,7	28,0
19,1–20,0	13,2	11,2
> 20,0	4,4	3,5

Tab. 20: *HMF-Gehalt [mg/kg] in deutschen Honigen, bestimmt an 314 (1985) und 674 (1991) Proben*

HMF-Gehalt [mg/kg]	Verteilung des HMF-Gehaltes in %	
	1985	1991
0,0– 5,0	86,2	90,5
5,1–10,0	7,9	5,8
10,1–15,0	4,2	2,7
> 15,0	1,7	1,0

Die Untersuchungen dokumentieren, daß in Deutschland erzeugte Honige eine sehr gute Qualität aufweisen.
Die deutschen Imker sollten in verstärktem Maße die ihnen vom DIB gebotenen Untersuchungsmöglichkeiten nutzen, um so gegenüber dem Kunden das Qualitätsbewußtsein deutlich zu dokumentieren.

2. Rohstoffe des Honigs

Honig ist sehr komplex aufgebaut und ist gemäß seiner Begriffsbestimmung durch die Honigverordnung vom 13. Dezember 1976 »ein flüssiges, dickflüssiges oder kristallines Lebensmittel, das von Bienen erzeugt wird, indem sie Blütennektar, andere Sekrete von lebenden Pflanzenteilen oder auf lebenden Pflanzenteilen befindliche Sekrete von Insekten aufnehmen, durch körpereigene Sekrete bereichern und verändern, in Waben speichern und dort reifen lassen«.
Schon aus dieser Definition wird ersichtlich, daß die Rohstoffe eines jeden Honigs pflanzlichen Ursprungs mit verschiedener Herkunft und Zusammensetzung sind. Es handelt sich dabei direkt oder indirekt um den Siebröhrensaft höherer Pflanzen, der im Falle des Blütenhonigs durch bestimmte Einrichtungen der Pflanze abgesondert, oder aber in Form von Honigtau als zuckerhaltiges Ausscheidungsprodukt pflanzensaugender Insekten von den Bienen gesammelt und eingetragen wird.
In Ausnahmefällen können auch andere Quellen wie Blutungssäfte von Pflanzen oder süße Säfte von Beeren als Honigrohstoffe genützt werden.

2.1 Siebröhrensaft

Der Siebröhrensaft (Phloemsaft) dient dem Transport der Assimilate und der Nahrungsversorgung der Pflanzen. Die klare, meist farblose, manchmal fluoreszierende Flüssigkeit ist schwach alkalisch (pH-Wert 7,3–8,7) und enthält überwiegend Kohlenhydrate, die über den komplexen Vorgang der Assimilation mit Hilfe des Sonnenlichtes, Wassers, Kohlendioxids und des Chlorophylls grüner Pflanzenteile aufgebaut werden.
Entsprechend der Zuckerzusammensetzung des Phloemsaftes unterscheidet man zwischen drei Gruppen (8), wobei bei den meisten Pflanzen der Siebröhrensaft aus-

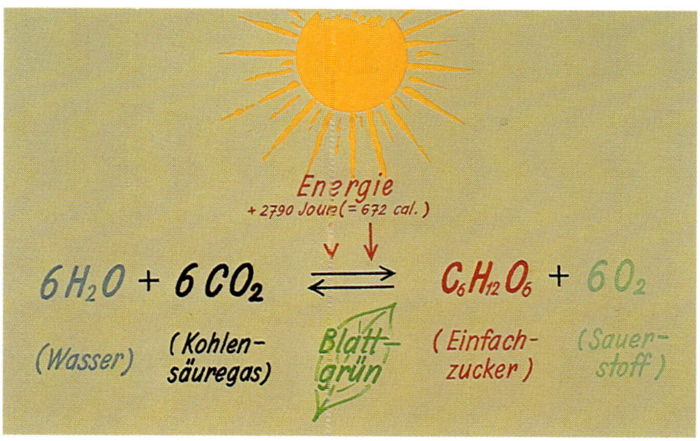

Abb. 4: Schematische Darstellung des Assimilationsvorganges

schließlich oder aber überwiegend Rohrzucker enthält. Daneben kennt man Pflanzen, deren Phloemsaft neben Rohrzucker noch andere höhere Zucker (Oligosaccharide) oder Zuckeralkohole beinhaltet (9).
Als weitere Inhaltsstoffe findet man im Siebröhrensaft in geringen Mengen auch Stickstoffverbindungen (10–16), Fette (17), organische Säuren (17, 18), Nucleinsäuren (19), Vitamine (20) und Mineralstoffe (9). Der Stickstoffgehalt ist jahreszeitlichen Schwankungen unterworfen und erweist sich im Frühjahr und Herbst am höchsten (21, 10 u.a.).

2.2 Nektar als Rohstoff für den Blütenhonig

2.2.1 Wichtige Nektarspender und Möglichkeiten für deren bienenwirtschaftliche Beurteilung

Die Beurteilung der Nektarproduktion einer Pflanze erfolgt anhand des »Zuckerwertes«, der sich aus dem Produkt der Zuckerkonzentration (in %) und der Menge (in mg) des von einer Blüte in 24 Stunden abgesonderten Nektars errechnet. Dieser Wert ist nahezu konstant und für einzelne Pflanzen charakteristisch (22).

Tab. 21: *Nektarproduktion verschiedener Pflanzenarten (391)**

Pflanzenart	Zuckergehalt [%]	Zuckerwert*
Akazie, falsche (Robinia pseudoacacia)	55	1,00
Apfel (Pirus malus)	27	0,70
Apfel (Pirus malus)	87	1,37
Apfel (Pirus malus)	9–59	0,03–1,94
Aprikose (Prunus armeniaca)	5–22	0,31–0,84
Bastardklee (Trifolium hybridum)	43	0,011
Birne (Pirus communis)	16	0,30
Birne (Pirus communis)	28	0,09
Birne (Pirus communis)	5–48	0,05–0,16
Borretsch (Borago officinalis)	53	1,30
Borretsch (Borago officinalis)	42	1,10
Buchweizen (Fagopyrum esculentum)	46	0,10
Esparsette (Onobrychis sativa)	45	0,24
Heidekraut (Calluna vulgaris)	24	0,12
Himbeere (Rubus idaeus)	55	1,00
Himbeere (Rubus idaeus)	36	3,80
Himbeere (Rubus idaeus)	41–70	0,18–1,13
Hornklee (Lotus corniculatus)	40	0,08
Inkarnatklee (Trifolium incarnatum)	31	0,07
Inkarnatklee (Trifolium incarnatum)	38	0,029
Johannisbeere (Ribes rubrum)	31	0,70
Johannisbeere (Ribes rubrum)	16–31	0,04–0,50
Kirsche, sauer (Prunus cerasus)	15	1,20
Kirsche, sauer (Prunus cerasus)	24	1,27

Tab. 21: *Fortsetzung*

Pflanzenart	**Zuckergehalt [%]**	**Zuckerwert***
Kirsche, sauer (Prunus cerasus)	9,7	0,15–1,31
Kirsche, süß (Prunus avium)	21	0,50
Kirsche, süß (Prunus avium)	21	1,50
Kirsche, süß (Prunus avium)	21–58	0,08–0,79
Kornblume (Centaurea cyanus)	34	0,20
Lavendel (Lavandula spica)	21	0,26
Lavendel (Lavandula spica)	48	0,09
Linde, Krim- (Tilia euchlora)	31	0,42
Linde, Krim- (Tilia euchlora)	12–80	0,12–2,31
Linde, Silber- (Tilia tomentosa)	26	0,71
Linde, Silber- (Tilia tomentosa)	11–77	0,07–5,00
Linde, Sommer- (Tilia platyphyllos)	32	0,82
Linde, Sommer- (Tilia platyphyllos)	47	1,10
Linde, Sommer- (Tilia platyphyllos)	25–94	0,16–7,70
Linde, Winter- (Tilia cordata)	30	0,90
Linde, Winter- (Tilia cordata)	40	0,35
Linde, Winter- (Tilia cordata)	37	3,06
Linde, Winter- (Tilia cordata)	23–74	0,10–3,57
Linde, Winter- (Tilia cordata)	42	0,80
Linde, holländische (Tilia vulgaris)	32	1,04
Natterkopf (Echium vulgare)	25	1,64
Pflaume (Prunus insititia)	12–72	0,13–1,47
Pfirsich (Prunus persica)	22–35	0,54–1,38
Raps (Brassica napus)	47	0,50
Raps (Brassica napus)	46	0,79
Raps (Brassica napus)	55	0,53
Rosmarin (Rosmarinus officinalis)	62	0,50
Roßkastanie (Aesculus hippocastanum)	69	1,10
Roßkastanie (Aesculus hippocastanum)	59	2,08
Rotklee (Trifolium pratense)	23	0,08
Rotklee (Trifolium pratense)	35	0,192
Rotklee (Trifolium pratense)	38	0,029
Salbei, Wiesen- (Salvia pratensis)	52	0,60
Salbei, roter (Salvia splendens)	13	0,70
Saubohne (Vicia faba)	22	4,20
Senf, Acker- (Sinapis arvensis)	17	0,05
Senf, weißer (Sinapis alba)	44	0,40
Sonnenblume (Helianthus annuus)	38	0,30
Sonnenblume (Helianthus annuus)	60	0,12
Stachelbeere (Ribes grossularia)	24	1,00
Stachelbeere (Ribes grossularia)	28	4,11
Stachelbeere (Ribes grossularia)	10–82	0,13–5,41
Stachelbeere (Ribes grossularia)	58	0,62
Weidenröschen (Epilobium angustifolium)	44	0,02
Weißklee (Trifolium repens)	40	0,04
Weißklee (Trifolium repens)	44	0,14
Weißklee (Trifolium repens)	26	0,012

Zuckerwert (mg Zucker pro Blüte in 24 Stunden)
* Literatur von mehreren Autoren zusammengestellt

Aus der Tabelle 21 geht hervor, daß beträchtliche Unterschiede in den Zuckerwerten gleicher Pflanzen bestehen. Diese Unterschiede werden durch die Eigenarten der Einzelpflanzen und die Verschiedenheit ihrer Umwelt bedingt. Alle Faktoren, welche die Ernährung einer Pflanze beeinflussen, wirken sich auch auf ihre Nektarproduktion aus.
Bei Berücksichtigung der mittleren Blütenzahl je Pflanze, der Blühdauer und der mittleren Pflanzenzahl je Fläche berechnet sich der »Tracht- oder Honigwert«, d.h. die Zucker- oder Honigmenge in kg, die während einer Saison von einer bestimmten Fläche des betreffenden Pflanzenbestandes zu erwarten ist. Dieser Wert ist besonders im Hinblick auf die Trachtnutzung von großen Monokulturen interessant, da er dem Imker die Möglichkeit bietet, die Zahl seiner Völker dem Trachtangebot anzupassen (23–26).
Die Sortenbestimmung von 3271 deutschen Blütenhonigen, die im Zeitraum von 1986 bis einschließlich 1990 an der Landesanstalt für Bienenkunde der Universität Hohenheim durchgeführt wurde, erbrachte folgendes Ergebnis:

Tab. 22: *Übersicht über das Sortenspektrum deutscher Blütenhonige im Zeitraum 1986 bis 1990*

Sorte	Anzahl (n)	(% N)
Rapshonige	843	25,8
Frühjahrsblüten-Mischhonige	1077	32,9
Sommerblüten-Mischhonige	982	30,0
Edelkastanienhonige	279	8,5
Löwenzahnhonige	38	1,2
Sonnenblumenhonige	17	0,5
Robinienhonige	6	0,2
Lindenhonige	13	0,4
Weißkleehonige	5	0,2
Rest aus anderen Trachten	11	0,3
Gesamtzahl (N)	3271	100%

Die Zusammensetzung repräsentiert das Spektrum und die prozentuale Verteilung der einzelnen Honigsorten im Bereich von Baden-Württemberg und ist allenfalls noch auf den süddeutschen Raum übertragbar. Für andere Regionen Deutschlands (wie z.B. Norddeutschland) ist diese Verteilung sicherlich nicht zutreffend. Nach Fossel (27) können sich mit der Änderung landwirtschaftlicher Techniken und der landwirtschaftlichen Nutzung auch Veränderungen im Pollenspektrum der Honige ergeben. Gleiches gilt für die forstliche Nutzung. Vorwohl (28) vergleicht das Pollenspektrum deutscher Honige der Jahre 1972 und 1980 mit dem der Proben des Jahres 1989 und kommt dabei zur gleichen Erkenntnis.
Da das Pollenspektrum eines Honigs das wichtigste Instrument zur Bestimmung seiner geographischen Herkunft darstellt, ist es erforderlich, Verschiebungen zu registrieren und diese bei der Interpretierung eines Spektrums zu berücksichtigen, um Fehlbeurteilungen und falsche Diagnosen zu vermeiden.

2.2.2 Lage und blütenphysiologische Funktion der Nektarien und die Zusammensetzung des Nektars

Der Nektar ist das zuckerhaltige Ausscheidungsprodukt pflanzlicher Drüsen, der Nektarien, die an allen oberirdischen Pflanzenteilen vorkommen können. Entsprechend ihrer Lage an der Pflanze unterscheidet man zwischen floralen, das heißt innerhalb der Blütenregion liegenden und extrafloralen Nektarien. Letztere findet man an verschiedenen Pflanzenteilen, wie z.B. am Blattstiel (Süßkirsche) oder an Nebenblättern, wie bei Holunder, Wicken und Ackerbohne. Die extrafloralen Nektarien sind als Honigrohstofflieferanten nur von geringer Bedeutung.

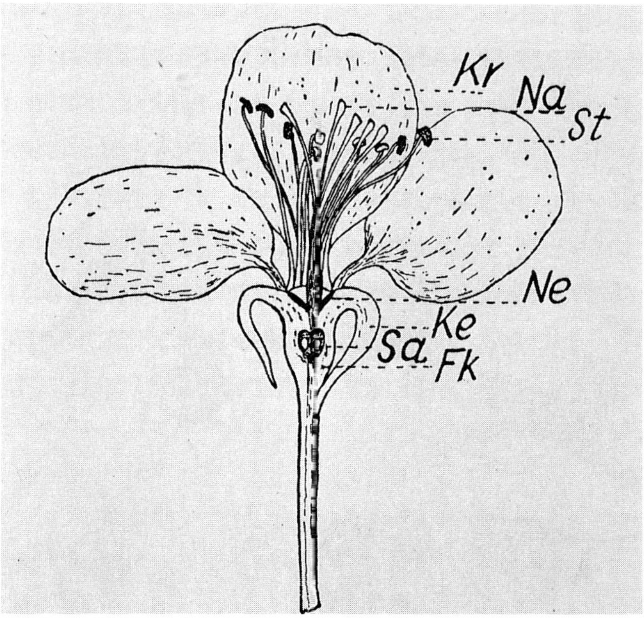

Abb. 5: Längsschnitt durch eine Apfelblüte (5)
Kr = Kronblätter
Na = Narben der Griffel
St = Staubblätter
Ne = Nektarien
Ke = Kelchblätter
Sa = Samenanlagen
Fk = Fruchtknoten

Die Aufgabe der Nektarsekretion für die Pflanze und deren Mechanismen sind bis heute noch nicht vollständig geklärt. Einerseits betrachtet man die Nektarien als reine »Saftventile« zur Regulation des Druckes innerhalb der Leitungsbahnen der Pflanze, andererseits wird im Nektarium über die Auslese von Inhaltsstoffen aus dem zugeführten Pflanzensaft ein osmotisches Gefälle erzeugt, wodurch die Nährstoffe erst an die Wachstumszentren gebracht werden können (12, 29–34). Sekundär sind dann die in der Blütenregion liegenden Nektarien in den Dienst der Insektenbestäubung getreten.

Nektar besteht zum größten Teil aus Wasser. Sein spezifisches Gewicht beträgt 1,02–1,35 und sein Aschegehalt 0,023–0,45%. Sein pH-Wert liegt meist zwischen 2,7–6,4, selten im alkalischen Bereich zwischen 7,2 und 9. Unter den Inhaltsstoffen des Nektars überwiegen die Zucker, wobei Saccharose, Fructose und Glucose die wichtigsten Zuckerarten darstellen (siehe Tab. 23).

Tab. 23: *Vorkommen von Rohr-, Trauben- und Fruchtzucker im Nektar verschiedener Pflanzen (391)*

Pflanzenart	**Sacch.** [%]	**Fruct.** [%]	**Gluc.** [%]	**Fruct./Gluc.**	**Sacch./Fruct. und Gluc.**
Wiesensalbei	76,5	18,5	4,9	3,80:1	3,27:1
Weißklee (Nr. 1)	63,5	16,4	20,1	0,82:1	1,73:1
Weißklee (Nr. 2)	70,3	13,3	16,4	0,81:1	2,35:1
Weißklee (Nr. 3)	60,2	18,2	21,6	0,84:1	1,51:1
Rotklee (Nr. 1)	58,0	19,1	22,9	0,83:1	1,38:1
Rotklee (Nr. 2)	62,8	27,1	10,1	2,68:1	1,69:1
Rotklee (Nr. 3)	63,1	28,6	8,2	3,48:1	1,71:1
Tilia vulgaris	50,0	25,1	24,9	1,01:1	1:1
Luzerne	41,7	26,4	31,9	0,83:1	0,71:1
Brombeere	28,0	33,9	37,9	0,89:1	0,30:1
Raps	2,1	43,3	54,6	0,79:1	0,02:1
Weißer Senf	–	46,3	53,6	0,86:1	–

Daneben finden sich in geringen Mengen weitere Zucker, wie z.B. Galaktose, Erlose, Ribose, Maltose, Rhamnose, Mannose, Melibiose und Raffinose (35–38). Sie entstehen zum Teil nach der enzymatischen Spaltung des Rohrzuckers im Drüsengewebe, wo sie durch Gruppenübertragung neu aufgebaut werden. Der Nektar enthält noch andere Substanzen wie Stickstoffverbindungen, Mineralstoffe, organische Säuren, Vitamine sowie Farb- und Aromastoffe. Je einfacher die Nektarien gestaltet sind, desto reicher an Stickstoffverbindungen (Aminosäuren, Amide usw.) ist der ausgeschiedene Nektar (39, 40, 29, 41, 42, 30, 31, 43 u.a.). Der Vitamingehalt des Nektars ist gering, mit Ausnahme von Ascorbinsäure (Vitamin C), die bei bestimmten Trachtpflanzen (Labiaten) in größeren Mengen vorkommt (44). Pollenreiche Nektare (und Honige) sind vitaminreicher als pollenarme (45).

Das Zuckerspektrum eines Nektars ist für einzelne Pflanzenarten charakteristisch, der Zuckergehalt und die Nektarmengen können dagegen starken Schwankungen unterliegen, da sie von zahlreichen blütenphysiologischen Faktoren, wie z.B. vom Alter und Zustand der Blüten, der Größe der Blüten und der Nektarienfläche sowie der Lage der Blüten an der Pflanze abhängen (46–49, 37, 50, 51, 35, 52, 53).

Große Unterschiede der Nektar- und Zuckerproduktion bestehen oft zwischen Arten, Varietäten, Zuchtformen und Klonen (54–58 u.a.). Daneben spielen auch Klima- und Umweltbedingungen, wie Luft- und Bodenfeuchtigkeit (59, 35, 60, 61, 46, 52, 62, 47 u.a.), Bodenbeschaffenheit und Düngung (35, 63, 64, 52, 65–74 u.a.), Temperatur, Wind, Tages- und Jahreszeit, Tageslänge sowie Dauer und Intensität der Sonnenbestrahlung eine bedeutende Rolle (59, 35, 75–78, 72, 79, 74, 53, 80). Es hat sich gezeigt, daß sich Bienen bei der Auswahl ihrer Trachtquellen neben dem Zuckerbild nach der Menge und Zuckerkonzentration des abgesonderten Nektars richten (81–83). Dabei wird die »süßeste« Trachtquelle bevorzugt. Bei großem Blüten- und damit Nektarangebot muß man eine 68%ige Rohrzuckerlösung anbieten, um Bienen an eine künstliche Futterstelle anlocken zu können, bei Trachtmangel gelingt dies schon mit einer 4%igen Lösung. In Dressurversuchen hat sich herausgestellt, daß Bienen eine 2%ige Rohrzuckerlösung, die für uns Menschen noch deutlich süß schmeckt, von reinem Wasser nicht unterscheiden können. Auf künstliches Saccharin, das für unsere Zunge

500mal süßer schmeckt als die gleiche Menge Rohrzucker, reagiert die Biene überhaupt nicht. Sie können nur folgende Zuckerarten als süß empfinden: Frucht-, Trauben-, Rohr- und Malzzucker, Trehalose, Melezitose, Fukose, Alphamethylglycosid und Inositol. Dagegen werden vom Menschen neben diesen Verbindungen noch etwa 2 Dutzend weitere Zucker als süß empfunden.
Manche Pflanzen zeigen charakteristische Rhythmen bezüglich ihrer Nektarabsonderung (59, 84). So werden manchmal von gleichen Pflanzen neben unterschiedlichen Mengen auch unterschiedliche Nektarkonzentrationen ausgeschieden. Viele Insekten haben sich auf diese Tagesrhythmik eingestellt, was dadurch zum Ausdruck kommt, daß das Maximum ihrer Blütenbesuche mit dem Zeitpunkt der qualitativ und quantitativ besten Nektarabsonderung zusammenfällt (84).
In seltenen Fällen kann Nektar und Honigtau für Bienen und Menschen auch giftig sein. So ist bekannt, daß der Nektar der Roßkastanie und der Silberlinde für Insekten toxische Stoffe enthält. Aus Überlieferungen geht hervor, daß in Kleinasien der Verzehr von Honig manchmal zu Übelkeit, Erbrechen und in Einzelfällen zu Todesfällen geführt haben soll. Neue Untersuchungen haben gezeigt, daß diese Vergiftungen durch den Genuß von Honig aus einseitiger Tracht von der Azaleenart Rhododendron ponticum verursacht werden können. Der toxische Stoff Andromedotoxin-Acetylandromedol fand sich aber auch noch im Nektar anderer Ericaceen. Nach White (85) beherbergt diese Pflanzenfamilie viele Vertreter, deren Nektar toxische Inhaltsstoffe enthält, wie z.B. Kalmia latifolia, Ledum palustre, Tripetaleia paniculata und andere (86–96). Die toxischen Eigenschaften vieler Nektare und Honige beruhen nach White (85) auf folgenden Inhaltsstoffen:

Tab. 24: *Toxische Substanzen, die aus Nektar oder Honig isoliert wurden (85)*

Substanz	**Quelle**	**Konzentration** [ppm]
Acetylandromedol (Grayanotoxin I, Andromedotoxin)	Kalmia latifolia-Honig	100
Rhodotoxin Asebotoxin	Rhododendron thompsonii-Nektar	108
Andromedol (Grayanotoxin III, Diacetylandromedotoxin)	Honig unbekannter Herkunft	7
Anhydroandromedol	Honig unbekannter Herkunft	3
Desacetylpieristoxin B	Honig unbekannter Herkunft	> 7
Tutin	Honig mit Honigtauanteilen von Scolypopa australis auf Coriaria arboria	20
Hyenanchin	Honig mit Honigtauanteilen von Scolypopa australis auf Coriaria arborea	160
Pyrrolizidin Alkaloide	Senecio jacobaea-Honig	0,3–3,9

Daneben werden noch eine Menge anderer Substanzen für die toxischen Eigenschaften eines Honigs verantwortlich gemacht. So beruht die Bienengiftwirkung des

Nektars von Astragalus miser v. serotinus auf dem Glycosid Miserotoxin (97). Weitere bienentoxische Pflanzen sind nach ROBINSON und OERTEL (99) Aesculus california, Zigadenus venenosus, Gelsemium sempervirens, Cyrilla racemiflora, verschiedene Astragalus-Arten (99) sowie auch der Nektar der Teepflanze Camellia thea L. (100). Obgleich viele nektarliefernde Pflanzen mit giftigen Inhaltsstoffen bekannt sind (98), besteht kaum eine Gefahr für die Gesundheit der Menschen nach Verzehr solcher Honige. Dafür gibt es folgende Gründe:

- Der gelegentliche Beflug von Trachten mit toxischem Nektar führt zwangsläufig zu einer Verdünnung, und wird dadurch ungefährlich, da die Mehrzahl aller nektarspendenden Pflanzen im Sammelradius der Bienen normalerweise ungiftigen Nektar liefern.
- Beim Sammeln von Nektar und Blütenstaub gelten Bienen als relativ blütenstet. Nimmt die Einzelbiene größere Mengen an toxischen Substanzen auf, so führt dies meist zum Tode, noch vor dem Erreichen des Stockes. Das ist auch der Grund dafür, daß sich im Honig kaum Rückstände anderer bienentoxischer Umweltchemikalien finden.
- Wenn die Möglichkeit der einseitigen Nutzung von giftigen Trachtpflanzen wie Rhododendron- und anderen Ericaceen-Arten nicht ausgeschlossen werden kann, so ist sich der Imker dieses Problems bewußt und verhindert, daß dieser möglicherweise toxische Honig verkauft wird.
- In Gegenden, in denen im Honig gelegentlich mit Beimengungen aus toxischen Trachten gerechnet werden muß, wird dies durch Aufstellen von Testvölkern kontrolliert. Bei Gefahr der Ernte eines giftigen Honigs wird die Bienenhaltung in dieser Region für den entsprechenden Trachtzeitraum untersagt (Neuseeland).

2.3 Honigtau als Rohstoff für den Waldhonig

2.3.1 Wichtige Honigtauerzeuger und deren Wirtspflanzen

Als Honigtau bezeichnet man die zuckerhaltigen Ausscheidungsprodukte pflanzensaugender Insekten, der Honigtau-Erzeuger. Die für die Bienenzucht wichtigsten Vertreter gehören zur Insektenordnung der Schnabelkerfe (Rhynchota) und sind als Phloemsauger in der Lage, die Siebröhren mit ihren zu einem Saugrüssel ausgebildeten Mundwerkzeugen anzustechen. Dabei bildet ihre Unterlippe einen »Schnabel«, d.h. eine lange Röhre, welche von der Oberlippe bedeckt wird. Dieses Führungsrohr umhüllt zwei Paar Stechborsten, die aus den Ober- und Unterkiefern hervorgegangen sind. Die beiden aus den Unterkiefern entstandenen Stechborsten sind so gegeneinandergelegt, daß die Einbuchtungen ihrer Innenseite zwei Rinnen bilden, eine untere engere, in welcher der Speichel ausfließt und eine obere weitere in welcher der Pflanzensaft eingesaugt wird.

Honigtauerzeuger leben überwiegend auf grünen, oberirdischen Pflanzenteilen, in Mitteleuropa sind die Rindenläuse (Lachniden) und Napfschildläuse (Lecanien) von großer Bedeutung. Die wichtigsten Wirtspflanzen von Honigtauerzeugern sind unter den Nadelhölzern die Rottanne (Picea abies), die Weißtanne (Abies alba), verschiede-

Abb. 6: Schematischer Querschnitt durch den »Saugstachel« einer Blattlaus (nach 392)
1 = Oberlippe (unpaarig)
2 = Unterlippe aus den beiden 2. Maxillen zu einer Röhre geformt
3 und 4 = Stechborsten aus den beiden Oberkiefern (Mandibeln)
5 und 6 = Stechborsten aus den beiden ersten Maxillen, welche dicht aneinandergelegt 2 Röhren bilden
7 = Speichelröhre
8 = Saugröhre zum Einsaugen von Pflanzensäften

ne Kiefernarten (Pinus sp.) und die Lärche (Larix sp.); unter den Laubbäumen die Eiche (Quercus sp.), die Linde (Tilia sp.) und der Ahorn (Acer sp.).
Auf der Rottanne (Fichte) findet man unter den Honigtauerzeugern sowohl Lecanien als auch Lachniden. Von den beiden Lecanien, der Großen und der Kleinen Fichtenquirlschildlaus (Physokermes piceae, Ph. hemicryphus) ist erstere von geringerer Bedeutung (101), während letztere als besonders ergiebig gilt (102). Eine gute Honigtautracht liefern zeitweise auch die auf der Fichte lebenden Lachniden. Während die Rotbraune Bepuderte Fichtenrindenlaus (Cinara pilicornis) für ausgiebige Waldhonigernten bekannt ist (392, 393), stehen sowohl die Große Schwarze Fichtenrindenlaus (Cinara piceae) als auch die Stark Bemehlte Fichtenrindenlaus (Cinara costata) in dem Ruf, den gefürchteten, schwer schleuderbaren Rottannenhonig zu liefern, der landläufig vom Imker auch als »Zementhonig« bezeichnet wird (104, 105). Gleiches gilt auch für die beiden wichtigsten Honigtauerzeuger auf der Lärche, die Graubraune Lärchenrindenlaus (Cinara cuneomaculata) und die Warzborstige Lärchenrindenlaus (Cinara laricis). In vielen alpinen Regionen Österreichs ist die Lärche jedoch eine außerordentlich gute Trachtquelle (106).
Der bedeutendste Honigtaulieferant auf der Weißtanne ist die Grüne Tannenhoniglaus (Cinara pectinatae) (107–109 u.a.), gelegentlich trägt auch die Große Braunschwarze Tannenrindenlaus (Cinara confinis) zur Honigernte bei (110, 111). Auch auf der Gemeinen Kiefer (Pinus sylvestris) findet man verschiedene Honigtauerzeuger, wobei hier der Großen Braunen Kiefernrindenlaus (Cinara pinea) aus bienenwirtschaftlicher Sicht wohl die größte Bedeutung beigemessen werden muß (112–117 u.a.). In Deutschland und seinen Nachbarländern hat die Kiefer mit ihren verschiedenen Honigtauerzeugern als Trachtquelle bei vielen Imkern einen schlechten Ruf. Dies ist darauf zurückzuführen, daß es in gemäßigten Klimaten auf der Gemeinen Kiefer durchaus zu Volltrachten kommen kann, sie erfolgen aber in größeren Zeitabständen als bei der Fichte oder der Tanne und sind meist auch nicht so ergiebig. Eine Ausnahme bildet der mediterrane Raum (Griechenland, Türkei), wo an der Rinde einiger Kiefernarten wie z.B. an Pinus halepensis oder Pinus brucia eine Schildlaus (Marchalina hellenica) lebt, die nahezu regelmäßig in jedem Jahr für ausgezeichnete

Honigtautrachten sorgt. Nach Santas (118, 119) liefert diese Schildlaus in Griechenland etwa 60–65% der gesamten Honigernte. In manchen Gebieten Griechenlands und der Türkei wird sie sogar von den Imkern verbreitet. Dazu werden Zweige mit Kolonien von Marchalina hellenica in Gegenden verbracht, in denen diese Schildlaus auf den Kiefern noch nicht vorkommt (120).
Die auf den Laubbäumen lebenden Honigtauerzeuger produzieren den sogenannten Blatthonig. Von größerer Bedeutung sind in diesem Zusammenhang Trachten von der Eiche, Linde oder vom Ahorn. Die auf Eichen anzutreffenden wichtigen Honigtauerzeuger gehören zu den Rinden- und Schildläusen, wie z.B. die Braunschwarze Eichenrindenlaus (Lachnus roboris) oder die Eichenzierlaus (Tuberculatus annulatus). Während die Bedeutung der Braunschwarzen Eichenrindenlaus für die Bienentracht umstritten ist (121–124, 108, 125), wird die Eichenzierlaus als der wichtigste Blatt-Honigtauerzeuger angesehen (121, 122, 126, 127, 123, 124, 112 u.a.). Auf der Linde findet sich die Lindenzierlaus (Eucallipterus tiliae), deren Honigtau melezitosehaltig ist (128). Als gute Honigtauquellen sind auch die verschiedenen Ahornarten (Acer sp.) bekannt. Häufig wird von den Flugbienen neben Nektar auch Honigtau aufgenommen, ohne daß es vom Imker überhaupt bemerkt wird. Die bienenwirtschaftlich wichtigen Honigtauerzeuger auf dem Ahorn gehören zu den Blattläusen, wobei bestimmte Vertreter der Borstenläuse (Periphyllus sp.) und der Zierläuse (Drepanosiphum sp.) von Bedeutung sind (129, 121, 126, 127, 112, 130).
Neben den erwähnten Honigtauerzeugern finden sich sowohl auf Nadel- als auch auf Laubgehölzen weitere Vertreter, die lokal begrenzt oder nur gelegentlich als Honigtaulieferanten für die Bienen interessant sind. Es gibt Beobachtungen über Honigtautrachten von der Latsche, der Zirbelkiefer, dem Lebensbaum, der Edelkastanie, Buche, Weide, Robinie, Erle, von verschiedenen Obstbaumarten, ja sogar vom Getreide und anderen Kulturpflanzen. In diesem Zusammenhang müssen noch zwei wichtige Honigtauerzeuger überseeischer Herkunft genannt werden, Xylococculus macrocarpae auf Fußzeder und Lawson's Scheinzypresse sowie Ultra coelostoma assimile auf der Südbuche (Nothofagus sp.). Während erstere in den USA in Oregon und California den Kalifornischen Zedernhonig liefert (131), wird Neuseeländischer Honigtauhonig in jüngster Zeit vermehrt nach Deutschland eingeführt (132, 133).
In den folgenden Abbildungen werden die aus bienenwirtschaftlicher Sicht wichtigsten einheimischen Honigtauerzeuger dargestellt:

Abb. 7: Grüne Tannenhoniglaus (Cinara pectinatae) in typischer Saugstellung

Abb. 8 (oben rechts): Weibchen einer Grünen Tannenhoniglaus (Cinara pectinatae) beim »Absetzen« einer Larve

Abb. 9 (rechts): Grüne Tannenhoniglaus (Cinara pectinatae) an vorjährigem Trieb mit ausgeschiedenem Honigtau

Abb. 10: Alte (vorjährige) Brutblasen der Großen Lecanie (Physiokermes piceae) an einem Fichtenzweig

Abb. 11 (unten rechts): Brutblasen der Großen Lecanie (Physiokermes piceae) in ihrer typisch hellrosa bis leuchtend fleischfarbenen Färbung

Abb. 12: Kolonie der Rotbraun-Bepuderten Fichtenrindenlaus (Cinara pilicornis) auf vorjährigem Trieb

Abb. 13: Geflügeltes Weibchen der Rotbraun-Bepuderten Fichtenrindenlaus (Cinara pilicornis) auf einem frischen Trieb

Abb. 14: Geflügeltes Weibchen der Rotbraun-Bepuderten Fichtenrindenlaus (Cinara pilicornis) mit Larven an einem jungen Trieb

Abb. 15: Larven verschiedenen Alters der Rotbraun-Bepuderten Fichtenrindenlaus (Cinara pilicornis) an einem diesjährigen Trieb

Abb. 16: Ältere Larve der Rotbraun-Bepuderten Fichtenrindenlaus (Cinara pilicornis) an einem frischen Trieb

Abb. 17: Kolonie der Großen Schwarzen Fichtenrindenlaus (Cinara piceae), einem Erzeuger von Melezitosehonig

2.3.2 Entstehung des Honigtaus

Durch das Anstechen der Siebröhren gelangt der Phloemsaft in den Darmkanal der Pflanzensauger, wo er mit fermenthaltigen Speichel- und Verdauungssäften gemischt wird. Der Darmkanal vieler Honigtauerzeuger besitzt eine Filterkammer (134), eine anatomische Besonderheit, die es dem Insekt ermöglicht, einen Teil der aufgenommenen Nahrung auf »kurzem Wege« aus dem Vorderdarm direkt in den Enddarm überzuleiten. Damit werden im Überschuß vorhandene »Ballaststoffe«, wie Wasser und Kohlenhydrate, ohne den Mitteldarm zu passieren, auf dem »kurzen Wege« durch den Körper geschleust, während im Minimum vorhandene, essentielle Stickstoffverbindungen unter Einbeziehung der Hämolymphe den »langen Weg« über den Mitteldarm gehen, um schließlich resorbiert zu werden. Um den Bedarf an Stickstoffverbindungen decken zu können, werden große Mengen an Phloemsaft umgesetzt. Der Honigtau wird von den Pflanzensaugern in Form kleiner Tröpfchen abgegeben, die sich auf der Oberfläche von Nadeln, Blättern und Zweigen ansammeln und bei ent-

Abb. 18: Honigtauerzeuger beim »Anstechen« einer Siebröhre – schematisch dargestellt

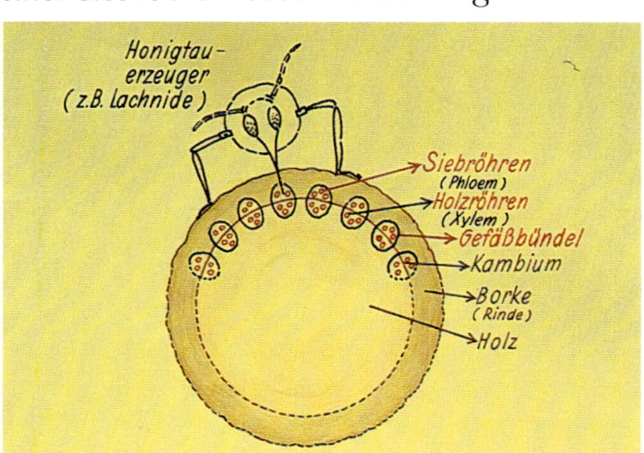

Abb. 19: Umwandlung von Siebröhrensaft in Honigtau – schematisch dargestellt

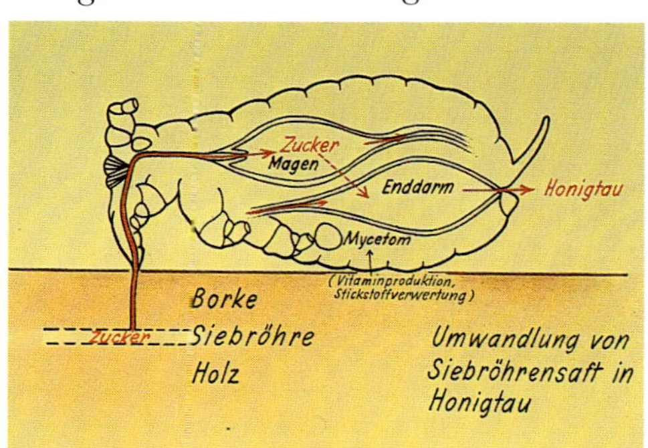

sprechender Anzahl und Attraktivität von Bienen und anderen Insekten gesammelt werden.
Über die Mengen des von den Honigtauerzeugern abgesonderten Honigtaus liegen unterschiedliche Berichte vor. SCHMUTTERER (135) gibt für einen Fichtenwald 300 l/ha an, ZWÖLFER (136) schätzt das Honigtauangebot pro ha Wald auf 400 Liter, nach WELLENSTEIN (137) können im Extremfall sogar bis zu 10 000 Liter Honigtau je Hektar Waldfläche produziert werden. HEIMBACH (138) fand bei seinen Freilanduntersuchungen zur Honigtauabgabe von Eucallipterus tiliae (L.) auf Lindenarten und Tuberculoides annulatus auf Eichenarten stark unterschiedliche Mengen. Die je Baum freigesetzte Honigtaumenge betrug bei schwachem Lausbefall nur wenige kg, im Extremfall aber bis zu 50 kg Trockensubstanz je Jahr. Eine Abhängigkeit von der Witterung oder der Populationsdichte der Läuse auf die Honigtauabgabe wurde nicht beobachtet.

2.3.3 Zusammensetzung des Honigtaus

Frisch abgesetzter Honigtau ist wasserklar, hat einen mittleren Trockensubstanzgehalt von 5–18%, bei einem spezifischen Gewicht von 1,0–1,3, pH-Werten von 5,1–7,9 und einem Gesamtstickstoffgehalt von 0,2–1,8% der Trockensubstanz. Unter dem Einfluß der Luft verändern die Tröpfchen ihre Farbe, der Gehalt an Trockensubstanz kann in Abhängigkeit der relativen Luftfeuchte durch Verdunstung auf 30–50% und mehr ansteigen. Der Kohlenhydratgehalt des Honigtaus beträgt 90–95% der Trockensubstanz. Den Hauptbestandteil bilden verschiedene Zucker, die zum Teil auch im Siebröhrensaft vorkommen, oder aber neue Zucker, die unter der Wirkung der Darm- und Speicheldrüsenfermente während der Darmpassage neu entstehen. Die invertierenden Fermente der Pflanzensauger sind in der Lage, zusammengesetzte Zucker in einzelne Bruchstücke (Einfachzucker) aufzuspalten, daneben werden auf dem Wege der Gruppenübertragung aber auch wieder höhermolekulare Zucker aufgebaut, wobei ein oder mehrere Moleküle von Glucose oder Fructose an schon vorhandene Zuckerarten angelagert werden. Diesen Vorgang bezeichnet man als Transglukosidierung oder Transfruktosidierung, wobei Di-, Tri- oder Oligosaccharide aufgebaut werden (139–141, 128, 134, 142 u.a.). Auf diesem Wege kann bei der Spaltung von Rohrzucker die vom Imker so gefürchtete Melezitose entstehen, wobei im Verlauf einer Transglukosidierungsreaktion ein Molekül Glucose an ein Rohrzuckermolekül angelagert wird.

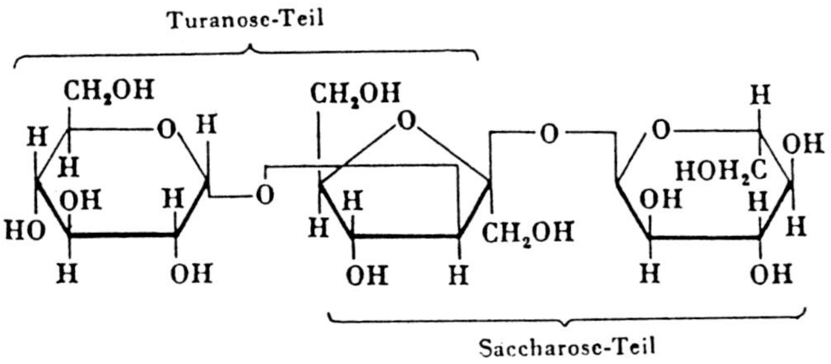

Abb. 20: Strukturformel der Melezitose

Honig, der einen höheren Prozentsatz an Melezitose enthält, wird von den Imkern als »Zementhonig« bezeichnet, da er häufig schon in den Zellen kristallisiert, nur schlecht, oder überhaupt nicht schleuderbar ist und das Wabenmaterial für den weiteren Einsatz im Bienenvolk blockiert. Das Zuckerspektrum des Honigtaus scheint für einzelne Arten von Pflanzensaugern charakteristisch zu sein und erweist sich als weitgehend unabhängig von der Wirtspflanze und von anderen äußeren Einflüssen. Da nicht alle Zucker eine hohe Attraktivität für unsere Bienen besitzen, kann es vorkommen, daß trotz reichlicher Honigtauausscheidung ein reger Trachtflug unterbleibt, ein Phänomen, das viele Imker in der Waldtracht schon beobachten konnten.
Neben den Kohlenhydraten finden sich im Honigtau noch Stickstoffverbindungen, die überwiegend in Form von Aminosäuren und Amiden vorliegen. Da das Spektrum dieser Stoffe mit den jahreszeitlichen Schwankungen des Aminosäurespiegels der Wirtspflanze weitgehend übereinstimmt, wird angenommen, daß ein Teil dieser Verbindungen direkt aus dem Siebröhrensaft stammt (10, 143, 144, 11).
Manchmal enthält Honigtau auch Stoffe, die im Siebröhrensaft der Wirtspflanzen fehlen (143, 145). Diese Verbindungen stammen von Endosymbionten, das sind Mikroorganismen, die in Symbiose mit den Honigtauerzeugern leben und in der Lage sind, Sterine, Vitamine und Aminosäuren zu synthetisieren. Als weitere Bestandteile finden sich immer organische Säuren (145–147), Karbohydrasen und andere Enzyme (143, 148, 149) und in den Ausscheidungsprodukten mancher Honigtauerzeuger auch Vitamine (150).
Im Gegensatz zum Nektar erweist sich Honigtau als mineralstoffreich, wobei Kalium, Magnesium und Phosphorverbindungen überwiegen (151).
Der Honigtau kann gelegentlich für Bienen und Menschen schädliche Stoffe enthalten. Die Bienengiftigkeit beruht dabei hauptsächlich auf den im Honigtau enthaltenen höhermolekularen Zuckern. Für Menschen schädliche Stoffe (Picrotoxin, Tutin, Mellitoxin) enthält der in Neuseeland von Scolypopa australis an Coriaria arborea abgesonderte Honigtau und der daraus entstehende Honig (152, 94, 95).

3. Honigbereitung

Der komplexe Vorgang der Honigbereitung kann in mehreren Teilschritten beschrieben werden.

1. Rohstoffaufnahme durch die Trachtbienen und Abgabe des Honigblaseninhaltes an die Stockbienen.
2. Lüften des Honigblaseninhaltes zur Reduktion des Wassergehaltes bei gleichzeitiger Invertierung der Rohstoffe.
3. Einlagerung des halbreifen Honigs in die Zellen und Ventilation zur weiteren Reduktion des Wassergehaltes.
4. Verdeckeln des reifen Honigs.

Schematisch läßt sich die Honigbereitung wie folgt darstellen:

	Rohstoffe	
Nektar	Honigtau	andere süße Säfte
	Futterkette	
	+ Fermente	
	− Wasser	
	Verdeckelung	
	HONIG	

3.1 Rohstoffaufnahme durch die Trachtbienen und Abgabe des Honigblaseninhaltes an die Stockbienen

Die Trachtbiene nimmt die zuckerhaltigen Rohstoffe mit dem Rüssel auf und befördert diese über den Schlund in die Honigblase, einen »Sammelbehälter« mit einem Fassungsvermögen von etwa 50 cmm.

Schon während der Nektar- oder Honigtauaufnahme werden dem Rohstoff fermentreiche Sekrete zugesetzt. Wichtig für die Verarbeitung und Reifung des Honigs sind:

– die paarigen Futtersaftdrüsen (Schlund-, Pharynx-, Hypopharynxdrüsen), die im vorderen Teil der Kopfkapsel liegen,
– die paarigen Kopfspeicheldrüsen, die sich im hinteren Teil der Kopfkapsel befinden,
– die paarigen Brustspeicheldrüsen, die sich im ventralen Teil des Thorax befinden sowie
– die paarigen Mandibulardrüsen.

Die Futtersaftdrüsen haben eine doppelte Funktion. Sie produzieren den für die Aufzucht der Bienenbrut notwendigen Futtersaft. Daneben sondern sie ein Sekret ab, das die kohlenhydratspaltenden Enzyme Diastase, Invertase und Glucoseoxidase enthält.

Die Sekrete der Kopf- und Brustspeicheldrüsen dienen überwiegend der Auflösung der Nahrungsstoffe, die Absonderungen der Mandibulardrüsen bilden einen Teil des Futtersaftes und sollen auch an der Honigreifung beteiligt sein (7).

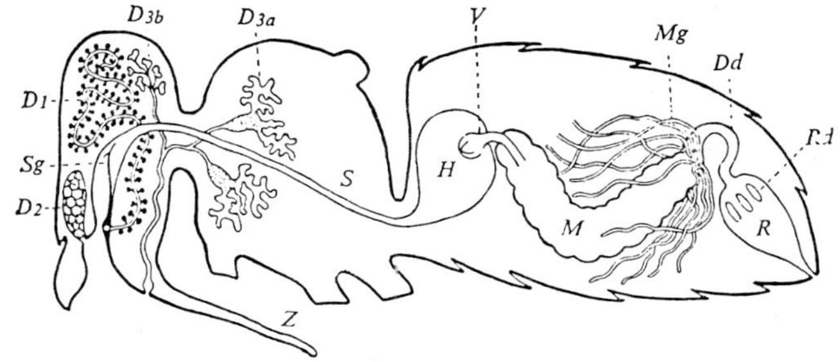

Abb. 21: Schematische Darstellung des Verdauungsapparates und der Drüsenanordnung im Kopf-Brust-Bereich der erwachsenen Honigbiene.
D1 Futtersaftdrüse, D2 Oberkieferdrüse, D3a Brustspeicheldrüse, D3b Kopfspeicheldrüse, Dd Dünndarm, H Honigblase, M Mitteldarm (Magen), Mg Malpighische Gefäße, R Enddarm, Rd Rektaldrüsen, S Speiseröhre; Sg Schlundgerüst, V Ventiltrichter (Magenmund), Z Zunge (nach Leuenberger 1954) (103).

Wenn die Trachtbiene mit gefülltem »Honigmagen« in den Stock zurückkehrt, wird das Sammelgut hervorgewürgt und an bereitstehende Stockbienen abgegeben, die es aufnehmen und anschließend an andere Stockbienen weitergeben, wobei eine »Futterkette« entsteht, in die auch die Drohnen mit einbezogen werden können (153–156 u.a.). Die Volksstärke und damit die Anzahl der an der Futterkette beteiligten Bienen, das Trachtangebot, der Zuckergehalt des Rohstoffes sowie die Geschwindigkeit der Rohstoffweitergabe beeinflussen den Fermentgehalt des reifen Honigs. Honige aus Massentrachten werden schon nach wenigen Bienenpassagen »halbreif« in den Zellen abgelagert und sind daher fermentschwächer als Honige aus »Läppertrachten«, die vor ihrer Einlagerung von einer großen Anzahl von Stockbienen verarbeitet werden.

3.2 Lüften des Honigblaseninhaltes zur Reduktion des Wassergehaltes bei gleichzeitiger Invertierung der Rohstoffe

Die eingetragenen zuckerhaltigen Rohstoffe sind zu wasserreich, um über eine längere Zeit haltbar zu sein und müssen daher eingedickt werden. Dies geschieht in einer ersten aktiven Phase, wobei an dieser ausschließlich die Stockbienen beteiligt sind, die direkt am Verarbeitungsprozeß und der daraus resultierenden Veränderung des Rohstoffes teilnehmen, und einer zweiten passiven Phase, an der die Gesamtheit des Volkes teilnimmt (157–161).

Die in die Futterkette einbezogenen, mit der Honigbereitung beschäftigten Bienen pumpen den Inhalt ihrer Honigblase heraus, setzen ihn an der Unterseite ihres Rüssels als kleinen Tropfen der warmen, trockenen Stockluft aus und saugen ihn dann wieder ein. Diese Vorgänge werden als »Lüften des Honigblaseninhaltes« bezeichnet. Sie wiederholen sich in schneller Folge über einen Zeitraum von etwa 15–20 Minuten.

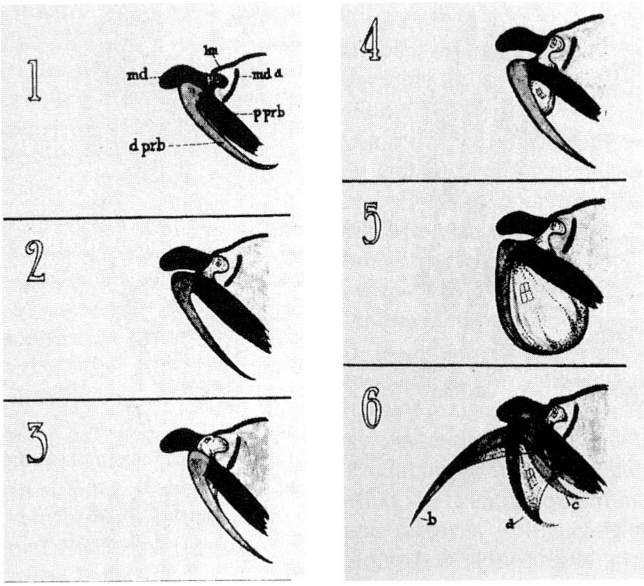

Abb. 22: Schematische Darstellung des Lüftens des Honigblaseninhaltes (157, 161)

Gleichzeitig werden der Nahrung noch körpereigene Drüsensekrete (Enzyme) beigemengt, die das Zuckerbild verändern und für das im reifen Honig charakteristische Spektrum verantwortlich sind. Entsprechend ihrer Herkunft enthalten die Rohstoffe neben unterschiedlichen Mengen an Rohrzucker auch andere Zuckerarten, die während der Reifungsphase enzymatisch gespalten werden, wobei einfache Zucker wie Glucose und Fructose entstehen. Bei diesem Vorgang werden dem Zuckergemisch auf chemischem Wege 18 Gramm Wasser je Mol (324 Gramm) Rohrzucker »entzogen«, so daß eine gründliche Invertierung des Futters eine zusätzliche Eindickung des Rohstoffes bedeutet. Mit dem Abbau einhergehend findet eine Synthese neuer Zucker statt, die in den Rohstoffen fehlen, für das Zuckerbild eines Honigs aber charakteristisch sein können (162–167). Das Lüften des Honigblaseninhaltes wird mit zunehmendem Trockensubstanzgehalt der Ausgangsstoffe immer schwieriger und schließlich bei einem Wassergehalt von etwa 30–40% aufgrund der großen Viskosität völlig eingestellt. Nun beginnt die zweite, passive Phase des Reifungsprozesses.

3.3 Einlagerung des halbreifen Honigs in die Zellen und Ventilation zur weiteren Reduktion des Wassergehaltes

Zunächst wird der halbreife Honig in kleinen Tröpfchen oder als dünner Film an den Zellwänden oder am Zellenboden abgelagert, wobei mit Vorliebe Zellen im Brutnestbereich gewählt werden, da hier immer optimale Temperaturen vorherrschen. Bei ausreichender Lagerkapazität werden die Zellen anfangs nur zu einem Viertel bis einem Drittel gefüllt, nicht dagegen bei Platzmangel oder Massentrachten, wo sie schon zu Beginn zur Hälfte oder mehr aufgefüllt werden. Durch verstärkten Luftaustausch wird insbesondere während der Nacht nach Möglichkeit trockene, kühle Außenluft in das Stockinnere gebracht und hier erwärmt. Dies hat zur Folge, daß die relative Luftfeuchte absinkt (z.B. wird eine wasserdampfgesättigte Luft von 10 °C auf 30 °C erwärmt, so verringert sich die relative Luftfeuchte auf 30%). Im trockenen, warmen Luftstrom verdunstet das überschüssige Wasser aus dem halbreifen Honig, bis ein Wassergehalt von 20% und weniger erreicht ist. Auch während dieser Phase unterliegen die Inhaltsstoffe, insbesondere die Kohlenhydrate, starken chemischen Veränderungen, was auf die nachhaltigen Fermentwirkungen der Bienensekrete zurückzuführen ist. Die Ausreifungsdauer beträgt meist 1–3 Tage und wird von folgenden Parametern beeinflußt (168, 158, 159, 160, 161, 169, 170):

- Volksstärke
- Trachtangebot
- Ursprünglicher Wassergehalt des Rohstoffes
- Füllungsgrad der Zellen
- Betriebsweise des Imkers
- Klimatische Faktoren wie Luftfeuchtigkeit und Temperatur

In Versuchen konnte nachgewiesen werden, daß insbesondere mangelnde Ventilationsmöglichkeiten den Reifungsprozeß des Honigs entscheidend verzögern (157, 160, 161, 169).

3.4 Verdeckeln des reifen Honigs

Wenn der Honig reif ist, wird er von den Bienen nochmals umgetragen. Dabei werden die Zellen aufgefüllt und schließlich mit einem fast vollständigen luft- und wasserundurchlässigen Wachsdeckel verschlossen. Das verwendete frische Wachs entstammt überwiegend den Wachsdrüsen der Jungbienen und ist von blaßgelber bis weißer Farbe. Die Zelldeckel sind fast immer leicht nach außen gewölbt, gelegentlich findet man aber auch flach auf dem Honig aufliegende Deckel, die dann wie durchfettet aussehen. Bei Verwendung von »Altwachs« für das Deckeln von Honigzellen erhält die Wabe eine gelblich bis bräunliche Farbe und ist dann vom Anfänger nur sehr schwer von einer Brutwabe zu unterscheiden.
Verdeckelter Honig gilt beim Imker als reif und daher als schleuderbar. Der Verschluß der Zellen verhindert weitgehendst eine nachträgliche Wasseraufnahme und Wasserabgabe des hygroskopischen Honigs, daneben unterbindet er eine Kontamination durch Mikroorganismen jeglicher Art und verbessert die Belaufbarkeit der Vorratswaben. In seltenen Fällen kann es jedoch auch vorkommen, daß die Bienen unreifen Honig mit Wassergehalten von 20% und mehr verdeckeln, so daß dieser früher oder später zu gären beginnt und sowohl dem Bienenvolk als auch dem Imker große Probleme bereitet.

4. Gewinnung des Honigs

4.1 Prüfung des Wassergehaltes

Honig darf nur in reifem Zustand geschleudert werden, was normalerweise gewährleistet ist, wenn die Honigwaben entsprechend verdeckelt sind. In der Regel geht man davon aus, daß zum Zeitpunkt der Schleuderung etwa die Hälfte der Wabenfläche gedeckelt sein sollte. Es empfiehlt sich aber auch nicht, die volle Verdeckelung der Waben abzuwarten, da diese manchmal überhaupt nicht erfolgt (z.B. bei Aussetzen der Tracht) und volle Honigwaben infolge des zunehmenden Platzmangels den Sammeleifer des Bienenvolkes negativ beeinträchtigen.
Das für den Imker wichtigste Kriterium für die Schleuderbarkeit eines Honigs ist der Wassergehalt, da dieser die Haltbarkeit und Lagerfähigkeit des Honigs entscheidend beeinflußt.
Nach den Richtlinien des Deutschen Imkerbundes darf deutscher Honig 20% Wasser enthalten (gemessen nach Brix), mit der Ausnahme des Heidehonigs, dem sogar 23% Wasser zugestanden werden (siehe Anhang 13.3.1).
Die Honigverordnung (HVO) ist weniger streng ausgelegt. Hier darf ein maximaler Wassergehalt von 21% nicht überschritten werden, mit Ausnahme des Heidehonigs, der ebenfalls 23% Wasser enthalten darf. Dabei besteht jedoch ein großer Unterschied im Meßverfahren. Während der Wassergehalt des Honigs nach den Richtlinien des DIB anhand der Rohrzuckerskala gemessen wird (Brix), bestimmt man den für die Honigverordnung gültigen Wert nach der Methode von Chataway (171, 172), wobei der Refraktionsindex herangezogen wird. Beide Werte unterscheiden sich insofern, als daß die nach den Richtlinien des DIB gültige Meßmethode Werte liefert, die um etwa 1,5–1,7% höher liegen als die entsprechenden Chataway-Werte.
Schleuderreife Honige haben in unseren Klimaten einen Wassergehalt zwischen 17% und 19% (gemessen nach der Rohrzuckerskala), Honige mit höheren Wassergehalten gelten als problematisch, auch wenn sie noch den Richtlinien des DIB entsprechen, da sie sehr schnell in Fermentation übergehen können. Nicht immer ist der Imker in der glücklichen Lage, vollständig verdeckelte Honigwaben entnehmen zu können, oft werden auch halb gedeckelte Waben entnommen, wobei sich der offene Honig unterhalb der verdeckelten Honigkränze befindet. Diese Waben sind dann schleuderreif, wenn nach der Stoßprobe kein Honig aus den Zellen herausspritzt. Dazu faßt man die Wabe mit beiden Händen an den Ohren des Oberträgers und stößt sie ruckartig schräg nach unten. Wenn Honig herausspritzt, sollte eine Schleuderung dieser Waben unterbleiben. Die Waben werden in diesem Falle wieder dem Volk zugehängt und können gegebenenfalls bei der nächsten Schleuderung entnommen werden. Viele Imker haben es sich angewöhnt, vor der richtigen Honigentnahme eine sogenannte Probeschleuderung durchzuführen. Dazu werden verdeckelte und halbverdeckelte Waben aus verschiedenen Völkern entnommen und gemeinsam geschleudert. Schon an den Fließeigenschaften des Honigstrahls kann ein geübter Imker erkennen, ob der Wassergehalt des Honigs in Ordnung oder aber zu hoch ist. Honige mit niederem Wassergehalt laufen zäh aus der Schleuder und bilden am

Boden des Gefäßes oder auf der Honigoberfläche einen regelrechten Kegel, wasserreiche Honige verhalten sich »ölartig« und erscheinen wenig viskos. Die Beurteilung nach dieser Methode erfordert jedoch einige Erfahrung, da die Viskosität eines Honigs neben dem Wassergehalt von dessen Temperatur mitbestimmt wird. Genaue Werte erhält man, wenn man den Wassergehalt des Honigs mittels Refraktometer bestimmt. Dazu eignen sich besonders die sogenannten Handrefraktometer, die im Fachhandel zu erschwinglichen Preisen angeboten werden (173). Einige dieser Instrumente besitzen sogar eine Temperaturkorrektur, so daß sich der Wassergehalt sehr exakt feststellen läßt. Diese Geräte lassen sich aber auch direkt am Bienenstand einsetzen, so daß man auf die arbeits- und zeitaufwendige Probeschleuderung eigentlich verzichten kann.

Zur Bestimmung des Wassergehaltes bringt man einen Tropfen klarflüssigen Honigs zwischen die sauberen und trockenen Prismen des Refraktometers. Nach dem Schließen der Prisma-Klappe erzeugt die Optik des Refraktometers im Meßfeld gegenüberliegende Hell-Dunkel-Flächen mit scharfer horizontaler Grenzlinie. Diese Grenze ist die Grenzlinie der Totalreflexion. Ihre Lage im Meßfeld hängt vom Zuckergehalt der Honigprobe ab. Es ist unbedingt darauf zu achten, daß die Grenzlinie exakt und scharf (kontrastreich) abgebildet ist, denn nur dann ist eine genaue Ablesung des Meßwertes möglich. Zur Bestimmung des Wassergehaltes im Honig muß dieser vollkommen kristallfrei verflüssigt sein, das heißt, die Probe erscheint im Gegenlicht durchsichtig und klar. Muß bereits kandierter Honig verflüssigt werden, geschieht dies am besten im Wasserbad bei möglichst niederen Temperaturen. Man gibt den Honig dazu in ein luftdicht schließendes Glas- oder Plastikgefäß und achtet darauf, daß der Behälter auch während der Abkühlphase verschlossen bleibt. Vor der Messung wird die zu untersuchende Probe gut gemischt, um das durch Kondensation an den Wänden des Gefäßes eventuell gebildete Kondenswasser wieder in den Honig einzuarbeiten. Die Bestimmung des Wassergehaltes mittels Refraktometer erfolgt normalerweise bei 20 °C. Weicht die Meßtemperatur davon ab, so muß der abgelesene Wert korrigiert werden. Gute Ergebnisse werden auch mit sogenannten Imker-Aräometern erzielt.

Bei der Bestimmung des Wassergehaltes von Honig wird das Aräometer in die verflüssigte Probe eingetaucht. Die Ablesung erfolgt nach etwa 1,5 Stunden, wenn die

Abb. 23: Instrumente für die Bestimmung des Wassergehaltes im Honig (Tisch-, Handrefraktometer, Aräometer)

Gleichgewichtslage erreicht ist, wobei letztere vom Wassergehalt und durch die Temperatur bestimmt wird. Wenn man nicht bei 20 °C (Justiertemperatur) mißt, muß der abgelesene Meßwert korrigiert werden.
In Ausnahmefällen kann es notwendig werden, Honig auch einmal dann zu schleudern, wenn die Waben noch nicht verdeckelt sind. Dies gilt insbesondere für Blatt-, Nadel- und Heidehonige, die wegen ihrer zähen Beschaffenheit frühzeitig geerntet werden müssen.
Große Probleme bereiten in manchen Jahren auch Massentrachten von Melezitosehonig, der meist schon nach wenigen Tagen in den Zellen auskristallisiert und dann kaum mehr schleuderbar ist. Dieser Honig wird deshalb direkt nach dem Eintragen, also noch während der Volltracht, geschleudert.

4.2 Entnahme der Honigwaben

Die Entnahme der Honigwaben erfolgt am besten an einem kühlen Tag, an dem keine Tracht genutzt wird, oder aber während der frühen Morgenstunden, noch vor dem Einsetzen des Trachtfluges. Dieser Zeitpunkt hat jedoch den Nachteil, daß noch alle Flugbienen im Stock sind und die Wabenentnahme dadurch erschwert wird. Erfolgt die Honigentnahme während des Tages, so können schon wenige Stunden nach Flugbeginn, selbst während einer Läppertracht, größere Mengen frischen Nektars eingetragen worden sein, was eine Honigentnahme eigentlich verbietet. Bei der Teilentnahme von vollständig verdeckelten Waben kann man in diesem Falle aber trotzdem nahezu sicher sein, reifen Honig zu schleudern, gleichzeitig schafft man auch wieder Platz im Honigraum.
In Abhängigkeit der Betriebsweise und der Völkerführung durch den Imker bieten sich verschiedene Möglichkeiten und Verfahren an, um den Zeit- und Arbeitsaufwand bei der Honigentnahme entscheidend zu beeinflussen. In diesem Zusammenhang sind folgende Möglichkeiten zu nennen:
- Einsatz von Geruchsstoffen zum Abtreiben der Bienen von den Honigwaben. Von dieser Methode ist abzuraten, da bei stark flüchtigen Substanzen Rückstandsprobleme und die Gefahr der geschmacklichen Beeinträchtigung bestehen.
- Verwendung von Bienenfluchten in Verbindung mit dem Einsatz des Absperrgitters.
- Verwendung eines Gebläses zum Herausblasen der Bienen aus dem Honigraum.

Natürlich läßt sich die Honigentnahme auch noch nach der traditionellen, altbewährten Methode durchführen. Dabei werden zunächst einige wenige Rauchstöße in den Honigraum des Volkes eingeblasen, was dazu führt, daß die Bienen Honig aus offenen Zellen aufnehmen und dadurch nicht aggressiv und stechlustig sind. Nach etwa einer halben Minute kann man mit der Entnahme der Waben beginnen, bei der Hinterbehandlung ist dies immer die letzte Wabe, in der Magazinbetriebsweise startet man am besten von der Seite aus.
Durch eine ruckartige Bewegung wird ein Großteil der aufsitzenden Bienen abgestoßen, der auf der Wabe verbleibende Rest wird mit einem sauberen Besen abgefegt. Die entnommenen Honigwaben werden bienensicher verstaut und durch Leerwaben er-

setzt. Brutwaben werden stets im Volk belassen, selbst wenn es sich nur um einige Zellen von Drohnenbrut handelt. In diesem Falle kann man die Honigwabe ganz nach außen (oder weit nach hinten) hängen und diese bei der nächsten Honigentnahme nach dem Auslaufen der Brut schleudern. Honigwaben mit größeren Brutflächen bleiben stets im Brutnestbereich und dienen der notwendigen Futterversorgung des Volkes, das niemals vollkommen leer geschleudert werden darf. Wird Honig aus starken Völkern mit mehreren Aufsätzen entnommen, so beginnt man vorteilhaft in der untersten Zarge.
Die Honigentnahme sollte zügig erfolgen, da bei dieser Arbeit die Gefahr der Räuberei, insbesondere beim Abschleudern der Völker im Herbst, sehr groß ist. Es ist deshalb auch ratsam, die Völkerzahl pro Standort zu begrenzen. Schon ein zweiter Standort in wenigen hundert Metern Entfernung führt dazu, daß sich die Völker leichter bearbeiten lassen, wirkt sich positiv auf die Honigerträge aus, da sich die Flugradien der Völker vergrößern und verringert das Risiko von Krankheitsübertragungen.

4.3 Verschiedene Gewinnungsarten

In Abhängigkeit der unterschiedlichen Methoden der Gewinnung unterscheidet man verschiedene Honigarten. Im Handel überwiegt der Schleuderhonig, gelegentlich findet man noch Preßhonig aus der Heide, selten Waben- oder Scheibenhonig. Der Scheibenhonig ist eine besondere Spezialität in Norddeutschland. Es handelt sich dabei um Heidehonig in Jungfernbau. Da dieser Honig eine sulzige Beschaffenheit aufweist, kann man die frischen Waben in Stücke zerschneiden, ohne daß er ausläuft. Zur Produktion von Wabenhonig setzt man den Völkern spezielle Rähmchen auf (Pfundrähmchen), die ohne Verwendung einer Mittelwand vollständig von den Bienen ausgebaut, mit Honig gefüllt und gedeckelt verkauft werden. Die Erzeugung von Wabenhonig ist nur in guten Trachtjahren möglich, da die Bauleistung eines Bienenvolkes von dessen Futterangebot abhängig ist.
Neben diesen Honigarten kennt man noch Stampf-, Tropf-, Preß- und Seimhonige. Während Tropf- und Seimhonig bei der Schleuderung aller Honigwaben anfallen, kann die Produktion von Preß- und Stampfhonig nach Nutzung spezieller Trachten notwendig werden. Für den Handel spielen sie, zumindest in Deutschland, nur eine untergeordnete Rolle. Meist verwendet man diese Honige zum Backen, aber auch zur Herstellung von alkoholischen Getränken, wie Met oder Schnaps.
In neuester Zeit wird Stampfhonig aus arbeitstechnischen Überlegungen in einigen Großimkereien des europäischen Auslandes produziert (174). Dabei dürfen die Bienenvölker ihren Bau über Absperrgitter frei auf entsprechende Haltevorrichtungen aufziehen. Nach Ende der Tracht werden die Honigwaben entnommen, eingestampft und mittels Zentrifuge geschleudert. Die Vorteile dieser Methode sind folgende:
- Verringerung der Arbeitsspitzen bei der Honigernte
- Lagerung des Honigs in frischem Bau
- Einsparen an Arbeitszeit für die Rähmchenproduktion und für das Ausschmelzen alten Wabenbaus

- Geringere Betriebskosten durch Verringerung des für die Bienenhaltung notwendigen Wabenmaterials
- Minimierung der Rückstandsprobleme durch Bienenbehandlungsmittel im Honig.

4.4 Schleuderraum

Das Schleudern des Honigs sollte nach Möglichkeit nicht im Bienenhaus oder am Wanderplatz erfolgen, da hier die notwendigen Voraussetzungen oft nicht gegeben sind. Neben mangelnden hygienischen Verhältnissen birgt das Schleudern der Waben im Außenbereich immer die Gefahr der Räuberei, und räubernde Bienenvölker, das weiß jeder Imker, können ein wahres Chaos hervorrufen, so daß der Trachtflug der Völker über Tage gestört sein kann oder sogar völlig zum Erliegen kommt. Zum Schleudern der Honigwaben eignet sich am besten ein trockener, bienendichter Raum im Wohnhaus. Neben Strom- und Wasseranschluß sollte er leicht zu reinigen sein, da bei der Schleuderung trotz aller Vorsicht immer Wachsteilchen und Honigreste auf den Boden gelangen. Ist ein Schleuderraum direkt anfahrbar, so erleichtert dies den Transport der schweren Honigzargen wesentlich. Längere, ebene Wegstrekken können leicht mit Hilfe eines Transportkarrens überbrückt werden, Kellerräume können mit Rutschen versehen werden, um sich die »Knochenarbeit« des Wabenschleppens zu ersparen. Ab einer Zahl von etwa 30 Wirtschaftsvölkern erfordert der Schleuderraum auch eine bestimmte Größe für die notwendigen Gerätschaften, wie Schleuder, Entdecklungs-, Spül- und Arbeitstisch, Wabenkarussell, sowie für Sieb- und Kläreinrichtungen. Daneben benötigt man weitere Stellmöglichkeiten für die Zargen mit vollen und ausgeschleuderten Waben, und einen ausreichenden Bewegungsraum für die Bedienung der Geräte. Ist ein Schleuderraum beheizbar, so besteht die Möglichkeit, die Honigwaben auf etwa Stocktemperatur (30 °C) anzuwärmen, was besonders bei wasserarmen Honigen den Wabenbruch reduziert und die Schleuderzeit verkürzt.

4.5 Entdeckeln der Honigwaben

Reife Honigwaben, die den Völkern entnommen werden, sind mehr oder weniger verdeckelt, das heißt, die mit Honig gefüllten Zellen sind mit Wachskappen verschlossen, die vor dem Schleudern entfernt werden müssen. Diese Arbeit ist sehr zeitaufwendig und wird in Abhängigkeit der Betriebsgröße mit verschiedenen Geräten, entweder in Handarbeit oder maschinell durchgeführt.
In kleinen Imkereien ist die Entdecklungsgabel weit verbreitet, die es in verschiedenen Ausführungen, mit geraden, gewellten oder abgewinkelten Nadeln gibt, wobei die Zinken in der Normalausführung spitz enden, oder aber wie im Falle des »Wabenpflugs« pflugscharartig verbreitert sein können. Schnelles Arbeiten gestattet auch die Verwendung von temperierbaren Entdecklungsmessern, insbesondere bei der Ho-

Abb. 24: Entdeckeln von reifen Honigwaben mit der Entdecklungsgabel

Abb. 25: Entdeckeln von Honigwaben mit dem Entdecklungsmesser

nigerzeugung in Halbrahmen und Dickwaben. Damit lassen sich bei einiger Übung die Zelldeckel leicht als dünne Wachsplatte abschneiden, wobei die Zellränder unbeschädigt bleiben und nur wenige Wachsteilchen in den Honig geraten. Von den abgeschnittenen Platten kann der anhaftende Honig fast vollständig abtropfen, so daß sich eine weitere Bearbeitung des Entdecklungswachses zur Gewinnung des darin verbliebenen Honigs erübrigt.

Bei Verwendung der »Igelwalze« verzichtet man auf das Entdeckeln der Waben. Man durchsticht die Zelldeckel, indem man eine mit beweglichen Stiften besetzte Rolle auf der Wabenfläche hin und her bewegt. Der Nachteil dieses Verfahrens besteht darin,

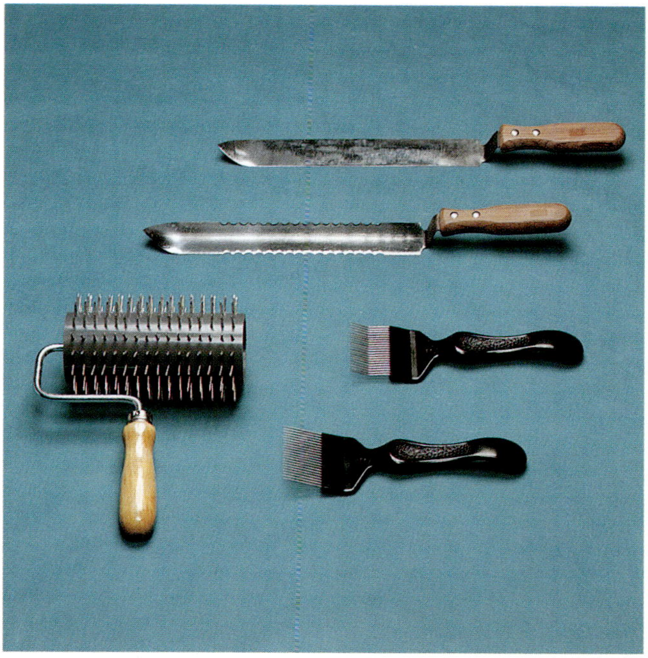

Abb. 26: Gebräuchliche Entdecklungsgeräte für den Klein- und Nebenerwerbsimker (verschiedene Messerformen, Gabeln und Walzen). (Bildmaterial: Fa. Graze)

daß die Zellwände zum Teil sehr stark beschädigt werden und dadurch viel Wachs in den Honig gelangt.
Ein sehr elegantes Verfahren ist das Entdeckeln der Waben mit einem Heißluftgebläse oder mittels eines Propangasbrenners mit kleiner Düse und Quarzzündung (175). Diese Methode funktioniert, weil Wachs mit 63 °C einen niederen Schmelzpunkt hat und sich zwischen Wachsdeckelchen und Honig ein Luftpolster befindet, das die Wärmeableitung in den Honig weitgehendst verhindert. Das Luftpolster macht ein Abschmelzen der Deckel überhaupt erst möglich.
Bei hellen Waben mit hellen Zelldeckeln (frischem Wabenbau) ist es besonders gut ausgeprägt, bei altem Wabenbau liegen die dunklen Zelldeckel oft direkt auf dem Honig auf. Diese Waben können dann nicht abgeschmolzen werden, da der Honig die Wärme ableitet.
Gleiches gilt für Zelldeckel, die bei der Honigentnahme angedrückt wurden. Das Wachs wird zwar flüssig, wird dann aber sehr rasch wieder fest und bildet eine dünne Haut auf dem Honig, die mit der Entdecklungsgabel leicht aufgekratzt werden kann.
Den Nachteilen dieser Entdecklungsmethode, wie Anschaffungspreis für den Propangasbrenner oder das Heißluftgerät, sowie anfallende Energiekosten, stehen folgende Vorteile gegenüber:
- sehr rascher Entdecklungsvorgang (etwa 10 sec/Wabenseite)
- nahezu kein Anfallen von Entdecklungswachs
- langsameres Verstopfen der Honigsiebe
- kein Abtropfen von Honig aus den entdeckelten Waben
- verminderter Wabenbruch, da die Waben keiner mechanischen Belastung ausgesetzt werden
- kein negativer Einfluß auf die Honigqualität (HMF, Enzyme).

Das Entdeckeln des Honigs in Handarbeit wird am besten in großen Schalen, den Entdecklungsgeschirren oder -tischen vorgenommen. Diese ermöglichen, daß die Honigwaben während des Entdeckelns in bequemer Arbeitshöhe abgestellt und gehalten werden können und der auslaufende Honig in die Wanne abtropft. Durch

Abb. 27: Entdeckeln von »Jungfernwaben« mit einem Propangasbrenner

Abb. 28: Entdeckelte Jungfernwabe mit geschrumpften Zelldeckeln an der Unterseite der Zellränder

einen Siebeinsatz wird der Honig vom Entdecklungswachs getrennt und über einen Hahn abgelassen. Daneben bieten größere Entdecklungsgeschirre Abstellmöglichkeiten für die entdeckelten Waben, insbesondere dann, wenn bei zähem Honig der Schleudervorgang länger dauert als das Entdeckeln. Größere Imkereien verrichten diese Arbeit inzwischen maschinell. Die auf dem Markt angebotenen Entdecklungsmaschinen arbeiten dabei überwiegend nach dem Prinzip rotierender Schlagmesser und -ketten, dem Roll-Schneide-Verfahren, sowie nach der dampf- oder strombeheizten Messermethode.

Werden Honigwaben an rotierenden Messern oder Ketten vorbeigeführt, so werden die Zelldeckel abgeschlagen, wobei »Wabenbäuche«, das heißt überstehende Zellbereiche entfernt, Vertiefungen aber unberücksichtigt bleiben. Der Nachteil dieses Systems besteht darin, daß insbesondere bei ungleichmäßig ausgebauten Waben mit dem Vorgang des Entdeckelns ein beträchtlicher Teil des Honigs in das Entdecklungswachs gerät. Um ein Nachentdeckeln per Hand zu umgehen, muß die Entdecklungsmaschine so eingestellt werden, daß alle Zellen erfaßt werden. Dies kann bedeuten, daß bis zu einem Drittel des Honigs im Entdecklungswachs enthalten ist. Dieser Honig muß vom Wachs getrennt werden. Das geschieht entweder mittels einer Zentrifuge oder dadurch, daß man das Entdecklungswachs einschmilzt, wobei der enthaltene Honig freigesetzt wird, allerdings mit dem Nachteil, daß HMF gebildet wird und die Enzymgehalte im Honig abnehmen.

Bei Entdecklungsmaschinen, die nach dem Roll-Schneide-Prinzip arbeiten, werden die Waben zwischen zwei mit Rundmessern bestückten Wellen durchgeführt. Dadurch erhält jede gedeckelte Zelle mindestens zwei senkrechte Schnitte, die es ermöglichen, daß der Honig beim Schleudern austreten kann, ohne den Zelldeckel abzuheben. Bei diesem Vorgang entsteht kaum Entdecklungswachs, der Nachteil dieses Systems besteht darin, daß die Wände der Zellen zum Teil angeschnitten werden, wobei während des Schleudervorganges sehr feine Wachspartikel in den Honig geraten, die das Sieben erschweren. Das nach kurzer Zeit auf dem Honig schwimmende Wachs läßt sich jedoch gut mit einem Teigschaber abziehen, da das leichtere Wachs nach dem Vorgang des Klärens auf dem Honig schwimmt.

Die dampf- oder strombeheizten Entdecklungsmaschinen, die nach dem Messerprinzip arbeiten, haben den Nachteil, daß die Wabe bei unregelmäßigem Wabenbau tief

Abb. 29: Maschinelles Entdeckeln von Honigwaben

Abb. 30: Schleuderraum der Landesanstalt für Bienenkunde der Universität Hohenheim mit den notwendigen Gerätschaften

entdeckelt werden muß, um ein Nachentdeckeln per Hand zu vermeiden. Da das Entdecklungswachs im Normalfall aber als regelrechte Wachsplatte anfällt, kann der anhaftende Honig leicht abtropfen, so daß eine Nachbehandlung zur Gewinnung des im Entdecklungswachs gebundenen Honigs meist unterbleiben kann.
Der Einsatz von Entdecklungsmaschinen ist in großen Imkereien rentabel, da sich dadurch der Zeitaufwand des Entdeckelns erheblich reduzieren läßt. Er ist jedoch nur dann sinnvoll, wenn der Betrieb entsprechend eingerichtet ist, das heißt über eine ausreichend große oder über mehrere Schleudern verfügt, da sonst der Schleudervorgang länger dauert als das maschinelle Entdeckeln, wodurch der Zeitgewinn wieder verloren geht. Es ist jedoch auch zu beachten, daß das maschinelle Entdeckeln der Waben oft die Anschaffung zusätzlicher Geräte wie Zentrifuge, Wabenkarussell oder eine Vorrichtung zum Verflüssigen des Entdecklungswachses notwendig macht. Dadurch werden auch besondere Anforderungen an die Größe und Ausstattung des Schleuderraumes notwendig.

4.6 Schleudern der Honigwaben

4.6.1 Schleudertypen

Die Gewinnung des Honigs erfolgt heute, von wenigen Ausnahmen abgesehen, mittels Schleudern. Entsprechend ihrer Bauart unterscheidet man zwischen Horizontal- und Vertikalschleudern, wobei sich erstere in Tangential- und Radialschleudern unterteilen lassen. Sie arbeiten alle mehr oder weniger nach dem Prinzip der Fliehkraft.

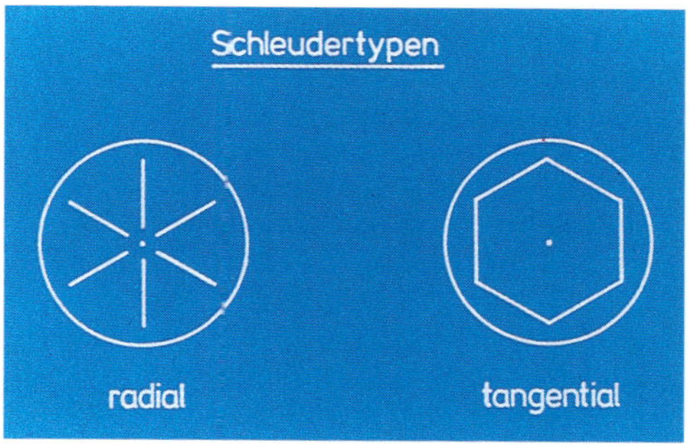

Abb. 31: Schematische Darstellung der Wabenanordnung in Radial- und Tangentialschleudern

Eine Honigschleuder wird von einem äußeren Mantel oder Kessel gebildet, in dem sich ein Schleuderkorb zur Aufnahme der Waben befindet. Der Korb ist entsprechend der verschiedenen Schleudertypen unterschiedlich gestaltet.

Bei der Tangentialschleuder besteht er aus einem kräftigen Drahtgeflecht oder gestanztem Blech, einem Boden und einer zentralen Achse, die im Schleuderkessel gelagert ist. Die Honigwaben stehen tangential zur Korbachse, mit einer Fläche zur Kesselwand, was eine optimale Entleerung der Zellen gewährleistet (siehe Abb. 31). Tangentialschleudern gibt es in unterschiedlichen Größen von 2 bis 6 oder mehr Waben. Der Antrieb kann manuell oder mittels Motor erfolgen, wobei sowohl Ober- als auch Unterantriebe mit Stufen- oder stufenloser Regelung gebräuchlich sind. Der Nachteil des normalen Schleuderkorbes liegt darin, daß jede Wabe von Hand um 180 ° vertikal gewendet werden muß, um auch die Gegenseite schleudern zu können. Um diese Arbeit zu sparen, wurden »Selbstwendevorrichtungen« konstruiert, wobei die Waben in beweglichen Gittertaschen oder Wabenhaltern zunächst mit Hilfe eines Federzuges in Radialstellung gehalten werden. Im rotierenden Korb legen sich die Waben entsprechend der Drehrichtung an die Gitter des Korbes an. Tangential- und Selbstwendeschleudern eignen sich besonders für die Gewinnung von wasserarmen Wald-, Heide- oder Melezitosehonigen, daneben verhindern sie auch weitgehendst Wabenbruch beim Schleudern von Honig aus frischem Wabenbau.

Radial- oder Sternschleudern werden bevorzugt in größeren Imkereien verwendet, da sie, entsprechend des Kesseldurchmessers, ein Fassungsvermögen von 12 bis 60 Waben aufweisen können. Sie unterscheiden sich von den Tangentialschleudern dadurch, daß die Waben sternförmig, das heißt, radial im Korb angeordnet sind (siehe Abb. 31). Bei diesem Schleudertyp wird die Zentrifugalkraft nur zu einem kleinen Teil wirksam. Der Honig wird hauptsächlich durch den starken Sog aus den Zellen gesaugt, der bei schneller Drehung entlang den eng gestellten Wabenflächen entsteht.

Abb. 32: Einfache, handbetriebene 4-Waben-Tangentialschleuder, in der Hobby-Imkerei sehr weit verbreitet

Da beide Seiten der Waben gleichzeitig entleert werden, erübrigt sich ein Wenden. Für das Schleudern von wasserarmen Honigen und solchen aus unbebrüteten Waben sind Sternschleudern weniger gut geeignet als Tangentialschleudern, da bei hohen Drehzahlen verstärkt Wabenbrüche auftreten. Die Schleuderzeit beträgt 20 bis 25 Minuten, wobei die Waben im Vergleich zu Tangentialschleudern weniger gut geleert werden.

Abb. 33: Elektronisch gesteuerte Radialschleuder mit Wabentaschen für den Selbstwendebetrieb finden vermehrt Einsatz in großen Imkereien (Bildmaterial: Fa. Fritz)

Alle Honigschleudern werden in genormten Abmessungen auf dem Markt angeboten, so daß auch die Schleuderkörbe auswechselbar sind. Größere Imkereien besitzen für ihre Radialschleuder in der Regel einen zusätzlichen Selbstwende-Schleuderkorb, so daß auch eventuell anfallende »Problemhonige« ohne Schwierigkeiten zu ernten sind.
Vertikalschleudern haben sich nur in wenigen europäischen Großbetrieben durchgesetzt. Es handelt sich dabei um eine liegende Trommel, in der die senkrecht stehenden Waben wie die Speichen eines Rades um die Achse gedreht werden. Bei entsprechender Konstruktion lassen sich sogar ganze Honigräume mit den entdeckelten Waben auf diese Weise ausschleudern.
Honigschleudern werden heute aus Weißblech oder Nirosta-Material angefertigt. Beim Kauf einer Schleuder sollte man darauf achten, daß Drehkorb und Kessel aus rostfreiem Material bestehen, das von den im Honig enthaltenen Säuren nicht angegriffen wird. Daneben sollte beachtet werden, daß der Schleuderkorb für eine gerade Wabenzahl ausgerichtet ist, was einen ruhigeren Lauf und damit eine geringere Materialbelastung gewährleistet. Es empfiehlt sich, den Kessel mit zwei großen Auslaufhähnen zu versehen, damit diese auch bei Wabenbruch nicht verstopfen. Während der Arbeit sollte die Schleuder mittels einer stabilen Halterung fest am Boden verankert sein, wobei darauf zu achten ist, daß die Auffanggefäße ohne Probleme untergeschoben werden können.

4.6.2 Schleudervorgang

Die entdeckelten Waben werden bei Verwendung von Tangential- und Selbstwendeschleudern so in den Korb eingesetzt, daß die Zellneigung der Waben der Auslaufrichtung des Honigs entspricht. Hochwaben werden auf den Kopf gestellt, beim Schleudern von Breitwaben gehen die Unterträger der Rähmchen voran, so daß die Drehung in der gegen den Oberträger geneigten Zellrichtung erfolgt. Gleiches gilt für die Verwendung von Selbstwendeschleudern. Beim Beschicken des Korbes sollte auf eine gleichmäßige Gewichtsverteilung der Waben geachtet werden, da die Schleudern ruhiger laufen, einen besseren Stand haben und die Getriebe geschont werden. Volle Honigwaben werden erst langsam angeschleudert, um Wabenbruch vorzubeugen. Ist etwa die Hälfte der nach außen liegenden Wabenseite entleert, wird die Schleuder gestoppt und die Waben werden gewendet. Nun kann die zweite Wabenseite unter langsam beschleunigter Drehung vollständig ausgeschleudert werden. Ist dies erfolgt, wird die Wabe erneut gewendet und restlos geleert.
Bei Verwendung von Radialschleudern werden die Waben so in den Korb eingehängt, daß die Oberträger der Rähmchen zur Kesselwand und die Unterteile der Rähmchen zur Achse der Schleuder ausgerichtet sind. Die Drehrichtung spielt dabei keine Rolle. Da diese Schleudern durchwegs elektrisch betrieben werden, startet man mit niedrigen Drehzahlen und steigert diese kontinuierlich, um Wabenbruch zu verhindern.
Modernere Schleudern sind heute mit einer zusätzlichen elektronisch gesteuerten Programmautomatik versehen, die bei entsprechender Programmierung ein optimales Ausschleuderergebnis gewährleisten. Während des Schleudervorganges ist die Abdeckung der Schleuder aus hygienischen Gründen und wegen der Verhütung von

Unfällen unbedingt geschlossen zu halten. Moderne Geräte sind heute schon serienmäßig mit einem Magnetverschluß versehen, der ein Öffnen des Deckels bei rotierendem Korb verhindert. Damit wird den Unfallverhütungsvorschriften Rechnung getragen (siehe Abb. 33).
Wasserarme Honige und Honigwaben, die nach der Entnahme aus den Völkern abgekühlt sind, lassen sich nur sehr schwer schleudern, besonders dann, wenn der Honig in frischem, unbebrütetem Wabenbau gelagert ist. In diesen Fällen ist es ratsam, die Waben vor der Schleuderung auf etwa Stocktemperatur vorzuwärmen. Durch diese Maßnahme läßt sich bei vorsichtigem Anschleudern der Wabenbruch weitgehendst verhindern, da die Viskosität des Honigs verringert wird.

4.7 Gewinnung und Behandlung besonderer Honige

4.7.1 Heidehonig

In Norddeutschland und in einigen europäischen Ländern ernten die Imker im Herbst den geschätzten Heidehonig von der Besenheide (Calluna vulgaris).

Abb. 34: Traditionelle Korbimkerei in der Heide

Aufgrund seines relativ hohen Gehaltes an Eiweißverbindungen und Kolloiden besitzt dieser Honig eine geleeartige Konsistenz. Traditionelle Korbimkereien gewinnen den Heidehonig als Scheibenhonig aus voll verdeckeltem, unbebrütetem Jungfernbau oder als Preßhonig aus brutfreien Waben. Dabei werden die ausgeschnittenen Wabenstücke in feinmaschige, reißfeste Tücher eingeschlagen und mittels Spindelpresse gewonnen. Preßhonige sind pollenreich und besitzen ein herbes Aroma.
In Kastenimkereien wird Heidehonig vorwiegend geschleudert. Können die Waben nicht »stockwarm« geschleudert werden, so stellt man sie vor dem Schleudern am besten in einen auf 25–30 °C beheizten Raum. Nach dem Entdeckeln der Waben muß man den sulzigen Honig einer besonderen Behandlung unterziehen, um ihn aus den

Zellen herauszulösen. Dies gilt besonders für Sortenhonige, während Heidehonige mit Anteilen aus anderen Trachten leichter zu gewinnen sind.
Heidehonige werden »gestippt«, wobei spezielle Lösegeräte Verwendung finden. Das Prinzip des »Stippens« beruht darauf, daß Metallstifte mehrmals in die einzelnen Honigzellen eingedrückt und wieder herausgezogen werden, ohne die Mittelwand zu durchstoßen. Einfache Geräte gibt es in Bürsten- und Walzenform, mit starren und gefederten Zinken und unterschiedlichem Wirkungsgrad. Größere Geräte können per Hand oder mittels Motor betrieben werden. Dabei hat es sich als vorteilhaft erwiesen, wenn die Metallstäbe vor dem Eintauchen in die Zellen im warmen Wasser oder elektrisch angewärmt werden. Andere Honiglösemaschinen arbeiten nach dem Druckluftprinzip, wobei die mit großer Geschwindigkeit in die Zellen eintauchenden Nadeln Luft in den Honig pressen und ihn dadurch lösen. Mischhonige mit Anteilen aus Heide- und anderen Sommertrachten lassen sich in Jahren mäßiger Heidehonigernten getrennt gewinnen, indem man die Sommerhoniganteile vorweg schleudert und den in den Zellen verbleibenden restlichen Heidehonig nach Stippen erntet (Abb. 35).
Zur Schleuderung von Heidehonig eignen sich bevorzugt Tangential- und Selbstwendeschleudern, da hier die erwärmten Waben im Schleuderkorb oder in der Wabentasche besser vor Bruch geschützt sind. Man beginnt zunächst mit geringen Drehzahlen und steigert diese langsam, um am Ende des Schleudervorganges mit

Abb. 35: Gerät zum Lösen von Heidehonig (Bildmaterial: Fa. Graze)

maximalen Umdrehungsgeschwindigkeiten zu arbeiten. Aufgrund seiner sulzigen Beschaffenheit läßt sich Heidehonig nur sehr schwer sieben. In diesem Zusammenhang haben sich große Trichtersiebe, Siebkörbe als Einsatz in Schleudern oder spezielle Zentrifugen gut bewährt.

4.7.2 Melezitosehonig

Zu den »Problemhonigen« gehört auch der »Lärchen-« oder Melezitosehonig, ein Honigtauhonig, der überwiegend von bestimmten Rindenläusen auf der Fichte und Lärche produziert wird (siehe 2.3.1). Melezitosetrachten von der Fichte sind oft wahre Massentrachten, wobei tägliche Zunahmen von 3–5 kg und mehr keine Seltenheit sind. Dieser Honig wird nach dem Einlagern in die Zellen sogleich geleeartig glänzend, kristallisiert hier schon nach wenigen Tagen aus und ist dann als »Zementhonig« nur teilweise oder überhaupt nicht mehr schleuderbar.

Abb. 36: Teil einer Bienenwabe mit Melezitosehonig

Im Gegensatz zu anderen Honigtautrachten wirkt sich die Melezitosetracht auf die Entwicklung der Bienenvölker stimulierend aus. Die Völker zeigen trotz intensiver Trachtnutzung keine Abarbeitungserscheinungen, werden eher stärker als schwächer, gehen verstärkt in Brut und bauen in einem sonst unbekannten Ausmaß. Aus der Sicht des Imkers wäre die Melezitosetracht ideal, in Wirklichkeit ist diese Tracht bei den Imkern aber aus folgenden Gründen sehr gefürchtet:

- Der Honig kristallisiert innerhalb kürzester Zeit schon in den Zellen aus, wird in seiner Farbe und Konsistenz unansehnlich, blockiert das Wabenmaterial und ist nur unter erschwerten Bedingungen schleuderbar.
- Kristallisierte Melezitosehonige haben eine mittelgrobe Kandierung, wobei die Zuckerkristalle beim Verzehr den Eindruck von »griesigen Sandkörnern« erwecken, was beim Verbraucher wenig geschätzt wird.
- Kandierte Melezitosehonige lassen sich nur sehr schwer unter Anwendung höherer Temperaturen verflüssigen. Häufig bleiben Zuckerkristalle in Form eines Bodensatzes zurück oder bilden sich erneut innerhalb kürzester Zeit, was beim Verbraucher den Eindruck einer Zuckerbeifütterung erweckt.
- Melezitosehonig ist als Winterfutter für Bienenvölker absolut ungeeignet, da er infolge seines kristallinen Zustandes in der kalten Jahreszeit nicht aufgenommen werden kann.

Die Gewinnung des Melezitosehonigs bereitet auch heute noch große Schwierigkeiten, wobei keine allgemeingültigen Patentrezepte gegeben werden können.

Melezitosehonige sind im Gegensatz zu Honigen aus anderen Trachten nach dem Entdeckeln nur ungenügend oder überhaupt nicht schleuderbar. Nach Untersuchungen eignet sich eine in Norwegen hergestellte Heidehonig-Lösemaschine auch sehr gut zum Lösen des Melezitosehonigs, wobei sich selbst bei festem Honig Ausbeuten von 70 bis nahezu 100% erzielen ließen (siehe Abb. 35).

In der Imkerschaft wird allgemein empfohlen, bei intensiver Melezitosetracht den Honig innerhalb kurzer Zeitabstände (etwa alle drei Tage) zu schleudern. Diese Methode ist jedoch nicht ratsam, da der Honig meistens noch unreif ist und deshalb häufig sehr schnell in Gärung übergeht.

Eine weitere Methode besteht darin, den Völkern in der Melezitosetracht nach Möglichkeit gefüllte oder angetragene Waben aus anderen Honigtautrachten zuzuhängen. Dies führt dazu, daß ein Teil des Honigs umgetragen wird, was den Melezitosehonig wieder schleuderbar macht. Den gleichen Effekt erzielt man, wenn man während der Tracht verdünnte Niglösungen aus anderen Trachten zufüttert.

Der Melezitosehonig kann auch dadurch schleuderbar gemacht werden, daß man den Honig nach Trachtende durch die Bienen umtragen läßt. Dieses Verfahren eignet sich besonders in der Magazinbetriebsweise. Dazu werden die Waben entdeckelt, angefeuchtet oder für kurze Zeit in lauwarmes Wasser getaucht und den Bienenvölkern in einer »Fußzarge« untergeschoben. Das »Unterschieben« wirkt sich dabei auf das Umtragen günstiger aus als das Aufsetzen, da Honig von den Bienen nach Möglichkeit »fluglochfern« gelagert wird, so daß eine zusätzliche Reizwirkung entsteht. Häufig muß man die Waben mehrmals »wässern«, um einen ausreichenden Effekt zu erzielen und um ein übermäßiges Heraustragen von Zuckerkristallen zu verhindern.

Eine weitere Möglichkeit zur Gewinnung des Melezitosehonigs bietet das »Auslaugeverfahren«. Dabei werden die entdeckelten Honigwaben für mehrere Stunden in warmes Wasser gestellt und die Moniglösung im Anschluß verfüttert. Sobald die Bienen mit dem Deckeln beginnen, kann der Honig geschleudert werden.

Die günstigste Verwertung von Melezitosehonig besteht darin, ihn in Form von Wabenhonig in speziellen Kunststoff- oder Holzrähmchen zu gewinnen. Dieses Verfahren ist jedoch sehr arbeitsaufwendig und erfordert großes imkerliches Geschick, da diese »Sektions- oder Pfundrähmchen« von den Bienen nach Möglichkeit ohne Mittelwand, nur unter Zuhilfenahme eines »Wachsleitstreifens« ausgebaut und mit Honig gefüllt werden müssen. Der so gewonnene Melezitosehonig läßt sich abgepackt als Wabenhonig sehr gut verkaufen. Es wäre auch denkbar, Wildbauwaben in gleicher Weise zu verwerten und in dieser Form zu vermarkten.

Als Winterfutter ist Melezitosehonig absolut ungeeignet, nicht dagegen als Reizfutter für Bienenvölker im Frühjahr oder als Futterersatz in Trachtlücken. Die entdeckelten und gut angefeuchteten Waben bewirken in oder am Rande des Brutnestes eine ausgezeichnete Reizwirkung.

Alle geschilderten Methoden zur Gewinnung und Verwertung von Melezitosehonig sind relativ zeit- und arbeitsaufwendig. Erschwerend kommt noch hinzu, daß die Bienenvölker immer ein unberechenbarer Faktor bleiben, deren Verhalten sich nicht exakt voraussagen läßt. Dies kann dazu führen, daß das Umtragen von Melezitosehonig in einem Trachtjahr optimal funktioniert, im darauffolgenden Jahr jedoch aus unerklärlichen Gründen nur unzureichend bewerkstelligt wird. Viele Imker verzichten deshalb heute auf die Nutzung dieser Trachtquelle und wandern schon beim geringsten Verdacht auf Melezitosehonig aus der Tracht ab. Damit können sie sich zwar eine Menge Arbeit, Zeit und eventuell auch viele Probleme ersparen, ihnen entgeht aber unter Umständen auch eine ausgezeichnete Honigtautracht.

5. Behandlung des Honigs

5.1 Sieben

Beim Schleudervorgang gelangen Bestandteile der Waben, insbesondere Wachspartikel, Teile von Bienenbrot oder andere Verunreinigungen in den Honig, die entfernt werden müssen.

Dies erfolgt in kleinen Imkereien direkt beim Auslaufen des Honigs aus der Schleuder unter Verwendung des im Handel erhältlichen Doppelsiebes. Dieses setzt sich aus einem groben Obersieb mit genormter Maschenweite (1,8× 0,7 mm) und einem feinen Untersieb (0,2× 0,12 mm) zusammen, die ineinander eingepaßt sind und mittels verstellbarer Haltebügel für Honigeimer mit verschiedenem Durchmesser verwendet werden können.

Beim Kauf sollte darauf geachtet werden, Siebe in Nirostaausführung zu erwerben, da diese haltbarer und vor allem besser zu reinigen sind als Siebe aus verzinntem Material. Die Maschen des Doppelsiebes werden durch die zurückgehaltenen Wachsteile sehr schnell verschlossen. Um die Schleuderarbeit nicht unterbrechen zu müssen, ist es daher von Vorteil, zwei Siebe abwechslungsweise zu verwenden.

Zum Reinigen wird das Doppelsieb auseinandergenommen. Die verbliebenen Wachs- und Honigreste werden mit einem Teigschaber entfernt und in das Entdeckungsgeschirr oder in ein weiteres Sieb abgestreift, damit der enthaltene Honig vollständig abtropfen kann. Die Einzelsiebe werden mit kaltem Wasser gereinigt und vor erneuter Verwendung getrocknet.

Eine etwas bessere Siebeinrichtung bietet der Handel in Form von Unterstellkannen an, die ein vollständiges Honigsieb- und Auffanggerät darstellen. Eine verschließbare Ausflußöffnung gestattet die Kontrolle des Honigstandes im Gefäß, ein großes, die ganze Oberfläche bedeckendes, flaches Doppelsieb und ein Deckel verhindern ein nachträgliches Einbringen von Fremdkörpern in den Honig.

Für größere Imkereien sind diese Siebeinrichtungen jedoch nicht mehr geeignet, da die anfallenden Honigmengen die Kapazität der Siebe übersteigt.

Um die Schleuderarbeit zügig durchführen zu können, wird heute zunächst schon in vielen Betrieben auf ein Sieben des Honigs verzichtet. Dies erfolgt dann direkt im Anschluß nach Beendigung des Schleuderns.

Zum Sieben größerer Honigmengen eignet sich auch das LUNZER-Honigsieb. Es besteht aus zwei zylinderförmigen Sieben, einem inneren »Grobsieb«, das von einem engmaschigen »Feinsieb« umgeben wird. Beide Siebe hängen in einem Abfüllkübel, der mit zwei Quetschhähnen in unterschiedlichen Höhen versehen ist.

Gießt man Honig in das innere Grobsieb, so dringt er durch das Feinsieb nach außen und kann über die Hähne abgelassen werden. Die leichten Wachsteilchen schwimmen auf dem Honig auf und müssen gelegentlich mit dem Teigschaber entfernt werden. Ein Verschließen der senkrecht gestellten, bis zum Boden des Abfüllkübels reichenden Siebe kann somit nicht stattfinden. Für Heide- oder Melezitosehonige ist das LUNZER-Honigsieb jedoch nicht zu gebrauchen, da die schweren Zuckerkristalle im Honig absinken und die gesamte Siebfläche schnell verschließen.

In der Zwischenzeit sind im Fachhandel auch trichterförmige Großsiebe zu beziehen, die nach dem vorangehend beschriebenen Prinzip arbeiten.
In Großbetrieben werden die anfallenden Honigmengen entweder durch spezielle Zentrifugen, wie sie z.B. für das »Trockenschleudern« des Entdecklungswachses benutzt werden, oder aber mittels spezieller Siebkörbe, die in die Honigschleudern eingesetzt werden können, gereinigt. Unter Ausnutzung der Zentrifugalkraft lassen sich selbst zähe Honige wie Wald- oder Besenheidehonige problemlos sieben, insbesondere dann, wenn der Honig zu diesem Zweck bei Zimmertemperatur gelagert oder sogar leicht erwärmt wurde. Da der Siebkorb bis zu 25 kg Honig aufnehmen kann und der erwärmte Honig sehr schnell und leicht zu sieben ist, hat sich ein Schleuderkessel mit zwei großen Auslaufhähnen als besonders vorteilhaft erwiesen. Um die Effizienz des Siebkorbes wieder zu steigern, kann es notwendig sein, die an der Innenwand ansitzenden Wachsrückstände mit einem Teigschaber vorsichtig abzunehmen. Nach Beendigung der Arbeit ist der Siebkorb aus der Schleuder herauszunehmen, mit kaltem Wasser zu reinigen und anschließend zu trocknen. Den in der Schleuder verbliebenen Honigrest läßt man bei Schrägstellung durch das Doppelsieb ablaufen.
Der Nachteil des maschinellen Siebes ist darin zu sehen, daß vermehrt kleine Luftbläschen in den Honig eingearbeitet werden, was dazu führt, daß das Klären des Honigs hinausgezögert wird.

Abb. 37: Zentrifuge zur Reinigung des Entdecklungswachses und zum Sieben des geschleuderten Honigs

5.2 Klären

Durch das Klären sollen kleinste Wachsteilchen und Luftbläschen, die das Sieb passiert haben, an die Oberfläche des Honigs gelangen. Dazu läßt man den Honig nach dem Sieben bei Zimmertemperatur noch einige Tage stehen. Die Dauer des Klärvorganges wird durch den Wassergehalt, die Temperatur und die Honigsorte bestimmt. Bei Honigen, die nicht zur raschen Kristallisation neigen (Honigtauhonige, Edelkastanienhonige, Robinienhonige usw.), kann man sich das Sieben des Honigs auch ersparen, indem man den Honig klären läßt und ihn dann von seinen unerwünschten Bei-

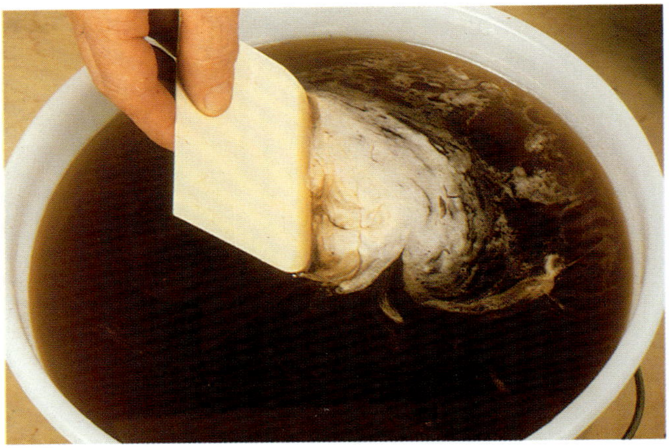

Abb. 38: »Geklärter« Honig mit feinsten Luftbläschen und Wachsteilchen an der Oberfläche des Gebindes

mengungen säubert. Dazu verwendet man am besten einen Teigschaber, der flach über die Oberfläche des Honigs geführt wird, und hebt zunächst die groben Verunreinigungen ab, um sie in einem bereitgestellten Gefäß abzustreifen. Um den Honig aber wirklich blank zu bekommen, muß er zunächst mindestens noch zweimal im Abstand von mehreren Tagen abgeschäumt werden, was dazu führt, daß die durch das Sieben gewonnene Zeiteinsparung wieder verloren geht.
In größeren Imkereien erfolgt das Klären des Honigs vielfach in beheizbaren Klärbecken oder -türmen mit einem Fassungsvermögen von 200–500 kg und mehr. Diese Behälter sind fast immer mit einem Rührwerk ausgestattet. Da frisch geschleuderte Honige von verschiedenen Völkern des gleichen Standortes aus unterschiedlichen Trachtquellen stammen und deshalb verschieden schmecken können, läßt sich auf diese Weise ein homogener Honig hinsichtlich des Geschmacks und Wassergehaltes erzeugen. Wenn man darauf achtet, daß beim Mischen des Honigs keine Luft eingearbeitet wird, so ist der Klärvorgang im beheizten Behälter innerhalb weniger Tage abgeschlossen. Nach dem Abschäumen ist der Honig verkaufsfähig, und die Abfüllung in Lagerbehälter oder Verkaufsgebinde kann erfolgen.
Schnell kandierende Honige, wie Rapshonige, oder aber auch extrem wasserarme und damit sehr zähflüssige Honige, wie manche Honigtauhonige, klären sich manchmal selbst unter Zuhilfenahme von hohen Temperaturen nur unzureichend oder überhaupt nicht. Die Klärung dieser Honige erfolgt einwandfrei und sicher mit dem

Gerät MELITHERM nach Spürgin (176, 396). Es handelt sich dabei um ein elektrisches Honigauftau- und Siebgerät, das sich aus folgenden Einzelteilen zusammensetzt (siehe Abb. 40):
- einem rostfreien Edelstahlmantel als Behälterwand,
- einem auswechselbaren Bodenteil, über das ein feines, besonders engmaschiges Seihtuch gespannt werden kann, und
- einer in der Temperatur regelbaren Heizspirale mit mehreren Windungen, die am Boden des Geräts flach aufliegt und diesen nahezu ausfüllt.

Das Gerät arbeitet nach folgendem Prinzip:
Der nicht geklärte Honig kann flüssig oder kandiert eingefüllt werden und wird nach kurzem Kontakt mit den Heizspiralen angewärmt, aufgetaut und schließlich dünnflüssig, so daß er durch das Seihtuch abfließen kann. Dabei bleiben feinste Wachsteilchen oder nicht lösliche Bestandteile hängen.
Da Honig ein sehr schlechter Wärmeleiter ist, lassen sich mit diesem Gerät bei Verwendung höherer Temperaturen auch »Problemhonige«, wie Heide- oder Melezitosehonige, verflüssigen und reinigen, ohne daß diese dadurch nennenswerte Qualitätseinbußen erfahren. Es muß jedoch beachtet werden, daß zwischen dem Auftaugerät und dem Auffangbehälter eine möglichst große Fallhöhe gewählt wird, damit der verflüssigte Honig wieder entsprechend abkühlen kann. Bei zusätzlicher Verwendung eines Gebläses kann die Effizienz dieser »Kühlstrecke« noch gesteigert werden. In diesem Falle läßt sich das Gerät auch zur »Nachtrocknung« geschleuderten Honigs einsetzen, wobei dem Honig mit jedem Durchlauf etwa 1,0 bis 1,5% Wasser entzogen werden kann.

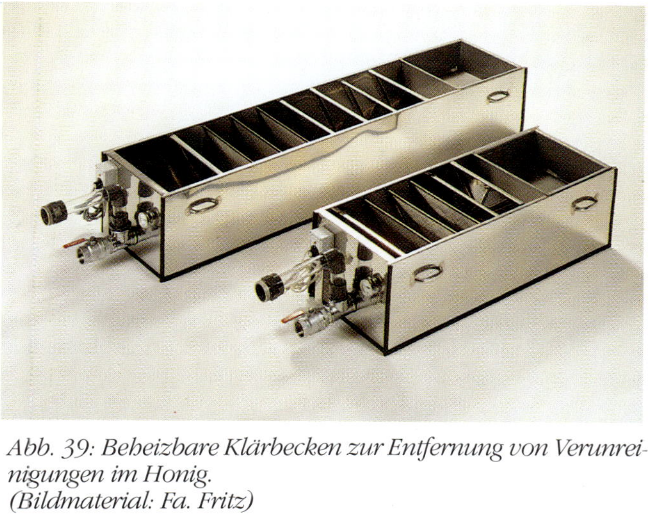

Abb. 39: Beheizbare Klärbecken zur Entfernung von Verunreinigungen im Honig.
(Bildmaterial: Fa. Fritz)

Abb. 40: Honigverflüssigungsgerät »Melitherm« nach Spürgin.
(Bildmaterial: K. Spürgin)

5.3 Die Kristallisation des Honigs und dessen Beeinflussung

Der Vorgang des Entstehens und Wachstums von Kristallen wird als Kristallisation bezeichnet. Die Kristallisation eines Honigs ist ein natürliches physikalisches Phänomen, das je nach Honigsorte früher oder später eintritt, wobei keinerlei chemische Veränderungen des kristallisierenden Stoffes stattfinden (394). Die Grundvoraussetzung für die Kristallisation eines Honigs ist das Überschreiten des Löslichkeitsproduktes, das heißt, das Vorliegen einer übersättigten Lösung. Diese ist instabil und geht durch das Ausfallen oder Auskristallisieren des überschüssigen Zuckers, insbesondere der Glucose, allmählich in einen stabilen, gesättigten Zustand über. Mit der Kristallisation verringert sich der Sättigungsgrad der Lösung. Ist die Lösung nicht mehr übersättigt, so wird der Vorgang der Kristallisation eingestellt.

Faktoren, die das Kristallisationsverhalten entscheidend beeinflussen, sind das Zuckerspektrum eines Honigs, dessen Wassergehalt, Lagertemperatur und Dauer der Lagerung, das Vorhandensein von Kristallisationskeimen sowie die verschiedenen Maßnahmen der Honigbearbeitung.

Das Zuckerspektrum eines reifen Honigs besteht überwiegend aus Glucose und Fructose. Blütenhonige enthalten etwa 70–80%, Honigtauhonige etwa 50–65% reduzierende Saccharide. Diese beiden Einfachzucker stammen zum Teil aus den Rohstoffen oder sie werden unter der Wirkung der Fermente des Bienenspeichels aus der in den Ausgangsstoffen enthaltenen Saccharose gebildet. Im Honig finden sich beide Zucker in unterschiedlichen Mengen. Meist überwiegt die Fructose mit Gehalten zwischen 34–41%, während die Glucosegehalte zwischen 28 und 35% liegen (177). Neue Methoden der Zuckeranalyse haben ergeben, daß das Zuckerspektrum des Honigs sehr groß ist (178, 179). Im wesentlichen wird die Kristallisation eines Honigs aber durch das Mengenverhältnis der beiden Monosaccharide Fruchtzucker und Traubenzucker bestimmt.

Das Verhältnis von Fructose zu Glucose ist einer der Parameter, die es erlauben, die Kristallisationstendenz eines Honigs im voraus abschätzen zu können.

Honige mit hohem Fructosegehalt kristallisieren sehr langsam und neigen nach erfolgter Kristallisation zur Erweichung und Entmischung. Dabei sinken die Kristalle des Traubenzuckers ab und werden von einer dunklen fructosereichen Flüssigkeit, der sogenannten »Mutterlauge«, überlagert. Derartige Honige sind nicht absetzbar, da sie den Anschein verdorbener Ware erwecken. Die Geschwindigkeit des Kristallwachstums läßt sich sogar durch eine mathematische Formel beschreiben (180).

Das Kristallisationsverhalten eines Honigs wird nicht nur vom Verhältnis der Monosaccharide Fructose zu Glucose, sondern auch durch das Verhältnis von »wahrer« Glucose zu Wasser entscheidend beeinflußt (181). Ist dieses Verhältnis größer als 2,1, so muß man auf jeden Fall mit einer Kristallisation des Honigs rechnen. Bei Werten kleiner als 1,7 bleibt der Honig dagegen mit großer Wahrscheinlichkeit flüssig (182). Honige mit Wassergehalten zwischen 15 und 18% zeigen eine ausgeprägte Kristallisationstendenz, während bei Honigen mit Wassergehalten von mehr als 18% die Neigung zur Kristallisation infolge der sinkenden Zuckerkonzentration abnimmt. Letzteres gilt auch für Honige mit niedrigem Wassergehalt, die aufgrund ihrer hohen Viskosität länger flüssig bleiben. Eine feine, weiche und streichfähige Kandierung zeigen in der Regel Honige mit einem Wassergehalt zwischen 17 und 18%, sehr wasserarme Honige sind in kristallisiertem Zustand oft »steinhart«, Honige mit höheren Wassergehalten bleiben weicher. Durch Mischen von Honigen unterschiedlicher Wassergehalte läßt sich ein optimaler Wert einstellen und damit eine gute Konsistenz erzielen.

Die Kristallisation des Honigs wird auch sehr stark von der Temperatur beeinflußt. Niedrige Lagertemperaturen wirken hemmend auf die Kristallisation, da sich durch die erhöhte Viskosität des Honigs die Diffusionsgeschwindigkeit der Moleküle verringert. Bei höheren Temperaturen kristallisiert Honig unter Bildung grober Kristalle. Wird Honig bei Temperaturen unter –45 °C gelagert, so erstarrt er, ohne zu gefrieren. Der Grund hierfür ist die hohe Zuckerkonzentration, die eine enorme Gefrierpunktserniedrigung bewirkt. Auch die Kandierung wird unterbunden, da aufgrund der eingeschränkten Molekülbewegung die Bildung von Kristallisationskeimen unterbleibt. Dieser Effekt ist schon bei einer Lagerung von 10 °C und weniger zu beobachten. Im Honig erfolgt bei niederen Temperaturen nahezu keine Kristallbildung, Honige, die mit einem Starter beimpft waren, blieben bei –1 °C zwei Jahre lang flüssig (183, 184). Die optimalen Lagertemperaturen bezüglich der Kristallisation eines Honigs liegen zwischen 10 und 18 °C, wobei möglichst niedrige Temperaturen anzustreben sind, um nachteilige Auswirkungen auf die Honigqualität auszuschließen. Nach Dyce (183, 184) kristallisieren Honige bei einer konstanten Temperatur von 14 °C am schnellsten. Die Lagertemperatur kandierter Honige beeinflußt auch deren Konsistenz und Streichfähigkeit. Weich kristalline Honige werden vorzugsweise kühl aufbewahrt, für grob kandierte Honige empfiehlt sich dagegen die Lagerung bei Zimmertemperatur. Honige mit durchschnittlicher Konsistenz bleiben über eine größere Temperaturspanne streichfähig.

Wird Honig bei Temperaturen von mehr als 25 °C gelagert, so verzögert sich die Kristallisation, da mit steigender Temperatur der Übersättigungsgrad des Honigs mit Glucose abnimmt, wobei Temperaturen von mehr als 30 °C den Beginn der Kristallisation sogar über Monate verhindern können. Honig kann über einen großen Zeitraum flüssig gehalten werden, wenn er zunächst mindestens 5 Wochen lang bei 0 °C und anschließend bei Temperaturen von 14 °C gelagert wird. Die auf diese Weise behandelten Honige bleiben zwei Jahre lang flüssig. Proben, die ohne eine vorausgehende kühle Lagerung direkt bei 14 °C aufbewahrt werden, sind innerhalb von 5 Wochen fest (185).

Durch eine gezielte Wärmebehandlung, bei der möglichst alle Kristallkeime zerstört werden, läßt sich das Kristallisieren eines Honigs verhindern oder stark verzögern (186). Auch Hadorn und Züricher (187) berichten, daß kristallisierte Honige nach einer Wärmebehandlung über einen Zeitraum von 8–12 Monaten flüssig bleiben. Dabei wird Honig kurzzeitig relativ hoch erhitzt und im Anschluß daran sofort abgekühlt, um Wärmeschäden zu vermeiden. Dieses Verfahren, das in der Milch- und Getränkeindustrie unter dem Begriff Pasteurisation bekannt ist, findet besonders in den USA, in Kanada und in Osteuropa Anwendung. Es bewirkt neben der Verhinderung der Kristallisation auch die Zerstörung der saccharophilen Hefen, die für die Gärung des Honigs verantwortlich sein können. Zur Durchführung eignen sich bestimmte technische, relativ kostspielige Vorrichtungen, wie Platten- und Röhrenwärmeaustauscher oder Heißluftzentrifugen. Der Nachteil all dieser Verfahren liegt darin, daß es zum Teil doch zu Qualitätsbeeinträchtigungen kommen kann, ins-

besondere dann, wenn der Honig nach dem Erhitzen nicht wieder schnell genug abgekühlt wird. In der Bundesrepublik und in den Ländern des benachbarten europäischen Auslandes werden diese Methoden zur Verhinderung der Kristallisation des Honigs nicht praktiziert.
Auch die Zeitdauer der Lagerung beeinflußt das Kristallisationsverhalten eines Honigs. Der im Zuge der »Nachreifung« des Honigs erfolgende allmähliche Abbau der Glucose nimmt mit höheren Temperaturen zu und führt zu einer Verschiebung des Zuckerverhältnisses zugunsten der Fructose, was die Kristallisationstendenz verringert.
Den Ausgangspunkt für die Kristallisation eines Honigs bilden sogenannte Kristallisationskeime (164). Darunter versteht man mikroskopisch kleine Partikel, wie Glucosekristalle, Pollenkörner oder Staubteilchen, an die sich weitere Kristalle anhaften. Diese »Primärkristalle« bilden sich bevorzugt an den Wänden und auf dem Boden der Lagergefäße und »wachsen«, indem sich neue Zuckerkristalle anlagern, worauf größere Strukturen entstehen, die sich untereinander vernetzen, was schließlich zur Ausbildung eines festen, räumlich angeordneten Kristallgefüges führt, in dessen Zwischenräumen die flüssigen Honigbestandteile haften (394).

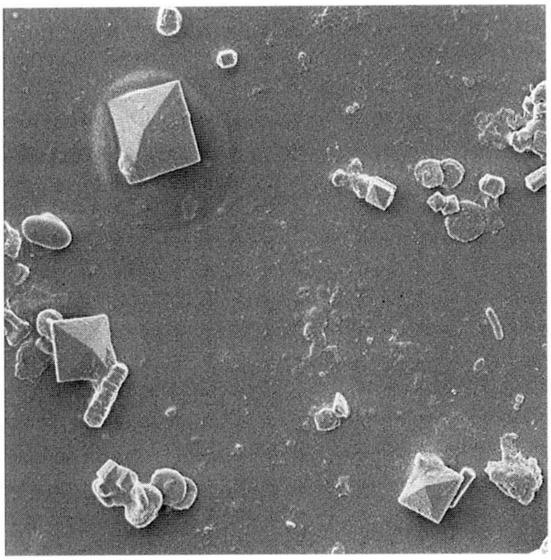

Abb. 41: Kleinste Kristalle und weitere Partikel (Primärkeime) in einem klarflüssigen Honig (Rasterelektronenmikroskopische Aufnahme, 3300fach)

Stehen keine oder nur wenige Kristallisationskeime zur Verfügung, so werden diese zunächst aus Glucosemolekülen aufgebaut, die sich aneinander anhaften, kleine Kriställchen bilden und sich in einer festgefügten Anordnung ausbreiten. Da die überschüssigen Glucosemoleküle in einer nur geringen Anzahl von Kristallen gebunden werden, wachsen diese dann bis zu Kristallsternen heran, die für einen grobkristallinen, »sandigen« Honig typisch sind (188).
Primärkristalle des Traubenzuckers bilden sich bevorzugt bei Temperaturen von 5–7 °C, das Wachstumsoptimum dieser Kristalle liegt bei 14–15 °C.
Die Art der Kristallisation verschiedener Honigsorten ist unterschiedlich, wobei Rapshonige von Haus aus meist feine Kristalle bei mittlerer bis fester Kandierung bilden, während z.B. unbehandelte Löwenzahnhonige sehr hart kandieren und grob auskristallisieren (189). Honige, die rasch zum Kandieren neigen, sollten nicht flüssig in den Handel gebracht werden, da sie schon nach kurzer Zeit erneut wieder auskristalli-

sieren und dadurch zum Teil recht unansehnlich werden. Der Imker sollte vielmehr bemüht sein, diese Honige in ihrer Kristallisation zu beeinflussen, um ihnen eine streichfähige, feinsteife Beschaffenheit zu geben. Dazu bieten sich grundsätzlich zwei Verfahren an (395):

- Mechanische Zerkleinerung der Kristalle in Bruchstücke und deren gleichmäßige Verteilung im Honig
- Beimpfen des flüssigen Honigs mit etwa 5–10% eines feinkristallinen »Starterhonigs«.

Die mechanische Bearbeitung des Honigs und die damit verbundene Beeinflussung seines Kristallisationsverhaltens beginnt schon mit dessen Gewinnung. Der Schleudervorgang bewirkt, daß die im Honig vorhandenen winzigen Glucosekristalle zerschlagen werden.

In kleineren Imkereien wird der Honig nach dem Abschäumen mit einem dreikantigen Buchenholzstab gerührt, wobei man mit einer der Kanten an der Gefäßwand entlang fährt und dadurch die Primärkristalle zerkleinert. Die so entstandenen Kristallbruchstücke werden nun, ohne Einarbeitung von Luft, gleichmäßig im Honig verteilt. Mit zunehmender Bearbeitungsdauer nehmen die Geschwindigkeit und die Feinheit der Kristallisation zu, da die Kristallisationskeime gleichmäßig im Honig verteilt werden und diese nicht zu groben Kristallansammlungen anwachsen können (siehe Abb. 41).

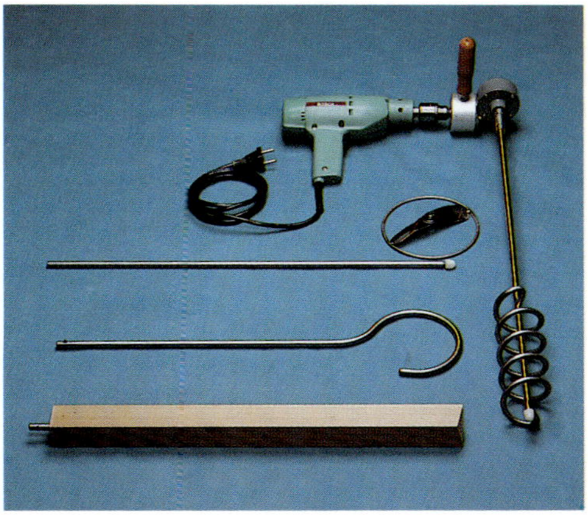

Abb. 42: Geräte zum Rühren von Honig zur Beeinflussung der Kristallisation. (Bildmaterial: Fa. Graze)

Wird der Honig bei etwa 14–15 °C trocken gelagert und täglich gerührt, so wird er bald trübe und erhält nach wenigen Tagen eine »breiige« Konsistenz. Sobald der Honig steif zu werden beginnt, ist es Zeit, ihn abzufüllen. Er kristallisiert nun feinkörnig und bleibt streichfähig, da durch das Rühren die Vernetzung zwischen den Kristallen herabgesetzt wird.

Den gleichen Effekt bietet der sogenannte »Honig-auf-und-ab«, eine an einem Metallstab befestigte Lochplatte, die im Honig ohne Einarbeitung von Luft auf und nieder bewegt werden muß.

Das Rühren des Honigs per Hand ist eine Knochenarbeit. Bei großen Honigmengen sind deshalb Rührgeräte mit Motorantrieb empfehlenswert. Im Fachhandel werden für diesen Zweck verschiedene Rührstäbe aus Holz und Metall angeboten, die nach Vorschalten eines Reduziergetriebes an den Motor einer Handbohrmaschine anzu-

schließen sind. Beim Kauf eines Rührstabes sollte darauf geachtet werden, daß dieser an der Oberfläche durch eine Plastikverkleidung geschützt ist, da man sonst Gefahr läuft, daß Metall- oder Plastikspäne vom Behälter in den Honig gelangen.
Manche Betriebe verwenden zum Rühren, Mischen und zur Beeinflussung der Kristallisation eines Honigs auch Teig- und Knetmaschinen, wie sie im Bäckerhandwerk Verwendung finden. Dabei wird der Rührarm so eingestellt, daß er ganz dicht an der Wandung des sich drehenden Kessels entlangstreicht. Bei einem leicht »angetauten« Honig wird die Kristallisation günstig beeinflußt, insbesondere dann, wenn der Honig noch weitgehend kristallin war. Den gleichen Effekt erzielt man, wenn ein auf diese Weise vorbehandelter Honig unter Ausschluß von Luft bei hohem Druck durch Düsen gepreßt wird. Diese Verfahren sind in der Kosmetikindustrie bei der Herstellung von Cremes und Pasten schon lange gebräuchlich (395).
Grob oder hart kristallisierte Honige lassen sich heute durch spezielle Mühlen oder Walzen zu cremigen, gut streichfähigen Honigen umarbeiten. Da die Kristalle untereinander nicht mehr vernetzt sind, haben diese Verfahren jedoch den Nachteil, daß die Konsistenz solcher Honige nicht stabil ist. In Abhängigkeit des Wassergehaltes neigen diese Honige früher oder später zur Entmischung. In Großimkereien findet heute die Lagerung des Honigs in Tanks statt, die beheizbar und mit einem Rührwerk ausgestattet sind. Nach dem Schleudern läuft der Honig in einen Klärbehälter und wird nach dem Abschäumen in die Lagertanks abgepumpt. In diesem Falle läßt sich die Kristallisation am besten durch den Zusatz eines »Starters« beeinflussen. Dabei wird der flüssige Honig mit etwa 10% eines feinkristallinen »Modellhonigs« beimpft (190, 191, 183, 184). Dieser Honig sollte zum leichteren Einarbeiten auf etwa 20 °C vorgewärmt sein. Die vollkommen homogene Verteilung des Starters im flüssigen Honig ist eine Voraussetzung für das Gelingen des Impfverfahrens (192). Dies läßt sich mittels Rührwerk problemlos bewerkstelligen, wobei darauf zu achten ist, keine Luft einzuarbeiten, um insbesondere bei wasserarmen Honigen Blütenbildung zu vermeiden. Nach Beendigung des Mischvorganges ist ein weiteres Umrühren nicht notwendig. Der Honig kann nun sofort abgefüllt werden. Während der »Kristallisationsphase« lagert der Honig in einem trockenen Raum mit möglichst konstanter Temperatur von 14 °C, die nicht wesentlich unter- oder überschritten werden darf. Unter optimalen Bedingungen beträgt die Dauer der Kristallisation 3 Tage, wobei jedoch schon geringe Temperaturschwankungen das Verfahren hinauszögern. In der Praxis wird daher mit einer Kristallisationsdauer von etwa 2 Wochen gerechnet. Dieses Impfverfahren ist für sämtliche Honigsorten anwendbar und gewährleistet die Stabilität der kristallinen Konsistenz des behandelten Honigs über mehrere Jahre.
Weitere Möglichkeiten zur Verhinderung der Kristallisation eines Honigs sollen in diesem Zusammenhang nur kurz erwähnt werden.
In den USA und in Kanada ist es üblich, den Honig zu filtrieren. Das Verfahren beruht darauf, aus dem Honig möglichst all diejenigen Bestandteile zu entfernen, die für die Kristallisation verantwortlich sind, insbesondere Pollenkörner, Glucosekristalle, Kolloide, Staubpartikel und Luftblasen (397).
Das Filtern von Honig unter Druck bei Verwendung von Diatomeenerde als Filterhilfe wurde zuerst von Lothrop und Paine (193) beschrieben. In der Folgezeit wurden weitere Methoden ausgearbeitet und verfeinert, die nach dem gleichen Prinzip funktionieren (194). All diese Verfahren sind jedoch abzulehnen, da sie nur unter Anwendung hoher Temperaturen durchführbar sind. Zudem werden dem Honig nicht nur typi-

sche Bestandteile wie Pollenkörner und andere Inhaltsstoffe entzogen, es kann sogar soweit führen, daß die Farbe und der Geschmack des Honigs verändert sind. Nach den Qualitätsvorschriften der Honigverordnung und den Richtlinien des Deutschen Imkerbundes e.V. sind derartige Verfahren nicht zulässig, da einem Honig weder Inhaltsstoffe entzogen, noch zugesetzt werden dürfen und dessen biologische Struktur nicht über ein festgelegtes Höchstmaß hinaus verändert werden darf.
Eine sehr elegante Methode zur Unterbindung der Kristallisation des Honigs wurde von Gontarski (195) in einem patentierten Verfahren entwickelt. Dabei werden die im Honig enthaltenen Glucosekristalle vollständig gelöst, sowie Fremdbestandteile und Luftbläschen entfernt, nicht jedoch honigtypische Inhaltsstoffe (397).
Durch die Anwendung von Ultraschall- und elektromagnetischen Wellen läßt sich die Kristallisationsgeschwindigkeit eines Honigs ebenfalls herabsetzen. Der Effekt der Ultraschallwellen beruht auf einer mechanischen Zerstörung der Glucosemoleküle. Da die im Honig enthaltenen Enzyme jedoch zum Teil beträchtlich geschädigt werden, ist dieses Verfahren zur Verhinderung der Kristallisation nicht geeignet. Im Gegensatz dazu führt die Anwendung von elektromagnetischen Wellen zu keinen Beeinträchtigungen der Honigqualität. Das Verfahren von Richter (196) wird direkt nach dem Schleudern des Honigs angewandt. Dabei wird der Honig beim Durchlaufen einer bestimmten Vorrichtung einem niederfrequenten elektromagnetischen Feld ausgesetzt, das mittels einer stromdurchflossenen Spule erzeugt wird. Ein auf diese Weise behandelter Honig soll über einen langen Zeitraum flüssig bleiben. In der imkerlichen Praxis hat sich dieses Gerät jedoch nicht durchgesetzt.

5.4 Blütenbildung

Kandierter, in Gläser oder Lagerbehälter abgefüllter Honig zeigt manchmal an der Oberfläche oder an der Wand weiß verfärbte Bereiche, die man als »Blütenbildung« bezeichnet.

Abb. 43: Kandierter Honig im Einheitsglas des DIB e.V. mit typischer »Blütenbildung«

Dieses Phänomen tritt besonders bei wasserarmen Honigen auf. Es ist darauf zurückzuführen, daß beim Auskristallisieren des Zuckers sehr viele kleine Hohlräume entstehen, die vom flüssigen Honiganteil nicht mehr ausgefüllt werden können. In diese Hohlräume dringt Luft ein, dadurch erscheint die Oberschicht des Honigs weiß.
Blütenbildungen treten besonders auch dann gehäuft auf, wenn wasserarme Honige in sehr trockenen Räumen gelagert werden. Dies hat zur Folge, daß aus der Oberfläche des Honigs Wasser verdunstet, worauf in die entstehenden Hohlräume des Kristallgefüges Luft einwandert. Honig, der aufgrund starker Temperaturschwankungen Ausdehnungs- und Schrumpfungsprozessen unterliegt, neigt ebenfalls verstärkt zu diesem Phänomen. Wird Honig bei Temperaturen unter 4 °C gelagert, so kommt es selbst bei auskristallisierten Honigen zur Blütenbildung, wobei als Folge der Schrumpfungsprozesse Luft in die entstehenden Hohlräume zwischen Honig und Gefäßwand eindringt.
Da die Blütenbildung unter normalen Lagerbedingungen nur bei wasserarmen Honigen in Erscheinung tritt, ist sie eigentlich als ein günstiges Qualitätsmerkmal anzusehen. Trotzdem erregen derartige Honige beim Verbraucher immer wieder Anstoß, da dieser aus Unkenntnis der Meinung ist, daß es sich bei der Blütenbildung um auskristallisierten Rohrzucker handeln könnte, der den Bienen unerlaubterweise zugefüttert wurde.

5.5 Verflüssigung von kristallisiertem Honig

5.5.1 Grundlegende Zusammenhänge

Naturbelassene Honige kristallisieren, von wenigen Ausnahmen abgesehen, früher oder später aus. Durch diesen Vorgang verändert sich nicht nur die Konsistenz, manche Honige verändern auch ihre Farbe und werden dadurch unansehnlich. Ein typisches Beispiel hierfür sind die Tannenhonige, die im kristallisierten Zustand eine unansprechende grau-grüne Färbung zeigen. Derartige Honige sind beim Verbraucher nicht geschätzt und lassen sich nur verflüssigt absetzen.
Die »schonende« Erhitzung des Honigs ist die gebräuchlichste Methode, um kandierten Honig »aufzutauen«, das heißt in einen flüssigen Zustand überzuführen. Dabei wird die zugeführte Energie von den Kristallen absorbiert, was dazu führt, daß die Molekularbewegung des im Kristallgitter verankerten Glucosemoleküls zunimmt. Bei anhaltender Wärmezufuhr verläßt es schließlich seinen angestammten Platz, wobei das Kristallgitter nicht mehr aufrechterhalten werden kann und der Honig schmilzt.
Um Wärmeschäden an den hitzelabilen Inhaltsstoffen möglichst geringfügig zu halten, wird empfohlen, den Honig nicht über 40 °C zu erwärmen (197). Bei dieser Temperatur erfolgt eine rasche Verflüssigung, wobei die vorhandenen Glucosemoleküle das Kristallgitter verlassen, dabei jedoch nicht vollkommen aufgelöst werden. Bleibt der Honig in diesem Zustand sich selbst überlassen, so kandiert er binnen weniger Wochen unter Bildung grober Kristalle, werden die Glucosekristalle homogen im Honig verteilt und dadurch mechanisch bearbeitet, so erlangt er eine weiche, sämige

und streichfähige Konsistenz. Honige mit grober, sandiger Kandierung sind im Vergleich zu feinkandierten Honigen nur mit größerem Energie- und Zeitaufwand zu verflüssigen.

5.5.2 Verflüssigung im Wasserbad

Die Wärmebehandlung des Honigs im Wasserbad ist die billigste und wohl gebräuchlichste Methode, Honig zu verflüssigen (396). Im Wasserbad wird der aufzulösende Honig durch die im Vergleich zur Luft hohe Wärmeleitfähigkeit des Wassers stets ausreichend mit Energie versorgt, so daß die Erwärmung und damit das Verflüssigen schneller erfolgt als im Medium Luft. Schon Büdel und Grziwa (198–200) berichten, daß das Auftauen von Honig im Wasserbad dessen Enzyme am wenigsten schädigt. Herold (201) ließ sich für diesen Zweck einen Topf mit eingebautem Temperaturregler anfertigen. In der Praxis wird heute vielfach ein beheizbarer und in der Temperatur regulierbarer Wassertopf verwendet, wie er im Handel in Form des Einkochautomaten für Säfte angeboten wird. Diese Einkochautomaten eignen sich besonders zum Auftauen kleinerer Honigmengen, wobei für ein 25-kg-Gebinde bei einer Wassertemperatur von 40 °C etwa 1–2 Tage veranschlagt werden müssen. Die Dauer ist abhängig von der Art des Honigs und dessen Kristallstruktur. Da kristallisierter Honig die Wärme sehr schlecht leitet und eine noch 10fach geringere Wärmeleitfähigkeit besitzt als im verflüssigten Zustand, kann durch gelegentliches Umrühren die Zeitspanne wesentlich verkürzt werden. Dabei ist jedoch immer darauf zu achten, daß der zu verflüssigende Honig nach Möglichkeit weitgehendst luftdicht verschlossen ist, um eine nachträgliche Wasseraufnahme zu vermeiden.

5.5.3 Verflüssigung im Wärmeschrank

Zum Verflüssigen größerer Honigmengen eignen sich auch Wärmeschränke, die sehr leicht und billig im Eigenbau hergestellt werden können (396). Für diesen Zweck lassen sich besonders alte, ausgediente Kühlschränke verwenden, die durch ihre gute Isolation mittels einer einfachen, regulierbaren Heizquelle sehr kostengünstig betrieben werden können. Im Vergleich zum Wasserbad schneidet der Wärmeschrank ungünstig ab, da Luft, die als wärmeleitendes Medium dient, eine sehr geringe Wärmeleit- und Wärmespeicherfähigkeit besitzt, und so dem Honig pro Zeiteinheit nur eine kleine Wärmemenge zuführt (198, 199). Die Verflüssigung eines Honiggebindes dauert bei einer Lufttemperatur von 40 °C beinahe doppelt so lange wie im Wasserbad mit der gleichen Temperatur. Dies führt zwangsläufig zu verminderten Honigqualitäten. Wird der erwärmte, aber noch nicht vollständig aufgetaute Honig durch Umrühren verteilt und damit die gleichmäßige Durchwärmung des Honigs verbessert, so läßt sich die Verflüssigungszeit erheblich verkürzen.

5.5.4 Verflüssigung unter Zuhilfenahme von Tauchwärmern

Bei den Tauchwärmern handelt es sich im Prinzip um modifizierte, überdimensionale Tauchsieder, wie sie in jedem Haushalt Verwendung finden (396). Dabei stehen die Heizschlangen nicht spiralenförmig übereinander, sondern mit geringem Abstand in einer kreisrunden Fläche angeordnet, um eine hohe Effektivität zu erzielen. Das Gerät ist mit einem Temperaturregler und einem Thermofühler ausgestattet, wodurch Wärmeschäden weitgehendst vermieden werden können. Der beheizte Tauchwärmer, der durch eine entsprechende Haltevorrichtung fixiert ist, wird im Kübel auf die Oberfläche des kandierten Honigs aufgesetzt. Durch sein Eigengewicht dringt er in den Honig ein, bis schließlich der Boden des Lagergefäßes erreicht und der Honig vollständig geschmolzen ist. Das Verflüssigen des Honigs mit Tauchwärmern erfolgt problemlos und in relativ kurzer Zeit, wenn mit höheren Temperaturen gearbeitet wird. Dabei wird der Honig, der mit den Heizschlangen in direkten Kontakt kommt, rasch geschmolzen. Je enger die Heizspiralen angeordnet sind, desto schneller wird der Honig verflüssigt. Wird das Gerät mit einer Temperatur von etwa 40 °C betrieben, so reicht diese nur aus, um den Honig zu schmelzen. Der Honig wird jedoch nicht klarflüssig, sondern flüssig-kristallin und gut mischfähig.
Die in den Abschnitten 5.5.2 bis 5.5.4 beschriebenen Methoden der Honigverflüssigung haben alle den Nachteil, daß der gesamte Behälterinhalt dem schädigenden Einfluß der Wärme bis zur vollständigen Verflüssigung ausgesetzt ist. Wird die in der Praxis empfohlene Höchsttemperatur von 40 °C nicht überschritten, so kann dies aufgrund der dafür notwendigen Zeit trotzdem zu Beeinträchtigungen der Qualität führen. Dies gilt insbesondere, wenn große Gebinde aufgetaut werden sollen.
Der Nachteil der Qualitätsminderung kann bei Verwendung von Wärmevorrichtungen, bei denen der geschmolzene Honig kontinuierlich abfließen kann, weitgehend vermieden werden. Nach diesem Prinzip arbeitet das Melitherm-Gerät (176).

5.5.5 Verflüssigung mit dem Melitherm

Das Melitherm-Gerät arbeitet in umgekehrter Weise wie die im Handel erhältlichen Tauchwärmer (396). Es besteht aus vier Einzelteilen, einem Edelstahlmantel mit festem Metallgitterboden als Behälter für den Honig, einem engmaschigen Seihtuch, einem Abdichtring und einem Heizgerät, dessen Temperatur durch einen Thermostaten geregelt werden kann. Die Heizschlangen des Gerätes sind ebenso angeordnet wie die eines Tauchwärmers und befinden sich direkt auf dem Metallboden des Honigbehälters, über den ein besonders feinmaschiges Seihtuch gespannt und mittels Abdichtring fixiert wird. Bei Kontakt der erwärmten Heizschlangen schmilzt der Honig, wird dünnflüssig und kann durch das feine Seihtuch in einen Auffangbehälter oder in eine Abfüllkanne abfließen. Das Gerät arbeitet bei Temperaturen von 55–60 °C, ohne den Honig dadurch nennenswert zu schädigen (202). Die Ursache ist darin zu sehen, daß der Honig nur für eine sehr kurze Zeitdauer mit den Heizschlangen in direktem Kontakt steht und nach Verlassen des Auftaubehälters keiner erneuten Wärmezufuhr ausgesetzt wird. Der überstehende kandierte Honig drückt nach und durchläuft den gleichen Prozeß, ohne dabei zunächst erwärmt zu werden. Wird der verflüssigte Honig nach dem Passieren des Seihtuches rasch abgekühlt, was durch die Wahl einer entsprechend großen Fallhöhe zwischen Auftau- und Auffangbehälter, oder durch ein zusätzliches Kühlen mittels Luftstrom bewerkstelligt werden kann, so lassen sich Qualitätsminderungen nahezu vollständig vermeiden. In diesem Falle kann das Gerät sogar zur »Nachtrocknung« eingesetzt werden, wobei dem Honig bei jedem Durchlauf etwa 1,0–1,5% Wasser entzogen wird.

5.5.6 Verflüssigung mit Hilfe von Mikrowellen

Die Verflüssigung von Honig durch die verschiedenen Methoden der konventionellen Wärmebehandlung bewirkt im zu erwärmenden Gut ein Temperaturgefälle von außen nach innen, das über den Vorgang der Wärmeleitung ausgeglichen wird. Im Gegensatz dazu dringen bei der Erwärmung durch Mikrowellen elektromagnetische Wellen unmittelbar in das Innere des Honigs ein und erzeugen hier Wärme (397).
Als Mikrowellen bezeichnet man elektromagnetische Wellen im Bereich der Ultrahochfrequenz (300 MHz bis 300 GHz) mit einer Wellenlänge von 1 m bis zu 1 mm. Bei der Anwendung von Mikrowellen wird Honig in ein hochfrequentes Wechselfeld eingebracht. Die dabei auftretende Erwärmung ist hauptsächlich auf dielektrische Verluste zurückzuführen, welche ihre Ursachen in einer Erregung von Molekülen mit Dipolcharakter haben.
Darunter versteht man Moleküle, bei denen die Schwerpunkte der negativen und positiven Ladungen räumlich voneinander getrennt sind. Sie werden auch als permanente Dipole bezeichnet. In einem schnell wechselnden elektrischen Feld versuchen diese Moleküle sich in die jeweilige Richtung des Wechselfeldes einzustellen. Dabei werden sie im Takt des Spannungswechsels gedreht, was zur Erwärmung des Honigs führt.
Zu den Inhaltsstoffen des Honigs, die diese Eigenschaften aufweisen, gehören die Aminosäuren, die Peptide, die Proteine, die verschiedenen Zucker und insbesondere das Wasser.

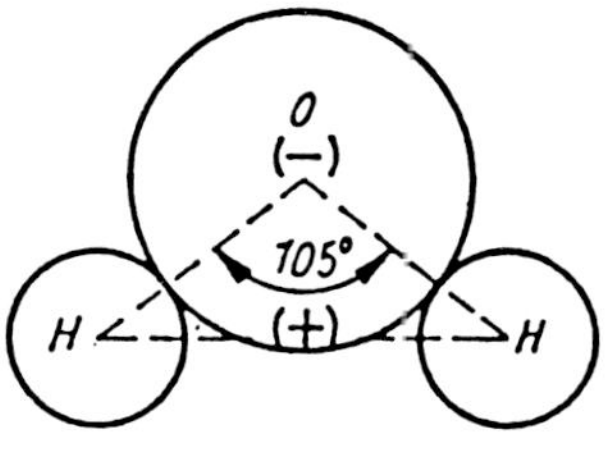

Abb. 44: Das Wassermolekül als Dipol

Zur Wärmebildung tragen in geringem Umfang auch die im Honig frei beweglichen Ionen bei sowie Moleküle mit symmetrischer Ladungsverteilung, in denen unter dem Einfluß des elektrischen Wechselfeldes kleine Dipole induziert werden.
Die Eignung von Mikrowellen für die Verflüssigung von Honig ist abhängig von folgenden Parametern:
- der Eindringtiefe der Mikrowellen, repräsentiert durch die Stärke des elektrischen Wechselfeldes,
- der nutzbaren Mikrowellenfrequenz,
- der Feldverteilung im Mikrowellengerät,

– den stofflichen Inhomogenitäten im Honig
– und dem Einfluß der Behältergröße und -form.

Da Mikrowellen von Metallen reflektiert werden, muß sich der zu verflüssigende Honig in Behältern befinden, deren Materialien Nichtleiter darstellen, wie z.B. Glas, Keramik oder Kunststoff. Untersuchungen über die Eignung von Mikrowellen zur Verflüssigung von kandiertem Honig wurden von Lackett und Wilson (203) sowie von Dettling (204) durchgeführt. Während Lackett und Wilson den Verflüssigungsgrad und die Erwärmung des Honigs in Abhängigkeit von der Behandlungszeit untersuchten, wurde von Dettling geprüft, inwieweit sich die Parameter Mikrowellenleistung, Behandlungsdauer und Gefäßform auf die Enzymaktivitäten von Honigen mit unterschiedlichen chemisch-physikalischen Eigenschaften auswirken. Der Nachweis der Wärmeschäden erfolgte durch Bestimmung der Enzymaktivitäten von Invertase und Glucoseoxidase vor und nach der Mikrowellenbehandlung.

Folgende Ergebnisse wurden erzielt:

– Mit abnehmender Leistungsstufe des Gerätes und daraus resultierender längerer Behandlungsdauer des Honigs konnte eine Enzymschädigung reduziert werden.
– Die chemisch-physikalischen Eigenschaften des Honigs wirkten sich dahingehend aus, daß hohe pH-Werte, geringe Wassergehalte sowie hohe Fructose- und niedrige Glucosekonzentrationen Enzymschädigungen verminderten.
– Honige mit weicher, feiner Kristallisation ließen sich mit geringerem Energieaufwand und daher enzymschonender verflüssigen als harte, grob kandierte Proben.
– Bei Edelkastanien- und Honigtauhonigen verursachte die Mikrowellenbehandlung im Vergleich zur konventionellen Erwärmung keine Enzymschädigung, normale Blütenhonige zeigten jedoch erheblich verringerte Aktivitäten.
– Bei einer organoleptischen Prüfung konnten keinerlei Unterschiede zwischen den durch Mikrowellen verflüssigten und den nach der herkömmlichen Methode aufgetauten Honigproben festgestellt werden.
– Wärmeschäden an Honigen nach Mikrowellenbehandlung konnten nur durch die hitzeempfindlichen Enzyme Invertase und Glucoseoxidase nachgewiesen werden. Die Diastase und das HMF erwiesen sich als Indikator für eine Qualitätsminderung ungeeignet.
– Durch den Einsatz von Mikrowellen war es nicht möglich, Melezitosehonige in der Wabe an- oder sogar aufzutauen und somit schleuderbar zu machen. Die Erwärmung des Honigs führte zu einem Erweichen der Wachsstruktur noch vor dem Schmelzen des kristallisierten Honigs.

Das Ziel bei der Anwendung von Mikrowellen zum Auftauen von Honig muß darin bestehen, eine ausreichende Verflüssigung bei minimalen Enzymverlusten zu erreichen. Leider lassen sich keine festen Richtwerte erarbeiten, da der Behandlungserfolg von den chemisch-physikalischen Eigenschaften des Honigs wie auch von anderen Faktoren (z.B. Menge, Gebindeform, Honigzusammensetzung, Kristallstruktur, Inhomogenitäten des Mikrowellenfeldes, pH-Wert usw.) abhängig ist.

Inwieweit Mikrowellen neben der reinen Wärmewirkung auch eine spezifische Veränderung von Molekülen bewirken können, ist bis heute noch nicht eindeutig geklärt. In der Diskussion steht in diesem Zusammenhang das Hydroxyprolin, das auf diesem Wege über athermische Reaktionen gebildet werden soll. Nach Reuter (205) können solche Veränderungen in Lebensmitteln jedoch nicht auftreten, da die Quantenenergie der Strahlung für diese Reaktionen nicht ausreichend ist.

5.5.7 Sonstige großtechnische Verfahren

Alle großtechnischen Verfahren beruhen darauf, den Honig für eine kurze Zeitdauer relativ hoch zu erhitzen und ihn dann wieder schnell abzukühlen, um Wärmeschäden zu verhindern. Dafür bieten sich verschiedene Techniken an (Plattenwärmetauscher), wobei hier nur einige wenige Möglichkeiten erwähnt werden sollen.
Ein einfaches System besteht in einem doppelwandigen Tank mit Rühreinrichtung, der abwechselnd mit heißem oder kaltem Wasser beschickt werden kann. Während fester Honig schnell geschmolzen wird, erfolgt das Abkühlen relativ langsam. Beschleunigen läßt sich diese Phase dadurch, daß der Honig direkt nach dem Verflüssigen in einen separaten Behälter gepumpt und hier gekühlt wird. Andere Verfahren beruhen darauf, daß Honig beim Passieren von Metallplatten erhitzt und im Anschluß daran rasch abgekühlt wird. Diese Anlagen sind relativ kostspielig, aber sehr effizient. Sie finden besonders in größeren Abfüllbetrieben Verwendung.
Alle Methoden der Honigverflüssigung, die kurzzeitig mit höheren Temperaturen arbeiten, haben den weiteren Vorteil, daß insbesondere bei Honigen mit kritischen Wassergehalten die Fermentation unterbunden wird. Nach Townsend (206) werden Hefen bei Temperaturen von 63 °C nach 7,5 Minuten, bei 69 °C nach 1 Minute und bei 71 °C sofort abgetötet.

5.6 Die Gärung des Honigs

Die Fermentation eines Honigs wird durch osmophile (zuckertolerante) Hefen verursacht, die in jedem Honig in unterschiedlicher Anzahl enthalten sind. Diese Mikroorganismen produzieren aus den im Honig enthaltenen Zuckern zunächst Alkohol, der bei weiterer Aktivität der Hefezellen in Essigsäure und Kohlendioxid abgebaut wird. Letzteres ist für das »Treiben« eines gärenden Honigs verantwortlich (siehe Abb. 45). Honige, die sich im Anfangsstadium der Fermentation befinden, zeigen ein angenehm fruchtiges Aroma, das sich mit fortschreitender Gärung jedoch schnell verliert, wobei ein »bierartiger« Geschmack der Hefezellen immer stärker in den Vordergrund tritt. Bei der Untersuchung solcher Honige ließen sich zahlreiche verschiedene Hefen isolieren (207).

Tab. 25: *Isolierte Hefen aus fermentierten Honigen (207)*

Art	Art
Nematospora ashbya gossypii	Zygosaccharomyces barkeri
Saccharomyces bisporus	Zygosaccharomyces japonicus
Saccharomyces torulosus	Zygosaccharomyces mellis
Schizosaccharomyces octosporus	Zygosaccharomyces mellis acidi
Schwanniomyces occidentilis	Zygosaccharomyces nussbaumeri
Torula mellis	Zygosaccharomyces priorianus
Zygosaccharomyces spp.	Zygosaccharomyces richteri

Hohe Wassergehalte, ungünstige Lagertemperaturen und ein hoher Gehalt an Hefezellen begünstigen die Gärung des Honigs. Daneben können aber auch die Asche- und Stickstoffgehalte sowie die Kristallstruktur eines Honigs dessen Tendenz zur Gärung beeinflussen.

Abb. 45: Gärender Honig im Glas

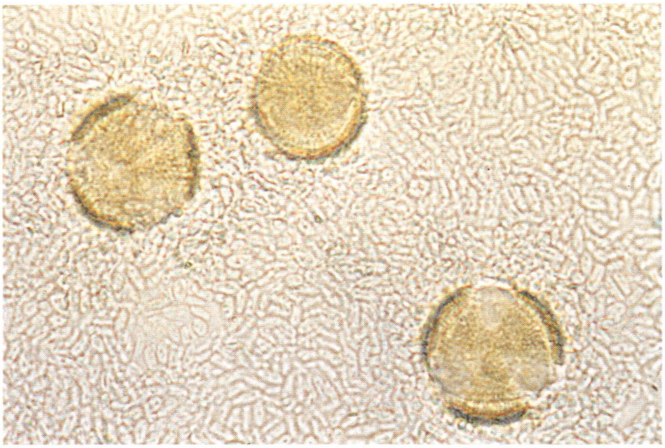

Abb. 46: Sediment eines gärigen Honigs unter dem Lichtmikroskop, mit typischem, dichtem Hefeteppich.

5.6.1 Der Einfluß des Wassergehaltes

Den größten Effekt von den vorgenannten Faktoren übt dabei sicherlich der Wassergehalt aus. Lochhead (208) untersuchte an 319 Honigen den Zusammenhang zwischen Wassergehalt und Gärungstendenz und kam dabei zu folgendem Ergebnis:

Tab. 26: *Zusammenhang zwischen dem Wassergehalt eines Honigs (% Chataway) und dessen Gärungstendenz*

Wassergehalt [%]	Gärungstendenz
< 17,1	keine, unabhängig von der Zellzahl
17,1–18,0	keine, wenn Zellzahl < 1000/g
18,1–19,0	keine, wenn Zellzahl < 10/g
19,1–20,0	keine, wenn Zellzahl < 1/g
> 20,1	permanente Gärungsgefahr

5.6.2 Der Einfluß der Lagertemperatur

Neben dem Wassergehalt spielt die Lagertemperatur eines Honigs sicherlich eine weitere entscheidende Rolle für dessen Haltbar- und Lagerfähigkeit. Wilson und Marvin (209, 210) fanden heraus, daß die optimalen Bedingungen für das Wachstum osmophiler Hefen im Temperaturbereich zwischen 13 und 21 °C liegen. Wird Honig bei Temperaturen von mehr als 27 °C gelagert, so setzt die Fermentation selbst in unreifen Honigen nur sehr langsam ein, während wasserarme, reif geerntete Honige fast überhaupt nicht in Gärung übergehen. Eine Lagerung bei solch hohen Temperaturen verbietet sich jedoch, da alle ernährungsphysiologisch wichtigen Inhaltsstoffe des Honigs hitzelabil sind, was deren raschen Abbau zu Folge hätte. Nach Marvin (211) können sich Hefezellen bei Temperaturen unter 11 °C nicht vermehren, so daß sich durch kühle Lagerung eine Fermentation des Honigs verhindern läßt. Diesen Umstand nutzen heute schon viele Großimker aus, die ihren Honig in entsprechenden Kühlräumen bei ganzjährig konstanten Lagertemperaturen von etwa 8–10 °C aufbewahren.

Abb. 47: Gekühltes Honiglager der Landesanstalt für Bienenkunde der Universität Hohenheim

5.6.3 Der Einfluß der Kristallstruktur

Die Lagerfähigkeit eines Honigs wird auch von dessen Zustand beeinflußt. Kandierte, wasserreiche Honige gehen dabei sehr viel schneller in Gärung über als flüssige. Dieser Umstand beruht auf der Tatsache, daß sich beim Auskristallisieren der Glucose aus der Zuckerlösung des Honigs eine überstehende, wasserreiche Phase (Mutterlauge) bildet. Sie kommt dadurch zustande, daß bei der Kristallbildung des Traubenzuckers (Glucose) weniger Wasser gebunden wird, als im Honig enthalten ist, so daß neben der kristallisierten Phase eine weitere flüssige Phase mit »Wasserüberschuß« entsteht, in der hauptsächlich die Fructose gelöst ist. Die wasserreiche Mutterlauge bildet ein ausgesprochen günstiges Medium für das Wachstum osmophiler Hefen.

Abb. 48: »Abgesetzter« Honig mit kristallisierter Glucose und darüberstehender wasserreicher »Mutterlauge«

5.6.4 Der Einfluß der relativen Luftfeuchte

Schon geringe Veränderungen im Wassergehalt eines Honigs können dessen Gärungstendenzen entscheidend beeinflussen. Dabei ist besonders zu beachten, daß Honig hygroskopisch ist, das heißt, bei entsprechenden Gegebenheiten Wasser aus der Luft aufnehmen (hohe relative Luftfeuchte), aber auch wieder an sie abgeben kann (niedere relative Luftfeuchte). Diese Vorgänge werden von der Temperatur, dem Wassergehalt des Honigs und der Luft, sowie vom Luftdruck beeinflußt. Für jeden Honig gibt es eine relative Luftfeuchte, bei der er weder Wasser aufnimmt noch abgibt. Diese Gleichgewichtsluftfeuchte ist hauptsächlich vom Wassergehalt des Honigs abhängig.

Wenn Honig Wasser aufnimmt, so geschieht das an der Oberfläche der Gebinde, insbesondere dann, wenn diese nicht luftdicht verschlossen sind und Honig in feuchten Räumen gelagert wird. Aufgrund der hohen Viskosität des Honigs gelangt das absorbierte Wasser nur sehr langsam in tiefere Schichten. MARTIN (212) hat diese Vorgänge im Honig untersucht. Dabei wurde Honig mit einem Wassergehalt von 22,5% 24 Tage lang bei 86% relativer Luftfeuchte gelagert. Nach etwa drei Wochen betrug der Wassergehalt an der Honigoberfläche schon 29,6%, in 2 cm Tiefe wurden 23,0% gefunden, wohingegen in 6 cm Tiefe, selbst nach 72 Tagen, noch keinerlei Zunahmen gegenüber dem Ausgangsgehalt festgestellt wurden. In diesem Zusammenhang wurde auch der Einfluß der relativen Luftfeuchte auf das aerobe und anaerobe Wachstum von Hefen im Honig untersucht. Dabei wurden folgende Ergebnisse erzielt:

- Wird Honig einer relativen Luftfeuchte von 66% ausgesetzt, so verringert sich dessen Wassergehalt an der Oberfläche, während er in tieferen Schichten unverändert bleibt. In solchen Honigen erfolgt ein aerobes Wachstum nur sehr schwach, während ein anaerobes Wachstum überhaupt nicht stattfindet, vorausgesetzt der Wassergehalt an der Honigoberfläche übersteigt nicht 21,5%.
- Wird der gleiche Honig einer relativen Luftfeuchte von 86% ausgesetzt, so steigt der Wassergehalt an der Oberfläche innerhalb von 17–30 Tagen auf Werte zwischen 28 und 29% und führt hier zu starkem aeroben Wachstum, während das anaerobe Wachstum von Hefezellen in tieferen Honigschichten sehr gering bleibt.
- Mit der Aufnahme von Feuchtigkeit aus der Luft erhöht sich neben dem Wasser auch der Pollengehalt an der Oberfläche des Honigs, was ein aerobes Wachstum von Hefen zusätzlich begünstigt.

Die Fermentation eines Honigs wird, soweit dieser reif geerntet wurde, hauptsächlich von den Bedingungen der Honiglagerung beeinflußt.

5.7 Honiglagerung

Honig kann, im Gegensatz zu fast allen anderen Nahrungsmitteln bei entsprechender Lagerung über Jahre hinweg ohne Qualitätseinbußen aufbewahrt werden, wenn der Lagerraum bestimmte Voraussetzungen erfüllt. Die gute Lagerfähigkeit ist besonders für den Imker von Vorteil, da er dadurch, im Gegensatz zu allen anderen landwirtschaftlichen Produkten, jahreszeitlich bedingte Angebots- und Nachfrageschwankungen besser ausgleichen kann. Grundsätzlich sollte der Honig während des gesamten Jahres in ausreichender Menge zur Verfügung stehen, so daß keine Versorgungsengpässe entstehen können. Wer Kunden gewinnen will, muß, um diese zukünftig auch halten zu können, jederzeit lieferbereit sein. Dies ist besonders in der Imkerei nicht immer gewährleistet, da

- die Honigernte nur an drei bis vier Monaten im Jahr möglich ist,
- beträchtliche Ertragsschwankungen von Jahr zu Jahr vorkommen
- und sogar völlige Mißernten auftreten können.

Gerade die beim Kunden besonders begehrten Wald- und Tannenhonige können nicht jedes Jahr geerntet werden. Für sie gilt in ganz besonderem Maße der Ausspruch:
»Honig schleudern, nicht verschleudern.«
Auf gute Honigjahre folgen in der Regel schlechte, oft sogar absolute Fehljahre. Die schwankenden Erträge und die daraus resultierenden unsicheren Einkommensverhältnisse in der Imkerei wurden schon sehr früh erkannt. Unter den Berufsimkern gilt deshalb folgender Spruch:
»Ein Honigjahr auf der Bank, ein Honigjahr im Volk und ein Honigjahr am Lager.«
Dabei macht sich die Lagerhaltung doppelt bezahlt.

5.7.1 Lagerräume

Durch richtige Lagerung eines Honigs kann man diesen über viele Jahre aufbewahren, ohne nennenswerte Qualitätsbeeinträchtigungen befürchten zu müssen.
Die wichtigsten Voraussetzungen, die ein Raum erfüllen muß, damit er sich für die Lagerung von Honig eignet, sind:
- niedrige Temperaturen mit möglichst geringen Schwankungen während des gesamten Jahres,
- geringe Luftfeuchtigkeit und
- neutraler Geruch.

Untersucht man die in einem Haus zur Verfügung stehenden Räume hinsichtlich ihrer Eignung für die Honiglagerung, so bemerkt man schnell, daß diese Optimalbedingungen selten gleichzeitig erfüllt werden können. Während Kellerräume normalerweise die gewünschte Temperatur bieten, liegen deren Luftfeuchtigkeitswerte oft viel zu hoch. Im Gegensatz dazu erweisen sich Bühnenräume unter dem Dach als relativ trocken, sie unterliegen aber häufig starken Temperaturschwankungen, wobei es im Sommer sogar zur Überhitzung und somit zur Beeinträchtigung der Honigqualität kommen kann.
Wird Honig bei höheren Temperaturen gelagert, so werden wertvolle Inhaltsstoffe, wie z.B. die verschiedenen hitzelabilen Enzyme, rasch abgebaut. Nach White et al. (213) besteht folgender Zusammenhang zwischen der Lagertemperatur und der Geschwindigkeit des Enzymabbaus im Honig.

Tab. 27: *Zusammenhang zwischen der Lagertemperatur und der Halbwertszeit* der Honigenzyme Diastase und Saccharase (berechnete Werte nach White, 213)*

Temperatur	**Halbwertszeit**			
°C	Diastase		Saccharase	
10	12 600	Tage	9600	Tage
20	1 480	Tage	820	Tage
25	540	Tage	250	Tage
30	200	Tage	83	Tage
32	126	Tage	48	Tage
35	78	Tage	28	Tage
40	31	Tage	9,6	Tage
50	5,38	Tage	1,28	Tage
60	1,05	Tage	4,7	Stunden
63	16,2	Stunden	3,0	Stunden
70	5,3	Stunden	47	Minuten
71	4,5	Stunden	39	Minuten
80	1,2	Stunden	8,6	Minuten

*Halbwertszeit: Zeitspanne, in der die Honigenzyme auf die Hälfte ihrer Ausgangskonzentrationen abgesunken sind.

Aus der Tabelle wird ersichtlich, daß kein linearer Zusammenhang zwischen der Höhe der einwirkenden Temperatur und dem Aktivitätsverlust der Enzyme besteht.

Die Verminderung ist von
- der Höhe der Temperatur und
- der Zeitdauer der Einwirkung

abhängig. Eine lange Lagerzeit des Honigs bei Zimmertemperatur kann den gleichen Effekt hervorrufen wie eine kurzzeitige hohe Erhitzung. Im direkten Vergleich reagiert die Saccharase auf Hitzeeinwirkung wesentlich empfindlicher, als die Diastase. Bei einer Lagerung von 10 °C ist die Wirkungsabnahme für beide Enzyme verschwindend gering. Bei 20 °C verringert sich die Saccharaseaktivität um etwa 1,5–1,7% pro Monat, während eines Jahres um etwa 20–25% des Ausgangswertes. Eine Erhitzung auf 60 °C führt schon nach wenigen Stunden zum vollständigen Aktivitätsverlust.

Neben den genannten Enzymen Saccharase und Diastase findet sich im Honig ein weiterer wärme- und lichtempfindlicher Inhaltsstoff, die Glucoseoxidase, der die inhibitorische Wirkung des Honigs zugeschrieben wird. Lichtdurchlässige Behälter sollten deshalb in dunklen, möglichst fensterlosen Lagerräumen aufbewahrt werden. Dies ist auch der Grund dafür, warum Honiggläser nicht über längere Zeit an exponierten Stellen wie im Schaukasten oder auf dem Fensterbrett dem Sonnenlicht ausgesetzt werden dürfen. Im Haushalt ist der geeignetste Aufbewahrungsplatz für Honig die Speisekammer oder der Kühlschrank.

Mit dem Abbau der Enzyme einhergehend führt die Erwärmung des Honigs zur Bildung von Hydroxymethylfurfural (HMF). Dieses Produkt entsteht durch Abspaltung von Wasser aus den im Honig enthaltenen Zuckern, insbesondere dem Fruchtzucker (siehe 7.4). Es kann als Indikator für Honigverfälschungen durch Invertzuckerfütterung oder aber als Nachweis von Wärme- und Lagereinflüssen herangezogen werden. Frisch geschleuderte Honige enthalten zumindest in den gemäßigten Klimaten kein oder nur sehr wenig HMF (214–216, 226). Die Menge des im Honig gebildeten HMF hängt von folgenden Parametern ab:
- der Höhe der Temperatur, der der Honig ausgesetzt wird,
- der Zeitdauer der Temperatureinwirkung und
- dem pH-Wert des Honigs.

Daneben scheint es noch weitere Faktoren zu geben, die die Bildungsgeschwindigkeit von HMF beeinflussen. White und Mitarbeiter (217) haben für verschiedene Temperaturen die Zeit berechnet, in der ein Honig 30 ppm HMF bildet, und kamen dabei zu folgendem Ergebnis:

Tab. 28: *Zeitspanne, in der ein Honig bei verschiedenen Temperaturen 30 ppm HMF bildet (White et al., 217)*

Temperatur °C	Zeit
30	150 –250 Tage
40	20 – 50 Tage
50	4,5– 9 Tage
60	1 – 2,5 Tage
70	5 – 14 Stunden

Wird Honig bei Temperaturen zwischen 12 °C und 14 °C gelagert, so beträgt die jährliche Zunahme des HMF-Gehaltes bei Honigtauhonigen etwa 3 ppm, bei Blütenhonigen etwa 5–6 ppm (218).

Neben der Temperatur spielt auch der Wassergehalt der Luft (relative Luftfeuchtigkeit) eine entscheidende Rolle für die Lagerfähigkeit eines Honigs. Dies gilt insbesondere dann, wenn Honig in Räumen mit hoher relativer Luftfeuchte gelagert wird und die Behälter nicht luftdicht abschließen. In diesen Fällen kommt es aufgrund der hygroskopischen Eigenschaften zu einer Wasseraufnahme an der Honigoberfläche, was dessen Tendenz zur Fermentation stark begünstigt (siehe 5.6.1). Die Neigung des Honigs, Wasser aufzunehmen, hängt auch von der Temperatur ab (219). Wird bei einer bestimmten Lagertemperatur eine entsprechende relative Luftfeuchte überschritten, so nimmt der Honig Wasser auf. Dabei wurden folgende Zusammenhänge gefunden.

Tab. 29: *Beginn der Wasseraufnahme des Honigs in Abhängigkeit von Lagertemperatur und relativer Luftfeuchte*

Temperatur °C	relative Luftfeuchte größer als
10	54%
20	60%
30	70%
34	75%
40	55%

Daraus ergibt sich für die Praxis, daß ein kalter Lagerraum auch eine niedrige relative Luftfeuchte aufweisen muß. Durch Erhöhung der Raumtemperatur kann ein feuchter Raum als relativ trocken empfunden werden, nach Abkühlung erscheint die Luft dann aber wieder feuchter.
Die hygroskopischen Eigenschaften eines Honigs werden jedoch auch durch dessen Wassergehalt bestimmt. Der Zusammenhang zwischen Wassergehalt und Luftfeuchte wird durch die »Gleichgewichtsluftfeuchte« beschrieben. Darunter versteht man den Zustand, bei dem der Honig weder Wasser aufnimmt, noch abgibt. Martin (212) untersuchte diese Zusammenhänge an einem Kleehonig und kam dabei zu folgendem Ergebnis:

Tab. 30: *Gleichgewichtsfeuchte eines Kleehonigs in Abhängigkeit von der relativen Luftfeuchte des Lagerraumes und seines Wassergehaltes (%-Chataway)*

Relative Luftfeuchte [%]	Wassergehalt [%]
50	15,9
55	16,8
60	18,3
65	20,9
70	24,2
75	28,3
80	33,1

Da die Luftfeuchte neben der Temperatur die Qualität des Honigs während der Lagerung entscheidend beeinflußt, sollte sie ständig überwacht werden. Dies geschieht am besten mit Hilfe von Hygrometern, die im Fachhandel erhältlich sind. Der Imker

kann sich jedoch auch ohne dieses Instrument ein Bild von der Luftfeuchte in seinem Honiglager machen. Dazu gibt man entweder fest kristallisierten oder einige Tropfen dickflüssigen Honigs in eine Schale und läßt diese über längere Zeit offen stehen. Wenn der kandierte Honig feucht wird oder die Tropfen auseinanderlaufen und sich in einer Fläche ausbreiten, so ist dies ein Zeichen dafür, daß Wasser aus der Luft aufgenommen wird und der Raum als Honiglager ungeeignet ist. In diesem Fall ist es angebracht, einen Luftentfeuchter einzusetzen. Trocknet der Honig ein und nimmt an Zähigkeit zu, so gibt er Wasser an die Luft ab.
In gleichem Maß wie der Honig Feuchtigkeit aufnehmen kann, können auch Fremdgerüche aus der Luft absorbiert werden. Beim Einrichten eines Lagers ist deshalb besonders darauf zu achten, daß Honig nicht zusammen mit sehr stark riechenden Nahrungsmitteln oder anderen aromatischen Gegenständen aufbewahrt wird.
Die günstigste und in jeder Hinsicht schonendste Art der Lagerung des Honigs ist das Tiefgefrieren, was aber zumindest beim Großimker aus wirtschaftlichen Gründen nicht durchführbar ist. Größere Imkereien gehen heute jedoch schon immer mehr dazu über, ihren Honig in Kühlräumen aufzubewahren. Dies ermöglicht eine optimale Lagerung während des gesamten Jahres bei konstanten Temperaturen und niedriger Luftfeuchte (siehe Abb. 47).

5.7.2 Lagerbehälter

Bei der Auswahl der Lagergefäße muß darauf geachtet werden, daß diese
- besten Schutz des Honigs bieten,
- keine stoffliche und geschmackliche Beeinträchtigung des Honigs hervorrufen,
- der Betriebsgröße und Weiterverwendung des Honigs angepaßt sind,
- eine handliche und stapelbare Form aufweisen,
- möglichst kostengünstig in der Anschaffung und
- gut zu reinigen sind.

Für die Aufbewahrung größerer Honigmengen eignen sich gut verzinnte Behälter aus Eisen, aber auch Kübel aus lebensmittelechtem Kunststoff. Letztere werden in verstärktem Maße vom Fachhandel als Lagergefäße angeboten. Es gibt sie als sogenannte Hobbocks in einer Größe von etwa 40 kg Honig, mit dem Nachteil, daß sie auf lange Sicht gesehen beim Transport die körperliche Belastung erhöhen oder aber entsprechende Hebegeräte notwendig machen. Aus diesem Grunde erfreuen sich kleinere Gebinde mit einem Fassungsvermögen von etwa 12,5 kg immer größerer Beliebtheit. Neben der Handlichkeit bieten sie zumindest für den Klein- und Nebenerwerbsimker beim Verflüssigen des Honigs den weiteren Vorteil, daß nur solche Mengen aufgetaut werden, die in diesem Zustand auch rasch absetzbar sind.
Gelegentlich wirkt sich die Materialermüdung des Kunststoffs negativ aus, insbesondere bei älteren Behältern, was dazu führt, daß die Kübel bei einer starken Belastung durch Stapelung platzen können. Es hat sich als sehr vorteilhaft erwiesen, zwischen die Gefäße Holzleisten oder ähnliches einzuschieben und sie nicht direkt aufeinander stehend zu stapeln. Bedenken derart, daß Kunststoffbehälter den Honig geschmacklich verändern oder aber die sogenannten Weichmacher in den Honig gelangen könnten, haben sich bei Verwendung eines lebensmittelechten Materials nicht bestätigt. Behälter aus Weißblech, selbst wenn sie innen und außen goldlackiert sind,

eignen sich nur bedingt als Lagergefäße. Häufig kommt es hier schon nach kurzer Zeit durch die im Honig enthaltenen Säuren zu Oxidationsreaktionen, insbesondere an den Nähten oder an Stellen, an denen die Schutzschicht unterbrochen und nicht mehr vollständig erhalten ist. Es bilden sich dann schwarze Schlieren, was sich absolut qualitätsmindernd auf den Honig auswirkt.
Für die Lagerung von Honig eignen sich besonders gut Gefäße aus nicht rostendem Stahlblech oder Nirosta. Diese Behälter sind mit einem Deckel luftdicht verschließbar, so daß der Honig während der Lagerung keinerlei hygroskopische Eigenschaften entfalten kann. In der Praxis haben sich diese Gefäße jedoch nicht durchgesetzt, da sie sehr teuer sind.
Verzinkte Gefäße sind als Lagerbehälter für Honig unbrauchbar, da sich durch die im Honig enthaltenen Säuren das sehr giftige Zinkoxid bildet.

5.8 Abfüllen des Honigs in Verkaufsgefäße

Das Abfüllen des Honigs erfolgt am besten im Schleuderraum oder in der Küche. Alle Gläser, sowohl neue als auch gebrauchte, vom Kunden zurückgenommene, werden gespült und nach dem Trocknen mit einem Gläsertuch ausgerieben, um Wasser- und Kalkflecken zu entfernen (Sterilität).
Eimer und Dosen werden ebenfalls gereinigt und nach kurzem Abtropfen mit einem faserfreien Tuch trocken gerieben. Nun kann der Honig abgefüllt werden. Die diesem Prozeß vorausgehenden Arbeiten sind in den Abschnitten 5.1 und 5.2 ausführlich beschrieben.
Die Temperatur im Abfüllraum sollte bei etwa 20 °C liegen, die des Honigs kann etwas höher sein, was dessen Fließeigenschaften verbessert und die Arbeit beschleunigt.
Der Honig wird heute noch überwiegend per Hand abgefüllt. Nur in wenigen größeren Imkereien wird diese sehr zeitaufwendige Arbeit halbmaschinell oder vollautomatisch durchgeführt.
Der Kleinimker verwendet zum Abfüllen des Honigs vorteilhaft eine Abfüllkanne wie sie im Fachhandel angeboten wird. Es gibt sie in verschiedenen Ausführungen mit einem Fassungsvermögen von 25 oder 50 kg, einem Deckel mit Gummidichtung, Spannverschlüssen und einem Auslaufstutzen mit Quetschhahn. Bei Neuanschaffung eines solchen Gefäßes sollte man eine Ausführung aus Edelstahl wählen, da man hier den Honig auch über einen längeren Zeitraum unbedenklich aufbewahren und die Kannen nach Gebrauch sehr leicht säubern kann.
Um Bläschenbildung im Honig und am Glasrand zu vermeiden, muß er ohne Einarbeitung von Luft abgefüllt werden. Dies wird erreicht, indem man die Fallhöhe zwischen Vorratsbehälter und Gebinde möglichst gering wählt. Trotz dieser Maßnahme gelangen manchmal kleine Luftbläschen in den Honig. Ist der Honig auf etwa 25–28 °C angewärmt, so steigen sie aufgrund der verminderten Viskosität leicht nach oben und bilden keinen Schaum an der Oberfläche. Voraussetzung dafür ist jedoch, daß der Honig einwandfrei geklärt ist.
Beim Abfüllen stehen die Gebinde auf einer geeichten Haushaltswaage. Da Honiggläser herstellungsbedingt im Gewicht sehr stark variieren, ist es notwendig, mehrere

Gläser auszutarieren und bei einer Einwaage von 500 g etwa 5 g zuzugeben. Dies gilt insbesondere dann, wenn es sich um Gläser verschiedener Chargen handelt.
Neuere Waagen lassen sich per Knopfdruck automatisch auf Null justieren, so daß die exakte Honigmenge eingefüllt werden kann. Das auf dem Gebinde angegebene Füllgewicht muß erreicht werden, um lebensmittelrechtliche Beschwerden zu vermeiden. Deshalb ist eine geeichte Waage mit geeichten Gewichten für den Verkäufer gesetzlich vorgeschrieben.
In den Richtlinien für Honig unter dem Gewährverschluß des Deutschen Imkerbundes e.V. wird darauf hingewiesen, daß die aufgedruckte Füllmenge verpflichtend ist und korrekt eingehalten werden muß. »Die Füllmenge darf im Mittel die Nennfüllmenge nicht unterschreiten. Abweichungen dürfen von höchstens 2 vom Hundert der Fertigpackungen unterschritten werden.« Die zulässige Minusabweichung darf bei
- Einheitsgläsern 3%
- Eimern 1,5%

betragen.
Wird Honig nicht im Einheitsglas, sondern in neutralen Gebinden vermarktet, so sind auch hier bestimmte Anforderungen hinsichtlich der Waagen und Einhaltung von Toleranzen beim Abfüllen zu berücksichtigen, die im wesentlichen im Eichgesetz (EichG) und in der Fertigpackungsverordnung (FPVO) festgelegt sind. Bezüglich der Füllmenge müssen folgende Vorschriften eingehalten werden (220):
- Der Mittelwert der Füllmenge aller gleichartigen Gebinde darf zum Zeitpunkt der Herstellung nicht kleiner sein als die angegebene Nennfüllmenge (§ 15 EichG).
- Es dürfen bestimmte Minusabweichungen nicht überschritten werden (§ 22 FPVO). Der Abfüller größerer Honigmengen hat die Einhaltung dieser Forderung zu überprüfen, indem er mittels einer geeichten Waage einzelne Stichproben kontrolliert (§ 27 FPVO). Die Ergebnisse dieser Kontrollen sind statistisch auszuwerten und aufzuzeichnen (§ 27.4 FPVO).

Für Kleinabfüller mit einer Tagesproduktion bis zu 100 von Hand hergestellter Fertigpackungen kann die Aufzeichnungspflicht entfallen. Man geht in diesem Falle davon aus, daß das Abfüllgewicht eines jeden einzelnen Gebindes mit einer geeichten Waage kontrolliert wird. Die Wägegenauigkeit der dazu verwendeten Waagen wird in der FPVO (Anlage 7) geregelt.
Bei Verwendung eines 500-Gramm-Glases und eines 2500-Gramm-Gebindes werden folgende Anforderungen an das Gewicht gestellt:

Tab. 31: *Gesetzliche Bestimmungen beim Abfüllen von Honig in Gebinden unterschiedlichen Inhalts (220)*

Nennfüllmenge	**500 g**	**2500 g**
Mittelwertforderung (§ 15 EichG)	500 g	2500 g
Minusabweichungen nach § 22 FPVO		
2% der Gebinde dürfen leichter sein als	485 g	2462,5 g
keines darf leichter sein als	470 g	2425 g
größter zulässiger Eichwert der geeichten Waage (FPVO, Anlage 7)	2 g	5 g

Honig kann in verschiedenen Gebinden vermarktet werden. Der Deutsche Imkerbund hat bereits im Jahre 1925 für seine Mitglieder das »Einheitsglas« geschaffen, das bis heute seine ursprüngliche Form nahezu unverändert beibehalten hat. Dieses Gebinde besteht aus einem geprägten Glas, einem geprägten Kunststoffdeckel und dem Gewährverschluß. Zur Abdichtung zwischen Deckel und Glasrand ist eine bedruckte Einlage vorgeschrieben, die bei Wiederverwendung des Glases erneuert werden muß. Die Gläser können nur über den Fachhandel bezogen werden, sie sind warenzeichenrechtlich geschützt und dürfen nur in Verbindung mit dem »grünen Gewährverschluß« in den Handel gebracht werden. Es gibt sie in verschiedenen Größen, mit Füllmengen von 30 Gramm (Probiergläschen oder Frühstücksportionen), 250 Gramm (geeignet für Single-Haushalte) und als familienfreundliche 500-Gramm- und 1000-Gramm-Gläser. Beim Schließen der Gebinde oder beim Aufkleben der Gewährverschlüsse ist darauf zu achten, daß die Gläser nicht schräg gehalten werden, um zu verhindern, daß die Deckeleinlagen mit dem Honig in Berührung kommen. Die Anbringung der Gewährstreifen erfolgt per Hand. Um ein nachträgliches Ablösen vom Glas oder Deckel zu verhindern, werden sie mit einem Schwamm angefeuchtet. Nun wird der festgeschraubte Plastikdeckel in seinem inneren kreisrunden Feld mit Klebestift eingerieben und die deckelübergreifende Lasche des angefeuchteten Gewährverschlusses exakt in der geprägten Rundung, parallel zu den Sechseckseiten des Deckels aufgeklebt. Im nächsten Arbeitsgang wird der Kreuzteil über den Deckelrand gezogen und waage- und senkrecht mit einem sauberen Tuch auf dem Glas angedrückt, ohne daß dabei Falten im Gewährstreifen entstehen.
Die Lagerung sollte so erfolgen, daß die Oberfläche des Honigs immer waagerecht ist. Honige, die in sämigem Zustand abgefüllt wurden, läßt man am besten einige Stunden stehen und verstreicht dann, wenn erforderlich, die an die Oberfläche aufgestiegenen Luftbläschen.
Beim Abfüllen sollte der Honig im Vorratsbehälter nie bis zum letzten Rest entnommen werden. Werden größere Mengen des gleichen Honigs benötigt, so empfiehlt es sich, die Abfüllkanne erneut nachzufüllen, wenn etwa zwei Drittel des Honigs entleert sind. Wird der Honig vollständig abgefüllt, so enthalten die letzten Gebinde vermehrt Schaum in Form kleiner Luftbläschen. Diese Gläser sollten, da sie unansehnlich sind, nicht in den Handel gebracht, sondern im eigenen Haushalt verbraucht werden.

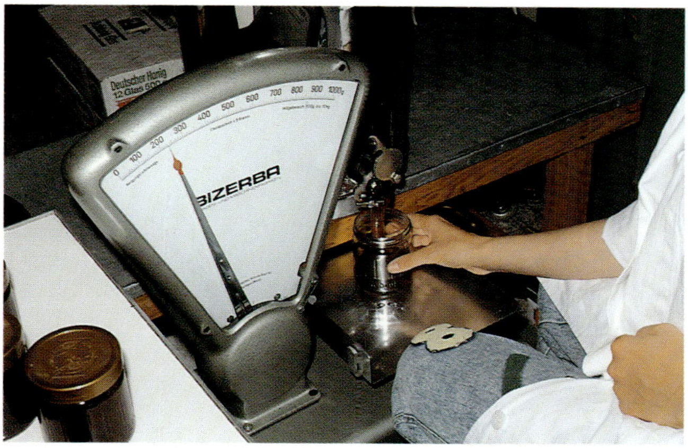

Abb. 49: Abfüllen von Honig per Hand mit einer geeichten Waage

Größere Imkereien verwenden zum Abfüllen von Honig mechanische, halb- oder vollautomatische Abfüllmaschinen, die ein schnelles Arbeiten ermöglichen. Der Fachhandel bietet inzwischen zahlreiche Ausführungen an, die unabhängig von der Konsistenz des Honigs sehr genau arbeiten (± 1,5 g). Der Honig kann mit diesen Geräten ohne Schaum- oder Blasenbildung vollständig abgefüllt werden.

Abb. 50: Halbautomatische und manuelle Honigabfüllanlage (Bildmaterial: Fa. Fritz)

6. Die Vermarktung des Honigs

6.1 Gesetzliche Bestimmungen bei der Vermarktung von Honig

Honig unterliegt wie jedes andere Lebensmittel besonderen gesetzlichen Bestimmungen. Diese beziehen sich auf die
- Qualität des Honigs, geregelt in der Honigverordnung (siehe Anhang Nr. 13.1.4) und
- die Form der Kennzeichnung des Gebindes, festgelegt in der Warenzeichensatzung.

Letztere schreibt vor, daß die Behältnisse, in denen Honig vermarktet wird, mit entsprechenden Angaben versehen sein müssen, aus denen folgendes ersichtlich wird:
- Name und Anschrift des Imkers, Abfüllers oder Inverkehrbringers,
- Angaben über den Inhalt des Gebindes (keine Sortenbezeichnung notwendig) sowie die
- Angabe des Füllgewichtes in Gramm oder Kilogramm.

6.2 Bestimmungen des DIB e.V. bei der Vermarktung von deutschem Honig

Beim Einheitsglas des Deutschen Imkerbundes handelt es sich um ein geschütztes Warenzeichen, das nur in der Vollständigkeit seiner drei Bestandteile
- geprägtes Glas,
- geprägter Plastikdeckel und
- Gewährverschluß

in den Verkehr gebracht werden darf. »Benutzungsberechtigt ohne Antrag ist jeder Imker, der Mitglied eines dem Deutschen Imkerbund über den zuständigen Landesverband angeschlossenen Imkervereins ist, ebenso zugelassene Abfüllstellen. Der Verwender haftet mit seinem Namen und mit der auf ihn eingetragenen Überwachungsnummer für Inhalt und Aufmachung des Einheitsglases bzw. des mit dem Gewährverschluß versehenen Verkaufseimers.« Die Bestimmungen dafür sind in der Warenzeichensatzung des Deutschen Imkerbundes e.V. (Stand: 14. 9. 1985) festgelegt. Diese beinhalten die
- Verbandszeichensatzung,
- Qualitätsanforderungen für Deutschen Honig,
- Verwendungsbestimmungen für Prägezangen und Eimeretiketten mit dem Warenzeichen des Deutschen Imkerbundes e.V. sowie die
- Richtlinien für die Verleihung des Benutzungsrechts an Abfüllstellen.

Weitere Einzelheiten zu diesen Bestimmungen können im Anhang Nr. 13.3.1–13.3.3 nachgelesen werden.

Die Richtlinien für »Honig unter dem Gewährverschluß des Deutschen Imkerbundes e.V.« legen fest, daß
- der Inhalt eines Gebindes im Einheitsglas oder der eines mit Gewährverschluß versehenen Verkaufseimers den Qualitätsrichtlinien des DIB und der Centralen Marketinggesellschaft der Deutschen Agrarwirtschaft (CMA) für Deutschen Honig entsprechen muß;
- der Honig innerhalb der Bundesrepublik Deutschland geerntet sein muß, entsprechend auch dem CMA-Gütezeichen »Markenqualität aus deutschen Landen«;
- der Honig keine honigfremden Bestandteile, wie Zuckerwasser, pollenhaltige Zuckerteige, Auslandshonig u.a. enthalten darf;
- der Honig nur reif geerntet werden darf;
- der Wassergehalt zulässige Höchstwerte nicht überschreiten darf;
- der Honig sauber, das heißt absolut frei von Wachs- und Schmutzteilchen sein muß;
- der Honig keine nennenswerten Wärme- und Lagerschäden aufweisen darf;
- der Honig kühl und in geruchsfreien Räumen gelagert werden soll;
- die Füllmenge bestimmte Abweichungen nicht unterschreiten darf (siehe Abschnitt 5.8);
- die Sortendeklaration nur dann zulässig ist, wenn der Honig überwiegend den genannten Blüten oder Pflanzen entstammt (§ 4 Abs. 1 der HVO);
- der Gewährverschluß in einer bestimmten Weise angebracht werden muß;
- Zusatzetiketten vom Deutschen Imkerbund herausgegeben oder aber schriftlich genehmigt werden müssen;
- die Einhaltung dieser Richtlinien einer ständigen Kontrolle unterliegt und bei Verstößen gegen die Warenzeichensatzung entsprechende Maßnahmen eingeleitet werden können.

6.3 Vermarktungswege für Honig

Bei der Vermarktung von Honig können folgende Absatzwege eingeschlagen werden:
- Direktvermarktung,
- Einzel- und Zwischenhandel,
- Großhandel.

6.3.1 Direktvermarktung von Honig

Der beste Preis für das Qualitätsprodukt Honig ist durch Direktvermarktung zu erzielen. Dazu zählen der Verkauf ab Hof (ab Haus), auf Wochen- und Weihnachtsmärkten, in Erholungs- und Altenheimen, am Arbeitsplatz und der Versandhandel. In der Regel handelt es sich bei Direktvermarktern um Hobby- und Zu- oder Nebenerwerbsbetriebe, die mit über 90% den größten Teil der Mitglieder des DIB darstellen. Diese Form der Vermarktung eignet sich besonders gut, um Kunden zu halten, neue zu gewinnen und den Markt zu erweitern. Wenn der Kunde den Honig direkt vom Imker kauft, geht er davon aus, ein naturbelassenes Produkt zu erwerben. Er ist durchaus bereit, dafür etwas tiefer in die Tasche zu greifen, vorausgesetzt, seine Erwartungen werden erfüllt. Damit werden jedoch auch von seiten des Imkers spezielle Fachkenntnisse bezüglich des Produktes Honig notwendig, um im Gespräch mit dem Kunden überzeugend antworten und argumentieren zu können. Daneben sind weitere Voraussetzungen erforderlich, wenn dieser Absatzweg erfolgreich praktiziert werden soll.

Bei der Direktvermarktung von Honig ist darauf zu achten, daß dieser nachhaltig angeboten werden kann. Es ist besonders wichtig, daß eine gute, eingeführte Sorte in gleicher Aufmachung, Beschaffenheit, Farbe, Geschmack, Qualität und Preis immer wieder erhältlich ist. Die Aufmachung des Gebindes, das heißt, das äußere Erscheinungsbild muß zunächst dazu beitragen, die Aufmerksamkeit des Kunden auf das Produkt Honig zu lenken. Dazu eignen sich besonders Gläser mit gut gestalteten, optisch ansprechenden und daher ins Auge fallenden Etiketten, oder aber ein bereits eingeführtes Gebinde, wie es z.B. das Einheitsglas des Deutschen Imkerbundes e.V. darstellt. Neben der Aufmachung ist auch ein besonderes Augenmerk auf das Produkt selbst zu legen, wobei eine ansprechende Farbe, Konsistenz, eine einheitliche Kandierung und vor allem die Sauberkeit von Bedeutung sind. Hier sind besonders die Fachkenntnisse des Imkers gefragt. Traubenzuckerreiche Honige kristallisieren rasch aus und können, wenn der Honig auf Vorrat gekauft wurde und nur langsam verbraucht wird, sehr hart und grob kandieren. Honige in diesem Zustand sind beim Kunden unerwünscht. Erfahrene Imker werden deshalb ihren Honig, je nach Sorte, in der optimalen Konsistenz anbieten.

- Rapshonige immer feinsteif gerührt,
- Blütenhonige ohne nennenswerten Rapsanteil feinsteif oder verflüssigt, auch auf die Gefahr hin, daß dieser wieder auskristallisiert,
- Honigtauhonige im flüssigen oder feinsteifen Zustand.

Der Verkaufserfolg bei der Direktvermarktung hängt jedoch auch noch von vielen anderen Faktoren ab. Dazu gehört, daß der Imker

- sich und sein Produkt durch entsprechende Werbung präsentiert,
- sein Wissen um den Wert des Honigs im direkten Verkaufsgespräch überzeugend darstellen kann,
- Honig vorteilhaft mit anderen Bienenprodukten, wie Blütenpollen, Bienenwachskerzen, Honigmet oder Propolistinktur anbietet,
- persönliche Beziehungen zum Kunden pflegt und diese durch kleine Aufmerksamkeiten zu besonderen Anlässen noch verstärkt,
- für den Kunden immer erreichbar ist,
- während des ganzen Jahres die dem Kunden vertraute Produktpalette liefern kann,
- auf peinliche Sauberkeit und Hygiene achtet.

Zur derzeitigen Situation auf dem jetzt vereinten Deutschen Honigmarkt liegen keine genauen Angaben vor. Der Anteil des im Inland erzeugten Honigs dürfte etwa 20% des gesamten Honigkonsums betragen. Die Honigproduktion in der »alten Bundesrepublik« lag im langjährigen Durchschnitt bei etwa 15 000–18 000 Tonnen pro Jahr. Diese Angaben sind jedoch sehr ungenau und liegen wahrscheinlich höher, da die Inlandsproduktion nicht exakt erfaßt werden kann. Nach der Honigstatistik des Deutschen Imkerbundes wurden im Jahre 1989 innerhalb der einzelnen Landesverbände folgende Honigmengen geerntet:

Tab. 32: *Übersicht über die Anzahl der Bienenvölker, Imker und den Honigertrag der verschiedenen Landesverbände für das Jahr 1989 nach der Statistik des Deutschen Imkerbundes e.V. (Schätzzahlen)*

Landesverband	Völkerzahl	Mitglieder	Honigertrag (kg)
Baden	108.157	7.811	2.812.500
Bayern	403.118	27.941	12.899.776
Berlin	3.300	543	82.500
Hamburg	3.619	465	153.888
Hannover	63.622	6.527	1.890.000
Hessen	80.659	8.070	3.644.580
Nassau	5.443	586	114.620
Rheinland-Pfalz	17.875	1.791	708.280
Rheinland	52.276	6.520	127.343
Saarland*	19.124	1.553	–
Schleswig-Holstein	36.042	3.439	1.086.660
Weser-Ems	23.786	2.463	507.240
Westfalen-Lippe	52.345	6.617	1.672.080
Württemberg	127.271	10.421	3.310.000
Gesamt	996.637	84.747	29.009.467

* Stand 31.12.1987, 1988 und 1989 keine Meldung

Etwa 95% des Deutschen Honigs wurden bisher vom Imker direkt vermarktet, der Rest wurde über lizensierte Abfüllstellen oder Genossenschaften an den Handel abgegeben. In jüngster Zeit hat sich diese Situation jedoch drastisch verändert. Überdurchschnittliche gute Ernten von Blütenhonigen in den vergangenen Jahren, verursacht durch den intensiven Anbau von Raps und Sonnenblume, führten zunächst zu einem Preisverfall dieser Honige. Durch den Beitritt der ehemaligen DDR zur Bundesrepublik wurde der einheimische Markt noch zusätzlich mit Blütenhonigen regelrecht überschwemmt, was einen rapiden Preissturz dieser Honige zur Folge hatte. Dies gilt besonders auch für Honige, die im Einheitsglas des DIB e.V. vertrieben werden. Honigtauhonige sind von diesem Preisverfall nicht betroffen. Um dieser Entwicklung Einhalt zu gebieten oder sie sogar rückgängig zu machen, bedarf es der Ausnutzung aller Möglichkeiten des Marketings. Als geeignete Instrumente kommen dafür in Frage:

- Produkt- und Sortimentspolitik,
- Preispolitik,
- Verkaufsorganisation,
- Kommunikationspolitik (Werbung).

Die Produkt- und Sortimentspolitik zielt darauf ab, dem Kunden eine weit gefächerte Produktpalette anzubieten, wie z.B. Honig, Met, Bärenfang, Pollen oder Propolis. Honig sollte nicht als »Einheitshonig« verkauft werden, gefragt sind Sortenhonige mit optimaler Konsistenz. Um die Kundenwünsche jederzeit erfüllen zu können, sind auch die begrenzten Möglichkeiten des Zukaufs zu nutzen.

Die Preispolitik soll dazu beitragen, daß der Honig nicht unter Wert verschleudert wird. Erstrebenswert wären regional oder vereinsintern abgestimmte Preisklassen. Die Erstellung von Preisspiegeln könnte als wichtige Orientierung dienen.

Die Verkaufsorganisation befaßt sich mit Schulungs- und Fortbildungsmaßnahmen von Honigobleuten in den Vereinen, die ihr Wissen an die Mitglieder weitergeben. Daneben beschäftigt sie sich auch mit der Form der Aufmachung der Ware und zeigt Wege und Möglichkeiten der Vermarktung.
Die Kommunikationspolitik beinhaltet die auf das Produkt bezogene Werbung, verkaufsfördernde Maßnahmen und die auf Personen bezogene Öffentlichkeits- oder Public Relations-Arbeit. Letztere erfolgt nicht nur auf Verbands- oder Vereinsebene, auch der einzelne Imker kann seinen Beitrag leisten. Dabei sollte neben dem Produkt Honig auch die Bedeutung der Bienenhaltung herausgestellt werden. Gerade hier bieten sich dem Imker als Direktvermarkter viele Möglichkeiten, um einen neuen Kundenkreis zu erschließen, wie z.B.

- Standbesichtigungen,
- Demonstration der Honiggewinnung,
- Verteilen von Honigproben,
- Vorträge in nicht imkerlichen Organisationen und Vereinen,
- Vorträge in Schulen und Kindergärten.

Es hat sich gezeigt, daß aktive Imker normalerweise keine Schwierigkeiten haben, selbst größere Mengen Blütenhonig direkt zu vermarkten. Dabei ist es unwichtig, ob sie ihr Produkt in einem eingeführten Gebinde oder in einem Neutralglas mit entsprechendem werbewirksamen Etikett vertreiben, da für den Verkaufserfolg gerade der persönliche Kontakt zwischen Käufer und Verkäufer eine entscheidende Rolle spielt. Der Kunde kauft den Honig direkt vom Imker, weil er diesen persönlich kennt und von der Qualität seiner Ware überzeugt ist.
Ganz anders gestalten sich die Maßnahmen des Marketings im überregionalen Bereich, wie z.B. auf Vereins-, Verbands-, Landes- oder Bundesebene. Da in diesem Falle eine anonyme Käuferschicht angesprochen werden soll, stellt sich nur dann ein Erfolg ein, wenn diese auf ein spezielles, gut eingeführtes Gebinde abzielen. Dazu eignet sich besonders das Einheitsglas des Deutschen Imkerbundes e.V. mit dem grünen Gewährstreifen. Mit Hilfe des DIB-Warenzeichens können wir deutschen Honig von ausländischem Honig deutlich abheben.
In jüngster Zeit wird unter den Imkern auch verstärkt die Einführung eines Gütesiegels für Honig diskutiert. Bei entsprechender Überwachung der Qualität dürfte von der Einführung eines solchen Gütesiegels ein großer Werbeeffekt für deutschen Honig zu erzielen sein.

6.3.2 Vermarktung von Honig über den Einzel- und Zwischenhandel

Beim Einzel- und Zwischenhandel werden Direktvermarkter beliefert, die andere Produkte anbieten. Dazu eignen sich insbesondere Einzelhandelsgeschäfte wie Bäckereien, Lebensmittelgeschäfte, Feinkostläden, Drogerien und Reformhäuser. Viele Imker lassen ihren Honig auch auf Wochenmärkten oder über andere landwirtschaftliche Direktvermarkter vertreiben. Dazu wird der Honig abgefüllt und als verkaufsfertiges Gebinde an den Zwischenhändler abgegeben, wo er neben dem Hauptprodukt als zusätzliches Erzeugnis angeboten wird. Geht der Vorrat zu Ende, so wird der Händler erneut beliefert. Der Vorteil dieser Art der Vermarktung liegt darin, daß für den Ver-

kauf des Honigs keine Zeit investiert werden muß. Die Nachteile dieser Vermarktungsform sind darin zu sehen, daß
- im Vergleich zur Direktvermarktung geringere Erlöse erzielt werden,
- der Honig oft als »Zweitprodukt« im Laden nicht richtig präsentiert und »stiefmütterlich« behandelt wird, was zur Folge haben kann, daß er in einem unansehnlichen Zustand angeboten wird,
- der Honig von einem Personal verkauft wird, das nicht geschult ist und bei entsprechenden Fragen keine sachkundigen Auskünfte geben kann.

6.3.3 Vermarktung von Honig über den Großhandel

Beim direkten Vergleich der Absatzwege Direktvermarktung, Zwischenhandel und Großhändler schneidet letzterer aus der Sicht des Imkers besonders ungünstig ab. Erzeugergemeinschaften oder Abfüller zahlen heute, insbesondere für Blütenhonige, Preise, die weit unter den Gestehungskosten liegen (Stand 1992). Eine Bienenhaltung, die darauf aufbaut, den gesamten Honigertrag über den Großhandel abzusetzen, ist bei den derzeitigen Honigpreisen auf Dauer nicht überlebensfähig. Vorrangiges Ziel eines jeden Imkers sollte es sein, seinen Absatz über Direktvermarktung und Zwischenhandel entsprechend auszubauen, damit keine Überschüsse billig an den Großhandel abgegeben werden müssen. Wenn sich alle Imker solidarisch verhalten und nach dem Motto »Honig schleudern, aber nicht verschleudern« handeln, könnten die Dumpingpreise für deutschen Blütenhonig bald der Vergangenheit angehören.

7. Inhaltsstoffe des Honigs

7.1 Kohlenhydrate (Zucker, Saccharide)

Die Hauptbestandteile des Honigs sind die Kohlenhydrate. Der Begriff Kohlenhydrate dient als Oberbegriff für eine große Anzahl von Naturstoffen. In der korrekten chemischen Bezeichnung (Nomenklatur) beinhaltet diese Naturstoffgruppe die Polyhydroxyketone (Ketosen), die Polyhydroxyaldehyde (Aldosen) und höhermolekulare Verbindungen. Diese Polyhydroxyverbindungen lassen sich wie folgt unterteilen:
Monomere Aldosen und Ketosen nennt man Monosaccharide.
Dimere <2> bis Decamere <10> Aldosen und Ketosen nennt man Oligosaccharide.
Die beiden Gruppen der Mono- und Oligosaccharide werden auch Zucker genannt, da ihr Geschmack süß ist.
Polymere (viele) Aldosen und Ketosen nennt man Polysaccharide. Diese schmecken nicht süß, sie sind praktisch geschmacksfrei.

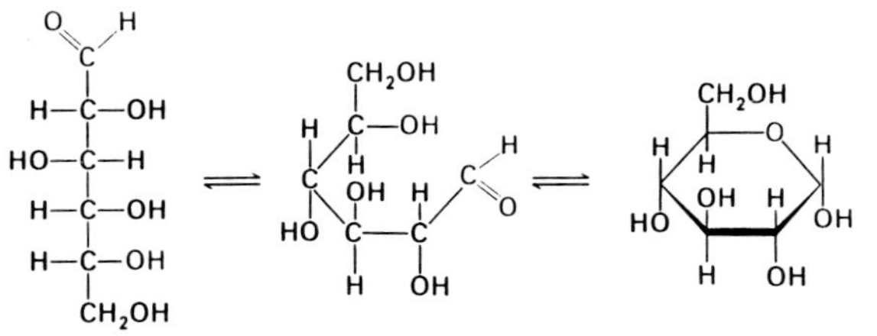

D-Glucose
(offene Kettenform)

α-D-Glucopyranose
(eine Ringform der Glucose)

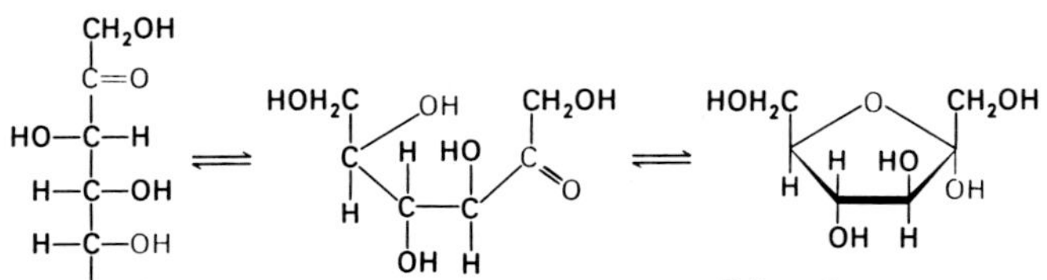

D-Fructose

α-D-Fructofuranose
(eine Ringform der Fructose)

Saccharose
(O-β-D-Fructofuranosyl-(2→1)-α-D-glucopyranose)

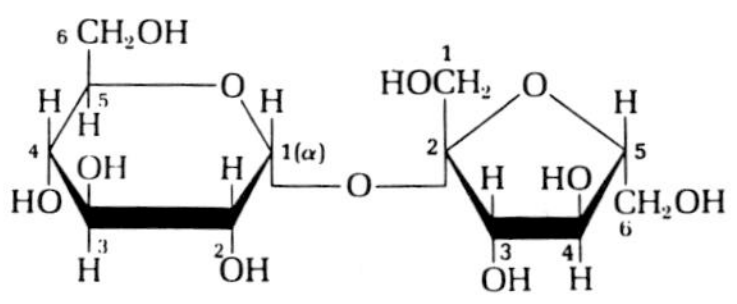

Abb. 51: Strukturformeln der wichtigsten Honigzucker
– Glucose
– Fructose
– Saccharose

Maltose (β-Form)
(O-α-D-Glucopyranosyl-(1→4)-β-D-glucopyranose)

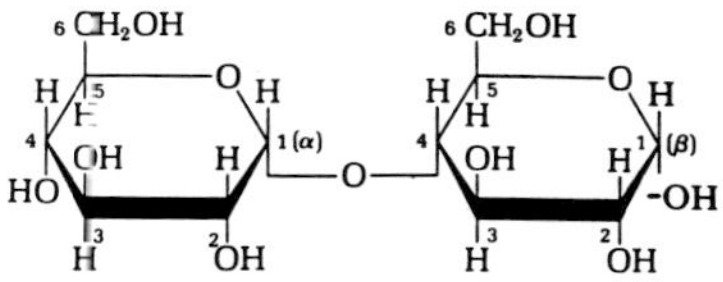

Haworth-Projektion

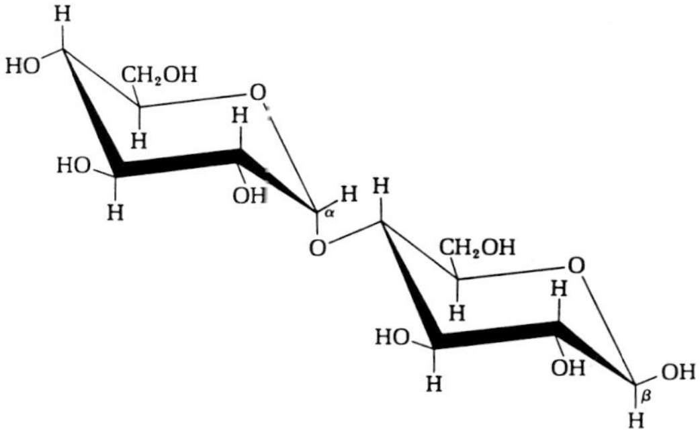

Abb. 52: Strukturformeln der Maltose

Konformationsformel

Im Honig kommen vorwiegend folgende Zucker vor: Glucose (Traubenzucker), Fructose (Fruchtzucker), beide sind Monosaccharide. Saccharose (Rohr-, Rüben-, Haushaltszucker) und Maltose als Disaccharide, sowie als Trisaccharid Melezitose. Daneben findet sich eine große Anzahl weiterer Mono-, Di-, Tri- und Oligosaccharide. Diese Honigzucker stammen aus den Rohstoffen, die die Biene gesammelt hat. Zum Teil stellen sie aber auch ein Produkt aus den Reaktionen der Zucker mit den von der Biene abgegebenen Enzymen (Fermenten) dar.
So entsteht z.B. bei der Spaltung der Saccharose durch das von der Biene zugegebene Enzym Saccharase (Invertase) ein Gemisch von Glucose und Fructose.

A/B	+	Saccharase	=	A	+	B
Saccharose	+	Enzym (-Wasser)	=	Glucose	+	Fructose

Diese beiden Zucker haben am Kohlenhydratgehalt des Honigs den größten Anteil. Fructose zwischen ca. 33–42%, Glucose zwischen ca. 27–36%.
Die Honigverordnung nimmt auf die Zucker in der Analytik in Form des Nachweises der reduzierenden Zucker bzw. des Gehaltes an scheinbarer Saccharose Rücksicht. Der Begriff »reduzierende Zucker« bezeichnet eine Gruppe von Zuckern, die in einer chemischen Reaktion auf ein entsprechendes Agens reduzierend wirken. Die Mengenverhältnisse von Glucose und Fructose sind abhängig von der Blütentracht, von der Menge der abgegebenen Enzyme der Bienen sowie von der Lagerzeit. Die Enzyme bleiben bei wärmeungeschädigtem Honig aktiv, während der Lagerzeit werden daher weitere Zuckermoleküle umgesetzt. Die Langzeiteinwirkung der Enzyme auf die Zuckerbestandteile des Honigs trägt neben anderen Faktoren zum sogenann-

ten »Absetzen« des Honigs bei. Die kristallisierten Glucoseeinheiten setzen sich am Boden ab, im oberen flüssigen Bereich wird die Fructose angereichert (siehe Abb. 48). Die folgende Tabelle faßt die im Honig gefundenen Kohlenhydrate zusammen (227, 178, 179).

Tab. 33: *Im Honig nachgewiesene Kohlenhydrate*

Substanzgruppe	**Substanz**
Monosaccharide:	Glucose, Fructose
Disaccharide:	Saccharose, Maltose, Kojibiose, Turanose, Isomaltose, Maltulose, α – β Trehalose, Gentiobiose, Laminaribiose, Nigerose
Trisaccharide:	Melezitose, Erlose, Theanderose, Centose, Panose, Isopanose, Maltotriose, Isomaltotriose, 1-Kestose, 3-α-Isomaltosylglucose
Höhere Saccharide:	Isomaltotetraose, Isomaltopentaose

Das bekannteste Nachweisverfahren ist die Reaktion nach Fehling. Hierbei handelt es sich um einen qualitativen und quantitativen Zucker- bzw. Aldehyd-Nachweis. Es wird ein Kupfer(II)-Komplex in Anwesenheit eines Tartrats unter Zufuhr von Wärme zum Kupfer(I)-Oxid reduziert. Der Nachweis der »scheinbaren Saccharose« soll den Verbraucher vor Honigverfälschungen durch Zuckerfütterung schützen. Zur Zeit der Entstehung der Honigverordnung war es mit den vorhandenen Methoden nicht möglich, Saccharose von ähnlich reagierenden Zuckern (z.B. Maltose) zu unterscheiden. Es wurden zuerst die reduzierenden Zucker bestimmt, dann wurde eine Hydrolyse mit Salzsäure durchgeführt, die aber nicht nur die Saccharose zu Monosacchariden spaltete, sondern auch andere Di- bzw. Oligosaccharide, so daß im darauffolgenden Nachweis nicht spezifisch der Gehalt der Saccharose, sondern der Gehalt aller hydrolysierbaren Zucker bestimmt wurde. Dieses wurde dann als »scheinbare Saccharose« bezeichnet.

Wird ein überhöhter scheinbarer Saccharosegehalt festgestellt, ist dieses im ersten Moment noch kein Grund, den Honig zu beanstanden. Es ist nämlich nicht auszuschließen, daß die anderen miterfaßten Saccharide nicht in einem größeren Prozentsatz vorliegen, so daß es sich nicht um Verfälschung, sondern um ein natürliches Produkt handelt. Dieses ist um so wahrscheinlicher, wenn es sich um Honigtauhonige handelt.

Die heutzutage üblicherweise angewandte Nachweismethode für Zucker ist die HPLC-Methode (High performance liquid chromatography) (228, 287, 290–292). Bei dieser Methode handelt es sich um ein hochleistungs-flüssigkeits-chromatographisches System, in dem die Saccharide in Lösung auf einer chromatographischen Säule getrennt und nach der Trennung mit Hilfe eines Brechungsindex anzeigenden Detektors identifiziert werden. Weitere Methoden zur Saccharidbestimmung sind die Dünnschichtchromatographie und die Papierchromatographie (289). Beide Methoden sind in der quantitativen Aussage nicht sehr exakt. Der Saccharidnachweis mit Hilfe der Gaschromatographie ist sehr aufwendig (288), liefert aber ausführlichere Ergebnisse als die Hochdruckflüssigkeitschromatographie, da sie alpha- und beta-Isomere der Saccharide trennt (229). In der Routineanalyse kommt sie jedoch nicht zum

Einsatz, da der Aufwand zur Bestimmung einzelner Saccharide zu groß ist. Eine noch relevante Methode ist die enzymatische Bestimmung von Sacchariden, jedoch sind auch hier die Ergebnisse nicht so exakt wie in der HPLC. Des weiteren stehen eine größere Anzahl naßchemischer Methoden zur Verfügung, wie z.B. die Bestimmung nach LANE-EYNON bzw. LUFF SCHORL bzw. POTTERAT ESCHMANN sowie andere. All diese Methoden sind recht aufwendig und in der quantitativen Bestimmung mit einem großen Fehler behaftet.
Der Gehalt an reduzierenden Zuckern nach der Honigverordnung sollte mindestens 65% bei Blütenhonig bzw. 60% bei Honigtauhonig betragen. Der Gehalt an scheinbarer Saccharose darf im Normalfall bei Blütenhonig 5% bzw. bei Honigtauhonig 10% nicht überschreiten.
Weitere im Honig vorhandene Zucker sind die Aminozucker. Als sicher nachgewiesen kann die 2-Amino-2-desoxy-D-glucose angesehen werden (374). In der Arbeit von FUSSNEGGER wird der gaschromatographisch nachgewiesene Gehalt mit maximal 16,5 ppm angegeben.

7.2 Wasser

Der Wassergehalt des Honigs sollte durchschnittlich 16 bis 19% betragen. Werte bis 21% (Blüten- und Honigtauhonige) bzw. 23% (Heidehonige) sind nach der HVO zulässig (230). Erhöhte Wasserwerte stellen oft einen Beweis für einen unreifen Honig dar. Der Wassergehalt des eingetragenen Rohstoffes der Biene beträgt etwa 75%. Die Biene trocknet diesen Rohstoff, bis der Wassergehalt für die Lagerung des Honigs im Stock geeignet ist (siehe Abschnitt 3).
Die Biene nimmt aber auch extern Wasser auf. Darum ist darauf zu achten, daß diese externen Wasserquellen für die Biene nicht mit Abwasser oder Schmutzwasser belastet sind, da sonst die Gefahr besteht, daß honigfremde Aromen oder sonstige Kontaminanten den Honig verderben. Der Wassergehalt spielt für die Lagerung bzw. Haltbarkeit des Honigs eine wesentliche Rolle. Ein im Wassergehalt erhöhter Honig wird sich leichter in eine flüssige und eine kristallisierte Phase trennen, bzw. die Möglichkeit einer Gärung ist erhöht (siehe Abschnitt 5.6).
Nach den Richtlinien der Honigverordnung (HVO) erfolgt der Nachweis des Wassergehaltes im Honig über die Bestimmung des Brechungsindexes mit einem Refraktometer. Zur exakten Bestimmung muß das Refraktometer auf 20°C thermostatisiert sein. Mit Hilfe einer Umrechnungstabelle nach CHATAWAY wird aus dem Brechungsindex der Wassergehalt berechnet.
Nach den Bestimmungen des Deutschen Imkerbundes e.V. darf einheimischer Honig 20% Wasser enthalten, mit der Ausnahme des Heidehonigs, dem 23% Wasser zugestanden werden. Dabei besteht jedoch ein großer Unterschied im Meßverfahren (siehe Abschnitt 4.1). Während der Wassergehalt der Honige, die nach den Richtlinien des DIB beurteilt werden, anhand der Rohrzuckerskala bei 20°C gemessen wird (Brixskala), bestimmt man den für die Honigverordnung gültigen Wert nach der Methode von CHATAWAY anhand des Brechungsindexes (171, 172). Beide Werte unterscheiden sich insofern, als daß die nach den Richtlinien des DIB gültige Meßmethode

Werte liefert, die um etwa 1,5–1,7% höher liegen, als die entsprechenden CHATAWAY-Werte. Dies bedeutet, daß der höchstzulässige Wassergehalt von Honigen im Einheitsglas um 2,5–2,7% niedriger liegt als der von Honigen, die den Richtlinien der HVO genügen müssen (Ausnahme: Heidehonige).
Die weiteren Möglichkeiten der Wasserbestimmung sind die Methode nach KARL FISCHER, in der mit Hilfe einer Titration ein exakter Wasserwert bestimmt werden kann, oder die Methode des Trocknens in einem Trockenschrank oder unter Vakuum.

7.3 Proteine

Proteine sind Eiweißstoffe. Die im Honig enthaltenen Proteine stammen teilweise von der Biene und teilweise von den Pflanzen. Die Proteine sind die wichtigsten Substanzen des Lebens. Sie werden in drei Gruppen eingeteilt.

1. Skleroproteine, sie sind wasserunlöslich und dienen als Gerüstsubstanzen. Nägel und Haare gehören zu dieser Gruppe.
2. Sphäroproteine, sie sind wasserlöslich. Blutserumproteine, Eiklarproteine und die meisten Enzyme gehören zu dieser Gruppe.
3. Proteide, sie bestehen aus einem Proteinanteil und einem nichtproteinartigen Teil.

Der Gehalt der Proteine im Honig ist stark schwankend (zwischen 0,2–2%). Nach dem derzeitigen Kenntnisstand ist der Heidehonig der proteinhaltigste Honig. Seine Charakterisierung erfolgt durch den Nachweis des Proteins beziehungsweise anhand der Überprüfung der Thixotropie (LOUVEAUX-Test) (260).
Für den Nachweis der Thixotropie füllt man etwa 10–15 ccm Honig in Reagenzgläser von 1 cm Durchmesser mit eingeschliffenem Stopfen. Anschließend wird der Honig im verschlossenen Glas 24 Stunden lang bei 60 °C aufrecht stehend im Wärmeschrank inkubiert. Nachdem der Honig abgekühlt ist, wird eventuell vorhandener Schaum auf der Honigoberfläche vorsichtig entfernt und das Reagenzglas in waagrechte Lage gebracht. Während normaler Honig schon nach kurzer Zeit aus dem Glas ausläuft, zeigt Heidehonig innerhalb einer bestimmten Zeitspanne keinerlei Fließverhalten.
Aber auch das Gegenteil ist möglich, das heißt es existieren Honige, die natürlicherweise proteinarm (enzymarm) sind. Als enzymarm gelten nach den vorliegenden Arbeiten der IUBS (342) die Honige der Akazie (Robinia pseudoacacia), einiger Zitrus-Arten sowie der Linde (Tilia).
Der Nachweis der Proteine erfolgt mit der Stickstoffbestimmungsmethode nach KJELDAHL. Es sind jedoch auch differenziertere Nachweisverfahren möglich, so daß einzelne Enzyme von der Proteinfraktion abgetrennt werden können (231, 232).

7.3.1 Enzyme

Enzyme (veralteter Ausdruck: Fermente) ist die Bezeichnung für eine bestimmte Gruppe von Eiweißstoffen (Proteine). Diese Proteine dienen als biologische Katalysatoren, d.h. sie ermöglichen es, daß gewisse chemische Reaktionen in einer Matrix ablaufen. Die Stoffwechselvorgänge im Körper beruhen auf der Wirkung dieser Katalysatoren. Die Substanzen, die von den Enzymen umgesetzt werden, nennt man Substrate. Ein Leben ohne Enzyme ist unmöglich und Enzyme sind daher ubiquitär, d.h. sie sind in allen organischen Substanzen vorhanden. Die Enzyme, die im Honig nachweisbar sind, werden von der Biene zugesetzt. Diese Enzyme bzw. Fermente bauen den gesammelten Rohstoff in für die Biene verwertbare Zuckereinheiten ab. Folgende verschiedene Enzyme können im Honig nachgewiesen werden.

7.3.1.1 Diastase

Die Diastase (Amylase) gehört zur Enzymgruppe der Hydrolasen. Als Hydrolasen bezeichnet man Enzyme, die, unter Einlagerung von Wasser, Verbindungen spalten (hydrolysieren) oder die umgekehrte Reaktion katalysieren. Die Diastasen können Stärke entweder direkt oder über Dextrine zu Maltose und Glucose abbauen. Im Bienenstock dient sie dem Abbau der Pollenstärke. Die Diastase kann in drei chemischen Formen vorkommen: der alpha-, der beta- und der gamma-Form. Die Amylasen bzw. Diastasen kommen auch im Speichel und in den Verdauungsdrüsen von Mensch und Tier vor. Die Molekulargewichte liegen im Bereich von 15 000 bis 97 000 Einheiten. Die Inaktivierungstemperatur für Diastase liegt bei 60–100 °C. Die Diastase befindet sich im Kopfdrüsensekret der Biene (Bienenspeichel). Sie ist wärmeempfindlich und daher ein guter Indikator zur Beurteilung darüber, inwieweit dem Honig durch die Abfüllung eine Schädigung zugefügt bzw. wesentlich in seiner Naturbelassenheit beeinträchtigt wurde (siehe Tab. 27). Aus diesem Grund ist die Bestimmung der Diastase-Aktivität auch in die Honigverordnung aufgenommen worden, da sie dem Verbraucher garantieren kann, ein schonend behandeltes Naturprodukt zu erhalten. In der Analytik wird nicht direkt der absolute Gehalt der Diastase gemessen. Dies war zur Zeit der Erstellung der Honigverordnung noch nicht möglich, sondern es wird über die Reaktion des Enzyms mit seinem Substrat (Stärkelösung) lediglich eine Enzym-Aktivität bestimmt. Die Diastase ist, wie alle Enzyme, in einem bestimmten pH-Bereich wirksam. Bei einem pH-Wert unter 3,3 und über 7,0 ist sie nur wenig wirksam. Der optimale Wirkungsbereich der Diastase liegt im pH-Bereich um 5.

Die Diastase darf entsprechend der Honigverordnung im Normalfall nicht unter 8 liegen. Diastasezahlen von über 40 sind möglich. Die Bestimmung der Diastase im Honig erfolgt nach der DIN-Bestimmungsmethode (siehe Anhang). Die Diastaseaktivität wird in Form einer dimensionslosen Zahl angegeben, der Diastase-Zahl (DZ). Dies ist die Enzymmenge, die eine definierte Stärkemenge in einer bestimmten Zeit abbaut. Die Messung ist relativ einfach. Die Farbintensität einer Stärkelösung, die sich mit Jod in einen blaugefärbten Komplex umgesetzt hat, wird im Photometer gemessen. Je nachdem, wie schnell die Diastase eine gewisse Stärkemenge abbaut, wird die Farbintensität verändert, dieses wiederum wird im Photometer angezeigt, und aus diesen Meßwerten wird dann die Diastasezahl berechnet.

7.3.1.2 Saccharase

Der Begriff Saccharase bzw. Invertase bezeichnet eine Gruppe von Enzymen, die Saccharose (Rohrzucker) in D-Glucose und D-Fructose spalten (das Gemisch beider heißt Invertzucker). Auch die Saccharasen gehören, wie die Diastasen, zur Obergruppe der Hydrolasen. Das Molekulargewicht für Invertasen liegt zwischen 210 000 und 270 000 Einheiten.
Die Saccharase ist empfindlicher gegen Wärme als die Diastase und kann schon von kleineren Temperaturerhöhungen beeinflußt werden (siehe Tab. 27). Da Temperaturschwankungen in Handelsgeschäften nur schwer zu unterbinden sind, ist die Saccharase-Aktivität für die Beurteilung einer evtl. Wärmeschädigung durch die Honigverordnung nicht genutzt worden. Auch die Saccharase ist in ihrer Wirkung durch den pH-Wert begrenzt, wie bei der Diastase sollte er nicht unter 3,2 bzw. über 7 liegen. Das Optimum des pH-Wertes liegt bei ca. 6.
Nach den Leitsätzen für Honig des deutschen Lebensmittelbuches sollte für entsprechende Deklarationen die Saccharasezahl nicht unter 7 liegen. Zahlen über 30 sind möglich. Die Messung der Saccharase erfolgt amtlicherseits nach der Methode von Hadorn (233). Die Aktivität der Saccharase wird in einer dimensionslosen Zahl, der Hadornzahl, angegeben. Die Bestimmung erfolgt nach einem ähnlichen Prinzip wie die Bestimmung der Diastase. Es wird gemessen, wieviel einer definierten Zuckermenge (Saccharose) bis zu einem definierten zeitlichen Endpunkt abgebaut wird. Zur Messung der Hadornzahl wird ein bestimmtes Volumen einer definierten Rohrzuckerlösung (Saccharose) und eine auf einen bestimmten pH-Wert eingestellte Honiglösung in geeigneten Reaktionsgefäßen auf 40 °C erwärmt. Es werden beide Lösungen gründlich miteinander gemischt und die Zeit gestartet. Dann werden viermal in bestimmten Zeitabständen gleiche Volumina entnommen und nach Stoppen der Enzymreaktion mit einer alkalischen Natriumcarbonatlösung filtriert. Nach 3 Stunden ist die Reaktion beendet und die Lösungen werden mit einem Polarimeter bei einer Wellenlänge von 546 nm polarisiert. Aus den Differenzen der Polarisation wird die Saccharase-Aktivität des Honigs berechnet.
Eine weitere Bestimmungsmethode ist die Saccharasebestimmung nach Gontarski (234). Das Prinzip ähnelt dem der Hadornmethode. Hierbei werden zum Schluß der Reaktion die entstandenen Produkte nicht polarisiert, sondern es werden die reduzierenden Zucker nach der Methode von Issekutz bestimmt. Die Methode ist zeitaufwendig und sehr ungenau, sie kommt daher heute kaum noch zur Anwendung.
Die übliche Bestimmungsmethode des Deutschen Imkerbundes für die Saccharase-Aktivität ist die Bestimmung der Saccharase nach Siegenthaler (235). Dabei wird mit einem Photometer die Abnahme der Konzentration einer spezifisch von Saccharase abgebauten Chemikalienlösung gemessen.

7.3.1.3 Glucose-Oxidase

Die Glucose-Oxidase ist ein Enzym, das die Glucose über Gluconolacton zu Gluconsäure und Wasserstoffperoxid umsetzt (236). Mit dem Wasserstoffperoxid (H_2O_2) entsteht ein Stoff, der keimtötende Wirkung besitzt. Man schreibt ihm die »Inhibinwirkung« des Honigs zu. Der Gluconsäure wie auch dem Wasserstoffperoxid werden

Bedeutung für die Konservierung des Honigs im Bienenstock zugewiesen. Der optimale pH-Wert für die Glucose-Oxidaseaktivität ist im Bereich von 6. Dieses Enzym ist lichtempfindlich, darum der Hinweis, daß Honig nach Möglichkeit in einer dunklen Umgebung aufbewahrt werden sollte.
Die Bestimmung der Aktivität dieses Enzyms erfolgt durch die quantitative Ermittlung der Peroxid-Werte unter definierten Bedingungen. Die Anwesenheit von Katalase sollte ausgeschlossen sein (siehe 7.3.1.4).
Eine exakte Bestimmung der Glucose-Oxidase kann mit chromatographischen Verfahren erfolgen.

7.3.1.4 Andere Enzyme

Weitere im Honig nachgewiesene Enzyme sind die Katalase sowie verschiedene Phosphatasen. Die Katalase gehört zu den Peroxidasen, d.h. dieses Enzym zerlegt Wasserstoffperoxid in Wasser und Sauerstoff. Bei einigen Stoffwechselprozessen entsteht durch Oxidasen Wasserstoffperoxid. Dieses wird durch die Katalasen sofort wieder gespalten (237). In den Honig gelangt die Katalase wahrscheinlich durch die Pollen.
Eine saure Phosaphatase vom Phosphorsäuremonoestertyp wurde nachgewiesen (389).

7.4 HMF

Hinter der Abkürzung HMF verbirgt sich der systematische Name 5-(Hydroxymethyl) Furfural oder (5- Hydroxymethyl-2-Furaldehyd). Der Stoff ist in reiner Form wasserlöslich und wird an der Luft bzw. unter Lichteinfluß rasch oxydiert.

Abb. 53: Strukturformel des 5-Hydroymethyl-2-Furfural

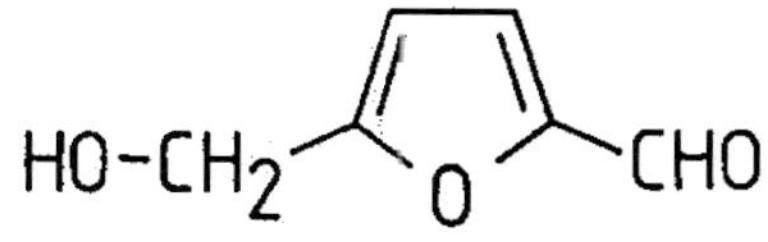

Das HMF entsteht aus einer irreversiblen Dehydratisierung der Zucker, hauptsächlich der Fructose. Das HMF kann dann teilweise unter Wasseraufnahme zu Lävulinsäure und Ameisensäure zerfallen. Die Bildung von HMF wird durch die Anwesenheit von Aminosäuren gefördert (Maillard-Reaktion, 238). Frischgeschleuderter Honig enthält nur geringe Mengen HMF. Im Laufe der Zeit, d. h. während der Lagerung und unter Zuführung von Wärme, erhöht sich der HMF-Gehalt. Damit ist der HMF-Gehalt ein wichtiger Indikator für die Frische, bzw. optimale Lagerung eines Honigs (siehe Tab. 28).
Nach Untersuchungen von Duisberg ist bei Temperaturen zwischen 12 und 14 °C eine jährliche HMF-Zunahme von etwa 3 ppm für Honigtauhonig und 5–6 ppm für Blütenhonig zu erwarten (239). Dieses ist allerdings auch noch vom pH-Wert abhängig.

Über die Veränderlichkeit des HMF- und Diastase-Gehalts während der Lagerung gibt die Arbeit von HADORN et al. weitere Auskunft (388) (siehe 5.7.1).
Die Bestimmung des HMF-Gehalts erfolgt nach der Methode von WINKLER (240). Es handelt sich dabei um ein photometrisches Meßverfahren. Der Honig wird in Wasser gelöst und mit den Reagenzien para-Toluidin und Barbitursäure versetzt. Durch die entstandene Farbe wird im Photometer bei einer Wellenlänge von 550 nm der Gehalt an HMF mit Hilfe eines Umrechnungsfaktors bestimmt. Dieses Verfahren ist mit dem großen Nachteil behaftet, daß para-Toluidin eine extrem giftige Chemikalie ist. In Zukunft wird daher verstärkt mit Methoden gearbeitet werden, die mit ungiftigen Reagenzien ausgeführt werden können. Eine dieser Methoden ist die Bestimmungsmethode nach WHITE (241). Des weiteren bieten sich eine Vielzahl chromatographischer Methoden zur Bestimmung des HMFs an. Zum Beispiel die Bestimmung mit Hilfe der HPLC (High Performance Liquid Chromatography), oder die Bestimmung im Gaschromatographen, die aber wiederum im Vergleich zu HPLC mit einer aufwendigeren Probenvorbereitung verbunden ist. Der Grenzwert für den HMF-Gehalt im Honig ist in der Honigverordnung mit 40 mg/kg festgelegt, ein darüber hinausgehender HMF-Gehalt erlaubt es noch, den Honig als sogenannten Backhonig in Verkehr zu bringen.
Ein im DIB-Einheitsglas abgefüllter Honig darf einen HMF-Wert von 15 mg/kg nicht überschreiten.

7.5 Aminosäuren

Die freien Aminosäuren stellen einen typischen Bestandteil der verschiedenen Honige dar. Der durchschnittliche Gehalt an freien Aminosäuren beträgt 980 mg/kg (390). Aufgrund der Aminosäure-Verteilung ist daher eine regionale Zuordnung der Honige möglich (242), aber auch eine Trachtzuordnung (243).

Tab. 34: *Aminosäureverteilung in europäischem Blütenhonig*

Aminosäure	Anteil im Honig [mg/kg]	Aminosäure	Anteil im Honig [mg/kg]
Alanin	4	Leucin	3
a-Aminobuttersäure	< 1	Lysin	28
Arginin	8	Methionin	< 1
Asparagin	5	3-Methyl-Histidin	< 1
Asparaginsäure	11	Orinithin	2
Carnosin	< 1	Phenylalanin	969
Citrullin	< 1	Prolin	548
Cystin	< 1	Sarcosin	3
Glutamin	21	Serin	9
Glutaminsäure	14	Threonin	4
Glycin	5	Tryptophan	< 1
Histidin	12	Tyrosin	34
Hydroxyprolin	< 1	Valin	10
Isoleucin	6		

Tab. 35: *Aminosäureverteilung in Honigtauhonig*

Aminosäure	Anteil im Honig [mg/kg]	Aminosäure	Anteil im Honig [mg/kg]
Alanin	4	Leucin	< 1
a-Aminobuttersäure	< 1	Lysin	21
Arginin	110	Methionin	1
Asparagin	5	3-Methyl-Histidin	< 1
Asparaginsäure	20	Orinithin	1
Carnosin	< 1	Phenylalanin	30
Citrullin	230	Prolin	570
Cystin	< 1	Sarcosin	1
Glutamin	30	Serin	10
Glutaminsäure	120	Threonin	2
Glycin	1	Tryptophan	< 1
Histidin	20	Tyrosin	13
Hydroxyprolin	< 1	Valin	10
Isoleucin	< 1		

Diese beiden Tabellen geben typische Aminosäurenverteilungen im Honig an (244). Eine Hauptkomponente ist das Prolin. Der Prolingehalt ist neben der damit verbundenen Bildung von Aromastoffen (siehe Abschnitt 7.6) ein wichtiges Kriterium zur Untersuchung der Qualität des Honigs. Die Höhe des Prolingehalts gibt Auskunft über die Reife des Honigs. Ist er unreif geerntet worden oder ist er mit Zuckerfütterung versehen, ist der Prolingehalt zu gering. So hat der Zoll als Grenze zur Beurteilung, inwieweit es sich bei der Verzollung um Honig oder um zuckerhaltige Produkte handelt, eine Mindestgrenze für Honig von 160 ppm Prolin festgelegt.
Eine weitere wichtige Aminosäure, das Phenylalanin (245, 246), ist beteiligt an der Bildung von Aromakomponenten. Der Salbeihonig zeichnet sich durch einen überdurchchnittlich hohen Phenylalanin-Gehalt aus (246). Er liegt zwischen 1600–2300 mg/kg.
Die Analyse der Aminosäuren kann mit dem klassischen Aminosäureanalysator oder der HPLC erfolgen (247).

7.6 Aromastoffe

Das Aroma ist für den Verbraucher zur Unterscheidung verschiedener Sortenhonige das wichtigste Beurteilungskriterium und somit für den Honig an sich eines der entscheidensten Inhaltsstoffe. Häusler und Montag (300) diskutieren die Möglichkeit, inwieweit sich Heidehonige und Honige anderer floraler Herkunft aufgrund ihrer Gehalte an S-(+)-Dehydrovomifoliol unterscheiden lassen.
Geruchsempfindungen haben die Menschen schon immer beeindruckt. Im Altertum versuchte man mit dem Verbrennen von verschiedenen aromatisch duftenden Pflanzenteilen, Räucherstäbchen etc. besondere Wohlgerüche zu verbreiten. Myrrhe und Weihrauch sind mit die ältesten bekannten Duftstoffe. Bereits 5000 Jahre vor Christus

wurde die Aromatisierung der Luft als angenehm empfunden. Im Honig sind viele verschiedene Stoffe vorhanden, die einen Beitrag zu seinem Aroma geben. Die folgenden Tabellen sind nicht vollständig und sollen nur einen kleinen Überblick über die Vielzahl und Art der Stoffe geben (248–250, 387, 301).

Tab. 36: *Liste verschiedener, im Honig gefundener Aromastoffe*

Kohlenwasserstoffe:	
Dekan	Methylethylbenzol
Undekan	Trimethylbenzol
Dodekan	4-Isopropyl-1-methylbenzol
Tridekan	Dekalin
Tetradekan	Styrol
Pentadekan	τ-Terpinol
Hexadekan	p-Cymol
Heptadekan	Durene (E)
Toluol	Isodurene (E)
o-Xylol	Limonene (E)
p-Xylol	Naphtalin
m-Xylol	α-Methylnaphtalin
Ethylbenzol	β-Methylnaphtalin
Isopropylbenzol	Dimethylnaphtalin
Propylbenzol	Acenaphtene (E)
Alkohole:	
Methanol	trans-Rosenoxid
Ethanol	cis-Linalooloxid
1-Propanol	Trans-Linalooloxid
2-Propanol	Benzylalkohol
2-Propen-1-ol	o-Methoxybenzylalkohol
2-Methylpropan-1-ol	p-Methoxybenzylalkohol
2-Methylprop-2-en-1-ol	2-Phenylethanol
1-Butanol	3-Phenylpropan-1-ol
2-Butanol	4-Phenylbutan-1-ol
2-Buten-1-ol	Menthol
2-Methylbutan-1-ol	α-Terpineol
3-Methylbutan-1-ol	4-Terpineol
3-Methylbutan-2-ol	p-Cymene-8-ol (E)
1-Pentanol	Eugenol
2-Pentanol	Carvacrol
3-Pentanol	Furfurylalkohol
Hexanol	Phenol
2-Heptanol	Ethylphenol
1-Oktanol	Cresol
3,7-Dimethyloktan-3-ol	cis-8-p-Menthen-1,2-diol
Citronellol	trans-8-p-Menthen-1,2-diol
Geraniol	Butan-2,3-diol
Nerol	Ionol
Linalool	Hotrienol
cis-Rosenoxid	Guaiacol

Tab. 36: Fortsetzung

Carbonylverbindungen:	
Formaldehyd	5-Methylfurfuraldehyd
Acetaldehyd	5-Hydroxymethyl-2-furfuraldehyd
Phenylacetaldehyd	p-Anisaldehyd
Propanal	2-Propanon
2-Methylpropanal	2-Butanon
2-Methylprop-2-enal	3-Methylbutan-2-on
Butanal	3-Hydroxybutan-2-on
2-Butanal	3-Hydroxybutan-2-on
3-Methylbutanal	2,3-Butandion
3-Hydroxybutanal	1-Hydroxybutan-2-on
Pentanal	1-Hydroxy-2-propanon
Hexanal	2-Pentanon
Octanal	3-Pentanon
Nonanal	3-Hydroxypentan-2-on
Dekanal	2-Hydroxypentan-3-on
Benzaldehyd	2-Heptanon
Methoxybenzaldehyd	Carvon
2,5-Dimethoxybenzaldehyd	Dihydrocarvon
Trimethoxybenzaldehyd	4-Isopropyliden-2-cyclohexen-1-on
p-Isopropylbenzaldehyd	Methyl-Furyl-Keton
Furfuraldehyd	S-(+)Dehydrovomifoliol
Säuren:	
Ameisensäure	Pentancarbonsäure
Essigsäure	Hexancarbonsäure
Phenylessigsäure	Palmitinsäure
Propionsäure	Benzoesäure
2-Methylpropionsäure	Citronellic Acid (E)
Buttersäure	Geranic Acid (E)
3-Methylbuttersäure	Perillic Acid (E)
Ester:	
Methylformiat	1,2-Ethandiolmonoacetat
Ethylformiat	Hexylacetat
Amylformiat	Octylacetat
Isoamylformiat	Linalylacetat
Citronellylformiat	Phenylethylacetat
Methylacetat	Methylpropionat
Ethylacetat	Ethylpropionat
Propylacetat	Ethyl-2-methylpropionat
Isopropylacetat	Propyl-2-methylpropionat
Butylacetat	Butyl-2-methylpropionat
Isoamylacetat	Isoamyl-2-methylpropionat

Zur Zeit werden die meisten Aromaeindrücke durch die organoleptische Prüfmethode bestimmt und dann zur Beurteilung herangezogen. Lediglich im Orangenhonig wird das dort typische Methylanthranilat gemessen, aus dessen Gehalt auf die Menge

des im Honig vorhandenen Orangenhoniganteiles geschlossen wird. Die Bestimmung erfolgt photometrisch nach der Methode von WHITE (251).
Es wäre in Zukunft aber sinnvoll, zur Unterstützung der zur Zeit üblichen Pollenanalyse zur pflanzlichen und damit trachtmäßigen Herkunftsbestimmung des Honigs, diese durch eine gaschromatographische Aromastoffanalyse zu ergänzen.
Die Messung und Identifizierung von Aromastoffen erfolgt durch Gaschromatographen (252) oder Flüssigkeitschromatographen, wie sie beispielhaft im Kapitel Rückstandsanalytik abgebildet sind. Die folgende Abbildung zeigt ein typisches Aromagramm von Honig.
Dieses Aromagramm ist das Ergebnis einer gaschromatographischen Analyse (Kapillargaschromatographie). Jeder erkennbare Schreiberausschlag (Signal) stellt eine einzelne Aromakomponente dar.

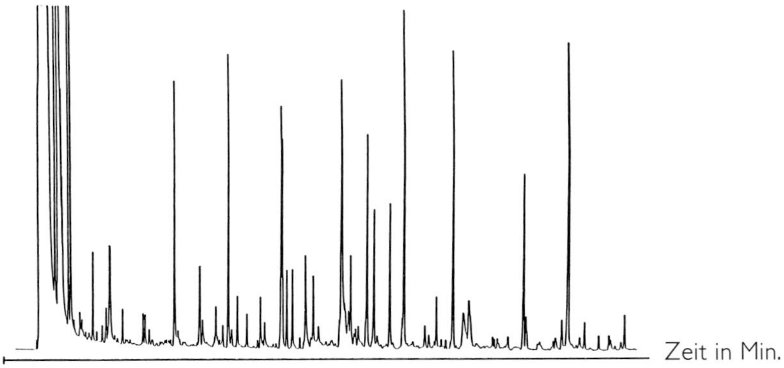

Abb. 54: Chromatogramm einer Aromastoffanalyse (GC)

7.7 Mineralstoffe

Die Mineralstoffe des Honigs gelangen vorwiegend aus dem jeweils von der Biene gesammelten Rohstoff in den Honig. Verschiedene Kaliumsalze sind der überwiegende Teil im Honig. Entsprechend der Herkunft des Honigs sind die Mineralstoffgehalte typisch (253), die von entscheidender Bedeutung als Spurenelemente für den Körper (384) sind. Zu diesem Themenkreis siehe auch die Veröffentlichungen von SCHLETTWEIN-GSELL et al. (254).
Im direkten Verhältnis zum Mineralstoffgehalt steht der Aschegehalt des Honigs. Daher wurde der Aschegehalt als ein wichtiges Kriterium in die Honigverordnung aufgenommen.

Tab. 37: *Mineralstoff- und Elementverteilung in einem neuseeländischen Waldhonig*

Element	Menge	Element	Menge
Kalium:	3.740 mg/kg	Thallium:	<1,0 µg/kg
Natrium:	21 mg/kg	Selen:	19,4 µg/kg
Calcium:	23 mg/kg	Mangan	44,1 µg/kg
		Kupfer:	1.150,9 µg/kg
Magnesium:	52,1 µg/kg		
Arsen:	< 0,1 µg/kg	Nickel:	205,0 µg/kg
Eisen:	7.155,2 µg/kg	Cobalt:	11,1 µg/kg
Zink:	344,8 µg/kg	Blei:	118,0 µg/kg
		Cadmium:	0,8 µg/kg
		Chrom:	4,5 µg/kg
		Quecksilber:	2,8 µg/kg

Tab. 38: *Mineralstoff- und Elementverteilung in einem mexikanischen Wildblütenhonig*

Element	Menge	Element	Menge
Kalium:	554 mg/kg	Thallium:	<1,0 µg/kg
Natrium:	26 mg/kg	Selen:	8,0 µg/kg
Calcium:	22 mg/kg	Mangan:	28,4 µg/kg
		Kupfer:	233,3 µg/kg
Magnesium:	2,4 µg/kg		
Arsen:	< 0,1 µg/kg	Nickel:	2,5 µg/kg
Eisen:	3.707,4 µg/kg	Cobalt:	0,6 µg/kg
Zink:	55,1 µg/kg	Blei:	11,1 µg/kg
		Cadmium:	0,3 µg/kg
		Chrom:	2,5 µg/kg
		Quecksilber:	< 0,1 µg/kg

Tab. 39: *Mineralstoff- und Elementverteilung in Blütenhonig (mg/100 g Honig) nach* Souci/Fachmann/Kraut *(255)*

Element	Durchschnitt [mg/100 g]	min. [mg/100 g]		max. [mg/100 g]
Natrium	7,400	4,80	–	10,00
Kalium	47,000	43,00	–	50,00
Magnesium	5,500	–	–	–
Calcium	4,500	3,60	–	5,00
Mangan	0,030	–	–	–
Eisen	1,300	0,90	–	2,00
Kupfer	0,090	–	–	–
Nickel	0,005	0,003	–	0,008
Chrom	0,029	–	–	–
Molybden	0,000	–	–	–
Phosphor	18,000	16,00	–	20,00
Bor	0,350	–	–	–

Die hier aufgeführten 3 Tabellen geben typische Mineralstoffverteilungen im Honig an, zeigen aber auch deutlich, daß je nach Tracht und Herkunft stark schwankende Werte möglich sind. Die Mineralstoffgehalte liegen für Blütenhonig um 100 mg/kg und für Honigtauhonige zwischen 400 und 1000 mg/kg. Honigtauhonige zeigen also üblicherweise höhere Mineralstoffgehalte als Blütenhonig. Die elektrische Leitfähigkeit des Honigs, die zu einem beträchtlichen Teil auch vom Mineralstoffgehalt abhängig ist, kann daher als Unterscheidungskriterium zwischen Blütenhonig und Honigtauhonig genutzt werden (siehe Abschnitt 8.6).

7.8 Säuren

Honig ist chemisch-physikalisch betrachtet eine Säure (pH < 7). Honigtauhonige enthalten mehr Säuren als Blütenhonige. Honigtauhonige erweisen sich aber weniger »sauer« (pH-Wert) als Blütenhonige (Pufferwirkung).
Die hauptsächlich im Honig gefundenen Säuren sind die Gluconsäure, Essigsäure, Buttersäure, Milchsäure, Zitronensäure, Ameisensäure, Maleinsäure, Oxalsäure (278). Talpay (256, 257) untersuchte den Formiat- und Citratgehalt von Trachthonigen verschiedener Herkunft und fand dabei folgende Werte:

Tab. 40: *Formiat- und Citratgehalt von Trachthonigen diverser Provenienzen*

Honig	**Formiat [mVal/kg]**	**Citrat [mVal/kg]**
Robinie (Akazie)	0,33	0,79
Raps	0,74	0,47
Klee	0,41	1,52
Eukalyptus (Blüte)	0,45	1,13
Linde	1,65	0,75
Wald	1,94	7,74
Edelkastanie	11,6	3,91
Eukalyptus (Honigtau)	3,33	4,29

Relativ hohe Gehalte an Ameisensäure finden sich in Sortenhonigen von der Edelkastanie. Die gefundenen Werte liegen im Bereich von 1000–1500 ppm (1,0 bis 1,5 g/kg Honig), Honigtauhonige enthalten mittlere Gehalte von etwa 500 bis 800 ppm, in Blütenhonigen finden sich die geringsten Werte von etwa 100 bis 500 ppm.
Ein vom Aromaeindruck her saurer Honig hat nicht zwangsläufig einen hohen Säuregrad. Der Säuregrad wird mit Hilfe einer Titration gemessen. Der Säuregrad wurde in die Honigverordnung aufgenommen, um zu verhindern, daß Honig mit einer evtl. abgestoppten Gärung in den Verkehr gebracht wird. Bei der Gärung des Honigs nimmt der Gehalt an Essig- und Milchsäure zu. Der Gehalt an freien Säuren sollte den Wert von 40 mVal pro kg nicht übersteigen, jedoch gibt es in Spanien Honigtauhonige, deren Säuregrade natürlicherweise in einem Bereich um 40 bis hin zu 45 mVal pro kg liegen.

7.9 Vitamine

Der Vitamingehalt des Honigs ist gering. Die Tabelle 41 gibt Auskunft über einige ausgewählte Vitamine, die im Honig überprüft wurden. Die Vitamine gelangen wahrscheinlich über die Pollen und körpereigene Drüsensekrete in den Honig.

Tab. 41: *Vitamingehalte in Blütenhonig (mg/100 g Honig) nach Souci/Fachmann/Kraut (255)*

	Durchschnitt [mg/100 g]	min. [mg/100 g]		max. [mg/100 g]
Vitamin A	0,000	–	–	–
Carotin	0,000	–	–	–
Vitamin K (Phyllochinon)	0,025	–	–	–
Vitamin B1 (Thiamin)	0,003	0,00	–	0,01
Vitamin B2 (Riboflavin)	0,050	0,02	–	0,10
Nicotinamid (Niacin)	0,130	0,10	–	0,20
Vitamin C (Ascorbinsäure)	2,400	1,00	–	4,00

Pantothensäure, Pyridoxin (Vitamin B6), Retinol (Vitamin A), Folsäure, Biotin (Vitamin H) und Tocopherol (Vitamin E) werden von einer Reihe von Autoren gleichfalls als Bestandteile des Honigs angegeben. Zur Zeit gibt es keine schlüssige Vitamin-Charakterisierung des Honigs.

7.10 Farbstoffe

Die Farbstoffe des Honigs stellen einen äußerlich leicht bemerkbaren Inhaltsstoff dar. In der spezifischen Aufklärung der Inhaltsstoffe ist jedoch auf dem Gebiet der Farbstoffe wenig gearbeitet worden. Man weiß, daß es sich meistens um phenolische Verbindungen handelt bzw. um Flavone bzw. Flavonoide, d.h. es sind Pflanzenfarbstoffe, die den einzelnen Honigen ihre Farbe geben. Einzelne Flavonoide sind spezifisch mit Hilfe der HPLC nachweisbar (258). Im Handel erfolgt die Farbmessung mit dem Pfund-Colow-Grader (siehe Abschnitt 9.3.1).

7.11 Andere Inhaltsstoffe

Als weitere Inhaltsstoffe finden sich im Honig hauptsächlich die Pollenkörner von den verschiedenen Trachtpflanzen oder solche aus dem Luftsediment. Diese werden im Kapitel »Mikroskopie« noch näher erläutert. Daneben findet man in manchen Honigen typische Honigtaubestandteile, wie Pilzsporen, Algen, Wachswolle von bestimmten Honigtauerzeugern, feinkörnige und feinkristalline Masse, aber auch Reste von tierischen Bestandteilen. Als natürliche Inhaltsstoffe können auch kleinere Teile der Bienen oder Teile von anderen Insekten vorhanden sein.

Diese Inhaltsstoffe werden allgemein als Honigsediment bezeichnet. Darunter versteht man all jene Stoffe, die in der Honigverordnung durch das Kriterium der wasserunlöslichen Stoffe erfaßt werden. Die Menge der wasserunlöslichen Teile sollte für Blütenhonig nicht größer als 0,1% und für Honigtauhonige nicht größer als 0,5% sein.

Ein weiterer wichtiger Bestandteil des Honigs sind die Hefen. Dabei handelt es sich um osmophile Hefen, also um Mikroorganismen, die in der übersättigten Zuckerlösung des Honigs leben und sich vermehren können. Die Hefen sind für die Gärung des Honigs verantwortlich, d.h. ist der Wassergehalt zu hoch, wird ein Honig aufgrund des Hefegehaltes in Gärung geraten. Der Nachweis von Hefen kann mikroskopisch erfolgen. Ein Nachweis einer evtl. abgestoppten Gärung kann über die Bestimmung des von den Hefen produzierten Ethanols erfolgen. Der Ethanolgehalt kann mit Hilfe der Head-Space-Gaschromatographie gemessen werden. Bei dieser Methode wird der gasförmige Überstand des Honigs analysiert.

Ist eine Gärung vorhanden gewesen, ist ein erhöhter Ethanolgehalt charakteristisch (259).

Der Honig hat, wie viele Dinge, nicht nur gute Seiten, wobei natürlich im Falle des Honigs die guten eindeutig überwiegen. Es darf nicht verschwiegen werden, daß es auch giftige Honige gibt (86, 351, 352). Bereits im Altertum war dies bekannt. Der griechische Schriftsteller Xenophon (430–354 v. Chr.) beschreibt eine derartige Vergiftung, die während eines Feldzuges gegen den Perserkönig Ataxerxes die griechischen Hilfstruppen heimsuchte. Diese Vergiftung wurde einem pontischen Honig zugeschrieben, den die Soldaten reichlich gegessen hatten.

Der eben erwähnte Rhododendronhonig stammt aus dem Pontikum (Anatolien) sowie aus einigen Gegenden Japans. Der Nektar bestimmter Rhododendronarten enthält den toxischen Stoff Andromedo-Toxin (350). Der Verzehr dieser Honige kann zu Unverträglichkeit bis hin zu Vergiftungserscheinungen führen. In einigen Gegenden Südafrikas kommt der sogenannte Noorsdornhonig (Euphorbia) vor. Dieser kann gleichfalls zu Unverträglichkeiten führen.

Die hier aufgeführten Honige spielen aufgrund der geringen Mengen, in denen sie vorkommen können, für den Handel keine Rolle.

In neuerer Zeit sind einige Fälle von Unverträglichkeitserscheinungen aus den Staaten der UdSSR, Japan und einigen Staaten der USA gemeldet worden. Der größte Anfall toxischer Honige stammt aus den Gebieten Kleinasiens, bzw. des Kaukasus, von den dort wachsenden Rhododendronarten, aber auch andere Ericaceen können giftige Nektare absondern.

Es gibt auch toxischen Honigtauhonig, so z.B. von der Zikade. In Neuseeland wurden

nach dem Genuß von Honig aus Honigtautracht von Coriaria arborea Vergiftungserscheinungen beobachtet. Der Honigtau dieser Pflanze wird von Scolypopa australis (Ordnung: Homoptera; Unterordnung: Cicadina; Familie: Fulgoridae) abgesondert und enthält die Wirkstoffe Picrotoxin, Tutin sowie Mellitoxin.
In den Rhododendronhonigen sind neben dem Grayano-Toxin I (Andromedo-Toxin oder Rhodotoxin) auch die Grayano-Toxine II und III vorhanden. Es gibt ca. 20 verschiedene Grayano-Toxine, sie gehören zur Gruppe der Diterpenoide. Die Vergiftungserscheinungen gleichen der Atropa-Vergiftung. Diese Stoffe finden in der Medizin als Anti-Hypertonika Verwendung.
Die Toxine Tutin und Hyenanchin stammen aus den neuseeländischen Honigen von Gerberstrauchgewächsen (Tutustrauch, Coriaria arborea). Bereits 1 mg Tutin bewirkt Übelkeit und Erbrechen bis hin zur Bewußtlosigkeit. Zwischen 0,5–6,7 mg Tutin wurden in 100 g Honig gefunden. Aber auch von Echium plantagineum (Neuseeland) gibt es Honig, der giftige Pyrrolizidine Alkaloide enthält (349, 347).
Der Nachweis dieser giftigen Substanzen kann mit der Flüssigkeitschromatographie (HPLC) oder der Gaschromatographie erfolgen (346, 348).
Mehr theoretischer Natur ist es, darauf hinzuweisen, daß auch in Deutschland unverträgliche Honige anfallen könnten. So zum Beispiel von den giftigen Blüten des Tabak, Oleander, Jasmin, Bilsenkraut oder Schierling. Das Aroma dieser Honige ist aufgrund der Giftstoffe herb bitter. Da es keine reinen Sortenhonige gibt, spielen diese Honige keine Rolle.
Gleichfalls bedenklich ist Honig von Wolfsmilchgewächsen (Euphorbiaceae). Einige Inhaltsstoffe dieser Pflanzen, die sich dann im Honig wiederfinden, wurden als pharmakologisch interessant eingestuft. Es gab Ansätze, diese pharmakologisch wirksamen Inhaltsstoffe zu isolieren bzw. zu synthetisieren, da von diesen Stoffen eine eventuelle Wirkung gegen Krebs-Erkrankungen auszugehen schien. Diese Untersuchungen wurden aber nicht weitergeführt.
Die Problematik der toxischen Honige ist seit langem bekannt. Aufgrund der umfangreichen Untersuchungen aller Honige kann jedoch ausgeschlossen werden, daß diese Honige in den Verkauf gelangen.
Die in diesem Kapitel angesprochene Problematik, daß Honig neben der normalen Eignung als Lebensmittel gleichfalls eine toxikologische Wirkung haben kann, bzw. daß es Honige gibt, die durch spezifische Inhaltsstoffe einen positiven oder negativen Einfluß auf die Gesundheit haben können, verweist auf das Kapitel »Honig und Gesundheit«.
Andere Inhaltsstoffe werden weiter im Kapitel »Rückstände« behandelt. Das Cholin (durchschnittlicher Gehalt 0,3–25,0 mg/kg) und das Acetylcholin (durchschnittlicher Gehalt 0,06–5,0 mg/kg), deren Bedeutung und Wirkung werden im Kapitel »Honig und Gesundheit« behandelt.
Die in diesem Kapitel aufgeführten Inhaltsstoffe stellen natürlich nur einen Teil der möglichen Inhaltsstoffe dar. Weitere Forschung wird sicherlich das Wissen um die Inhaltsstoffe des Honigs erweitern, so daß der Spruch von Wilhelm Busch seine Gültigkeit behält:

Sokrates, der alte Greis,
sagte oft in tiefen Sorgen:
Ach wie viel ist doch verborgen,
was man immer noch nicht weiß.

8. Physiko-chemische Eigenschaften

8.1 Konsistenz

Bei dem Begriff der Konsistenz handelt es sich um eine Sammelbezeichnung für unterschiedliche rheologische Eigenschaften einer Substanz. Diese unterschiedlichen Eigenschaften sind temperatur- und untereinander abhängig. Zu diesen Eigenschaften gehören die Viskosität, die Thixotropie, die Oberflächenspannung, die Kohäsion, die Adhäsion usw.

Die Bezeichnung »Konsistenz« wird im Zusammenhang mit Honig zur Beschreibung der Beschaffenheit benutzt. Man spricht dann von einer cremigen Konsistenz oder einer zähen Konsistenz.

Die Bezeichnung Thixotropie beschreibt die Erscheinung, die häufig im täglichen Leben beobachtet wird, und zwar die, daß Stoffe im Prinzip flüssig sind, aber nicht fließen. Werden diese thixotropen (geleeartigen) Stoffe durch mechanische Kräfte, wie zum Beispiel Rühren oder Schütteln, beeinflußt, verflüssigen sie sich. Mit der Beendigung dieser Beeinflussung wird der Stoff wieder fest bzw. thixotrop.

Diesen Zustand beobachten wir beim Heidehonig. Zur Beurteilung, ob es sich um einen reinen Heidehonig oder nur um einen Blütenhonig mit Anteil an Heidehonig handelt, wird häufig die Bestimmung der Thixotropie nach Louveaux (260) durchgeführt (siehe Abschnitt 7.3). Ist nach dieser Analyse der Befund positiv, d.h. die Thixotropie ist ausgebildet, ist die Wahrscheinlichkeit groß, daß es sich um einen Heidehonig von Calluna handelt. Heidehonig von Erica ist nicht thixotrop. Die Thixotropie der Calluna-Heidehonige begründet sich in seinem hohen Proteingehalt. Aus diesem Grund wird bei Honigen, bei denen die Thixotropie nach Louveaux kein eindeutiges Ergebnis liefert, eine Proteinbestimmung durchgeführt.

8.2 Kristallisation

Die Kristallisation ist für den Honig ein natürlicher Vorgang. Die Bildung von Kristallen erfolgt aus Lösungen oder Schmelzen (261, 262). Im Falle des Honigs handelt es sich um eine übersättigte Zuckerlösung. Bereits kleinste Partikel im Honig stellen sogenannte Kristallisationskeime dar, die dann den Kristallisationsvorgang auslösen und letztendlich zur vollständigen Kristallisation des Honigs führen. Wird die Kristallisation durch derartige undefinierte Bruchstücke ausgelöst, kommt es zu der groben und beim Verbraucher unbeliebten Kristallstruktur. Die Empfindung auf der Zunge wird als »sandig« beschrieben. Wird die Kristallisation durch definierte Kristallbruchstücke ausgelöst und ist die Temperatur entsprechend, kommt es zu der gewünschten feincremigen Kristallisation. Die Empfindung dieses Honigs auf der Zunge wird als »schmalzig« beschrieben (siehe Abschnitt 5.3).

Die Bestimmung, ob in einem Honig Kristalle vorliegen oder es sich unter Umständen um feine Verunreinigungen handelt, wird mikroskopisch durchgeführt. Die fraglichen Partikel können ohne weitere Vorbereitung, auf einen Objektträger aufgebracht, mikroskopiert werden.

8.3 Dichte

Die Dichte eines Stoffes ist definiert als die Masse pro Volumeneinheit, d.h. die Masse in Gramm pro Kubikzentimeter. Bei dieser Definition handelt es sich um die sogenannte Massendichte. Vor Jahren gab es noch die relative Dichte, bzw. das spezifische Gewicht eines Stoffes. Die Meßwerte sind ineinander umrechenbar, wobei die relative Dichte inzwischen ungebräuchlich ist, da sie eine dimensionslose Zahl darstellt, die sich auf einen Vergleich mit 4 °C warmem Wasser, dieses wurde als 1 gesetzt, ergab. Üblicherweise wird die Dichte bei 20 °C und bei Normaldruck (1013 millibar) gemessen.
Die Tabelle 42 gibt Beispiele für Dichten einiger gebräuchlicher Substanzen.

Tab. 42: *Dichte unterschiedlicher Stoffe*

Stoff	**[g/cm³]**
Blei	11,288
Holz	0,4–0,8
Ethanol	0,791
Eis (0 °C)	0,917
Wasser	0,998
Honig	1,42

Zur Bestimmung der Dichte können verschiedene Methoden herangezogen werden. Die gängigste Dichtebestimmungsmethode ist die pyknometrische. Hierbei handelt es sich um eine Wägemethode mit Hilfe eines Pyknometers. Das Pyknometer ist ein im Volumen geeichtes Gefäß, so daß direkt mit einer Waage das Gewicht des zu bestimmenden Stoffes meßbar ist. Der Wert muß lediglich um den Luftauftrieb, den das Pyknometer beim Wägen erfährt, korrigiert werden.
Bei der Bestimmung der Dichte mit der »Auftriebsmethode« wird ein Senkkörper verwendet, aus dessen Auftrieb und Volumen die Dichte des Stoffes bestimmt wird.
Die dritte Dichtebestimmungsmethode ist das Spindeln. Ein spindelförmiger Senkkörper (Aräometer), der mit einer Skala versehen ist, wird in die Flüssigkeit getaucht, und je nach Eintauchtiefe kann auf der Skala direkt die Dichte abgelesen werden.
Nach dem Prinzip der Stimmgabel (harmonischer Oszillator) arbeiten die modernen Schwingungsdichte-Meßgeräte. Da die Schwingungen dieser Gabel abhängig von der Dichte des sie umgebenden Stoffes sind, kann aufgrund der Schwingungsänderung die Dichte dieser Stoffe berechnet werden.

8.4 Viskosität

Die Viskosität stellt ein Maß für die Zähigkeit bzw. die innere Reibung einer Flüssigkeit dar. Die Viskosität ist bei gegebener Temperatur eine Stoffkonstante mit der SI-Einheit Pascal × Sekunde (Pa × s). Die früheren Einheiten poise (P) und centipoise (cP) dürfen nicht mehr benutzt werden (1 centipoise = 1 mPa × s). Die Viskosität ist unterscheidbar in dynamische Viskosität und kinematische Viskosität. Wasser hat eine Viskosität von 1,056 mPa × s bei 18 °C, Äthanol eine von 1,12 und Glycerin eine von 1,60. Die Viskosität der Honige ist stark von der Konsistenz abhängig (Tabelle 43).

Tab. 43: *Viskosität diverser Honige unterschiedlicher Konsistenz bei 20° C*

Honig	**Viskosität [mPa × s]**	**Wassergehalt [%]**
Akazien (flüssig)	114,2	17,8
Tannen (flüssig)	184,4	17,1
Blüten (cremig)	1578,2	17,4

Die dynamische Viskosität ist stark temperaturabhängig. Sie stellt ein bedeutendes Kriterium für die Abfüllung dar. Die folgende Tabelle veranschaulicht die drastische Abnahme des Viskosität bei einer Temperatursteigerung (Tabelle 44). Steigt die Temperatur des Honigs um ca. 15 °C von 20 °C auf 35 °C, so nimmt die Viskosität um den Faktor 10 ab.

Tab. 44: *Einfluß der Temperatur auf die Viskosität*

Honig	**Viskosität bei 20 °C [mPa × s]**	**Viskosität bei 35 °C [mPa × s]**	
Blüten (cremig)	749,0	77,9	(flüssig)
Akazien (flüssig)	173,0	25,6	(flüssig)
Blüten (flüssig)	359,8	32,5	(flüssig)

Natürlich ist für die Viskosität des Honigs auch der Wassergehalt von entscheidender Bedeutung.

Tab. 45: *Einfluß des Wassergehaltes im Honig auf die Viskosität bei 20°C*

Honig	**Wassergehalt [%]**	**Viskosität [mPa × s]**
Akazie (flüssig)	17,8	114,5
	19,8	59,2
	21,8	31,8
Tanne (flüssig)	17,1	184,4
	19,1	74,7
	21,1	37,3
Blüte (cremig)	17,4	1578,2
	19,4	375,4
	21,4	129,5

8.5 Wärmeleitfähigkeit

Unter der Wärmeleitfähigkeit versteht man eine physikalische Größe, die eine Maßzahl für die Wärmeübertragung (Wärmetransport) in einem homogenen Körper darstellt. Die Wärmeleitfähigkeit wird auch als Wärmeleitzahl bezeichnet.
Die Wärmeleitfähigkeit hat die Dimension Joule/cm × s × K oder W/cm × K (K = grad Kelvin, s = Sekunde). Früher cal/cm × s × grad.
Mit steigender Temperatur steigt die Wärmeleitfähigkeit.
Bekanntermaßen besitzen Metalle die größte und Gase die geringste Wärmeleitfähigkeit. Die Wärmeleitfähigkeit stellt für den Honig eine besondere Größe dar, da die Möglichkeit der Verflüssigung bzw. die der Erwärmung eine entscheidende Behandlung des Produktes darstellt. Aufgrund der geringen Wärmeleitfähigkeit kann Honig in Fässern, die einer intensiven und nicht zu langen Sonneneinstrahlung ausgesetzt waren, nicht durch und durch wärmegeschädigt sein. Daher ist gegen eine kurzfristige Lagerung in unklimatisierten Räumen nichts einzuwenden. Lediglich in der äußeren Schicht kann es zu einem Anstieg des HMF-Gehaltes kommen.
Für die Abfüllung des Honigs aus Großgebinden in Gläser ist ein fließfähiger Honig die Voraussetzung. Um ihn jedoch fließfähig zu bekommen, muß er erwärmt werden. Da die Wärmeübertragung bis zur Faßmitte jedoch sehr lange dauert, kann es in den Randschichten zum unerwünschten HMF-Anstieg kommen.
Nach Townsend (263) hat flüssiger Honig bei 20 °C eine Wärmeleitfähigkeit von 12×10^{-4} cal × cm^{-1} × s^{-1} × $°C^{-1}$ bzw. kristallisierter Honig nach Helvey (264) $12{,}9 \times 10^{-5}$ cal × cm^{-1} × s^{-1} × $°C^{-1}$.
Durch entsprechende Verfahren (siehe Abschnitt 5.5) können Wärmeschäden vermieden werden.
Die Bestimmung der Wärmeleitfähigkeit erfolgt mit spezifischen, elektronischen Wärmeleitfähigkeitsmeßgeräten. Dabei handelt es sich um einen beheizten Widerstandsdraht, der in einer definierten Umgebung eine definierte Wärmeableitung besitzt und somit ein definierter Strom fließt. Ändert sich die Umgebung und damit die Wärmeableitung, so kann aus den dann abgegebenen Stromwerten die Wärmeleitfähigkeit berechnet werden.

8.6 Elektrische Leitfähigkeit

Die elektrische Leitfähigkeit beschreibt die Eigenschaft eines Stoffes, elektrischen Strom zu leiten. Die Meßeinheit ist S/cm bzw. $(\Omega \cdot cm)^{-1}$.
Wird ein Honig in destilliertem bzw. entionisiertem Wasser gelöst, so kann in dieser Lösung die elektrische Leitfähigkeit gemessen werden. Dies ist möglich, da die im Honig enthaltenen Säuren z.T. dissoziieren und Honig eine große Menge unterschiedlicher Mineralstoffe enthält, die in Form von Ionen vorliegen. Diese sind in der Lage, den elektrischen Strom zu leiten. Grundlegende Arbeiten wurden von Vorwohl durchgeführt (265, 266).
So wurde über eine Vielzahl von Messungen festgestellt, daß die elektrische Leitfähigkeit eines Blütenhonigs zwischen 1 und 5×10^{-4} S × cm^{-1} beträgt und die elektrische

Leitfähigkeit für Honigtauhonige (Waldhonige) mit einem Wert von 8×10^{-4} S $\times$ cm^{-1} beginnt. Im Gegensatz dazu hat der Deutsche Imkerbund als obere Grenze für Blütenhonig im Einheitsglas eine elektrische Leitfähigkeit von 5×10^{-4} S $\times$ cm^{-1} festgesetzt. Der Raum zwischen einer Leitfähigkeit von 7 und 10×10^{-4} S $\times$ cm^{-1} deckt den Teil der Mischungen von Blütenhonig mit Honigtauhonigen ab. Ab einer Leitfähigkeit von 10 handelt es sich um Honigtauhonig (Waldhonig).

Die Honigverordnung gibt als Kriterium zur Unterscheidung von Blüten- bzw. Blüten-/Honigtauhonig zu einem Honigtauhonig die Bestimmung des Aschegehaltes an. Der Aschegehalt sollte für Blütenhonig nicht größer als 0,6% und für Honigtauhonig nicht größer als 1% sein.

Bei der Veraschung eines Stoffes bleiben vorwiegend die mineralischen Bestandteile zurück, die dann ausgewogen werden können. Diese mineralischen Bestandteile können aber auch, sofern sie als Ionen vorliegen, über den Weg der elektrischen Leitfähigkeit bestimmt werden.

Die Durchführung der Messung läuft wie folgt ab:

Zunächst wird der Wassergehalt des zu untersuchenden Honigs bei 20 °C bestimmt. Unter Berücksichtigung des Meßwertes werden 5,000 oder 10,000 g Honigtrockensubstanz in ein Wägeschälchen eingewogen. Die entsprechenden Honigmengen werden mit destilliertem oder deionisiertem Wasser in 25 bzw. 50 ml Erlenmeyerkolben aufgenommen und vollständig gelöst. Die Messung der elektrischen Leitfähigkeit der Koniglösung erfolgt bei 20 °C mit einer entsprechenden Leitfähigkeitsmeßelektrode. Diese wird in die Lösung eingetaucht. Zwischen zwei Platinplatten wird dann die elektrische Leitfähigkeit der Honiglösung gemessen.

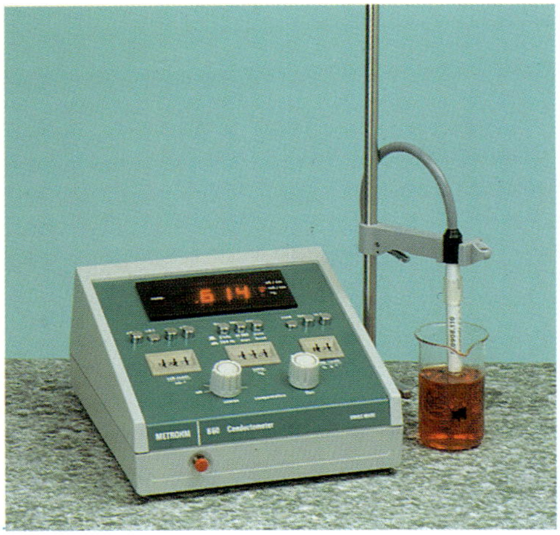

Abb. 55: Meßgerät zur Bestimmung der elektrischen Leitfähigkeit einer Koniglösung (Bildmaterial: Fa. Metrohm)

8.7 pH-Wert

Der pH-Wert von Honig sollte zwischen 3,5 und 5,5 liegen. Nach Zander sollten Blütenhonige einen pH-Bereich von 3,6 bis 4,5 abdecken und Honigtauhonige einen Bereich von 4 bis 5,4. Der pH-Wert ist definiert als der negative dekadische Logarith-

mus der Wasserstoffionen-Konzentration. Er dient der Angabe der Wasserstoff- oder Hydroxidionenkonzentration in wäßrigen Lösungen und ist damit ein Maß für deren Acidität (pH = 0–7) bzw. Basizität (pH = 7–14). Die Messung erfolgt durch elektrische pH-Meßgeräte oder weniger genau durch Farbindikatoren, deren Farbumschlag in einem schmalen ph-Bereich erfolgt.
Zur Bestimmung des pH-Wertes werden 10 g Honig in 75 ml deionisiertem Wasser gelöst und am pH-Meter mit einer entsprechenden Elektrode gemessen.

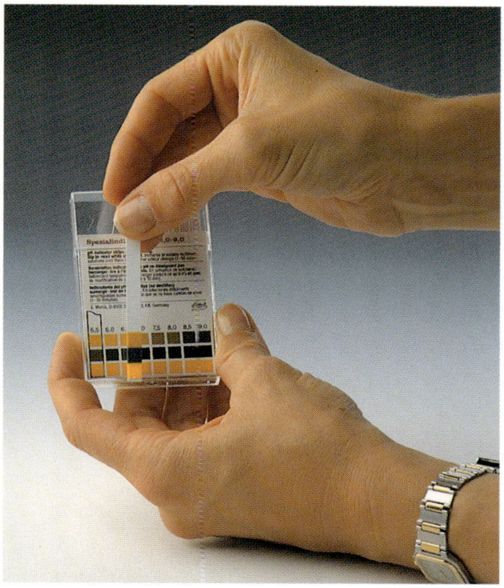

Abb. 56: pH-Papier zur einfachen Überprüfung des pH-Wertes (Bildmaterial: Fa. Merck)

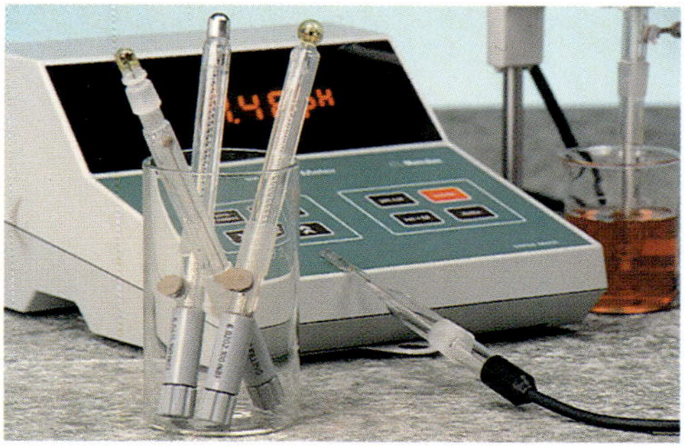

Abb. 57: pH-Meter zur Bestimmung des pH-Wertes einer Honiglösung (Bildmaterial: Fa. Metrohm)

9. Untersuchung des Honigs

9.1 Grundanalytik

Die sogenannte Grundanalytik für Honig beinhaltet die für den Handel im ersten Moment wichtigen Parameter. Dieses sind der HMF-Gehalt, die Diastasezahl, der Wassergehalt, der Säuregrad und der pH-Wert. Anhand dieser fünf Parameter ist mit einer einfachen Analytik abzuschätzen, inwieweit es sich lohnt, den Honig weiteren, dann allerdings kostenintensiveren Analysen zuzuführen. Die zur Grundanalytik gehörenden analytischen Methoden und die in der Honigverordnung für diese Messungen festgelegten Grenzwerte wurden bereits im Kapitel »Inhaltsstoffe« dargelegt (siehe Abschnitt 7).

Die Grundanalytik umfaßt bei Trachthonigen natürlich auch die Messung der Leitfähigkeit zur Unterscheidung zwischen Blüten- und Honigtauhonig sowie die Pollenanalyse zur Überprüfung, ob es sich um einen Sortenhonig handelt oder nicht. Die Pollenanalyse, d.h. die Mikroskopie des Honigs sowie die aufwendigeren Untersuchungen in bezug auf Rückstands- und Verfälschungsanalytik werden in den folgenden Kapiteln behandelt.

9.2 Mikroskopie

Die mikroskopische Analyse von Honig ist eine der entscheidenden Methoden, um neben der regionalen Herkunft auch die trachtmäßige, d.h. pflanzliche Herkunft des Honigs überprüfen zu können. Dies setzt allerdings ein fundiertes Wissen hinsichtlich der verschiedenen Pollenformen und dem Vorkommen bestimmter Pollen im Honig voraus (343).

Die folgenden Publikationen geben einen kleinen Überblick über die Arbeiten auf dem Gebiet der Pollenanalytik unterschiedlicher Länder (267–273, 177, 379–382).

Die Honigmikroskopie ist ein wirksames Instrument bei der Aufklärung eventueller Verfälschungen besonders teurer einheimischer Honige, wie z.B. den Tannenhonigen aus dem Schwarzwald. Häufig werden diese Honige mit preiswerteren Honigen gestreckt, um auf diese Weise einen höheren Gewinn zu erzielen. Die mikroskopische Analyse dient also im besonderen auch dem Verbraucherschutz.

Erste Anzeichen einer eventuellen Gärung des Honigs werden gleichfalls durch die mikroskopische Erfassung der Hefen gegeben (376).

Bei der Auswertung des mikroskopischen Bildes werden die von der Internationalen Kommission für Bienenbotanik der IUBS (sogenannte Pollenkommission) erarbeiteten Begriffe angewendet (342).

»Leitpollen«: über 45% der ausgezählten Pollen (predominant pollen).

»Begleitpollen«: 16–45% der ausgezählten Pollen (secondary pollen).

»Einzelpollen«: unter 16% der ausgezählten Pollen (minor pollen).

Pollenformen mit einer Häufigkeit unter 1% werden nicht gezählt, aber angegeben, hier erfolgt also statt quantitativer Analyse lediglich eine qualitative Analyse.
Als »überwiegend« wird eine Tracht im Sinne des § 4 Artikel 1 der Honigverordnung beurteilt, wenn die Tracht als Leitpollen auftritt und die sensorischen Merkmale mit dem Pollenbild übereinstimmen (siehe Ausnahmen: 10.2.2.5). Derartige Honige können dann mit dem Namen der »überwiegenden« Trachtpflanze als entsprechende »Trachthonige« deklariert werden (z.B. Raps-, Löwenzahn-, Phacelia-, Sonnenblumenhonige usw.).
Eine Doppelbezeichnung ist zulässig, wenn zwei Leitpollen vorhanden sind (z.B. Raps-Klee), ein Leitpollen und ein Begleitpollen (z.B. Klee-Linde) oder zwei Begleitpollen, deren sensorische Merkmale ausgeprägt sind (z.B. Linde-Klee).
Bei der Beurteilung von »Linde-Akazien-Honig« kann im Zweifelsfall das Verhältnis Fructose zu Glucose herangezogen werden. Die Verhältniszahl sollte mindestens 1,3 betragen.
Diese vorausgehend beschriebene Klassifizierung kann nicht immer starr angewendet werden. Manche Pflanzen, wie z.B. Vergißmeinnicht oder Edelkastanie, produzieren außerordentlich viele Pollen (man sagt, die Pollen sind »überrepräsentiert«), wogegen andere Pflanzen, z.B. Robinie oder gewisse Zitrusgewächse zum Teil nur sehr wenige Pollen produzieren (man sagt, die Pollen sind »unterrepräsentiert«). Bei der Bewertung der Leitpollen müssen daher statistische Angaben herangezogen werden. Man trägt der unterschiedlichen Pollenrepräsentierung dadurch Rechnung, daß man den Prozentsatz, von dem ein Honig als Sortenhonig gelten kann, hinab- oder hinaufsetzt.
Die Über- bzw. Unterrepräsentation ist mit abhängig von der Blütenform, der Stellung der Blüte sowie von der Größe und dem Aussehen des Pollenkornes.
Als überrepräsentiert gilt nach den Arbeiten der IUBS (342) die Edelkastanie (Castanea sativa). Ein Honig stammt dann vorwiegend von Edelkastanien, wenn mindestens 90% der ausgezählten Pollen Edelkastanienpollen sind und das Aroma dem eines Edelkastanienhonigs entspricht. Die gleichen Kriterien gelten für Vergißmeinnicht-(Myosotis)-Honig und Honige von Cynoglossum und Mimosa pudica.
Als unterrepräsentiert im Pollengehalt gelten nach den Richtwerten der IUBS (342) die in Tabelle 46 aufgeführten Pflanzenarten im Honig.

Tab. 46: *Unterrepräsentierte Pollenarten im Honig*

Pflanzen
Salbei (Salvia)
Rosmarin (Rosmarinus officinalis L.)
Akazie (Robinia pseudoacacia)
Lavendel (Lavendula spica u. latifolia)
Linde (Tilia)
Luzerne (Medicago)
einige Zitrusarten
Löwenzahn (Taraxacum officinale)

Bei der Beurteilung des Honigs anhand seines mikroskopischen Bildes müssen auch noch andere Faktoren wie

– primäre,
– sekundäre und
– tertiäre Einstäubung berücksichtigt werden.

Den Blütenstaub, der unmittelbar mit dem Nektar in den Honig gerät, bezeichnet man als primäre Einstäubung. Zwischen dem Eintragen und dem Verdeckeln der reifen Honigzellen kann der Pollengehalt durch sekundäre Beimengungen von Blütenstaub beeinflußt werden. So können z.B. die im Haarkleid der Bienen befindlichen Pollen in die noch ungedeckelten Zellen geraten. Ferner nehmen junge Bienen im Stock auch größere Mengen von Pollen als Nahrung auf. Da sie beim Reifungsprozeß des Honigs in den allgemeinen Futteraustausch einbezogen werden, kann den Honigrohstoffen Pollen sekundär beigemengt werden. Da bei beiden Arten der sekundären Einstäubung vorwiegend Pollen derjenigen Trachtpflanzen beigemengt wird, die auch den Nektar liefern, hält sich die Verfälschung des primären Pollenspektrums in Grenzen. Die tertiäre Einstäubung des Honigs kann durch die imkerlichen Erntemaßnahmen erfolgen. Verdeckelte Honigwaben enthalten zum Teil auch eingelagerte Pollen (Bienenbrot), der so fest in den Zellen sitzt, daß er sich auch durch die Einwirkung hoher Zentrifugalkräfte während des Schleudervorgangs nicht aus den Zellen löst. Bei Verwendung von tiefgreifenden Entdecklungsgeräten, wie Gabel, Messer oder aber maschinellen Entdecklungsgeräten kann Bienenbrot in verstärktem Maße freigelegt werden, wodurch dann Pollenkörner in großer Zahl in den Honig geraten können. Nach den Erfahrungen der Untersuchungspraxis hält sich die tertiäre Einstäubung bei der normalen Honiggewinnung aber in Grenzen. Ausnahmen bilden Spezialtrachten von der Besenheide (Calluna vulgaris), die zu ihrer Gewinnung »gestippt« werden müssen, (siehe Abschnitt 4.7.1) oder Preßhonige (siehe Abschnitt 4.3).

Es gibt aber noch weitere Anomalien bei Pflanzen, die z.B. außer den floralen auch extraflorale Nektarien haben; die also viel Nektar und verhältnismäßig wenig Pollen produzieren, oder aber Pflanzen, deren Blüten getrennt geschlechtlich sind, die sich auf einer Pflanze (einhäusig) oder aber sogar auf verschiedenen Pflanzen (zweihäusig) befinden. Schwierigkeiten bereitet auch die Beurteilung von Honigen, die große Mengen nicht identifizierbarer Pollen enthalten, da die Repräsentations-Verhältnisse von unbekannten Pollen nicht sicher beurteilt werden können.

Die mikroskopische Untersuchung des Honigs ist natürlich wie andere Analysen auch mit einer mehr oder weniger aufwendigen Probenvorbereitung verbunden, d.h. der Honig kann nicht direkt untersucht werden. Aus diesem Grunde wird zuerst eine Honiglösung erstellt, daraus ein Sediment gewonnen, und dieses Sediment zum entsprechenden mikroskopischen Präparat verarbeitet. Die exakte Methode (mit Fotodokumentation), nach der die mikroskopischen Präparate hergestellt werden, ist aus den Arbeiten von Louveaux (274) zu entnehmen. Die Aufarbeitung ist notwendig, da ohne diesen Anreicherungsschritt ein zu geringer Pollengehalt auf dem mikroskopischen Präparat vorhanden wäre. 1 g Honig enthält etwa 5000 Pollenkörner. Würde Honig direkt auf das mikroskopische Präparat gegeben, hätten dort nur einige mg Platz, so daß sich dieser Wert noch einmal um einen Faktor größer 100 verkleinern würde, so daß letztendlich der bestimmbare Gehalt an Pollen zu gering wäre. Mit der oben genannten Methode wird der Pollengehalt aus 10 g Honig erhalten. Die Tabelle 47 gibt Aufschluß über den Gehalt an Pollenkörnern in verschiedenen Honigen.

Tab. 47: *Statistische Verteilung des absoluten Pollengehaltes diverser Honige (275)*

Autor	Probenanzahl	Pollen in 10 g Honig		
		bis 20.000 [%]	20.000–100.000 [%]	über 100.000 [%]
Louveaux 1968	278	24,1	54,7	21,2
Kropacova 1969	124	38,7	58,1	3,2
Kropacova 1971	140	38,6	56,4	5,0
Vorwohl 1970	13	7,7	61,5	30,8
Lieux 1972	54	51,9	22,2	25,9
Vorwohl 1968	12	75,0	16,7	8,3
Vorwohl 1973a	61	90,0	10,0	–
Peppino et al. 1973	265	18,0	76,0	6,0

Die Pollenanalyse ist in besonderer Weise von der die Analyse durchführenden Person abhängig. Bei allen anderen Analysenarten wird vorwiegend auf maschinelle Hilfe gesetzt. Dieses ist in der Pollenanalyse aufgrund der Komplexität des Vorganges nicht möglich. Nur das menschliche Gehirn ist zur Zeit in der Lage, die große Vielzahl der einzelnen Pollen und auch die große Vielzahl der jeweiligen Pollenkombinationen, die typisch für die jeweiligen Provenienzen sind, im Bild wiederzuerkennen. Seit einigen Jahren wird versucht, diese Art der mikroskopischen Analyse durch computergestützte Bildverarbeitungssysteme zu ersetzen, doch diese Bemühung war bisher nicht von Erfolg gekrönt. Die Materie ist zu komplex, als daß sie im Moment in einer vernünftigen Zeit von einem Rechner bearbeitet werden könnte. Die Form und Größe der unterschiedlichen Pollenkörner ist von einer schier unendlichen Vielfalt. Die charakteristischen Merkmale der verschiedenen Pollenkörner sind:

1. Zahl der Zellen, einfache oder zusammengesetzte Körner,
2. Größe der Körner,
3. Form der Körner, rundlich, oval, dreieckig, ellipsoid usw.,
4. Anzahl und Ausbildung der Keimstellen als Poren (porat), Falte (colpat) oder Porenfalte (colporat),
5. Ausbildung der Exine, glatt, stachelig, gerieft, vernetzt,
6. Farbe, gelblich, braun, grünlich,
7. Deckelbildung,
8. Auswüchse,
9. Fadenbildung.

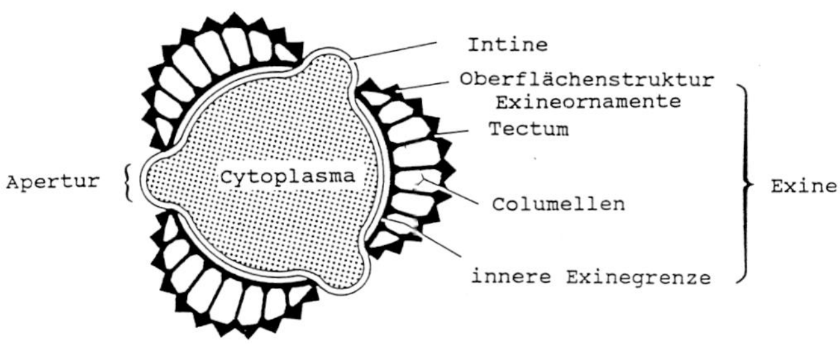

Abb. 58: Schematischer Querschnitt durch ein Pollenkorn (382, 339)

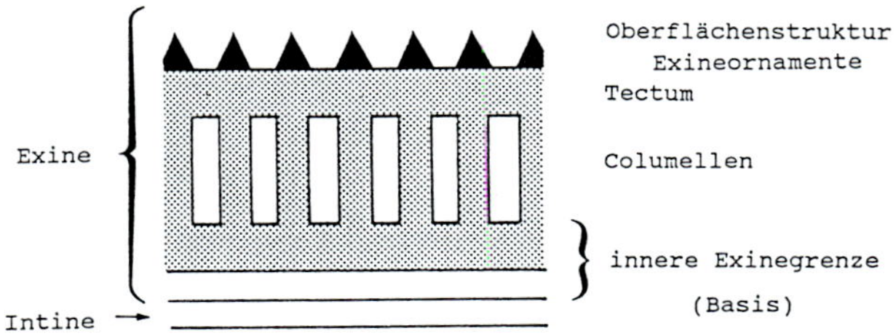

Abb. 59: Aufbau einer Exine (Hülle) des Pollenkorns

In den folgenden Abbildungen sind verschiedene, besonders häufig im Honig vorkommende Pollenformen lichtmikroskopisch dargestellt.

Abb. 60: Pollenformen, die in einheimischen Honigen besonders häufig anzutreffen sind (2000fach)

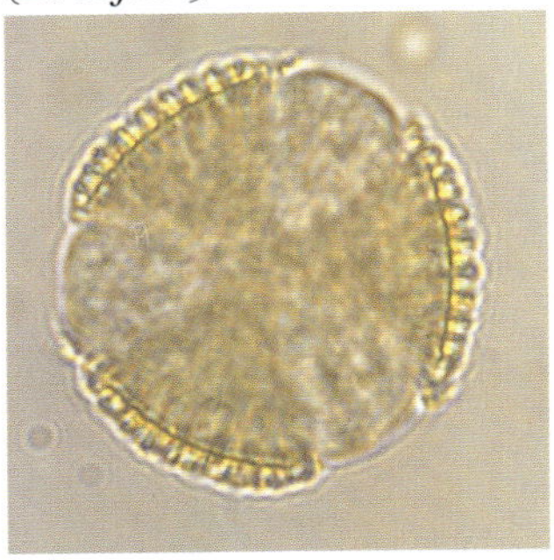

– Raps (Brassica napus)

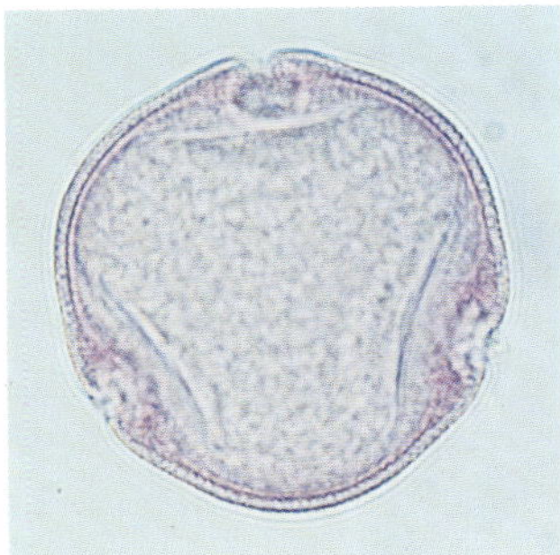

– Linde (Tilia spec.)

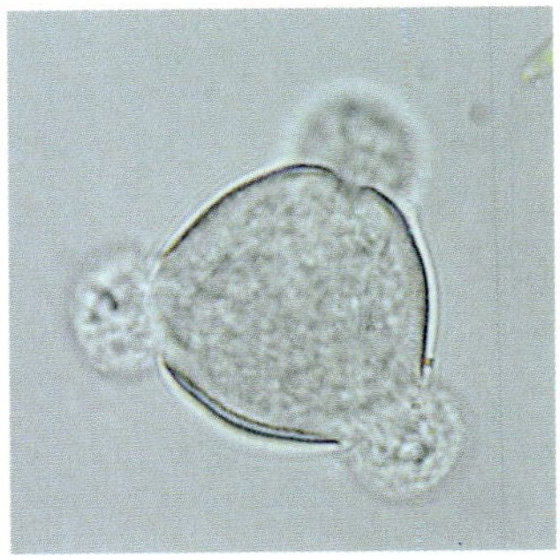

– Weißklee (Trifolium repens)

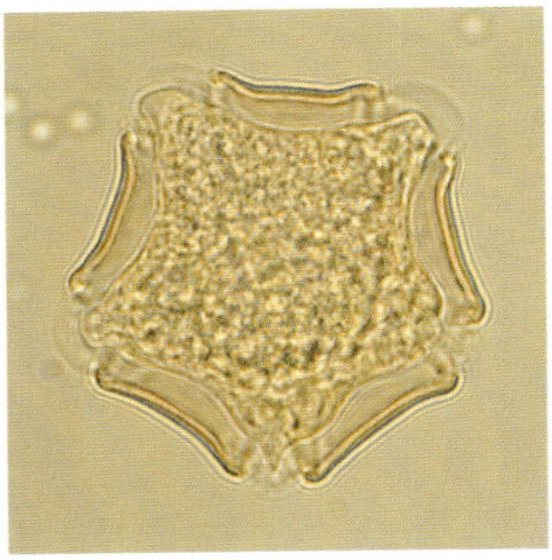

– Veilchen (Viola tricolor)

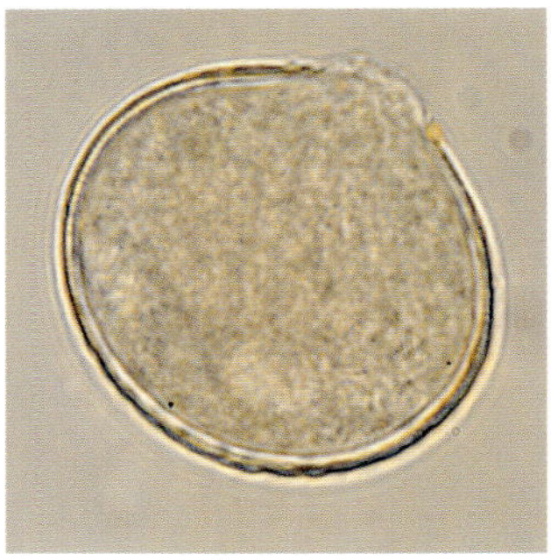

– Rotklee (Trifolium pratense)

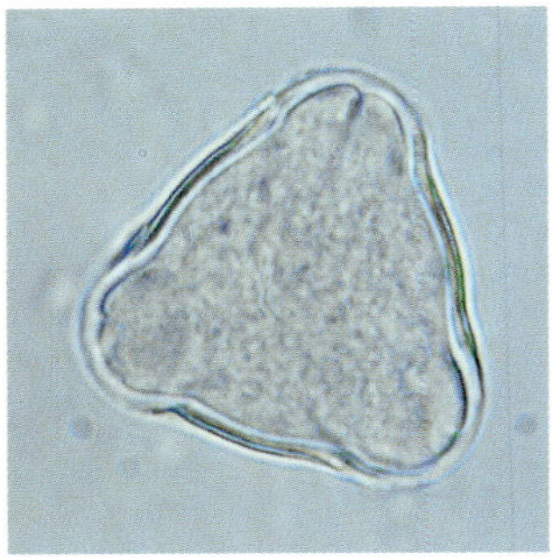

– Kernobst (Pirus spec.)

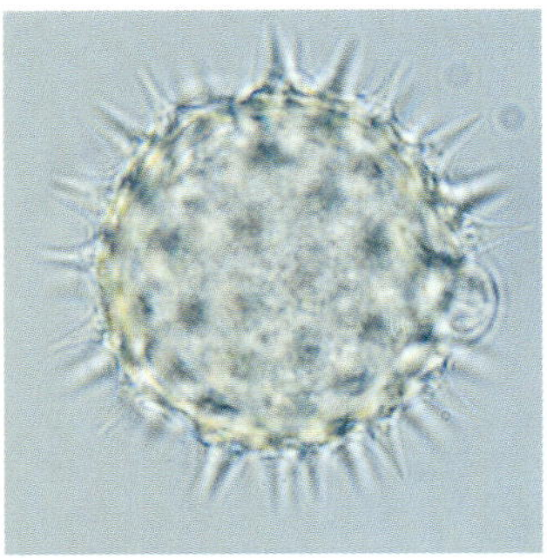

– Sonnenblume (Helianthus annuus)

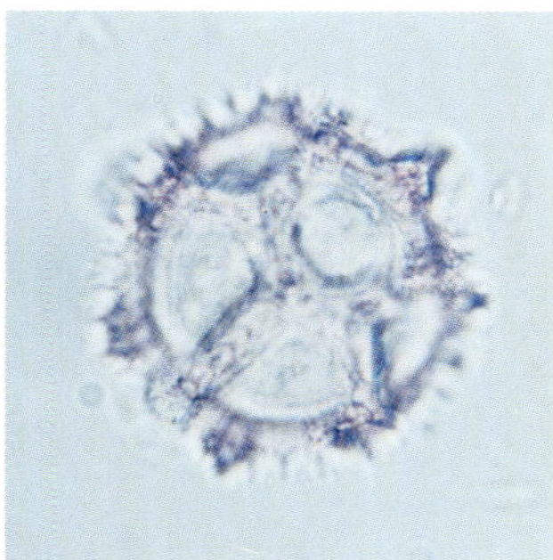

– Löwenzahn (Taraxacum officinale)

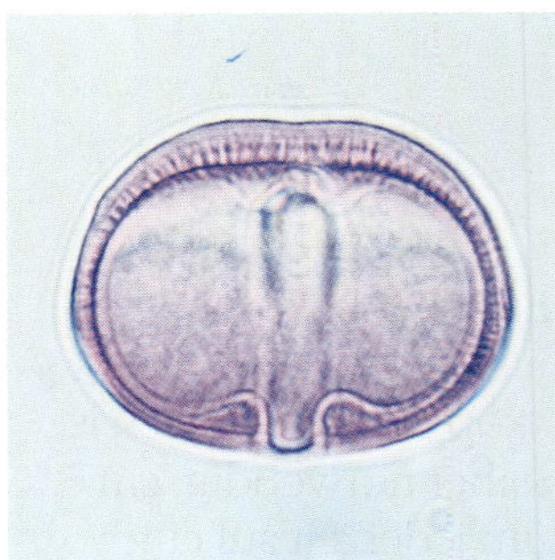

– Kornblume (Centaurea cyanus)

Die Größe (Durchmesser) der Pollen ist sehr variabel und reicht von <10 µm bis hin zu 200 µm. Die folgende Tabelle verdeutlicht die großen Unterschiede in den Abmessungen von Pollen (276).

Tab. 48: *Abmessungen häufig in Honig vorkommender Pollen (276)*

Art	**Länge [µm]**	**Breite [µm]**	**Höhe [µm]**	**Volumen [10^{-9} cm³]**	**Gewicht [10^{-9} g]**
Abies alba	97	102	62	499	251
Abies cephalonica	97	98	86	422	212
Picea abies	85	80	66	278	110
Pinus sylvestris	41	45	36	35	37
Larix decidua	76	72	50	180	176
Pseudotsuga taxifolia	84	81	54	219	188
Acer saccharum	32	23	24	16	6
Aesculus hippocastaneum	31	16	18	4	0
Alnus glutinosa	26	22	13	4	1
Betula verrucosa	10	10	16	2	0
Fagus silvatica	55	40	41	50	26
Quercus robur	40	26	21	13	5
Tilia platyphyllos	40	40	20	15	6
Ulmus laevis	33	32	17	12	6
Zea mays	116	107	107	702	247
Cucurbita pepo	213	213	213	5117	1068

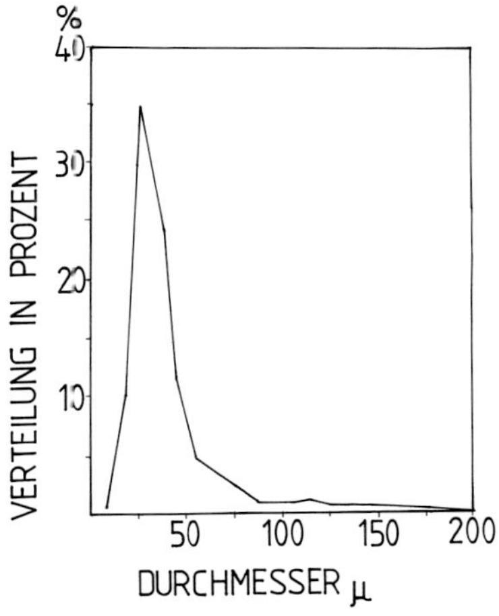

Abb. 61: Größenverteilung von 586 europäischen Pollenarten (276)

Einige Pollen verwandter Pflanzenarten oder häufig sogar die Pollen von Pflanzenfamilien sind mit einer großen Ähnlichkeit behaftet, so daß es mit dem Lichtmikroskop oft nur möglich ist, die jeweilige Pflanzenfamilie der Pollen zu bestimmen. Es ist daher notwendig, ein Pollenvergleichsmuster-Herbar (Pollensammlung) anzulegen, um jederzeit auf eindeutige Pollenpräparate zurückgreifen zu können. Die Pollen für diese Vergleichsmuster werden direkt von der Pflanze abgesammelt. Für den Fall, daß eine exakte Aufklärung der jeweiligen Pollenart mit dem Lichtmikroskop trotzdem

nicht möglich ist, müssen rasterelektronenmikroskopische Aufnahmen angefertigt werden (277). Dieses ist allerdings für die Routineanalytik aufgrund des hohen Zeitaufwandes und der sehr großen apparativen Kosten nicht möglich.
Im folgenden wird eine Zusammenstellung (Tabelle 49) von häufig im Honig auftretenden Pollen wiedergegeben. Diese Liste wird bei jeder Pollenanalyse zuerst qualitativ ausgewertet, d.h. es werden lediglich die vorhandenen unterschiedlichen Pollenarten markiert. Im weiteren Verlauf der Analyse wird dann eine quantitative Analyse der Pollen durchgeführt, so daß sich daraus die im Kapitel 10 unter »Spezifikationen für Honig« vorgestellten Deklarationen ergeben.
Die Ergebnismitteilung einer quantitativen Analyse mit Häufigkeitsangaben in Prozenten ist nur dann vertretbar, wenn mindestens 1200 Pollenkörner aus zwei verschiedenen Ansätzen ausgezählt wurden.
Die Häufigkeitsangaben in Routineanalysen sind Annäherungsangaben. Üblich ist dabei die Auszählung von 300 bis 500 Pollen, wobei in Grenzfällen die Anfertigung eines zweiten Präparates mit separater Auszählung notwendig werden kann.

Tab. 49: *Pflanzen, deren Pollen in der Routine-Pollenanalyse für Honig erfaßt werden (P = Pollenspender)*

Coniferales (P)
Pinus-Type (P)
Larix-Type (P)
Juniperus-Type (P)

Poaceae (P)
Zea mays (P)

Cyperaceae (P)

Palmae

Commelinaceae

Juncaceae (P)

Liliaceae
Colchicum
Allium
Smilax
Phormium tenax

Casuarinaceae

Juglandaceae (P)

Salicaceae

Corylaceae (P)

Betulaceae (P)
Betula (P)
Alnus (P)

Fagaceae (P)
Fagus (P)
Nothofagus (P)
Quercus sp. (P)

Nymphaeaceae

Piperaceae

Magnoliaceae
Liriodendron

Lauraceae

Papaveraceae (P)
Papaver-Type
Chelidonium
Hypecoum
Macleaya
Argemone
Eschscholtzia

Brassicaceae
Brassica-Type
Sinapis-Type

Resedaceae

Eucryphiaceae

Cunoniaceae
Weinmannia

Rosaceae
Prunus-Type
Pirus-Type
Rubus-Type
Fragaria-Type
Filipendula (P)
Sanguisorba major
Sanguisorba minor
Quillaja

Linaceae

Rutaceae
Citrus

Simaroubaceae
Ailanthus

Burseraceae

Anacardiaceae
Pistacia-Type
Rhus-Type
Mangifera
Spondias-Type

Sapindaceae

Euphorbiaceae
Euphorbia helioscopia
Ricinus
Chrozophora
Croton

Aquifoliaceae

Aceraceae

Hippocastanaceae

Balsaminaceae

Rhamnaceae
Frangula alnus
Ziziphus

Vitaceae (P)
Vitis

Tab. 49: *Fortsetzung*

Quercus ilex (P)
Castanea sativa

Ulmaceae (P)
Ulmus (P)
Trema

Moraceae (P)
Cannabis-Type
Cecropia

Proteaceae
Banksia-Type
Hakea-Type

Loranthaceae
Loranthus europaeus
Viscum album

Polygonaceae
Rumex (P)
Fagopyrum
Polygonum bistorta
Polygonum aviculare
Polygonum persicaria
Eriogonum
Gymnopodium antigonoides

Chenopodiaceae (P)

Amaranthaceae (P)
Alternanthera

Caryophyllaceae

Ranunculaceae (P)
Ranunculus-Type
Thalictrum (P)
Nigella (P)
Cornaceae

Ericaceae
Calluna vulgaris
Erica-Type
Vaccinium-Type
Rhododendron-Type
Arbutus

Epacridaceae

Plumbaginaceae

Oleaceae
Olea-Type
Ligustrum-Type

Convolvulaceae

Fabaceae
Trifolium repens
Trifolium pratense
Trifolium incarnatum
Melilotus
Lotus-Type
Astragalus-Type
Galega-Type
Hedysarum
Lupinus
Medicago
Genista-Type
Cytisus-Type
Ulex
Vicia-Type
Onobrychis
Robinia pseudoacacia
Gleditsia-Type
Ceratonia
Prosopis
Akacia-Type
Mimosa-Type
Mimosa pudica
Caesalpinia-Type
Haematoxylon
Leucaena
Dichrostachys-Type
Arachis
Machaerium

Oxalidaceae

Geraniaceae

Zygophyllaceae
Tribulus
Lamium-Type
Ocimum basilicum
Hyptis-Type

Boraginaceae
Echium
Symphytum
Cerinthe
Myosotis-Type

Cynoglossum

Solanaceae
Solanum-Type
Datura-Type

Scrophulariaceae
Verbascum

Ampelopsis-Type

Tiliaceae
Tilia spec.
Triumfetta-Type

Malvaceae
Gossypium
Abutilon

Bombacaceae
Ceiba

Cistaceae (P)
Helianthemum

Violaceae

Cactaceae

Elaeagnaceae

Lythraceae

Myrtaceae
Eucalyptus-Type

Manuka-Type

Combretaceae

Onagraceae

Araliaceae
Hedera-Type
Panax-Type

Apiaceae
Anthriscus-Type
Heracleum-Type
Eryngium

Nyssaceae
Viburnum-Type

Valerianaceae

Dipsacaceae

Cucurbitaceae
Cucumis-Type
Cucurbita
Citrullus
Sicyos

Campanulaceae
Jasione

Asteraceae
Achillea-Type
Cyanus-Type

Tab. 48: *Fortsetzung*

Convolvulus-Type		Helianthus-Type
Calystegia-Type	Acanthaceae	Jacea-Type
Ipomoea	Bravaisia	Serratula-Type
		Taraxacum-Type
Polemoniaceae	Pedaliaceae	Carthamus
		Xanthium
Hydrophyllaceae	Plantaginaceae (P)	Arctium
Phacelia	Rubiaceae	Echinops
Verbenaceae	Coffea	Trixis
Lippia	Galium	Artemisia-Type (P)
Lamiaceae	Caprifoliaceae	Cuba-Form
Majorana-Type	Sambucus (P)	
Salvia-Type	Lonicera-Type	China-Kleinformen

Abb. 62: Rasterelektronenmikroskopische Aufnahmen von Pollen in deutschen Honigen

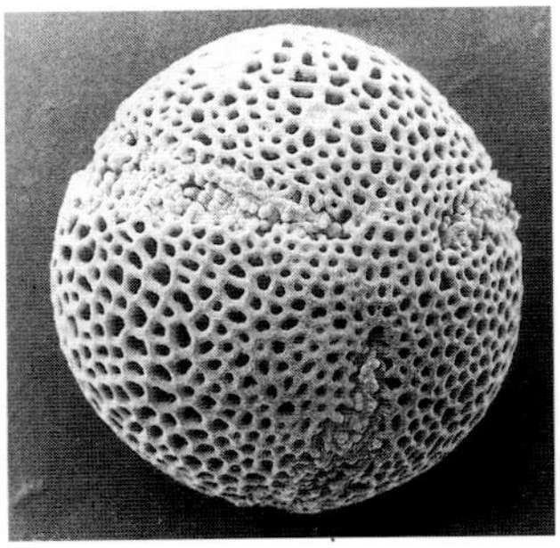

– Rapspollen (Brassica napus) 1500fach

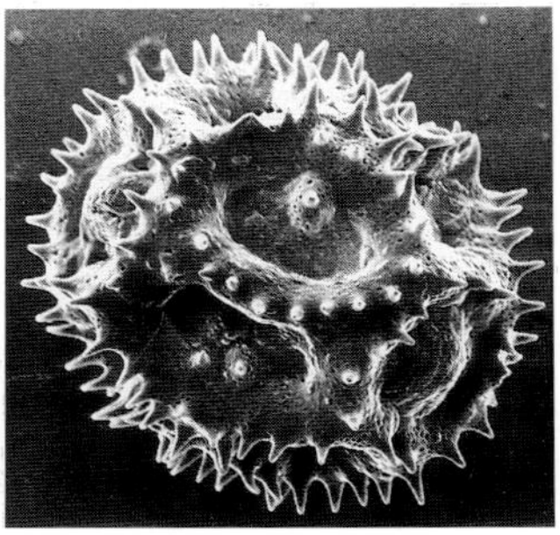

– Löwenzahn (Taraxacum officinale) 1100fach

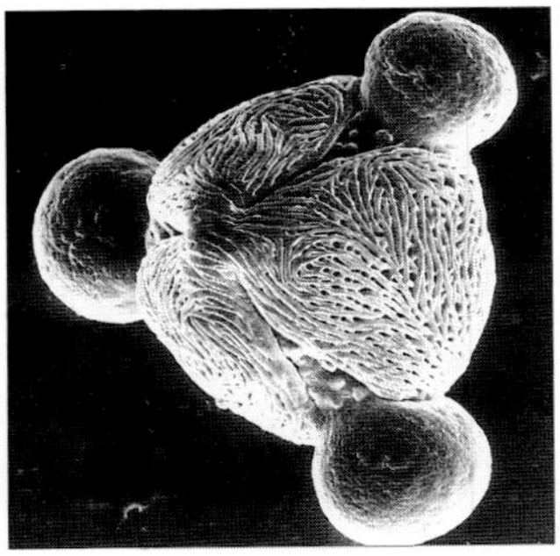

– Ahorn (Acer spec.) 1410fach

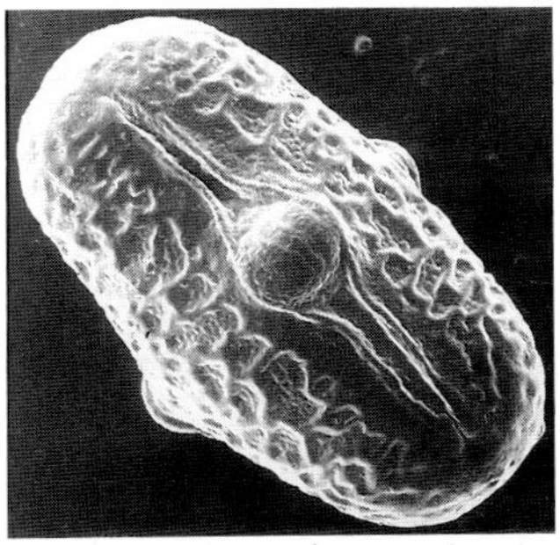

– Dicke Bohne (Vicia-faba) 910fach

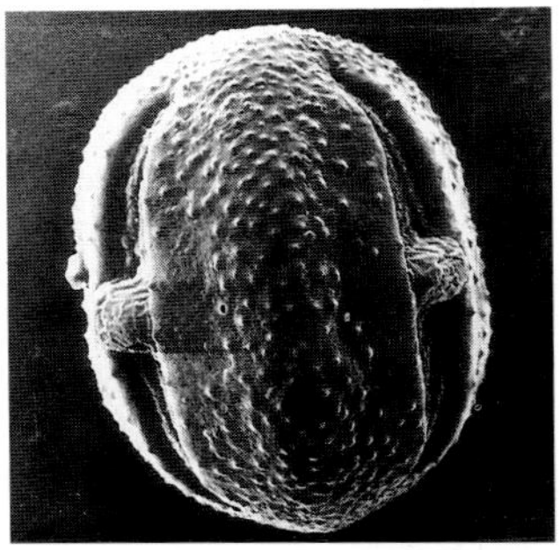

– Kornblume (Centaurea cyanus) 1210fach

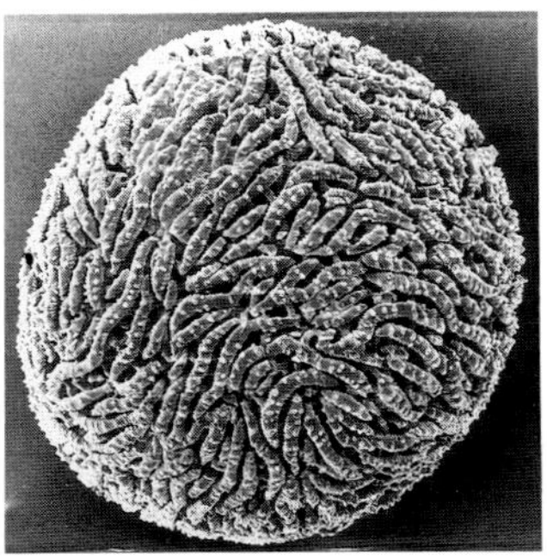

– Himmelsleiter (Polemonium spec.) 930fach

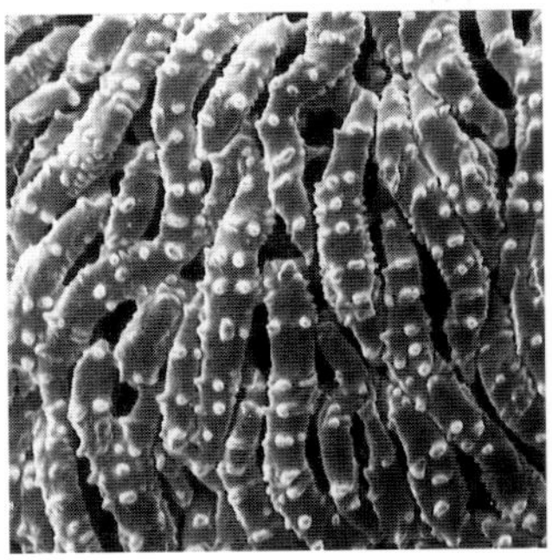

– Oberflächenstrukturen der Exine von der Himmelsleiter (Polemonium spec.) 2800fach

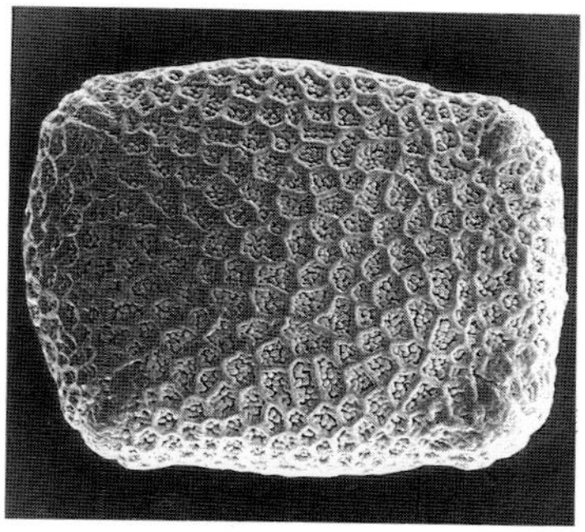

– *Balsamine (Impatiens glandulifera) 1810fach*

– *Oberflächenstrukturen der Exine von der Balsamine (Impatiens glandulifera) 5600fach*

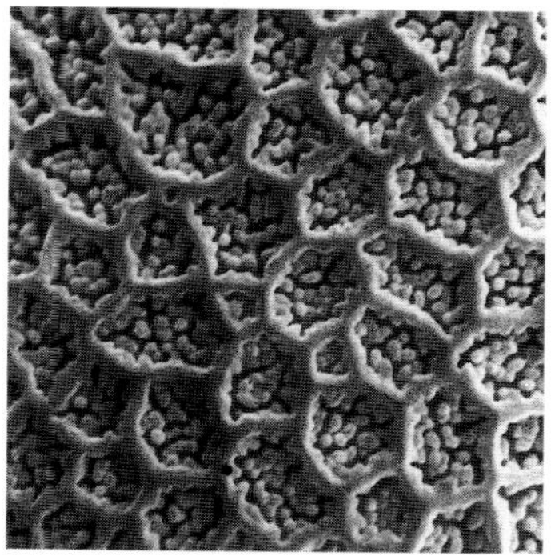

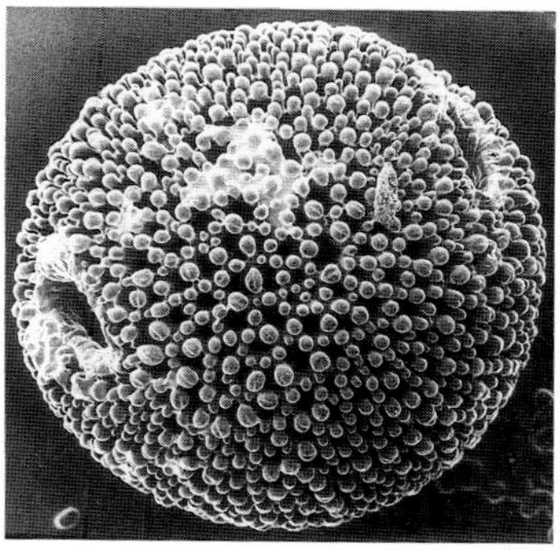

– *Wiesenstorchschnabel (Geranium pratense) 480fach*

– *Oberflächenstrukturen der Exine vom Wiesenstorchschnabel (Geranium pratense) mit Blick auf eine Keimstelle 820fach*

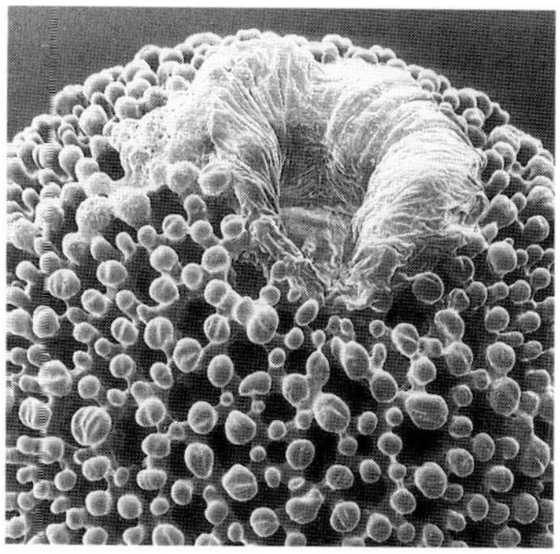

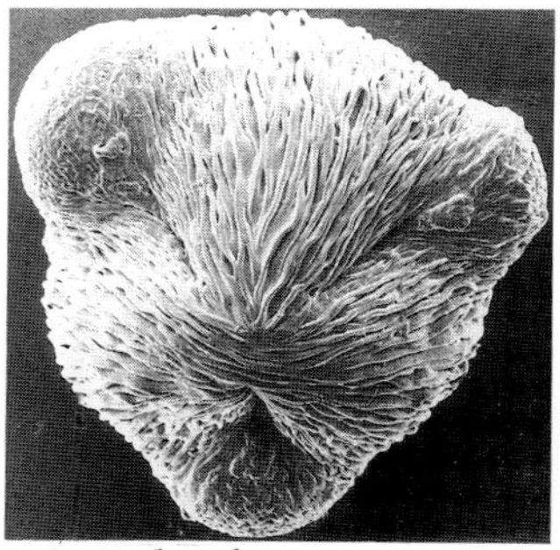

– *Steinobst (Prunus spec.) mit deutlicher Riefung der Exine (1150fach)*

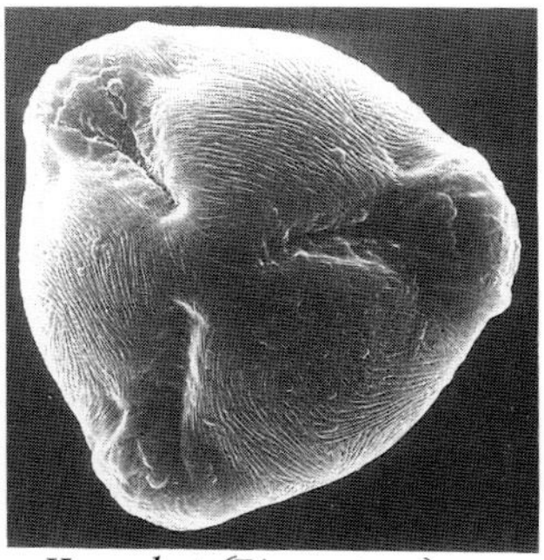

– *Kernobst (Pirus spec.) mit schwacher Riefung der Exine (1280fach)*

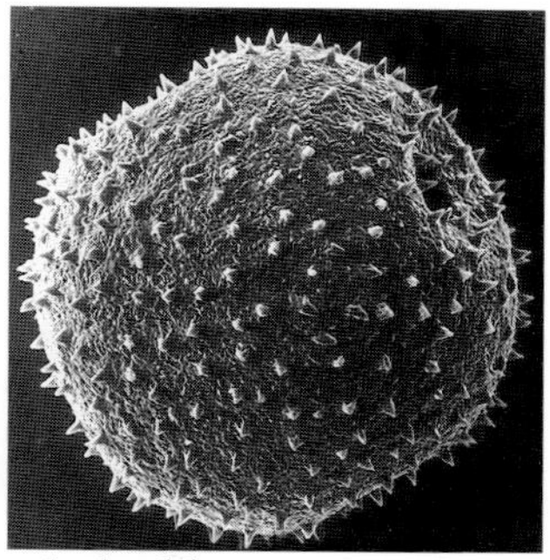

Glockenblume (Campanula spec.) 1130fach

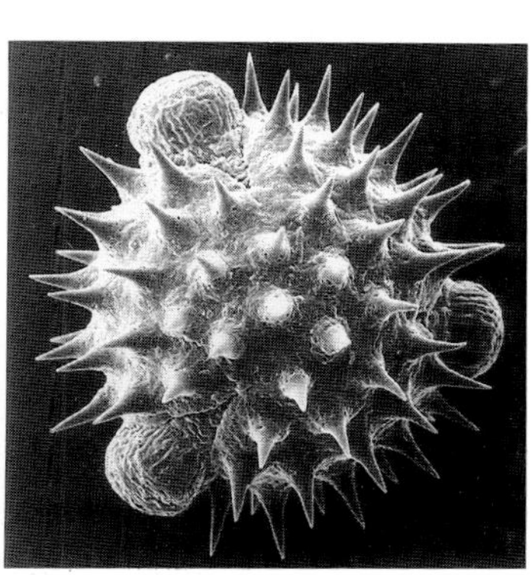

– *Sonnenblume (Helianthus annuus) mit drei Keimstellen (1100fach)*

– *Sonnenblume (Heliantus annuus) mit ausnahmsweise vier Keimstellen (1050fach)*

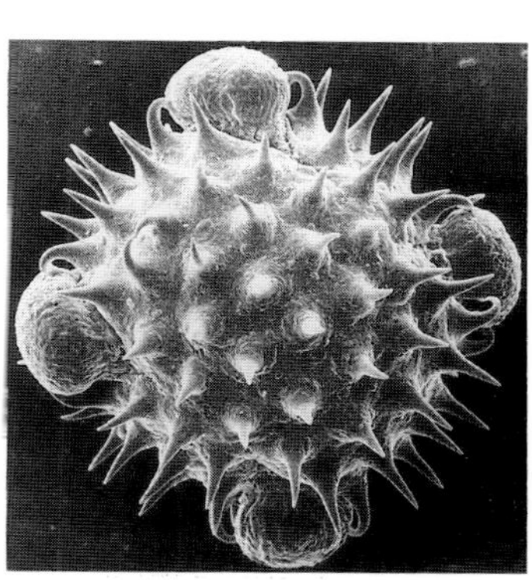

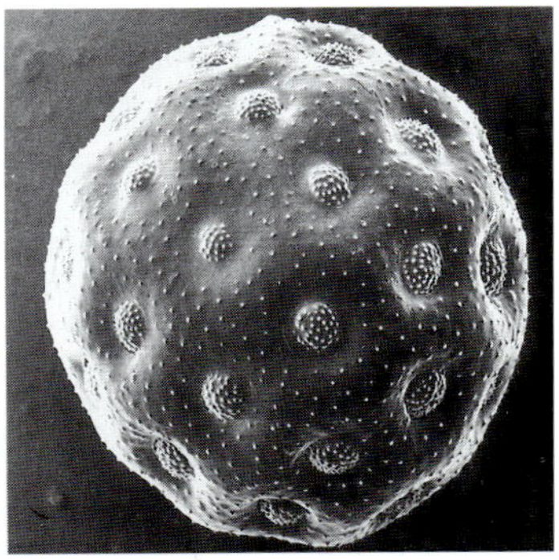

– *Gänsefuß (Chenopodium album) (800fach)*

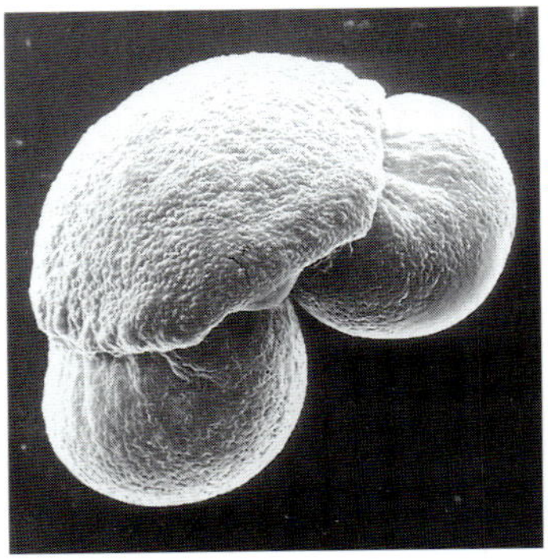

– *Kiefer (Pinus spec.) (950fach)*

9.3 Organoleptik

9.3.1 Farbe

Farbe ist in der Verbrauchererwartung ein wichtiges Kriterium. Sie stellt einen durch das Auge vermittelten Sinneseindruck dar. Die Farben des Honigs erstrecken sich von hell, klar durchsichtig bis hin zu dunklen Farben, braun, schwarz (siehe Abbildung 63, 64).
Die Farbangaben im Handel erfolgen nicht nach den üblichen Bezeichnungen wie gelb, gelbgrün, grün, blaugrün, sondern werden in mm angegeben (siehe Tabelle 50). Diese Farbskala stellt für den Handel eine der wichtigsten Berechnungsgrundlagen für die Preisfindung dar.

Abb. 63: Typische Farben deutscher Blütenhonige

Abb. 64: Farbpalette von Honigtauhonigen

Tab. 50: *Farbangaben in mm des Pfund-Colour-Graders*

englisch	deutsch	Pfund-Grade in [mm]
water white	wasserweiß oder wasserklar	0 – 8
extra white	extra weiß oder extra hell	8 – 16,5
white	weiß oder hell	16,5– 34
extra light amber	extra hell bernsteinfarben	34 – 50
light amber	hell bernsteinfarben	50 – 85
amber	bernsteinfarben	85 –114
dark	dunkel	über 114

9.3.2 Geschmack

Durch den Geschmackssinn nimmt der Mensch Nahrungsmittel wahr und ist in der Lage, sie zu unterscheiden. Die sogenannten Geschmacksrezeptoren (Geschmackssensillen) befinden sich im Bereich der Zunge. Der Mensch ist in der Lage, vier Geschmacksrichtungen zu unterscheiden:
- süß
- sauer
- bitter und
- salzig

Entsprechend dieser vier Geschmacksrichtungen kann die Zunge in verschiedene Geschmacks-Empfindungsbereiche eingeteilt werden. Der Zungengrund ist für die Empfindung eines bitteren Reizes verantwortlich. Süße Geschmackseindrücke werden an der Zungenspitze wahrgenommen. Die verschiedenen Geschmacksqualitäten werden in stark unterschiedlicher Intensität erfaßt. So wird z.B. ein bitterer Stoff bei einer sehr viel geringeren Konzentration wahrgenommen als ein süßer Stoff. So ist es auch nicht verwunderlich, daß intensiv wahrgenommene Geschmackseindrücke einen nachhaltigeren Eindruck hinterlassen als andere. Das langanhaltende bittere Edelkastanienhonigaroma ist ein gutes Beispiel dafür.

9.3.3 Geruch

Der Geruch dient zur Wahrnehmung von gasförmigen Stoffen. Die Geruchsorgane, die sogenannten Geruchssensillen, befinden sich in speziellen Regionen der Nasenschleimhaut. Der Mensch hat einen relativ schwach ausgeprägten Geruchssinn, während bei einigen Tieren für die Wahrnehmung einer Verbindung bereits ein Molekül ausreicht. Der Mensch ist in der Lage, einige tausend verschiedene Duftstoffe mit seinem Geruchsorgan zu unterscheiden. Dabei ist jedoch eine exakte Abgrenzung unterschiedlicher Geruchsqualitäten nicht möglich. Lediglich Ähnlichkeiten werden erkannt und die Gerüche entsprechend eingestuft. Für die Geruchswahrnehmung werden Wahrnehmungsschwelle, d.h. die Menge eines Stoffes, ab der der Stoff an sich wahrgenommen wird, und die Erkennungsschwelle, d.h. die Stoffmenge, ab der der Stoff exakt erkannt wird, unterschieden. Wird ein Geruchsstoff permanent auf die Nasenschleimhaut gegeben, führt dieses zur Abstumpfung, d.h. zur Nichtwahrnehmung dieses Geruches. Dies bedeutet jedoch aber nicht, daß andere Gerüche nicht noch wahrgenommen würden. Die Geruchswahrnehmung ist wie die Geschmackswahrnehmung von dem jeweiligen Gefühlszustand des Einzelnen abhängig. Da Geruchsempfindungen und Geschmacksempfinden je nach Tagesform unterschiedlich wahrgenommen werden, wird bei Honigverkostungen grundsätzlich der gleiche Honig von mehreren Testpersonen beurteilt.
Zur objektiven Verkostung sind vom Deutschen Institut für Normung aufwendige Arbeitsvorschriften herausgegeben worden. Auf diese aufwendigen Verkostungen wird natürlich nur im Falle von gerichtlichen Gutachten zurückgegriffen.

9.4 Verfälschung von Honig

9.4.1 Produkte zur Honigverfälschung

Folgende Verfälschungsmöglichkeiten des Honigs sind denkbar.
1. Das Verfüttern von Zucker an die Bienen
2. Zusatz verschiedener Zucker zum Honig
3. Zusatz von Salzen
4. Zusatz von Pollen
5. Zusatz von Wasser

Während die Punkte 3–5 von untergeordneter Bedeutung sind, müssen Punkt 1 und 2 permanent bearbeitet werden, da sie relativ leicht zu realisieren sind.
Die Ergebnisse der routinemäßigen Honiganalyse lassen im allgemeinen keinen Schluß über Honigverfälschung durch Invertzuckercreme oder Zuckerfütterung zu, da die natürliche Schwankungsbreite der Inhaltsstoffe sehr groß ist und keine eindeutigen Parameter zur Beurteilung bestehen. Lediglich ein erhöhter Saccharosewert sowie ein erhöhter HMF-Wert können auf Verfälschung durch Invertzuckercreme hindeuten. Die weiteren in der Honigverordnung aufgeführten Parameter dienen der allgemeinen Qualitätssicherung (siehe Tabelle 51).

Tab. 51: *Beschaffenheit von Honig, Auszug aus der Anlage 2 zu § 2 der Honigverordnung; (42)*

1. Gehalt an reduzierenden Zuckern	
a) Blütenhonig	mindestens 65%
b) Honigtau, oder gemischt mit Blüte	mindestens 60%
2. Scheinbarer Gehalt an Saccharose	
a) im allgemeinen	höchstens 5%
b) Honigtau oder gemischt mit Blüten-Akazien- oder Lavendelhonig	höchstens 10%
3. Gehalt an Wasser	
a) im allgemeinen	höchstens 21%
b) Heidehonig (Calluna) und Kleehonig	höchstens 23%
4. Gehalt an wasserunlöslichen Stoffen	
a) im allgemeinen	höchstens 0,1%
b) Preßhonig	höchstens 0,5%
5. Gehalt an Asche	
a) im allgemeinen	höchstens 0,6%
b) Honigtau, oder gemischt mit Blüte	höchstens 1,0%
6. Gehalt an freien Säuren	höchstens 40 Milliäquivalent pro kg
7. Diastasezahl und Gehalt an HMF	
a) im allgemeinen	
Diastasezahl nach Schade	mindestens 8
HMF	höchstens 40 mg/kg
b) mit geringem nat. Enzymgehalt	
Diastasezahl nach Schade	mindestens 3
HMF	höchstens 15 mg/kg

Eine Überschreitung des in der Honigverordnung vorgegebenen Saccharosewertes von 5 bzw. 10% kann als Honigverfälschung ausgelegt werden. Erhöhte Werte können gefunden werden in

- unreif geernteten Honigen, in denen die Saccharose des Nektars noch nicht weitgehend zu Glucose und Fructose abgebaut wurde,
- Honigen mit Anteilen an Zuckerfütterungshonig aus der Winterfütterung sowie
- Honigen, denen saccharosehaltige Zuckersirupe zugesetzt wurden.

Auch ein Zusatz von Invertzuckercreme, die aus stärkehaltigen Pflanzen (Kartoffeln, Reis, Mais, Weizen, Topinambur u.a.) durch enzymatische oder durch säurehydrolytische Methoden gewonnen wurden, ist möglich.

Umgekehrt kann ein hoher HMF-Gehalt im Honig nicht zwangsläufig als Honigverfälschung durch Stärkehydrolysate gedeutet werden, da auch durch Lagerung und Verarbeitung des Honigs bei zu hohen Temperaturen größere Mengen an HMF gebildet werden. Ein normaler HMF-Gehalt schließt eine Verfälschung auch nicht aus, da enzymatisch gewonnene Hydrolysate keinen erhöhten HMF-Wert zeigen.

Ein deutliches Abweichen des Zuckerspektrums von der normalen Zusammensetzung reicht als Beweis für eine Verfälschung nicht aus, es würde aber zu einer genaueren Untersuchung des Honigs veranlassen.

Nach der Honigverordnung darf ein Honig keine honigfremden Bestandteile enthalten. Da in der Routineanalytik Honigverfälschungen durch Zuckerprodukte nur in Ausnahmefällen erfaßt werden, ist es notwendig, weitere Kriterien zur Beurteilung

von Honig zu entwickeln. Geeignete Parameter zum Verfälschungsnachweis ergeben sich aus der Liste der Komponenten des Honigs.
Die Hauptbestandteile des Honigs sind Wasser und Zucker, weitere Inhaltsstoffe sind Proteine, Aminosäuren, Aromastoffe, Mineralstoffe, Vitamine, Lipide und natürliche Farbstoffe. Im Zusammenhang mit der Aufklärung von Honigverfälschung durch Invertzuckercreme ist die genaue Zusammensetzung des Zuckerspektrums von großer Bedeutung. Über 20 verschiedene Zuckerarten konnten im Honig nachgewiesen werden (278). Bei den Hauptkomponenten handelt es sich um die Monosaccharide Glucose und Fructose, die zusammen etwa 90% des gesamten Zuckerspektrums ausmachen. Daneben treten in Abhängigkeit von Reifegrad, Alter und Trachtquelle des Honigs eine Reihe von Di- und Trisacchariden auf. Höhere Saccharide wurden im Honig nur in Spuren nachgewiesen.
Die Tabelle 52 gibt einen allgemeinen Überblick über die Inhaltsstoffe des Honigs. Die Tabelle 53 zeigt eine Aufschlüsselung der durchschnittlichen Zuckerzusammensetzung eines Honigs.

Tab. 52: *Inhaltsstoffe des Bienenhonigs*

Monosaccharide	Enzyme	Mineralstoffe
Disaccharide	Aminosäuren	Vitamine
Trisaccharide	Org. Säuren	Lipide
Höhere Saccharide	Aromastoffe	Farbstoffe
Protein		

Tab. 53: *Zuckerzusammensetzung des Honigs*

Stoffgruppe	Inhaltsstoffe
Monosaccharide	Fructose
	Glucose
Disaccharide	Saccharose
	Maltose
	Kojibiose
	Turanose
	Isomaltose
	Maltulose
	Nigerose
	Trehalose
	Gentiobiose
	Laminaribiose
Trisaccharide	Melizitose
	Erlose
	Theanderose
	Centose
	Panose
	Isopanose
	Maltotriose
	Isomaltotriose
	1-Kestose
	3-α-Isomaltosylglucose
Höhere Saccharide	

9.4.1 Produkte zur Honigverfälschung

Eine Möglichkeit der Verfälschung ist die Zugabe von Invertzuckercreme oder Stärkehydrolysaten zum geschleuderten Honig.

9.4.1.1 Invertzuckercreme

Unter Invertzuckercreme versteht man in Aussehen, Geruch und Geschmack dem Honig ähnliche, aromatisierte Erzeugnisse, die aus mehr oder weniger stark invertierter Saccharose (Rüben- oder Rohrzucker) mit oder ohne Verwendung von Stärkezucker oder Stärkesirup hergestellt werden. Diese enthalten von ihrer Herstellung her organische Nichtzuckerstoffe, Mineralstoffe und Saccharose sowie stets Hydroxymethylfurfural (278).
Die Herstellung von Invertzuckercreme erfolgt säurehydrolytisch durch Salz-, Schwefel-, Phosphor-, Kohlen-, Ameisen-, Milch-, Wein- und Zitronensäure oder enzymatisch durch Invertase. Dabei wird 75%ige Saccharoselösung in Glucose und Fructose gespalten. Der zur Inversion benutzte Säurezusatz wird mit Natriumkarbonat, Natriumhydrogenkarbonat, Kalziumkarbonat oder Ätzkalk neutralisiert. Der invertierte Sirup wird schließlich aromatisiert und zur Erleichterung der Kristallisation mit schon erstarrter Invertzuckercreme geimpft.
Bei der Inversion entstehen hauptsächlich aus der Fructose als Reversionsdextrine bezeichnete Oligosaccharide. Flüssige Invertzuckercreme wird aus invertiertem neutralen Sirup durch Zusatz von Saccharosesirup gewonnen. Zur Verhinderung der Kristallisation können bis zu 20% Stärkesirup zugegeben werden.

9.4.1.2 Stärkehydrolysate

Bei den Stärkehydrolysaten unterscheidet man ebenfalls zwischen Hydrolysaten, die durch Enzyme oder durch Säure hergestellt wurden.
Die Herstellung von säurehydrolytischen Stärkesirupen erfolgt durch die katalytische Wirkung von Säuren. Durch sogenannte Protonenkatalyse kann Stärke teilweise oder vollständig in ihre Grundbausteine, die Glucosemoleküle, abgebaut werden. Dabei handelt es sich um eine hydrolytische Spaltung (238).
Der Angriff auf die Stärkemoleküle erfolgt statistisch, also willkürlich, so daß bei vorzeitigem Abbruch der Reaktion ein Gemisch aus zahlreichen, unterschiedlich großen Bruchstücken von Stärkemolekülen vorliegt, in dem von dem Monosaccharid D-Glucose über Maltose, Maltrotriose und weiteren Malto-Oligosacchariden bis hin zu den sogenannten Dextrinen alle denkbaren Polymerisationsgrade zu finden sind.
Die Herstellung von Enzymhydrolysaten erfolgt durch stärkehydrolysierende Enzyme. Diese sind in der Natur weit verbreitet. Sie gehören zu der Klasse der Hydrolasen, speziell zu den Glycanasen und werden allgemein als Amylasen oder amylolytische Enzyme bezeichnet. Sie lassen sich aus tierischen Sekreten und Zellen sowie aus den Zellen der meisten Pflanzen und Mikroorganismen isolieren. Zu den stärkeabbauenden Enzymen gehören ferner die Oligosaccharid-Hydrolasen (z.B. Maltase),

das R-Enzym, die Iso-Amylase, das Z-Enzym und die Pullulanase. Die Hydrolyse von Stärke durch Enzyme bedeutet, ebenso wie die durch Säure, den Einbau der Bestandteile des Wassers an der Spaltungsstelle, d.h. der glucosydischen Bindung. Sie verläuft jedoch wesentlich langsamer als die Säurehydrolyse: Zu den Enzymhydrolysaten zählen neben Glucosesirupen auch Maltosesirupe und Hochfructosesirupe (238).
Die Erzeugung von Hochfructosesirup, auch Isoglucosesirup genannt, erfolgt durch immobilisierte Glucose-Isomerase. Immobilisiert bedeutet, daß das Enzym nicht mehr frei beweglich ist, sondern auf der Oberfläche einer Trägersubstanz durch eine chemische Bindung fixiert ist. Da als Ausgangsprodukt für die Herstellung von Isoglucosesirupen keine völlig reinen Glucoselösungen, sondern die unkristallisierten und gereinigten Säfte der enzymatischen Totalhydrolyse von Stärke verwendet werden, deren Gehalt an D-Glucose bei 95% in der Trockensubstanz liegen, enthalten auch die Endprodukte einen entsprechenden Anteil an Oligosacchariden. Die typische Zusammensetzung eines partiell isomerisierten raffinierten Glucosesaftes ohne besondere Fructoseanreicherung ist in Tabelle 54 zu sehen.

Tab. 54: *Chemische Zusammensetzung von Hochfructosesirup*

Trockensubstanz 71%, davon	
D-Glucose	53 %
D-Fructose	42 %
Oligosaccharide	5 %
Psicose	< 0,1 %
Mineralstoffe	0,04%

Der pH-Wert dieses Sirups beträgt 4,5. Zur Erhöhung des Fructose-Gehaltes über die enzymatische Gleichgewichtskonzentration von 42 bis 48% hinaus werden Fructose und Glucose chromatographisch an Ionenaustauschern getrennt.

9.4.1.3 Analytik von Hydrolysaten

Für die Analyse von Zuckern in Stärkehydrolysaten werden eine Reihe von HPLC-Methoden beschrieben (279–286). Grundsätzlich sind die für die Honiganalytik geeigneten Methoden auch für die Analyse von Glucoseoligomeren aus dem Stärkeabbau einsetzbar.
Durch Erhöhung des Wassergehaltes von 20% bei der Honiganalytik auf 40–50% läßt sich eine Aminphase auch für die Bestimmung von Glucoseoligomeren bis zu einem Polymerisationsgrad von 15–20 Einheiten einsetzen. Der Nachteil beim Einsatz von chemisch gebundenen Aminphasen ist die geringe Lebensdauer des Trennmaterials aufgrund möglicher Wechselwirkungen zwischen der Trennphase und den funktionellen Gruppen der Kohlenhydrate, zum Beispiel der Bildung von Schiffschen Basen. Ionenaustauscher sind oft ausgelegt für die Trennung von Zuckern innerhalb eines bestimmten Polymerisationsgrades, z.B. zur Trennung von verschiedenen Disacchariden oder zur Trennung eines Zuckers, der in verschiedenen Polymerisationsgraden vorliegt, wie dies beim Stärkeabbau der Fall ist (Glucoseoligomere).

9.4.2 Aufklärung von Honigverfälschungen

9.4.2.1 Allgemeine Methoden

Der Nachweis von Verfälschung ist sowohl mit spezifischen Methoden möglich, die sehr aufwendig sind, als auch mit einfacheren Methoden, bei denen durch die entsprechenden Schlußfolgerungen aus der Summe der Einzelanalysen eine eindeutige Beurteilung erfolgen kann. Die Untersuchungen, die durchgeführt werden müssen, um Rückschlüsse auf Verfälschungen zu ziehen, sind die Bestimmungen des Prolingehaltes, der Diastase, des HMFs, der Saccharose und des Glucose-Fructose-Verhältnisses. Als Beispiel gibt Tabelle 55 die Ergebnisse der Analyse von 13 Zuckerfütterungshonigen wieder.
Dabei ist zu beobachten, daß einige Honige bereits aufgrund des zu geringen Prolingehaltes (Mindestwert 160 ppm) als verfälscht erkannt worden wären. Wieder andere wären aufgrund des eindeutig zu hohen Saccharosegehaltes aufgefallen. Man erkennt auch, daß bei Honigen mit normalem Prolingehalt und normaler Diastasezahl, eine Beanstandung aufgrund des zu hohen Saccharosewertes erfolgen würde. Bei einem zu geringen Diastasegehalt ist es natürlich wichtig zu wissen, ob es sich eventuell um einen natürlich diastaseschwachen Honig handelt. Es muß daher eine Pollenanalyse durchgeführt werden. Zusätzlich sollte der absolute Pollengehalt bestimmt werden, denn auch ein zu geringer Pollengehalt ist ein Hinweis auf eine evtl. Honigverfälschung.

Tab. 55: *Analysen von Zuckerfütterungshonigen aus Deutschland (1983)*

Probe		Prolin [ppm]	Diastase [Z]	Saccharose [%]
Zucker/Wasser	1:2	90	12,2	4,1
Apifonda		410	5,6	22,2
Apif./Wasser	1:1	80	8,4	10,1
Apifonda		470	12,3	8,2
Apif./Wasser	3:2	170	8,3	12,0
dto.	3:2	270	12,7	3,5
dto.	3:2	430	16,8	1,5
dto.	3:2	200	10,9	5,8
dto.	3:2	170	12,0	5,1
dto.	3:2	90	7,6	14,8
dto.	3:2	110	12,0	12,5
dto.	3:2	160	16,3	9,0
dto.	3:2	90	16,1	8,3

9.4.2.2 Spezifische Methoden

Zur Analytik von Honigverfälschung durch Invertzuckercreme wurden eine Reihe von Methoden entwickelt, die zum Teil auf der Bestimmung höherer Zucker beruhen.

In der AOAC sind zwei Möglichkeiten der Erkennung von Honigverfälschungen durch Hydrolysate beschrieben (293).

1. Die dünnschichtchromatographische Detektion von höheren Oligosacchariden, die in natürlichen, unverfälschten Honigen nicht vorkommen, sich aber in Sirupen finden lassen.
2. Die massenspektroskopische Bestimmung des $^{13}C/^{12}C$-Isotopenverhältnisses, aufgrund dessen Verfälschungen nachgewiesen werden können, die mit Sirup aus C4-Pflanzenmaterial, z.B. Mais oder Zuckerrohr, durchgeführt wurden.

Natürlicher Honig hat ein durch C3-Pflanzen charakteristisches $^{13}C/^{12}C$-Isotopenverhältnis, da Bienen fast ausschließlich Pflanzen mit dem C3-Typ der photosynthetischen CO_2-Fixierung als Nektarlieferanten nutzen. Pflanzen, welche C4-Dicarbonsäuren als erste faßbare Photosyntheseprodukte aufweisen, haben einen relativ größeren ^{13}C-Anteil und damit ein weniger negatives Isotopenverhältnis als C3-Pflanzen in ihren organischen Verbindungen. Tabelle 56 zeigt charakteristische ^{13}C-Werte von Zuckerprodukten unterschiedlicher Pflanzensäfte (294).

Tab. 56: *^{13}C-Werte von Zuckerprodukten*

Produkt	**Pflanze (Pflanzengruppe)**	**Probenzahl**	**δ ^{13}C in ‰**
			Mittel
Saccharose	Zuckerrohr (C4)	8	−11,1
Saccharose	Zuckerrübe (C3)	7	−25,5
Ahornsirup	Ahorn (C3)	10	−23,7
Maishydrolysate	Mais (C4)	18	−19,8
Honig	(C3)	119	−25,4
Honig	(C3)	53	−24,8

Einige typische ^{13}C-Werte für Honig sind in der Tabelle 57 aufgelistet (391). Die Grenzen, in denen die ^{13}C-Werte naturbelassener Honige liegen, bewegen sich zwischen −22,5 bis −28,5. Eine Ausnahme bildet der südafrikanische Aloe-Honig.

Tab. 57: *^{13}C-Werte unverfälschter Honige*

Herkunft	**Tracht**	**δ ^{13}C-Werte [‰]**
Schweiz	Berghonig	−24,01
Frankreich	Lavendelhonig	−24,08
Frankreich	Heidehonig	−26,87
Spanien	Rosmarinhonig	−24,64
China	Lindenhonig	−25,19
Karibik	Palmenhonig	−25,73
Brasilien	Orangenhonig	−24,89
Brasilien	Honigtauhonig	−25,71
Costa Rica	Blütenhonig	−24,62
Guatemala	Blütenhonig	−26,37
USA/Florida	Tupelohonig	−24,64
BRD	Phazeliahonig	−24,98
–	Buchweizenhonig	−28,01
USA/Florida	Gallberryhonig	−24,89

In Tabelle 58 sind einige Beispiele für Honiguntersuchungen zur Verfälschungsanalyse aufgezeigt. Man erkennt, daß immer ein Parameter den entscheidenden Hinweis gibt.

Tab. 58: *HMF, Saccharose, ^{13}C-Isotopen-Massenspektrometer-Analysen verschiedener Honige zur Aufdeckung von Verfälschung*

Herkunft	**HMF [mg/kg]**	**Saccharose [%]**	**δ ^{13}C [‰] PDB**
Californien	5	2,9	–26,2
CSFR	7	8,6	–24,7
Brasilien	406	3,8	–15,6
Südafrika	117	0,9	–13,1
China	8	11,2	–24,3
BRD	5	6,0	–26,3

Diese Methode erweist sich damit als ungeeignet, eine Verfälschung des Honigs durch C3-Pflanzen-Zucker-Zusatz, der z.B. aus Weizen, Reis, Kartoffeln, Gerste, Maniok, Hafer, Soja oder Roggen gewonnen wurde, aufzudecken.
Eine Weiterentwicklung dieser Methode (294) ist die Methode nach White und Winters (295, 357).
Dabei wird die Differenz zwischen dem ^{13}C-Wert des Honigs und seiner Protein-Fraktion gemessen. Ergibt sich eine Abweichung des Honigwertes in Richtung C3-Pflanze (Zuckerrohr ^{13}C-Wert = −11,1), so ist von einer Verfälschung auszugehen.
Über weitere Methoden zur Verfälschungsanalytik, die auf der Zuckerbestimmung beruhen, berichten White und Doner (296) sowie Nikolov (297).
White und Doner zogen zur Beurteilung von Verfälschungen das Isomaltose-Maltose-Verhältnis heran. Verfälschte Honige sollen sich durch einen höheren Anteil an Maltose im Vergleich zu natürlichen Honigen unterscheiden.
Nikolov hat durch das Verhältnis Turanose/Maltose/Isomaltose Verfälschungen durch Hochfructosesirup erkannt, weil Turanose nur im Honig, nicht aber im Sirup vorkommen soll.
Lipp entwickelte eine Methode zur Analyse von Honigverfälschungen, die auf der Bestimmung von Oligosacchariden beruht (298).
Hammelmann und Lüllmann modifizierten diese Methode so, daß sie zur Routineanalytik wurde. Die Trennung erfolgt hierbei mit Gel- und Aminphasen-Säulen (299).
Bei kritischer Betrachtung zeigen die meisten der genannten Methoden erhebliche Nachteile. Dünnschichtchromatographische Verfahren zeigen zwar sehr geringe Nachweisgrenzen, sind aber in der Regel zeitaufwendig, häufig mit komplexen, zum Teil bedenklichen Lösungsmittelgemischen verbunden und in der Auswertung schwierig. Die Bestimmung von Isotopenverhältnissen ist sehr apparateaufwendig und in der Regel für eine Routineanalytik nicht geeignet. Die Methode zur erfolgreichen Bestimmung von Oligosacchariden auf Aminphasen ist die leistungsstärkste.
Die folgenden Abbildungen 66–69 zeigen typische Chromatogramme aus der Zucker- und Verfälschungsanalytik, in der Abb. 65 ist eine dafür benötigte HPLC-Anlage dargestellt.

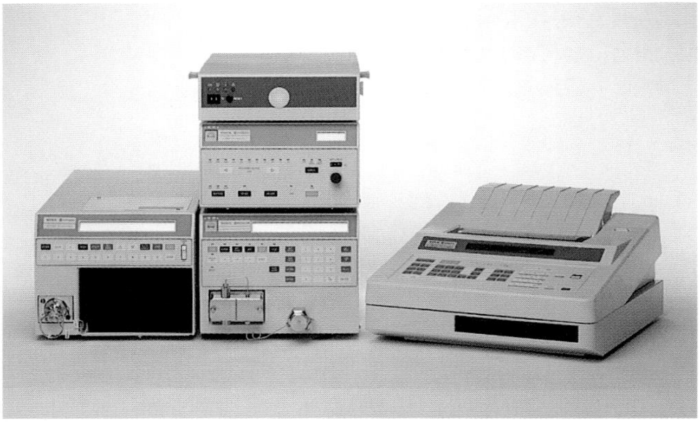

Abb. 65: HPLC-Anlage (Bildmaterial: Fa. Merck)

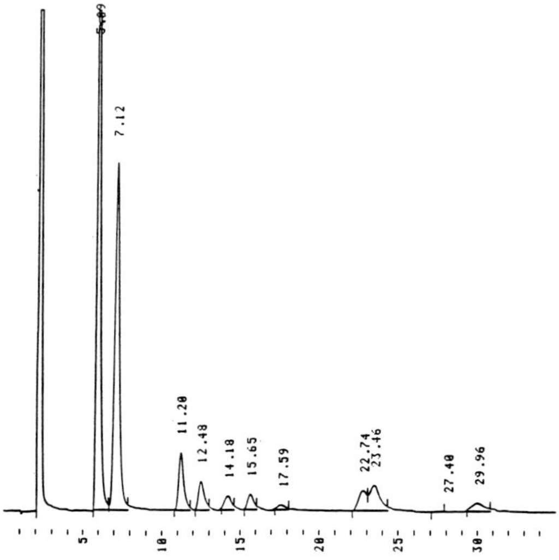

Abb. 66: Chromatogramm einer Standardvergleichslösung mit 10 Zuckern, Routine-HPLC, analytische Aminsäule

5.89 Fructose	*40%*
7.12 Glucose	*30%*
11.20 Saccharose	*5%*
12.48 Turanose	*3%*
14.18 Maltose	*3%*
15.65 Trehalose	*2%*
17.59 Isomaltose	*2%*
22.74 Melezitose	*4%*
23.46 Erlose	*4%*
29.96 Maltotriose	*4%*

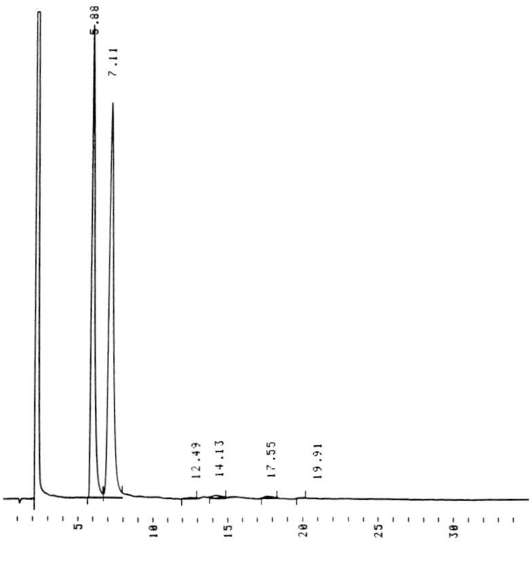

Abb. 67: Chromatogramm einer Isoglucoselsg., Routine-HPLC, analytische Aminsäule

5.88 Fructose	*28%*
7.11 Glucose	*35%*
14.13 Maltose	*1%*
17.55 Isomaltose	*1%*

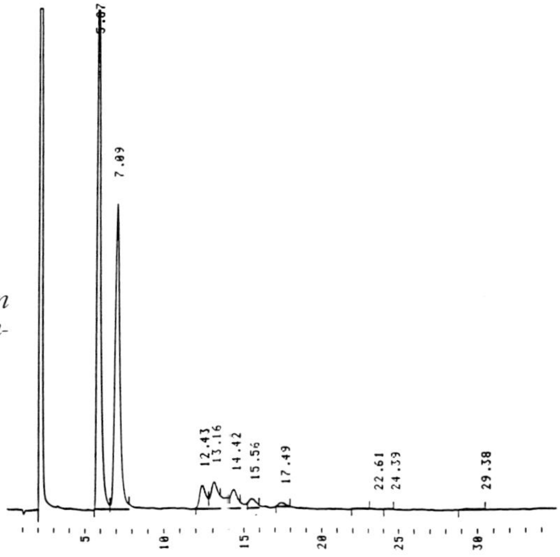

Abb. 68: Chromatogramm eines spanischen Waldhonigs, Routine-HPLC, analytische Aminsäule
5.87 Fructose
7.09 Glucose
12.43 Turanose
15.56 Trehalose
17.49 Isomaltose

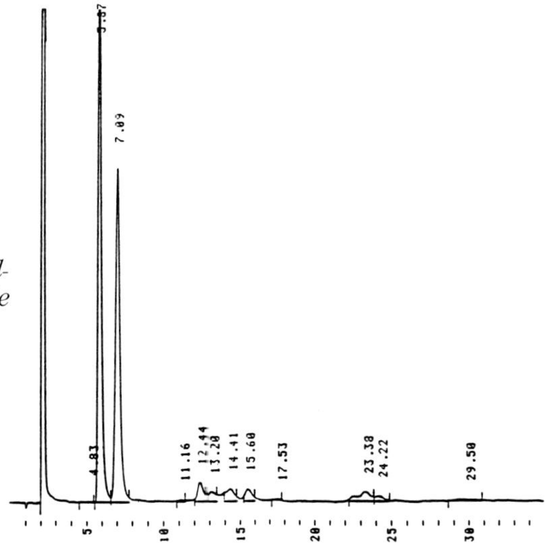

Abb. 69: Chromatogramm eines CSFR-Waldhonigs, Routine-HPLC, analytische Aminsäule
5.87 Fructose
7.09 Glucose
11.16 Saccharose
12.44 Turanose
15.60 Trehalose
23.38 Melezitose
24.22 Erlose

9.5 Rückstände im Honig

Was sind überhaupt die so oft erwähnten »Rückstände«?
Rückstände sind allgemein gesehen Stoffe, die bei irgendeinem Vorgang (technische Verarbeitung usw.) zurückbleiben. In der inzwischen üblichen Terminologie wird mit Rückständen jedoch etwas Spezifischeres bezeichnet. Man meint hier die Restmengen von Pflanzenbehandlungsmitteln, Schädlingsbekämpfungsmitteln oder metallischen Rückständen, die aus der Industrie, Autoabgasen oder Arbeitsprozessen stammen und im Wasser, im Boden, in der Luft, in Ernteprodukten, aber auch in den

daraus verarbeiteten Lebensmitteln wieder auftauchen. Diese Rückstände gelangen über die Nahrungskette in den tierischen bzw. menschlichen Organismus und werden dort zum großen Teil im Fettgewebe angereichert (378, 377, 375).
Rückstände in Nahrungsmitteln kennen wir z.B. aus dem Bereich Fleisch (Antibiotika oder Hormone), aus dem Trinkwasser und dem Gemüse (Nitratrückstände von der Düngung) oder in Räucherwaren (Rückstände von polycyclischen aromatischen Kohlenwasserstoffen oder Nitrosaminen). Der Gesetzgeber, der für die Volksgesundheit verantwortlich ist, hat die Rückstände, von denen eine gesundheitliche Gefahr ausgehen könnte, im Lebensmittelgesetz speziell geregelt. Es sind Höchstmengen ausgewiesen, die nicht überschritten werden dürfen. Dabei geht man davon aus, daß bis zu dieser Höchstmenge der vorhandene Rückstand tolerierbar ist, d.h. er wird als toxikologisch unbedenklich eingestuft.
Mögliche Rückstände in Lebensmitteln und somit auch im Honig sind in Tabelle 59 zusammengestellt. Die aufgeführten Stoffgruppen bedürfen natürlich einer ständigen Aktualisierung, da immer neue Pflanzenschutzmittel auf den Markt kommen, oder aber weil es bei entsprechender Resistenz der Schädlinge notwendig wird, Bienenarzneimittel mit einem neuen Wirkstoff einzusetzen. Bei der Kontrolle von Honig sind in besonderem Maße auch die landwirtschaftlichen Erzeugungsbedingungen zu beachten. Daneben gilt es auch, die Literatur auf dem Gebiet der Arzneistoffentwicklungen zu studieren, um in der Analytik auf dem aktuellen Stand zu sein.

Tab. 59: *Liste der möglichen Rückstände, die in der Routineanalytik des Honigs erfaßt werden*

Substanzgruppe	**Substanz**
– Mikrobiologie	– Toxine
– Pflanzenschutzmittel	– Chlorpestizide
	– Phosphorsäureester
– Bienenarzneimittel	– gesetzlich zugelassen
	– gesetzlich nicht zugelassen
– Vorsorgemedikamente	– Tetracycline
	– Sulfonamide
– Schwermetalle	– Blei, Cadmium
– Smoker Substanzen	– phenolische Verbindungen
– Bee-repellents	– Phenole
– Radioaktivität	– Cäsium
– Wachsmottenabwehrmittel	– Chlorbenzol

9.5.1 Mikrobiologie

Die durch mikrobiologische Verunreinigungen hervorgerufenen Erkrankungen (z.B. durch Bakterien, Salmonellen usw.) stellen für Honig kein Problem dar. Honig hat einen hohen natürlichen Zuckeranteil, eine geringe Wasserverfügbarkeit sowie einen im sauren Bereich liegenden pH-Wert und eine hohe Viskosität. Dies alles sind Faktoren, die eine natürliche Hemmschwelle für Mikroorganismen darstellen. Der Ausdruck der Wasserverfügbarkeit ist nicht zu verwechseln mit dem Wassergehalt. Sicherlich sind 20% Wasser nicht unbedingt wenig, aber diese Wassermenge steht für die Mikroorganismen nicht zur freien Verfügung, denn große Teile dieses Wassers sind in

Form von Kristallwasser sehr fest an verschiedene Bestandteile des Honigs gebunden. Dieses Kristallwasser stellt also keine Wasserquelle für die Organismen dar, d.h. es ist zwar vorhanden, aber für die Vermehrung der Mikroorganismen nicht verfügbar.
In der Vergangenheit wurden (300, 336, 337, 344) Vergiftungserscheinungen durch das Gift des Clostridium botulinum diskutiert. Diese Erreger wurden im Honig, der in Deutschland in Verkehr ist, nicht beobachtet. Auch Sporen des Botulismuserregers konnten nicht nachgewiesen werden.

9.5.2 Pflanzenschutzmittel

Die Rückstandsproblematik im Bereich der Pestizide stellt sich für Honig gleichfalls positiv dar. Bienen sind gegenüber Pflanzenschutzmitteln (Herbizide, Insektizide) natürlich besonders empfindlich. Somit ist zu erwarten, daß die Biene bei einer hohen Aufnahme eines derartigen Giftes nicht in den Bienenstock zurückfliegen kann und damit keine Belastung in den Honig gelangt. Natürlich gibt es auch den Fall, daß die aufgenommene Menge des Pestizids derart gering ist, daß sie selbst für die Biene im ersten Moment ungiftig ist (subletale Dosis).
Dadurch können geringe Mengen von Rückständen in den Honig gelangen, die im Stock dann durch den Trocknungsvorgang in ihrer Konzentration zunehmen. Erfreulicherweise ist die »Umhüllung« des Honigs im Bienenstock, die Wabe, aus Wachs. Dieses Wachs stellt chemisch gesehen eine lipophile Substanz dar, d.h. die Wachspartikel sind besonders »begierig«, fettlösliche Substanzen, wie es Pestizide zum größten Teil sind, in sich aufzunehmen.
Aufgrund von Diffusionsprozessen, die natürlich, bedingt durch die hohe Viskosität des Honigs sehr verlangsamt, aber doch vorhanden sind, steht zu erwarten, daß ein Teil eventueller Rückstände aus dem Honig in das Wachs der Wabe wandert und dort im Laufe der Zeit auch konzentriert wird. Eine große Zahl von Untersuchungen haben gezeigt, daß im Wachs, das wiederholt zum Einsatz gelangt, eine stetig steigende Pestizidkonzentration zu beobachten ist (301). Es findet also wenigstens teilweise eine natürliche Reinigung des Honigs statt.
Leider kann aber auch eine Rückwanderung von Verunreinigungen vom Wachs in den Honig beobachtet werden. Ein Beispiel dafür ist das Wachsmottenabwehrmittel, Paradichlorbenzol, das in jüngster Zeit einige Male in deutschen Honigen gefunden wurde.
Im Vergleich zu anderen Lebensmitteln sind Rückstände von Pestiziden im Honig erfreulicherweise jedoch vernachlässigbar gering. Die von der Pflanzenschutzmittel-Höchstmengenverordnung vorgegebenen zulässigen bzw. tolerierbaren Werte an Rückständen werden von Honigen nur in Ausnahmefällen erreicht (Höchstmengenverordnung siehe Anhang 13.1.3).
Es kann beruhigt festgestellt werden, daß der Verzehr von Honig mit keinem gesundheitlichen Risiko verbunden ist. Natürlich muß man bei Honig wie bei anderen Lebensmitteln, die in hochindustrialisierten Ländern erzeugt werden, mit geringen Belastungen aus der Umwelt rechnen. Diese können aber als vernachlässigbar klein eingestuft werden. Hierbei ist sicher auch von positiver Bedeutung, daß 80% des in Deutschland verzehrten Honigs aus überseeischen Ländern mit geringer Industrialisierung kommt.

Untersuchungen an schleswig-holsteinischen Honigen (302) haben leider belegt, daß die zur Zeit der Rapsblüte angewandten Mittel teilweise im Honig wiedergefunden werden können. Es ist also darauf hinzuweisen, daß der Imker zur Zeit der Rapsblüte auf evtl. Kontaminationen mit Pflanzenbehandlungsmitteln besonders achten sollte. Natürlich dürfen während der Blütezeit nur Mittel, die nicht als bienengefährlich eingestuft wurden, eingesetzt werden. Auf jeden Fall sollte der Imker durch Gespräche mit dem betreffenden Landwirt versuchen festzustellen, welche Mittel dieser einsetzen will. Weltweit wird mit Nachdruck die Qualität des Honigs kontrolliert (303, 323, 315).

Trotz des allgemeinen Bemühens, rückstandsfreien Honig zu erzeugen, ist es wichtig, dies permanent zu überprüfen. Die heutigen analytischen Geräte sind in der Lage, kleinste Mengen an Rückständen nachzuweisen. Um einen Eindruck zu geben, in welchen Dimensionen in der Pestizidanalytik gemessen wird, sei auf Tabelle 60 verwiesen. Die gesetzlich vorgeschriebene Dimension zur Mengenangabe von Rückständen ist mg/kg = ppm.

Die Abb. 70 zeigt einen für die Rückstandsanalytik üblichen Gaschromatographen sowie ein Chromatogramm.

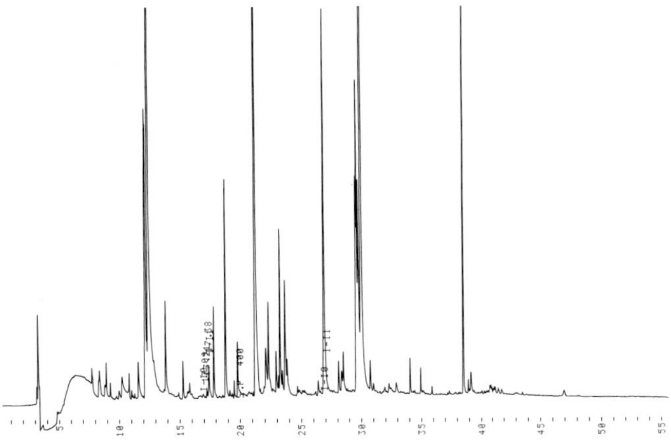

Abb. 70: Gaschromatograph und Ausdruck eines Chromatogramms. Jedes Signal stellt einen einzelnen Stoff dar. (Bildmaterial: Fa. Nordion)

Tab. 60: *Dezimale Teile von Einheiten in der Rückstandsanalytik*

Der 10. Teil (das 10^{-1}fache)	Dezi/d
Der 10^2. Teil (das 10^{-2}fache)	Zenti/c
Der 10^3. Teil (das 10^{-3}fache)	Milli/m
Der 10^6. Teil (das 10^{-6}fache)	Mikro/µ
Der 10^9. Teil (das 10^{-9}fache)	Nano/n
Der 10^{12}. Teil (das 10^{-12}fache)	Pico/p
Der 10^{15}. Teil (das 10^{-15}fache)	Femto/f
Der 10^{18}. Teil (das 10^{-18}fache)	Atto/a

ppm = parts per million = 10^{-6}. Teil, z.B. mg/kg bzw. g/t
ppb = parts per billion = 10^{-9}. Teil, z.B. µg/kg

Die folgenden Tabellen 61 und 62 zeigen die Pestizide, auf deren Rückstände hin der Honig routinemäßig untersucht wird.

Tab. 61: *Organochlor-Pestizide, auf deren Rückstände Lebensmittel routinemäßig überprüft werden*

Substanz	**Substanz**
HCB (Hexachlorbenzol)	o,p'-DDE
alpha, beta, delta-HCH	p,p'-DDE
gamma-HCH (Lindan)	o,p'-DDD
Quintozen	p,p'-DDD
Heptachlor	o,p'-DDT
Heptachlorepoxid	p,p'-DDT
gamma-Chlordan	Methoxychlor
alpha-Endosulfan	PCB 28
beta-Endosulfan	PCB 52
Aldrin	PCB 101
Dieldrin	PCB 180
Endrin	PCB 138, 153

Tab. 62: *Organophosphor-Pestizide, auf deren Rückstände Lebensmittel routinemäßig überprüft werden*

Substanz	**Substanz**
Azinphos-methyl	Malathion
Bromophos-ethyl	Mevinphos
Bromophos-methyl	Paraoxon-ethyl
Chlorpyriphos-ethyl	Parathion-ethyl
Demeton-S-methyl	Parathion-methyl
Dialifos	Pirimiphos-methyl
Dichlorvos	Pyrazophos
Dimethoat	Trichlorfon

9.5.3 Schwermetalle

Neben den aufgeführten Pflanzenschutzmittel-Rückständen müssen auch die Schwermetallgehalte im Lebensmittel (Honig) überprüft werden. Die Schwermetallgehalte sind abhängig vom Boden und dem jeweiligen Standort der Bienenstöcke (304–307). Sind in der Nähe metallverarbeitende Industrien, sollten diese Standorte gemieden werden. Der Einsatz von Bienen zum Zwecke des »Umwelt-Monitoring« ist möglich (383). Statistisch gesehen sind in Waldhonigen natürlicherweise höhere Gehalte vorhanden als in Blütenhonigen. Neben den drei Schwermetall-Rückständen Cadmium, Blei und Quecksilber werden speziell für Honig Zink und Eisen überprüft, da diese oft durch falsche imkerliche Gerätschaften in den Honig gelangen und dort zu einem metallischen Nachgeschmack führen können.

Tab. 63: *Liste der in der Routineanalytik erfaßten Schwermetall-Rückstände*

Elemente	Elemente
Blei	Zink
Cadmium	Eisen
Quecksilber	

9.5.4 Bienenarzneimittel

Das Problem der Bienenarzneimittel-Rückstände ist in Europa erst in den letzten Jahren aktuell geworden. Durch den Einzug der Varroa-Milbe (Varroa jacobsoni) befinden sich eine große Anzahl von Medikamenten auf dem Markt, mit denen versucht wird, die Parasiten zu bekämpfen.

Tab. 64: *Liste der Bienenarzneimittel, auf deren Rückstände hin Honig routinemäßig untersucht wird*

Wirkstoff/Handelsbezeichnung
Para-Dichlorbenzol (Wachsmottenbekämpfungsmittel, Imkerglobol)
Coumaphos (Perizin)
Brompropylat (Folbex VA neu)
Dibrombenzophenon (Abbauprodukt von Brompropylat) Folbex
Methoxychlor
Chlorbenzilat (Folbex VA)
Malathion
Amitraz (Antivarroa)
Chlordimeform und Abbauprodukte (K 79)
Fluvalinat (Apistan, Klavtan)
Ameisensäure
Milchsäure
Cymiazolhydrochlorid (Apitol)
Flumethrin (Bayvarol)

Die Tabelle 64 zeigt, welche Bienenarzneimittel routinemäßig im Honig kontrolliert werden. Diese Liste wird natürlich entsprechend den Gegebenheiten aktualisiert. Eine Vielzahl von Publikationen beschäftigt sich mit Nachweis und der Beurteilung von Bienenarzneimittel-Rückständen in Honig und Wachs (308–314, 316–322).
Leider gibt es eine Vielzahl von Varroatose-Behandlungsmitteln auf der Welt, die die gleichen Wirkstoffe enthalten, aber unterschiedlich benannt sind. Entsprechend der Provenienz eines Honigs wird das Untersuchungsprogramm natürlich geändert, so daß optimale Erfolge in der Analytik erzielt werden können. Die Vergangenheit hat jedoch immer wieder gezeigt, daß der Satz »Viel hilft viel« noch in den Köpfen vieler Imker präsent ist. Es ist dringendst, im Interesse des Produktes, zu empfehlen, sich unbedingt an die Vorschrift der Packungsbeilagen zu halten. Nichts schadet einem Produkt mehr, als wenn die Konsumenten durch Meldungen wie »Rückstände im Honig« verunsichert werden. Auch wirkt es auf den Verbraucher abschreckend, wenn bei jeder größeren oder kleineren Imkerversammlung von »Bienenseuchen« oder »Hilfsmaßnahmen zur Milbenbekämpfung« die Rede ist und derartige Meldungen dann auch noch tagtäglich in der Presse auftauchen. Es wird dem Konsumenten nicht klar, daß der Imker eine Hilfe sucht, beim Konsumenten wird nur haften bleiben, daß Medikamentenrückstände bzw. giftige Rückstände im Honig zu erwarten sind. Die Arbeiten der Bienenforschungsinstitute zur Züchtung von varroaresistenten Bienen sollte mit allen Kräften unterstützt werden, so daß die Imkerschaft beruhigt vom Einsatz diverser Bienenbehandlungsmittel Abstand nehmen kann. Auf keinen Fall sollten Imker versuchen, mit selbstgemischten Mixturen gegen die Varroatose vorzugehen.
Erfreulicherweise sind die gefundenen Bienenarzneimittelrückstände im Honig als gering einzustufen. In einer Studie vom Oktober 1985 bis März 1986 wurden im Institut für Honigforschung in Bremen 168 Proben von Honigen unterschiedlicher Herkunft auf Brompropylatrückstände hin untersucht. Die Tabelle 65 gibt Auskunft über die Anzahl und Herkunft der jeweiligen Proben. Das Ergebnis dieser Untersuchung war insoweit erfreulich, als lediglich 14 positive Befunde festgestellt wurden (8,6% der gesamten Proben), davon der überwiegende Teil unter der zulässigen Höchstgrenze.

Tab. 65: *Untersuchung von Brompropylat-Rückständen (Oktober 1985 bis März 1986) 168 Proben*

Herkunft	Anzahl	Herkunft	Anzahl
Argentinien	13	Neuseeland	7
Australien	5	Polen	6
Bulgarien	4	Rumänien	8
Chile	2	Spanien	5
China	6	CSFR	10
BRD	2	Türkei	6
Griechenland	6	UdSSR	5
Italien	1	Ungarn	10
Jugoslawien	7	Uruguay	1
Kanada	7	keine Angaben	37
Kuba	4	Mexiko	16

Dabei traten ganz deutlich 2 Provenienzen hervor (siehe Tabelle 66). Die darauf folgende sofortige Rücksprache der Importeure mit den jeweiligen Händlern konnte dieses Problem sofort lösen, denn die Händler leisteten gegenüber den Imkern eine entsprechende Aufklärungsarbeit.

Tab. 66: *Aufschlüsselung der positiven Befunde der Brompropylat-Rückstandsuntersuchung*

Herkunft	**Befund [mg/kg]**
Mexiko Westküste	0,010
Waldhonig (ohne Herkunftsangabe)	0,007
Rumänische Polyflora	0,005
Rumänische Blüte	0,010
Rumänische Linde	0,004
Rumänische Karpaten	0,013
Rumänische Lindenblüten	0,010
Rumänische Lindenblüten	0,009
Rumänische Lindenblüten	0,008
Griechischer Wald	0,056
Griechischer Wald	0,020
Griechischer Wald	0,004
Griechischer Wald	0,024
Griechischer Wald	0,007

Nicht nur der große Abfüller bemüht sich um die Kontrolle der Reinheit des Produktes Honig. Auch der kleinere Direktvermarkter, zum Beispiel der Imker, ist darauf bedacht, durch stetige Kontrolle für höchste Qualität im Markt zu sorgen. Im Auftrag und mit finanzieller Unterstützung des DIB werden in der Landesanstalt für Bienenkunde der Universität Stuttgart Hohenheim eine Vielzahl an Rückstandsuntersuchungen durchgeführt. Im Jahre 1991 wurden anläßlich einer Honigprämierung 341 Proben auf verschiedene Rückstände hin untersucht (324). Die Tabelle 67 gibt Aufschluß über Stoffe und Befunde dieser Messungen.

Tab. 67: *Untersuchung von deutschen Honigen im Einheitsglas auf Rückstände diverser Wirkstoffe, 341 Proben. Ronilan ist ein Pestizid zur Rapskrebsbekämpfung*

Wirkstoff Handelsname	**Anzahl posit. Befund**	**in % Ges. Menge**	**größt. Wert [µg/kg]**	**kleinst. Wert [µg/kg]**		**∅ Nachweisgrenze [µg/kg]**
Vinclozolin (Ronilan)	8	2,3	24	3	11	3
Brompropylat mit Abbauprodukt Dibrombenzophenon	19	5,5	41	12	19,5	10
Coumaphos	22	6,4	9	2	3,3	2
Fluvalinat	3	0,9	5	3	4	3

Zusammenfassend kann gesagt werden, daß aufgrund der Untersuchungen eine positive Tendenz hin zum sensibleren Umgang mit Medikamenten beobachtet wird.

Abschließend aktuelle Zahlen, die noch einmal zusammenfassend den Stand der Rückstände im Honig aufzeigen.

Tab. 68: *Pestizid- und Bienenarzneimittelanalysen (1. 7. 1989 bis 30. 6. 1990). Aufgeteilt nach Schadstoffklassen*

Honig/Substanz	Befund
Untersuchung auf Chlorpestizide:	94 Proben
ohne Befund:	91
mit Befund:	3
Blüten-Honig:	Lindan: 0,002 ppm
Blüten-Honig:	Lindan: 0,013 ppm
Honig ohne Bezeichnung:	Lindan: 0,002 ppm
	(zulässig: 0,01 ppm)
Untersuchung auf Phosphorpestizide:	54 Proben
ohne Befund:	53
mit Befund:	1
Wald-Honig:	0,006 ppm
	(zulässig: 0,01 ppm)
Untersuchung auf Brompropylat:	54 Proben
ohne Befund:	49
mit Befund:	5
Blütenhonig:	0,007 ppm
Jugoslawien:	0,025 ppm
Jugoslawien:	0,023 ppm
Jugoslawien:	0,018 ppm
Rumänien:	0,019 ppm
	(zulässig: 0,1 ppm)
Untersuchung auf Coumaphos:	55 Proben
ohne Befund:	54
mit Befund:	1
Sonnenblumenhonig:	0,007 ppm
	(zulässig: 0,01 ppm)
Untersuchung auf Amitraz:	57 Proben
ohne Befund:	57
	(nicht zulässig)
Untersuchung auf Fluvalinat:	54 Proben
ohne Befund:	54
	(nicht zulässig)

Ein weiteres Beispiel für den äußerst sensiblen Umgang des Handels mit Rückstandsproblemen ist im Fall des Chlordimeforms zutage getreten. Wie aus der Tabelle 4 im Kapitel »Statistik« hervorgeht, betrug im Jahre 1986 der chinesische Export von Honig 17 800 t. Im darauffolgenden Jahr verringerte sich diese Exportquote um mehr als 82% auf 3300 t. Die Ursache hierfür war das Chlordimeform-Rückstandsproblem. Es war nachgewiesen worden, daß in chinesischen Honigen ein in Deutschland verbotenes Milbenbehandlungsmittel (Chlordimeform) eingesetzt wurde (338). Mit der entsprechenden Analytik wurden sofort eine große Anzahl von Proben (siehe

Tab. 69) auf Chlordimeform-Rückstände hin untersucht. Die gemessenen Proben kamen aus verschiedenen Ländern, vorwiegend aus China. Bei der Auswertung der vorliegenden Ergebnisse stellt sich heraus, daß lediglich in China dieses Mittel zum Einsatz kam.

Tab. 69: *Analyse von Honigen auf Chlordimeform-Rückstände 1987/88, 522 Proben*

Herkunft	Anzahl der Proben	Anzahl der positiven Befunde
Argentinien	26	0
Australien	6	0
Chile	3	0
China	185	(s. Tab. 70)
El Salvador	6	0
Guatemala	6	0
Kanada	6	0
Mexiko	51	0
Neuguinea	1	0
Neuseeland	10	0
Polen	3	0
Rumänien	13	0
Sowjetunion	6	0
Türkei	8	0
Ungarn	4	0
Uruguay	11	0
USA/Florida	6	0
CSFR	4	0
Spanien	7	0
Kuba	1	0
Jugoslawien	2	0
Schottland	1	0
Osteuropa	2	0
Italien	2	0
Frankreich	1	0
Deutschland	2	0
ohne Provenienzangaben	149	7 (7–15 ppb)

Der Handel reagierte aufgrund der vorliegenden Untersuchungen sofort, die chinesische Ware wurde nicht weiter ausgeliefert, vorhandene Ware zurückgeschickt. Detailliertere Untersuchungen, das heißt, eine Untersuchung von Honigen aus Bezirken innerhalb Chinas ergaben, daß in China flächendeckend mit Chlordimeform gearbeitet wurde.

Tab. 70: *Analyse chinesischer Honige aus verschiedenen chinesischen Bezirken auf Chlordimeform-Rückstände. 185 Proben, davon 131 mit Befund*

Provinz	Anzahl	Befund [ppb]
Ahui Jiangsu	1	30
Quianghai	1	40
Gansu	1	35
Shaanxi	2	bis 50
Jilin	3	bis 45
Cheng Chou	3	bis 60
Tientsin	2	bis 55
Shijiazhuang	1	30
Daliin	3	bis 60
Quingdao	2	bis 15
Nanjing	1	36
Heilongjian	2	bis 35
Arzhin	1	20
Harbin	1	10
Quinhuangdao	1	25
ohne Provinzangabe	121	15 ohne Befund 106 zwischen 6 und 110 ppb

Durch intensive Gespräche und Konsultationen zwischen den chinesischen staatlichen Untersuchungsstellen und den Exporteuren und Labors in Deutschland wurde eine entsprechende Analytik schnellstmöglich in China aufgebaut, damit eine Ware, die mit einem in Deutschland verbotenen Medikament belastet ist, nicht gehandelt wurde. Dieses Ziel wurde erreicht.

Das Beispiel zeigt deutlich, wie wichtig es ist, ein qualitativ einwandfreies Produkt zu erzeugen, denn mit dem Rückgang des Honigexportes aus China ist natürlich auch für die davon betroffenen Imker ein eklatanter Einkommensrückgang und teilweise der Entzug der Existenzgrundlage einhergegangen.

Ein in letzter Zeit beobachtetes Problem war die Substanz Phenol. Diese Substanz wird als Bee-Repellent (DIB: Carbol-lappen) eingesetzt (328, 329). Die derzeit vorliegende Literatur über Inhaltsstoffe des Honigs bestätigt, daß Phenol aber auch ein natürlicher Bestandteil des Honigaromas ist. Außer Phenol selbst wurden weitere Phenole, wie Orto-, meta-, para-Cresol, Dimethylphenole, Ethylphenol, Methoxyphenol, Trimethylphenole, Butylphenol sowie Eugenol nachgewiesen. Je nach Ursprungsland und Tracht der untersuchten Honige ergab die Quantifizierung der Phenole sehr unterschiedliche Werte (325–327).

Die in diesen Veröffentlichungen untersuchten Honige stellten ein geringes Spektrum der möglichen Provenienzen der in der Bundesrepublik verarbeiteten Honige dar. Der Wert von 500 µg/kg Phenol, den eine Zeitschrift als Grenze einer eventuellen Manipulation festgesetzt hat, ist eine statistisch nicht abgesicherte Festlegung.

Aufgrund unzureichenden Zahlenmaterials ist es zur Zeit nicht möglich, einen definierten naturgegebenen Gehalt an Phenol in Honigen anzugeben, d.h. es gibt zur Zeit keinen eindeutigen Grenzwert, ab dem Phenol als ein Rückstand zu betrachten ist. Um ein statistisch abgesichertes Ergebnis über diesen Grenzwert der Phenolgehalte zu bekommen, müssen natürlich umfassende analytische Arbeiten an Honigen aus aller

Welt durchgeführt werden. Als Empfehlung kann gelten, daß der Phenolgehalt 0,5 mg/kg nicht überschreiten soll.
Eine klare Beurteilung ist allerdings möglich, wenn der Geschmack des Honigs durch Phenol beeinträchtigt ist, da dann der Honig nicht mehr der Honigverordnung nach § 2 Absatz 1 Nr. 4, wonach Honig »keinen artfremden Geruch oder Geschmack aufweisen« darf, entspricht.

Tab. 71: *Untersuchung von Honig auf Phenol, 281 Proben (Nachweisgrenze 0,02 mg/kg)*

Land	Jahr	Anzahl	min.	max. [mg/kg]	∅-Wert [mg/kg]
Argentinien	88/89	1	n.n.	–	n.n.
Argentinien	89/90	7	n.n.	0,52	0,12
Mexiko	88/89	79	n.n.	7,19	0,63
Mexiko	89/90	58	n.n.	2,00	0,21
Frankreich	88/89	2	n.n.	–	n.n.
Frankreich	89/90	14	n.n.	–	n.n.
Kanada	88/89	22	n.n.	3,16	1,34
Kanada	89/90	18	n.n.	1,92	0,27
Sonstige	88/89	1	–	–	0,86
Sonstige	89/90	79	n.n.	7,19	0,52

Ein sehr aktuelles Problem bei deutschem Honig ist derzeit der Rückstand des Wachsmottenbekämpfungsmittels Para-Dichlorbenzol (1,4-Dichlorbenzol) (330).
Die Überprüfung des Honigs auf diesen Rückstand erfolgt schon seit vielen Jahren. In dieser Zeit gab es kaum positive Befunde. Zu Beginn des Jahres 1991 wurde von einem staatlichen chemischen Untersuchungsamt eine Reihenuntersuchung auf Paradichlorbenzol-Rückstände hin publiziert. Danach waren die dort untersuchten deutschen Honige zu einem großen Teil belastet.
Der Importhandel reagierte sofort. Nach einer Untersuchung von ca. 100 Proben stellte sich heraus, daß lediglich zwei deutsche Honige dieser Reihenuntersuchung positive Befunde aufwiesen. In allen anderen Proben (Auslandshonig) war kein Rückstand nachweisbar. Aufgrund dieses Ergebnisses wurde schnellstmöglich eine Aufklärungsaktion gestartet.
Bei der Therapie spezieller Bienenkrankheiten wird in wenigen Fällen ein Einsatz von Antibiotika beobachtet. Dies ist nicht erlaubt. So gibt es zur Zeit auch kein zugelassenes Bienenbehandlungsmittel gegen die Faulbrut. Die in den letzten Jahren am Institut für Honigforschung durchgeführten Untersuchungen auf Antibiotika-Rückstände im Honig verliefen erfreulicherweise alle negativ. Die Tabelle 72 faßt die in der Routineanalytik untersuchten Antibiotika zusammen.

Tab. 72: *Liste der in der Analytik erfaßten Antibiotika-Rückstände*

Substanz	Substanz
Tetracyclin	Sulfathiazol
Chlortetracyclin	Sulfanilamid
Oxytetracyclin	Sulfisomidin
Sulfacetamid	

Die Analytik der Antibiotika-Rückstände ist aufwendig (331–335). Zur Zeit gibt es kein zugelassenes Mittel in der Bienenbehandlung. Eine weitere Information zu diesem Problem gibt die Verordnung über Stoffe mit pharmakologischer Wirkung (siehe Anhang).

9.5.5 Radioaktivität

Seit dem Reaktorunglück von Tschernobyl am 26. April 1986 werden an der Landesanstalt für Bienenkunde der Universität Hohenheim und an weiteren Instituten Messungen bezüglich der radioaktiven Belastung des Honigs durch das Isotop Cs-137 durchgeführt (221–223). Bis 1991 wurden allein an der Landesanstalt für Bienenkunde der Universität Hohenheim etwa 6000 Honigproben unterschiedlichster Herkunft untersucht.
Die Untersuchungen haben gezeigt, daß die im Mai des Jahres 1986 geernteten deutschen Honige vergleichsweise stark kontaminiert waren (221). Mit zunehmendem zeitlichen Abstand vom Reaktorunfall nahm die Belastung des Blütenhonigs ab und stieg dann mit dem Einsetzen der Honigtautracht wieder leicht an. Der Durchschnitt von 571 deutschen Honigen des Erntejahres 1986 betrug 51 Becquerel Cs-137/kg Honig. Im Jahre 1987 wurden 208 einheimische Honige mit bekanntem Schleuderdatum untersucht und ausgewertet (siehe Tabelle 73). Die Honige wurden in 5 Kontaminationsklassen eingeteilt und entsprechend ihres Schleuderdatums sortiert (223).

Tab. 73: *Belastung deutscher Honige (Ernte 1987) mit Cs-137 in Beziehung zum Schleuderdatum*

Schleuderdatum	**Belastung [Bq/kg] (% n)**					**Anzahl der Proben (n)**
	< 10	< 20	20–50	51–100	> 100	
Mai 1987	100	0	0	0	0	6
1. Junihälfte	100	0	0	0	0	51
2. Junihälfte	92	8	0	0	0	36
1. Julihälfte	50	13	13	20	4	30
2. Julihälfte	74	4	13	0	9	22
August/September	30	23	32	11	5	63

Bei den Werten < 10 Bq/kg ist der Nulleffekt identisch mit dem Meßwert. Bei den Werten < 20 Bq/kg ist der Meßwert deutlich höher als der Nulleffekt, aber innerhalb des Meßfehlers von ±20 Becquerel.
Aus der Tabelle wird ersichtlich, daß früh im Jahr geerntete Honige (aus Blütentracht) praktisch nicht belastet waren, während in späteren Trachten (Blüten-Honigtau-Mischhonige oder reine Tauhonige) die radioaktive Belastung durch das Isotop Cs-137 angestiegen ist.
Die Untersuchungen des Instituts für Honigforschung (Bremen) an 82 Honigproben unterschiedlichster Herkunft brachten folgende Ergebnisse:

Tab. 74: *Radioaktivitätsuntersuchungen des Instituts für Honigforschung vom Juli 1987 bis Juni 1988 an 82 Proben, Nachweisgrenze 2 Bq/kg*

Herkunft	**min.** [Bq/kg]	**max.** [Bq/kg]	**Durchschnitts-Wert** [Bq/kg]
Bulgarien	2	2	2
BRD (West)	2	50	15,5
BRD (Ost)	12	70	32,3
Südosteuropa	2	15	5,4
Frankreich	2	2	2
Jugoslawien	4	4	4
Mexiko	2	2	2
Polen	2	2	2
Rumänien	2	20	9,1
Spanien	2	2	2
Afrika	2	2	2
CSFR	2	110	25,5
Türkei	2	14	7,2
GUS	2	30	16,0
Ungarn	2	28	7,8
Osteuropa	2	49	36

In den Jahren 1989 und 1991 wurden an der Landesanstalt für Bienenkunde der Universität Hohenheim anläßlich zweier Honigausstellungen 264 bzw. 341 deutsche Honige untersucht. Es handelte sich dabei überwiegend um Honige aus dem jeweils vorausgegangenen Trachtjahr (398).

Tab. 75: *Caesium 137 in Honigen der Jahre 1989 (n = 264) und 1991 (n = 341)*

Bq/kg Honig	**Untersuchungsjahr 1989** (n = 264)	**Untersuchungsjahr 1991** (n = 341)
< 10	159 (60,2%)	200 (58,6%)
< 20	35 (13,2%)	35 (10,3%)
20– 50	54 (20,5%)	94 (27,6%)
51–100	15 (5,7%)	12 (3,5%)
> 101	1 (0,4%)	– –
$\bar{X}$ [Bq/kg]	12,2 (100,0%)	11,7 (100,0%)

Die Messungen haben gezeigt, daß die radioaktive Belastung der Honige durch das Isotop Cs-137 sehr gering ist. Für beide Untersuchungsjahre errechnete sich ein Mittelwert von etwa 12 Becquerel/kg Honig, bei einer Schwankungsbreite von 0 bis 161 Becquerel (1989) bzw. 0–95 Becquerel (1991). Bei der Berechnung dieser Werte wurden Honige des Kontaminationsbereiches »kleiner 20 Becquerel« mit einem Wert von 10 Becquerel veranschlagt.

Werden die Honige entsprechend ihrer botanischen Herkunft sortiert, so erweisen sich reine Blütenhonige als kaum kontaminiert, während Blüten-Honigtau-Mischhonige oder reine Honigtauhonige vermehrt belastet sind. Diese Proben stammen dann überwiegend aus Regionen, die durch einen verstärkten Fallout höher kontaminiert wurden.

Tab. 76: *Caesium-137 in Honigen der Jahre 1989 und 1991, entsprechend ihrer botanischen Herkunft*

Untersuchungsjahr 1989

Sorte	**(Bq/kg Honig)** Null (n)	10 (n)	20–50 (n)	51–100 (n)	> 100 (n)	**n-Sorte**	**x-Sorte** (Bq)
B*	92	7	4	–	–	103	1,7
(% B)	89,3	6,8	3,9	–	–	100	
B-H*	14	6	3	2	–	25	10,1
(% B-H)	56,0	24,0	12,0	8,0	–	100	
H*	53	22	47	13	1	136	20,2
(% H)	39,0	16,2	34,6	9,5	0,7	100	

Untersuchungsjahr 1991

Sorte	**(Bq/kg Honig)** Null (n)	10 (n)	20–50 (n)	51–100 (n)	> 100 (n)	**n-Sorte**	**x-Sorte** (Bq)
B*	85	10	10	–	–	105	1,9
(% B)	81,0	9,5	9,5	–	–	100	
B-H*	14	4	7	1	–	26	11,2
(% B-H)	53,8	15,4	26,9	3,8	–	100	
H*	101	21	77	11	–	210	17,3
(% H)	48,1	10,0	11,7	5,2	–	100	

B = Blütenhonige
B-H = Blüten-Honigtau-Mischhonige
H = Honigtauhonige (Fichten-, Tannen- und Blatthonige)
n-Sorte = Anzahl der Honige der jeweiligen Sorte
% Sorte = Prozentualer Anteil der Honige an der jeweiligen Sorte
x-Sorte = Durchschnittliche Radioaktivität (Bq Cs-137/kg Honig) der jeweiligen Sorte

Bei der statistischen Auswertung der einzelnen Honigsorten errechneten sich für Blütenhonige die geringsten Aktivitäten (1,7 Bq/kg Honig 1989; 1,9 Bq/kg Honig 1991), gefolgt von den Honigtau-Blüten-Mischhonigen (10,1 Bq/kg 1989; 11,2 Bq/kg 1991), deren Werte im Vergleich zu den Meßergebnissen von Blütenhonigen schon deutlich erhöht sind. Die höchsten Mittelwerte wurden in reinen Honigtauhonigen gemessen (20,2 Bq/kg Honig 1989; 17,3 Bq/kg Honig 1991). Die Mittelwerte aller Honigsorten liegen aber noch innerhalb des Meßfehlers des Gerätes.
Bei der Diskussion um die radioaktive Belastung von Honig muß noch berücksichtigt werden, daß Honig aufgrund seines Mineralstoffgehaltes auch eine natürliche Radioaktivität aufweist (z.B. Kalium-40, bei diesen Messungen nicht erfaßt). Dieser ist in Honigtauhonigen höher als in Blütenhonigen.
Bei Radioaktivitätsmessungen in Honigen aus niedersächsischen Trachtgebieten stellten Dustmann und von der Ohe (224) fest, daß die Werte der Tauhonige in der Regel leicht über denen der Blütenhonige liegen.

Signifkant höhere Cs-Aktivitäten in Tauhonigen fanden auch KLEPSCH und MOLZAHN (225) beim Vergleich von Blüten- und Honigtauhonigen aus Hessen. Eine strahlenbedingte gesundheitliche Gefährdung durch den Verzehr von Honig schließen sie mit folgender Begründung aus:
Bei einem durchschnittlichen Honigverzehr von 20 g/Tag und einer mittleren Belastung des Honigs mit 30 Bq/kg aus Cs-137 nimmt der Körper des Menschen im Jahr 219 Bq auf (365 Tage × 0,0020 kg/Tag × 30 Bq/kg). Diese Menge bewirkt eine Dosis von 219 × 0,004 mrem/Bq = 0,307 mrem (50 Jahre Äquivalentdosis). Das sind etwa 0,2% der durch natürliche Radioaktivität aufgenommenen jährlichen Schwankung. Eine Ausnahme bilden Honige aus Heidetrachten (Calluna vulgaris) Deutschlands, Osteuropas und Nordeuropas, die den von der EG für Milch festgelegten Gesamt-Caesium-Grenzwert von 370 Bq/kg zum Teil deutlich überschreiten. DUSTMANN und VON DER OHE (224) fanden in Proben der Ernte 1987 Gesamtcaesiumwerte zwischen 443 und 708 Bq/kg (Mittelwert 532 Bq/kg), wobei die Meßwerte höher lagen als die des Jahres 1986. Der Grund dieser hohen Werte wird in Anreicherungsvorgängen durch das Heidekraut gesehen, das bei Kaliummangel auf nährstoffarmen Böden ersatzweise andere, ähnliche Mineralstoffe, wie z.B. das Caesium, aufnimmt und speichert. Die Mehrzahl der im Handel vorkommenden Heidehonige stammen aus Frankreich und Spanien und stellen somit kein Problem dar.
Abschließend kann gesagt werden, daß der Verbraucher beim Kauf von Honig im Einzelhandel bzw. Supermarkt ein umfassend kontrolliertes Naturprodukt erhält, wie es besser nicht sein kann. Denn nur Kontrolle schafft Vertrauen.

10. Deklaration von Honig

Dieses Kapitel erklärt die allgemeinen Beurteilungskriterien zur Honigkennzeichnung.
Die hier aufgeführten Spezifikationen für Honige stellen die handelsrechtlichen Richtlinien zur Beurteilung der Deklaration dar. Die Staatlich Chemischen Untersuchungsämter (das öffentliche Kontrollorgan für Lebensmittel) beurteilen nach diesen Richtlinien. Ist die Beurteilung negativ, kann es für den Betreffenden auch zu einer Verurteilung kommen.

10.1 Beurteilungskriterien

Als Unterscheidungsmerkmale bieten sich drei Kategorien von Kriterien an, die in § 4 Nr. (1) der Honig-Verordnung genannt sind. Es sind die Kategorien von sensorischen, physikalisch-chemischen und mikroskopischen Merkmalen.

10.1.1 Sensorik

Die Sensorik umfaßt den Geruch, den Geschmack und die Farbe bzw. das Aussehen einer Probe.
Die Bezeichnung »Sinnen-Befund« bezieht sich auf die Ergebnisse der Überprüfung von Geschmack, Geruch und Aussehen (Farbe, Konsistenz).
Die Bezeichnung »organoleptischer Befund« bezieht sich auf die Ergebnisse der Überprüfung von Geschmack und Geruch.
Der »olfaktorische Befund« ergibt sich aus dem Geruchstest.

10.1.2 Physikalisch-chemisch

Die physikalisch-chemischen Analysen beinhalten folgende Bestimmungen:
Wassergehalt, Leitfähigkeit, pH-Wert, Säuregrad, Prolingehalt, HMF-Gehalt, Diastasezahl, Saccharasezahl, Aschegehalt, Gehalt an wasserunlöslichen Stoffen, Glucose-Fructose-Verhältnis, Saccharose-Gehalt, Gehalt an reduzierenden Zuckern, Gesamtzucker-Gehalt, Fremddextringehalt, Thixotropie oder Proteingehalt, Methylanthranilat, Sediment-Gehalt und Farbbestimmung.

10.1.3 Mikroskopisch

Untersucht wird das gesamte Pollenspektrum und sogenannte Honigtauelemente, honigeigene Bestandteile und gewisse Kristallstrukturen (Ziffer 3.1.3).

10.1.4 Gewichtung der Ergebnisse

Die drei Kategorien von Kriterien haben unterschiedliche Gewichtung. Der Verbraucher nimmt von den drei genannten nur Geruch, Farbe und Geschmack wahr und beurteilt den Honig also nur nach dem sensorischen Befund. Aus diesem Grund muß dem sensorischen Befund eine besondere Gewichtung zugestanden werden, die bis zur Hälfte der Gesamtgewichtung ausmachen kann. Die Kategorien 10.1.2 und 10.1.3 stehen etwa gleichwertig nebeneinander.

Gewöhnlich ergänzen sich die drei Kategorien zu einem harmonischen Bild. Besondere Schwierigkeiten bereitet die Beurteilung von Grenzfällen und außergewöhnlichen Sorten. Bei den letzteren erschweren unbekannte Geschmacksrichtungen, unbekannte Pollenarten und anderes mehr die Beurteilung.

Honigtauhonige sind gewöhnlich dunkler als Blütenhonige und haben eine ganz andere Geschmacksrichtung. Der Honigtau von Baumwolle hingegen hat zwar die hohe Leitfähigkeit, die den Honigtauhonigen zugeordnet ist, farblich und geschmacklich weicht er jedoch von allen anderen Honigtauhonigen ab. Der Anteil an Nektar aus extrafloralen Nektarien trägt zu der Abweichung noch bei. Die Schnabelkerfen, die gewöhnlich Honigtau verursachen, sind von Kloft, Maurizio und Kaeser aufgeführt. Sie spielen bei der Baumwolle keine Rolle. Arten, die bei der Baumwolle Honigtau produzieren, sind vorwiegend Bemisia tabaci Gennadius (sie gehört zu den Mottenschildläusen) und Aphis gossypii Glov. bzw. die Varietät Cerosipha gossypii (Baumwollblattläuse) (340).

Diese Schädlinge vernichten zuweilen bis zu 80% der Baumwollernte. Der Honigtauanfall ist dabei ungeheuer. Der Honigtau von Baumwolle ist weiß/grau und enthält viele Pollen von Windblütlern, hat eine sehr hohe Leitfähigkeit und ist im Geschmack flach. Da der Honigtau zumeist nach der Blüte entsteht, enthält der Honig Baumwollpollen nur als Einzelpollen (etwa 2% bis 7%).

Erschwert wird die Beurteilung von Trachthonigen durch den Umstand, daß eine Tracht aus verschiedenen Weltgegenden kommen kann. Die Begleitflora ist dann unterschiedlich, und somit können die gleichen Trachten voneinander sensorisch deutlich abweichen. Der Befund des Geschmacks muß relativiert werden. Reine Trachthonige von Blüten oder Honigtau (ausschließlich, d.h. zu 100% von einer Pflanzenart) sind höchst selten und eigentlich nur unter den unnatürlichen Bedingungen im Flugzelt zu gewinnen. Zur Festlegung, ob ein Honig ein Trachthonig ist, benutzt die Honigverordnung das Wort »überwiegend«. Damit kann ein Leitpollenanteil von 46% schon »überwiegen«, falls die sensorischen Merkmale entsprechend sind. Ist die Sensorik ausgeprägt, kann man auch einen geringeren Pollenanteil akzeptieren.

Besondere Aufmerksamkeit muß man bei der Beurteilung von Honigtauhonigen den nektarlosen Pflanzen widmen, sogenannten Pollenspendern, hauptsächlich Windblütler. Bei auffälligem Anteil an solchen ist es unbedingt notwendig, den Gesamtpollengehalt der Probe zu berücksichtigen und die Relation zwischen dem Anteil an Pollenspendern und dem Gesamtpollengehalt herzustellen. Denn irgendein Pollen in einer Kohlenhydrat-Wasser-Lösung ergibt noch lange keinen Honig.

10.2 Honigbezeichnung nach botanischer Herkunft (Trachthonige)

Als Trachthonige gelten Honige, die im Sinne des § 4 Nr. (1) der Honigverordnung (siehe Anhang) vom 13. Dez. 1976, »überwiegend« von bestimmten Blüten oder Pflanzen stammen.
Es werden zwei Honigarten unterschieden: Blütenhonig und Honigtauhonige. Zur Freude der Konsumenten ist zur Zeit ein ständiges Steigen des Trachthonigangebotes im Handel zu beobachten. Die Gewinnung von Trachthonigen ist ein natürlicher Vorgang, sie kann auf die Blütenstetigkeit der Bienen zurückgeführt werden.
Die Imkerschaft und der Handel sind aus wettbewerbsrechtlichen Gründen daran interessiert, die einzelnen Trachten gegeneinander klar abzugrenzen. Um dieses zu gewährleisten, haben Handel, staatliche Kontrolle und freie Labore als Richtlinien zur Sortendeklaration die »Spezifikationen für Trachthonig« erarbeitet (341).
Es gibt Trachthonige von Blütentracht und von Honigtautracht. Der Deutsche Imkerbund unterscheidet die in Tabelle 77 aufgeführten Trachthonige.

Tab. 77: *Mögliche Trachthonigdeklarationen des DIB*

Blütentrachten	Honigtautrachten
Akazienhonig (Robinia pseudoacacia)	Tannenhonig
Edelkastanienhonig	Fichtenhonig
Heidehonig	Waldhonig
Kleehonig	
Lindenhonig	
Löwenzahnhonig	
Obstblütenhonig	
Rapshonig	
Sommerblütenhonig	
Wald- und Blütenhonig	

Der Importhandel unterscheidet die in Tabelle 78 aufgeführten Trachthonige. Sie stellten jedoch nur eine Auswahl dar.

Tab. 78: *Mögliche Trachthonigdeklarationen des Lebensmittelhandels*

Blütentracht	Honigtautracht
Akazienhonig (Robinia pseudoacacia)	Lindenhonig
Lindenhonig	Edelkastanienhonig
Kleehonig (Weißklee, Rotklee, Steinklee)	Pinienhonig
Rapshonig	Tannenhonig (Rottanne, Weißtanne)
Edelkastanienhonig	Waldhonig
Heidehonig (Calluna, Erica)	Baumwollhonig
Mimosenhonig	Palmenhonig
Löwenzahnhonig	Eukalyptushonig

Tab. 78: *Fortsetzung*

Blütentracht	Honigtautracht
Sonnenblumenhonig	Eichenwaldhonig
Palmenhonig	Laubbaumhonig
Weidenhonig	
Buchweizenhonig	
Wollampferhonig	
Obstblütenhonig (Steinobst, Kernobst, Himbeere, Brombeere)	
Mesquitehonig	
Esparsettehonig	
Zitrushonig (Orange)	
Ilexhonig	
Eucryphiaceae-Honig (Olmo = Ulmo, Leatherwood)	
Eukalyptushonig	
Fenchelhonig	
Phazeliahonig	
Salbeihonig	
Thymianhonig	
Lavendelhonig	
Rosmarinhonig	
Kaffeehonig	
Avocadohonig	
Tupelohonig	
Quillajahonig	
Tahonalhonig	
Nothofagushonig	
Erdbeerbaumhonig	

Die Honigverordnung läßt auch Doppelbezeichnungen zu. Als Beispiel: Linde-Kleehonig, Klee-Linde, Linde-Akazie, Blüte-Wald und andere.

10.2.1 Spezifikationen für Blütenhonige

Blütenhonig ist ein überwiegend aus Blütennektar stammender Honig im Sinne der Anlage 1 Ziffer 2.1.1 zur Honig-Verordnung vom 13. 12. 1976.

10.2.1.1 Sensorik

10.2.1.1.1 Geruch

Der Geruch der Blütenhonige unterscheidet sich grundsätzlich von demjenigen der Honigtauhonige; er ist stets blütenartig lieblich. Ein »malziger«, »terpenartiger« oder »rauchiger« Geruch ist unerwünscht.

10.2.1.1.2 Geschmack

Der Geschmack der Blütenhonige ist deutlich süßer als der der Honigtauhonige. Ein karamelartiger Nebengeschmack kann auf eine Wärmeschädigung hinweisen oder darauf, daß der Honig mit wärmegeschädigtem Honig vermischt wurde.

10.2.1.1.3 Farbe, Konsistenz

Die Farbe der Blütenhonige ist im allgemeinen heller als die der Honigtauhonige. Die Blütenhonige kristallisieren häufig schneller. Eine Ausnahme bildet der Edelkastanienhonig mit rötlich-brauner Farbe.

10.2.1.2 Physikalisch-chemisch

10.2.1.2.1 Leitfähigkeit

Die Leitfähigkeit und der Aschegehalt der Blütenhonige sind erheblich niedriger als die der Honigtauhonige. Dieses hängt mit dem Ursprung des Honigs zusammen. Honigtauhonige stammen aus dem Siebröhrensaft der Pflanzen, wogegen Blütenhonige von den Nektarien der Blüten gewonnen werden. Die elektrische Leitfähigkeit von Blütenhonigen sollte nicht über 5×10^{-4} S $\times$ cm^{-1} betragen. Eine Ausnahme bildet auch hier der Edelkastanienhonig. Sortenhonige aus dieser Tracht können Leitfähigkeiten von 8×10^{-4} S $\times$ cm^{-1} erreichen, in Ausnahmefällen werden diese Werte sogar noch überschritten.

10.2.1.2.2 pH-Wert

Der pH-Wert der Blütenhonige liegt gewöhnlich zwischen 3,6 und 4,3. Sie sind meistens »stärker sauer« als Honigtauhonige.

10.2.1.3 Mikroskopisch

Im mikroskopischen Bild der Blütenhonige kommen die sogenannten Honigtaubestandteile nur ausnahmsweise vor. Am Pollengehalt und den Wachsteilchen ist erkennbar, ob ein Schleuderhonig oder ein Preßhonig vorliegt. Preßhonige enthalten ein Vielfaches mehr an Pollen und Wachs als Schleuderhonige. Das mikroskopische Bild zeigt viel mehr Verunreinigungen als dasjenige von Schleuderhonigen. Maschinell entdeckelte Honige enthalten oft erhöhte Wachsanteile.

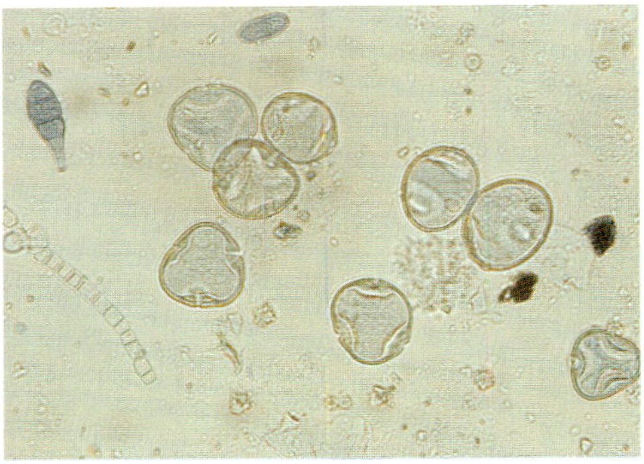

71

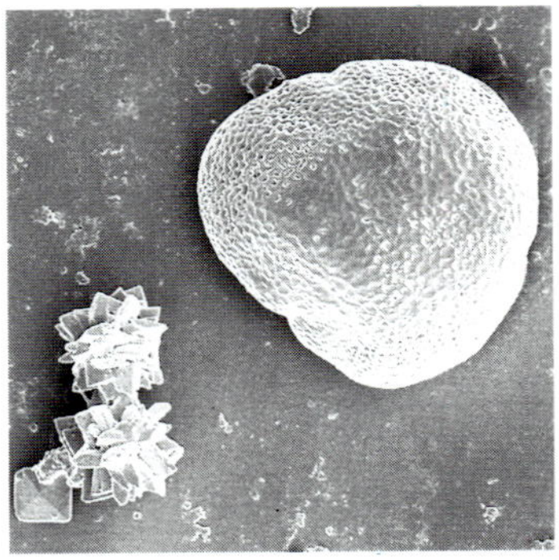

72

Lichtmikroskopisches Bild deutscher Blütenhonige

Abb. 71: Lindenhonig mit geringen Anteilen aus Honigtautracht (Pilzhyphen und Sporen) 750fach
Abb. 72: Sediment eines Lindenhonigs mit Lindenpollen und typischen Kristalldrusen unter dem Raster-Elektronenmikroskop (1200fach)
Abb. 73: Kristalldruse als typischer Bestandteil eines Lindenhonigs unter dem Raster-Elektronenmikroskop (4200fach)
Abb. 74: Sonnenblumenhonig mit Pollen vom Spargel und der Edelkastanie (1) (750fach)
Abb. 75: Sonnenblumenhonig mit Pollen von der Kugeldistel (2) (760fach)
Abb. 76: Löwenzahnhonig mit Rapspollen (750fach)
Abb. 77: Rapshonig mit Pollen von Löwenzahn und Weißklee (750fach)

73

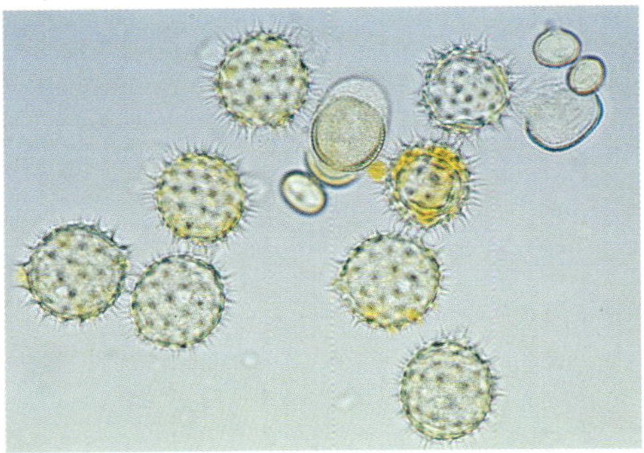

74

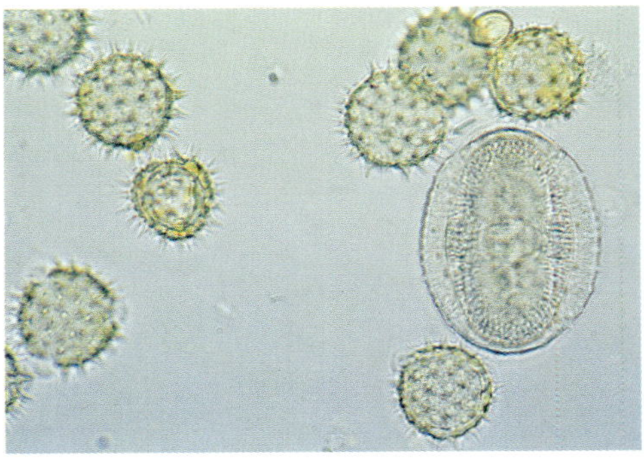

75

76

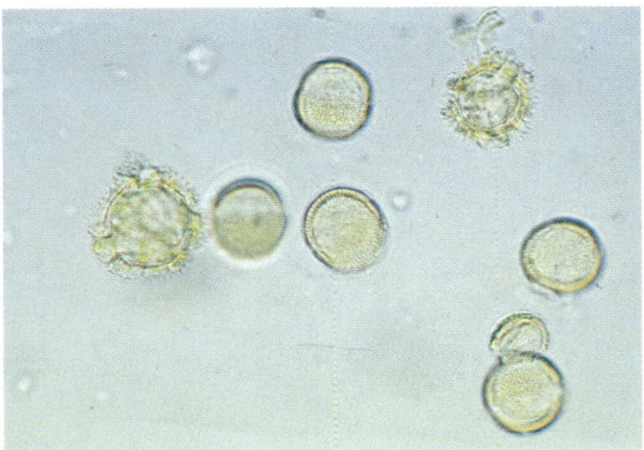

77

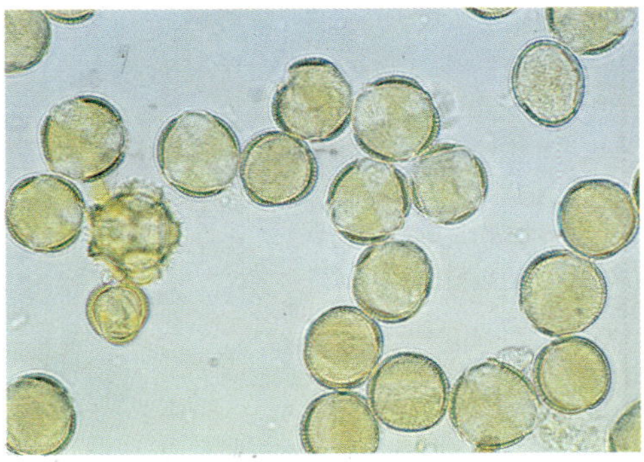

Bei der Auswertung des mikroskopischen Bildes werden die von der Internationalen Kommission für Bienenbotanik der IUBS (sogenannte Pollenkommission) erarbeiteten Termini angewendet.
Als unterrepräsentiert im Pollengehalt gelten nach den Richtwerten der IUBS die in Tabelle 79 aufgeführten Pflanzenarten. Soll ein Honig dieser Pflanzenart als Trachthonig deklariert werden, muß neben anderen Kriterien der angegebene Mindestpollengehalt erreicht werden.

Tab. 79: *Mindestgehalt unterrepräsentierter Pollen bei verschiedenen Sortenhonigen*

Pflanzenart	Mindestpollengehalt
Salbei (Salvia)	20–30%
Rosmarin (Rosmarinus officinalis L.)	10–20%
Akazie (Robinia pseudoacacia)	20–30%
Lavendel (Lavendula spica u. latifolia)	10–20%
Linde (Tilia)	20–30%
Luzerne (Medicago)	30%
einige Zitrusarten	10–20%

Bei französischem Lavendelhonig kann bei entsprechendem Aroma und physikochemischen Parametern ein Pollengehalt von 1% akzeptiert werden.
Der sogenannte »Californische Salbeihonig« (Sage Honey) ist eigentlich ein Wollampferhonig. Der Wollampfer (Eriogonum spec.) gehört zur Familie der Knöterichgewächse (Polygonaceae) und ist nach der botanischen Systematik nicht mit dem Salbei (Salvia spec.) verwandt. Letzterer gehört in die Familie der Lippenblütler (Libiatae). Da die obige Bezeichnung aber auf alteingeführte Handelsgewohnheiten zurückgeht, sollte diese beibehalten werden.
Als überrepräsentiert gilt nach den Arbeiten der IUBS die Edelkastanie (Castanea sativa). Ein Honig stammt dann vorwiegend von Edelkastanien, wenn mindestens 90% der ausgezählten Pollen Edelkastanienpollen sind und das Aroma dem eines Edelkastanienhonigs entspricht.
Die gleichen Kriterien (90%) gelten für Vergißmeinnicht-(Myosotis)-Honig und Honige von Cynoglossum und Mimosa pudica.

10.2.1.4 Sonderregelungen

10.2.1.4.1 Zitrushonig

Die sensorische Beurteilung bereitet gelegentlich Schwierigkeiten, weil der Geschmack der Zitrusgewächse durch andere Pflanzen mit kräftigerem Geschmack unterdrückt werden kann. Die Pollenkommission empfiehlt eine Bestimmung des Methylanthranilat-Gehaltes. Aufgrund eigener Untersuchungen und unter Auswertung der verfügbaren Literatur hat das Institut für Honigforschung in Bremen die untere Grenze für Methylanthranilat mit 2 ppm festgesetzt. Dieser Grenzwert stimmt mit dem Sinnenbefund gut überein (341).
Ein Zitrushonig wird als »Orangenhonig« bzw. »Orangenblütenhonig« eingestuft,

wenn Pollenbefund, sensorische Merkmale und Methylanthranilat-Gehalt im Einklang stehen.

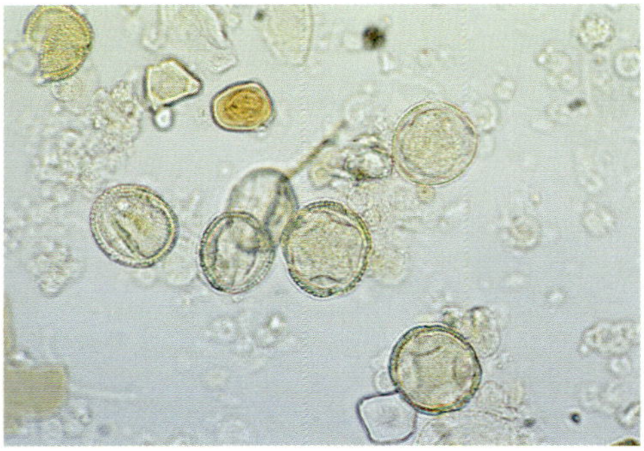

Abb. 78: Sediment eines Zitrushonigs unter dem Lichtmikroskop (700fach)

10.2.1.4.2 Heidehonig

Die Honige von Calluna und Erica werden einheitlich als Heidehonige eingestuft. Bei Calluna-Honigen entscheidet im Zweifelsfall die Bestimmung der Thixotropie nach Louveaux bzw. die Proteinbestimmung. Die Thixotropie muß ausgebildet sein und der Proteingehalt deutlich über 1,2% liegen.
Bei Ericahonig gelten die vorab aufgeführten Richtlinien (Leitpollengehalt größer 46%).

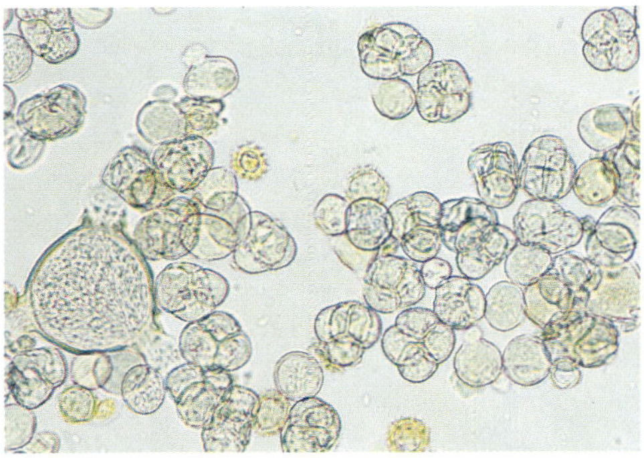

Abb. 79: Sediment eines Heidehonigs mit Pollen vom Weidenröschen und Weißklee (450fach)

10.2.1.4.3 Akazienhonig (Robinie)

Die wichtigsten Kriterien für Akazienhonig sind Aroma, Farbe und Konsistenz. Das liebliche, feine Aroma darf nicht durch allgemeines Blütenhonigaroma überdeckt sein. Der Honig muß flüssig sein und nicht den Anschein erwecken, in einiger Zeit auszukristallisieren. Bei Akazienhonigen soll im Zweifelsfall das Verhältnis Fructose zu Glucose herangezogen werden. Als Richtwerte gelten für chinesische, rumänische, ungarische und jugoslawische Robinienhonige:

Φ F/G = 1,56
Höchstwert 1,7
Mindestwert 1,4

Für französische Robinienhonige gilt (345):

Φ F/G = 1,43
Höchstwert 1,56
Mindestwert 1,32

In früheren Jahren galten diese Quotienten nur bei einem Robinienpollengehalt von ≧ 20%. Aufgrund geänderter landwirtschaftlicher Produktionsbedingungen und imkerlicher Arbeitsweisen steigt jedoch ständig der Rapspollenanteil. Die Beobachtungen der letzten Jahre haben gezeigt, daß trotz eines erhöhten Rapspollengehaltes, die Kristallisation und das Aroma nicht maßgeblich beeinflußt werden.

Daher können auch Honige mit geringem Robinienpollengehalt und erhöhtem Rapspollengehalt noch als Akazienhonige deklariert werden, wenn folgende Bedingungen erfüllt sind:

A) Robinienpollen ≧ 20% und Rapspollenanteil ≦ 46%, dann F/G mindestens 1,40.
B) Robinienpollen um 10% und Rapspollenanteil um 46%, dann F/G mindestens 1,50.
C) Robinienpollen < 10% und Rapspollenanteil ≫ 46%, F/G mindestens 1,55.

Wohlgemerkt gilt dieses nur, wenn Aroma und Konsistenz einwandfrei sind. Da der Quotient F/G des sortenreinen Rapshonigs um 1 liegt, kann er deutlich in die Bewertung einfließen. Bei Akazienhonigen wird besonders scharf auf eine eventuelle Verfälschung durch Fructose-Zusätze geachtet.

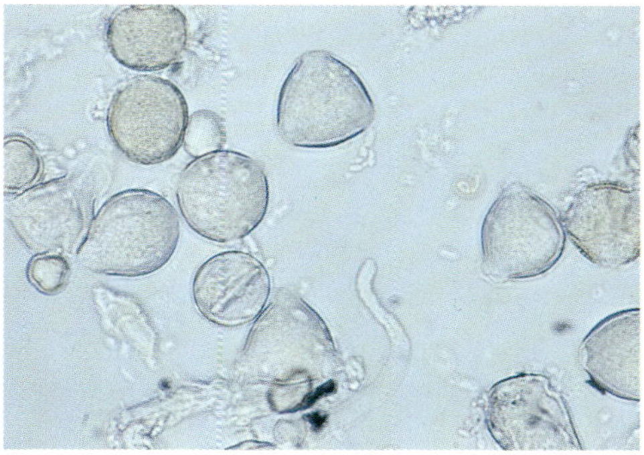

Abb. 80: Sediment eines Robinienhonigs (Akazienhonig) (700fach)

10.2.2 Spezifikationen für Honigtauhonige

Honigtauhonige sind im Sinne der Anlage 1 Ziffer 2.1.2 zur Honigverordnung Honige, die hauptsächlich aus Sekreten lebender Pflanzenteile stammen oder aus Sekreten, die von Insekten abgesondert wurden, die auf diesen Pflanzenteilen leben.

10.2.2.1 Sensorik

10.2.2.1.1 Geruch

Honigtauhoniggeruch unterscheidet sich grundsätzlich von demjenigen der Blütenhonige. Ein blütenartiges Geruchsbukett ist bei Honigtauhonigen unerwünscht.

Ein blumiger Geruch läßt darauf schließen, daß der Honig zum großen Teil von Blütenhonig stammt. Der Geruch von Honigtauhonigen ist herb, manchmal etwas rauchig (insbesondere bei Pinienhonigen). Auf jeden Fall soll der Honig würzig sein.

10.2.2.1.2 Geschmack

Honigtauhonig schmeckt weniger süß als Blütenhonig. Der Geschmack von Waldhonigen soll herb und malzig sein; terpenartig und würzig der von Tannenhonigen. Ein stark süßer Geschmack ist unerwünscht.

10.2.2.1.3 Farbe

Honigtauhonig ist im allgemeinen dunkler als Blütenhonig. Der Farbton von Abies alba (Weißtannenhonig) ist grünstichig, wogegen die Farbe der anderen Honigtauhonige, einschließlich diejenigen der Picea-Arten, mehr braun- oder rotstichig ist.

10.2.2.2 Physikalisch-chemisch

10.2.2.2.1 Leitfähigkeit

Die Leitfähigkeit hängt mit dem Mineralgehalt des Honigs (9) zusammen. Von einem Waldhonig wird eine spezifische Leitfähigkeit von mindestens 8×10^{-4} S $\times$ cm^{-1} erwartet.
Die Leitfähigkeit eines Tannenhonigs soll mindestens $9{,}5 \times 10^{-4}$ S $\times$ cm^{-1} betragen. Honige mit einer Leitfähigkeit von $5{,}1$–8×10^{-4} S $\times$ cm^{-1} werden als Blütenhonige mit Anteil an Honigtau eingeordnet.
Für Honigtauhonige im Einheitsglas des DIB gilt für Waldhonig eine Leitfähigkeit von mindestens 10×10^{-4} S $\times$ cm^{-1}, für Tannenhonig sind deutlich höhere Werte gefordert. Nur in Ausnahmefällen können bei entsprechendem Sinnenbefund und entsprechendem mikroskopischen Bild Honige mit einer Leitfähigkeit von $9{,}5 \times 10^{-4}$ S $\times$ cm^{-1} noch als Honigtauhonige deklariert werden. Honige mit Werten ab $7{,}5 \times 10^{-4}$ S $\times$ cm^{-1} dürfen nach den Richtlinien des DIB seit kurzem als Wald- und Blütenhonig bezeichnet werden. Nach der in Vorbereitung befindlichen DIN-Norm für die Bestimmung der Leitfähigkeit, wird die Einheit zukünftig mS $\times$ cm^{-1} sein.

10.2.2.2.2 pH-Wert

Honigtauhonige sind weniger sauer als Blütenhonige. Der pH-Wert der Honigtauhonige soll nicht unter pH = 4,2 liegen.

10.2.2.3 Mikroskopisch

Im mikroskopischen Bild sind bei allen Honigtauhonigarten gewisse Formelemente erkennbar. Diese werden »Honigtaubestandteile« oder »Honigtauelemente« genannt. Honigtaubestandteile sind grüne Algen, Rußtaupilze und Sporen, Pilzhyphen, Komplexe von einzelnen Zellen, Zusammenballungen von brauner körniger Masse,

Oxalatkristalle, Ausscheidungen von Pflanzensaugern (geformte Wachselemente) sowie Pollen von Windblütlern. Die Menge der Pollen von Insektenblütlern in Honigtauhonigen soll möglichst niedrig sein. Der prozentuale Anteil an Honigtauelementen kann durch sekundären oder tertiären Polleneintrag stark vermindert sein. Darum wird beim Honigtauhonig eine besonders starke Gewichtung auf den organoleptischen Eindruck und die Ergebnisse der physiko-chemischen Untersuchung gelegt.

Abb. 81: Sediment eines deutschen Honigtauhonigs mit einem Bienenhaar, verschiedenen Pilzelementen und Rotklee-, Weißklee- und Rapspollen

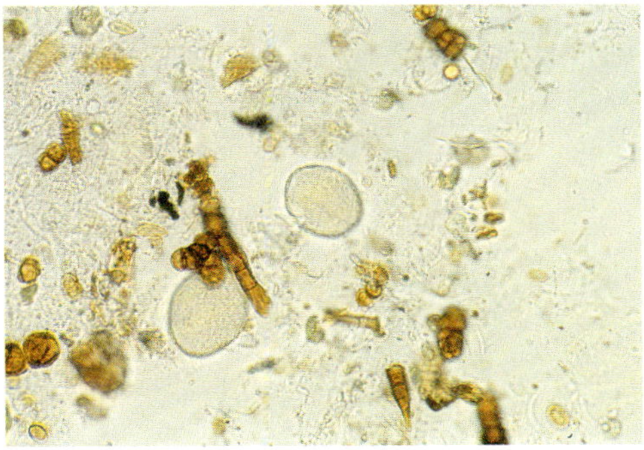

Abb. 82: Sediment eines türkischen Honigtauhonigs mit Pollen vom Weißklee und einer Vielzahl von großen und kleinen Pilzelementen

10.2.2.4 Einordnung der Honigtauhonige

10.2.2.4.1 Tannenhonig

Als Tannenhonig werden Honigtauhonige von Abies- und Picea-Arten (Rottanne, Fichte) eingeordnet (12).
Der Weißtannenhonig muß überwiegend von Abies alba (pectinata) stammen.
Tannenhonige in Einheitsgebinden des DIB müssen überwiegend von Abies alba (pectinata) stammen.

10.2.2.4.2 Waldhonige

Andere Honigtauhonige werden als Waldhonige eingeordnet.
Der Geruch und Geschmack der deutschen Waldhonige unterscheidet sich mehr oder weniger von denjenigen aus anderen, insbesondere außereuropäischen Ländern. Anzumerken ist, daß Waldhonige nicht zwingend aus Wäldern stammen müssen. Honig von Bäumen, die Wälder ausbilden »können«, dürfen auch als Waldhonig bezeichnet werden.
Gerade in jüngster Zeit ist zu beobachten, daß in deutschen Städten häufig Laubwaldhonige geerntet werden. Diese Honige stammen meistens von der Linde, dem Ahorn oder der Eiche. In ihrem Sediment findet sich häufig vermehrt feinkörnige und feinkristalline Masse.
Die charakteristische Geruchs- und Geschmacksvariante muß bei der sensorischen

Prüfung berücksichtigt werden. Besonders auffällige Waldhonige sind die Eukalyptushonige und die neuseeländischen Waldhonige. Das Aroma ist »streng« bis »medizinisch«.

10.2.2.5 Ausnahmen

10.2.2.5.1 Edelkastanie

Aufgrund der Leitfähigkeit und der Farbe wären Honige von Edelkastanie (Castanea sativa) als Honigtauhonige einzuordnen. Der Geschmack und das Aroma dieser Honige ist jedoch so stark und charakteristisch, daß schon ein geringer Gehalt an Kastanienhonig den Geschmack anderer Waldhonige übertönen kann. Aus diesem Grunde werden Honige von Edelkastanie als Edelkastanienhonig eingeordnet und bezeichnet.

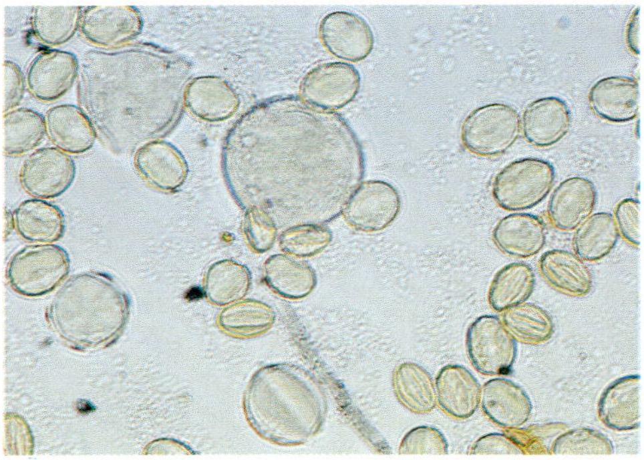

Abb. 83: Sediment eines Edelkastanienhonigs unter dem Lichtmikroskop mit Pollen aus Rotklee-, Kernobst- und Phaceliatracht (700fach)

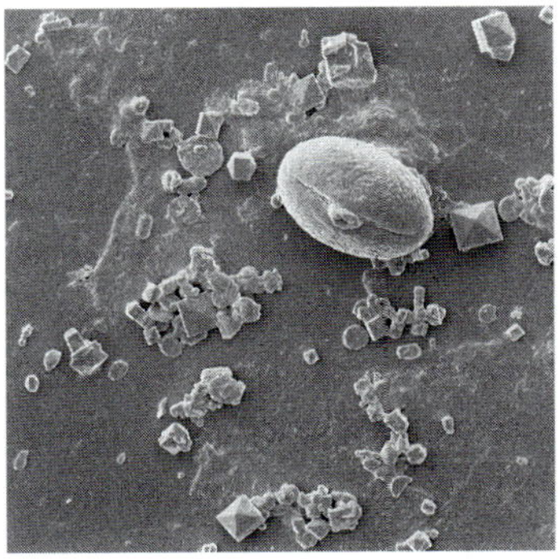

Abb. 84: Sediment eines Edelkastanienhonigs unter dem Rasterelektronenmikroskop mit der für diese Honige typischen feinkörnigen und feinkristallinen Masse (800fach)

10.2.2.5.2 Eukalyptus

Eukalyptustauhonige mit malziger, kräftiger Geschmacksnote können als Eukalyptushonig oder Waldhonig bezeichnet werden.

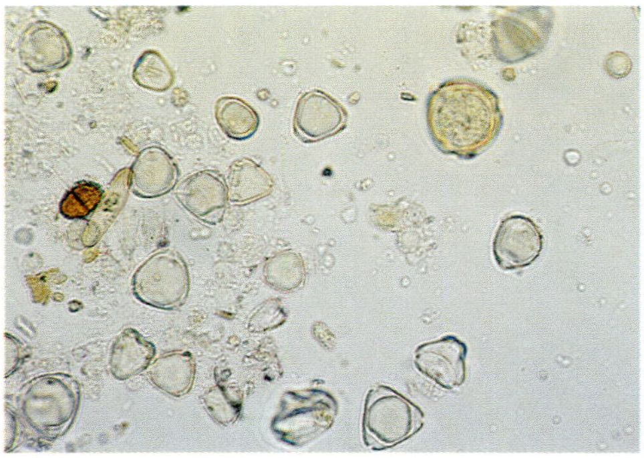

Abb. 85: Sediment eines australischen Eukalyptushonigs mit etwas feinkörniger und feinkristalliner Masse und einigen Pilzelementen (450fach)

10.2.2.5.3 Kreuzdorngewächse

Rhamnaceenhonige (Kreuzdorngewächse, z.B. Faulbaum, Kreuzdorn) erfüllen im allgemeinen die genannten Spezifikationen für Waldhonige nicht. Außerdem haben Honige von bestimmten Rhamnaceen, z.B. Ziziphus jujuba, einen kräftigen eigenständigen Geruch und Geschmack. Sie können nur dann als Waldhonig eingeordnet werden, wenn die elektrische Leitfähigkeit, die mikroskopischen und die sensorischen Merkmale den Spezifikationen entsprechen.

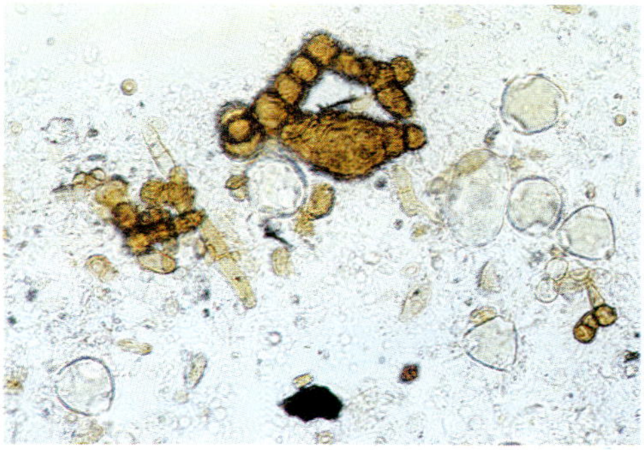

Abb. 86: Sediment eines türkischen Rhamnaceenhonigs mit großen und zahlreichen Pilzelementen (450fach)

10.3 Honigbezeichnung nach geographischer Herkunft

Der § 4 Nr. (2) der Honigverordnung bezüglich des Gebrauchs von regionalen, territorialen oder topographischen Namen dient eigentlich dem Schutz des deutschen Honigs. Einige handelsübliche Bezeichnungen, wie zum Beispiel Gebirgshonig, Berghonig, Landhonig oder Hochlandhonig sind als topographische Namen zu betrachten. Deklarationen, die aus Länder- oder Landschaftsnamen und Sortenbezeichnung bestehen (z.B. Französischer Sonnenblumenhonig, Schleswig-Holsteiner-Rapshonig, Mexikanischer Berghonig), sind zulässig. Die folgende Tabelle 80 gibt weitere Beispiele für übliche Kombinationen von Land- und Trachtbezeichnungen.

Tab. 80: *Länderspezifische Trachthonig-Deklarationen*

Land	**Tracht**
Italien	Edelkastanie, Tanne, Alpenrose
Spanien	Wald, Rosmarin, Lavendel, Heide (Erica und Calluna), Orange
Mexiko	Gebirgsblüte, Hochland, Orange, Mimosen, Kaffee, Thachonal
Griechenland	Wald, Pinie, Thymian, Erika
Frankreich	Lavendel, Sonnenblume
Kanada	Klee, Raps

Bei der Beurteilung der Frage, ob ein Honig im Sinne des § 4 Artikel 2 der Honigverordnung »ausschließlich« aus einem bestimmten Land stammt, werden Deutscher Honig und Auslandshonig unterschiedlich behandelt.

10.3.1 Deutscher Honig

Als ausschließlich aus Deutschland stammend ist ein Honig zu bezeichnen, wenn der Anteil an Auslandspollen in der Regel nicht mehr als 3% beträgt.

10.3.2 Deutscher Honig im Einheitsglas

Bei Honigen im Einheitsglas des Deutschen Imkerbundes darf der Anteil an Auslandspollen nicht mehr als drei Stück in einem Präparat aus 10 g Honig betragen. Wird in einem Präparat nur ein Loranthus europaeus (Eichenmistel)-Pollen gefunden, darf dieser Honig nicht mehr im Einheitsglas zum Verkauf gelangen.
Diese Aussage ist mit einer winzigen Einschränkung zu treffen. In der ehemaligen DDR gibt es in der Nähe von Pirna ein sehr kleines und begrenztes Vorkommen der Eichenmistel. Die Landesanstalt für Bienenkunde der Universität Hohenheim wird prüfen, inwieweit Honige aus dieser Region den Pollen der Eichenmistel enthalten. Bis zur endgültigen Klärung dieser Frage besteht trotzdem nicht die Gefahr einer Fehlbeurteilung, da sich einheimische Honige in ihrem Pollenspektrum von ausländischen Honigen deutlich unterscheiden.

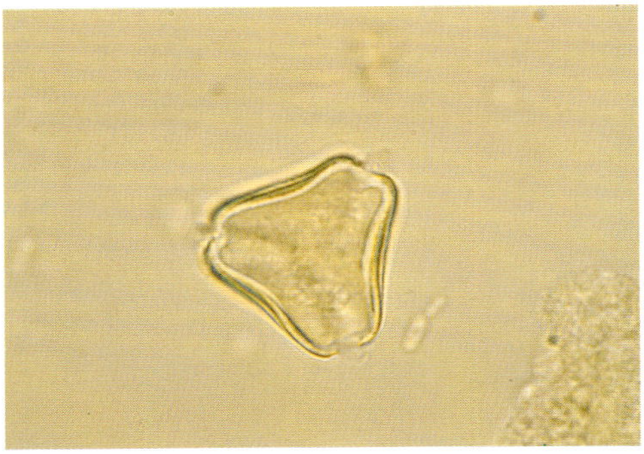

Abb. 87: Pollen der Eichenmistel (Loranthus europ.) (2000fach)

10.3.3 Auslandshonig

Bei einem ausländischen Honig mit Herkunftsangabe werden höchstens 3% Fremdpollen toleriert.

10.4 Honigbezeichnung nach Art der Gewinnung

Die Honigverordnung gestattet es, folgende Arten (Tabelle 81) zu unterscheiden. Die Parameter dieser Bezeichnungen sind offensichtlich und bedürfen keiner weiteren Diskussion.

Tab. 81: *Zulässige Honigbezeichnungen nach Art der Gewinnung*

Wabenhonig oder Scheibenhonig
Honig mit Wabenteilen
Tropfhonig
Schleuderhonig
Preßhonig

11. Honig und Gesundheit

Dieses Thema läßt sich in zwei Gebiete teilen. Zum ersten der Bereich Honig und Gesundheit, bezogen auf die gesunde Ernährung und zum zweiten Honig und Gesundheit aus Sicht der Medizin.

11.1 Ernährung

Es ist sicherlich nicht zu bestreiten, daß Honig zu einem großen Teil aus Kohlenhydraten besteht. Es ist jedoch falsch zu glauben, Honig sei lediglich eine Zuckerlösung.
Aus ernährungsphysiologischer Sicht wird zur Zeit einem Stoff, bzw. einem Wirkstoff in einem Lebensmittel nur dann eine Bedeutung für den menschlichen Organismus zugestanden, wenn es wissenschaftlich gesichert erscheint, daß speziell eine größere Menge dieses Stoffes eine ernährungsphysiologisch nachweisbare Wirkung im Körper entfaltet.
Zu dieser Denkschablone der großen Mengen ist zu sagen, daß sie so sicherlich nicht korrekt sein kann, denn Quantität ist nicht gleich Qualität.
Aus dem Gebiet der Homöopathie ist hinreichend bekannt, daß gerade kleinste Stoffmengen von einer entscheidenden Bedeutung im Körper sein können. Es wird in der Theorie der Homöopathie davon ausgegangen, daß je geringer die Wirkstoffkonzentration um so intensiver die Wirkung ist.
Analog dazu kann man sagen, daß im Honig eine Feinverteilung von Wirkstoffen vorliegt, was auch durch die Tabellen 52 und 53 in Kapitel 9.4.1 zum Ausdruck kommt. Diese sind für die menschliche Ernährung von höchster Bedeutung.
Nun ist es sicherlich richtig, daß es keine wissenschaftlich hinreichend gesicherten Erkenntnisse darüber gibt, daß einzelne Wirkstoffe des Honigs besonders hervorzuheben sind. Das Entscheidende ist aber die Vielfältigkeit der Wirkstoffe und damit das Zusammenwirken der Einzelkomponenten zu einer komplexen Wirkstruktur. Mit der Aufklärung und Begründung dieser komplizierten Wirkstrukturen steht die Wissenschaft z.Zt. vor einer schier unlösbaren Aufgabe, daß diese aber vorhanden sind, wird von keinem Wissenschaftler bestritten. Somit behält der Satz von Hegel:

»Das Ganze ist mehr als die Summe aller Teile«,

seine Richtigkeit.
Im Honig ist eine derartige Vielfalt verschiedenster Stoffe vorhanden, wie unterschiedliche Zucker, Mineralien, Spurenelemente, Vitamine, Enzyme, so daß man dem Produkt nicht gerecht werden kann, wenn lediglich Einzelstoffe betrachtet werden. Die Argumentation, daß Stoffe in geringen Mengen für den menschlichen Organismus unbedeutend sind, muß dann natürlich auch umgekehrt den Schluß zulassen, daß geringe Mengen eines eventuellen Schadstoffes, der als Rückstand im Lebensmit-

tel vorhanden ist, für den menschlichen Organismus gleichfalls von untergeordneter Bedeutung ist.

Wie wir aus dem sehr intensiv erforschten Gebiet der radioaktiven Strahlung wissen, ist jeder einzelne radioaktive Zerfallsprozeß in der Lage, einen Defekt in den menschlichen Genen zu erzeugen und somit den Körper zu schädigen.

So ist es leicht vorstellbar, daß jeder andere negativ zu betrachtende Stoff den gleichen Effekt haben kann. Von daher ist es nur mehr als korrekt zu sagen, daß Stoffe, deren positive Wirkung wir nicht genau kennen, von der gleichen Bedeutung für den Körper sein müßten, nicht nur in geringsten Mengen, sondern sogar in atomar geringen Mengen.

In der Säuglingsernährung sollte Honig nicht verwendet werden, seine Zusammensetzung ist mit der der Muttermilch nicht vergleichbar.

Die Theorie, daß Honig verstärkt zu Karies führt, kann nicht als erwiesen angesehen werden (386, 385). Beim direkten Vergleich schneidet er aufgrund seiner inhibitorischen Wirkstoffe (Glucoseoxidase, Spuren von Propolis) weitaus besser ab als Haushaltszucker.

Honig ist und bleibt eines der letzten völlig natürlichen Lebensmittel. Er ist im Gegensatz zu den meisten anderen von uns täglich dem Körper zugeführten Nahrungsmitteln industriell gänzlich unbearbeitet und steht somit in vollem Einklang mit der Natur. Je natürlicher und ausgewogener die Produkte, von denen wir uns ernähren sind, desto gesünder ist der Organismus. Somit ist und bleibt die tägliche Ration Honig ein richtiger Schritt zur gesunden Ernährung. Der Satz »Honig ist gesund« behält auch bei kritischer Betrachtung seine Richtigkeit.

11.2 Medizin

Über das Thema Honig und Gesundheit aus medizinischer Sicht sind viele Beobachtungen von Seiten der Imkerschaft in den jeweiligen APIMONDIA-Bänden und in den APIMONDIA-Tagungsbänden der Gruppe APITHERAPIE (353) niedergeschrieben. In vielen Arbeiten wird von positiven Auswirkungen des Honigs auf die menschliche Gesundheit berichtet. Leider sind die Ergebnisse dieser Veröffentlichungen aus wissenschaftlicher Sicht häufig nicht eindeutig oder überhaupt nicht nachvollziehbar und müssen daher mit Skepsis betrachtet werden.

Worauf beruht diese große Unsicherheit?

Zweifellos ist die normale Streuung bei derartigen Beobachtungen sehr breit. Die Ergebnisse sind natürlich abhängig von der angewendeten Methode. Einer der wichtigsten Umstände ist sicherlich, daß von den jeweiligen Autoren nicht genügend über das eingesetzte »Arzneimittel« (Honig etc.) an sich bekannt war, d.h. es gab keine strenge Charakterisierung des Produkts. Es wurde keine Standardisierung des eingesetzten Produktes (in diesem Fall Honig) durchgeführt. Unter derartigen Versuchsbedingungen ist es natürlich nicht möglich, wissenschaftlich gesicherte Ergebnisse zu erzielen.

Den meisten klinischen Arbeiten über Honig fehlen in der Regel die quantitativen Angaben über die physiologisch wichtigen Begleitstoffe fast vollständig. Die Arbeiten

zur Quantifizierung der Glucoseoxidase, des Pinocembrins, der Flavonoide (354–356) sind Schritte in dieser Richtung. Die Forschung auf diesem Gebiet muß aber noch sehr intensiviert werden.
Die Berichte in den APIMONDIA-Bänden können daher nur als Beobachtungsprotokolle angesehen werden, die lediglich einen ungesicherten Hinweis in Richtung einer eventuellen Wirkweise des Honigs geben. Die wichtigste Aussage, die aus all diesen Berichten zu ersehen ist, ist jedoch die, daß ein deutlich erkennbares Wechselspiel zwischen Nahrung und Gesundheit stattfindet. Dieses wird heutzutage auch von niemandem in Frage gestellt, was die allgemeine Ernährung betrifft. Jedoch wird dieses Wechselspiel zwischen Medizin und gesunder Ernährung in Frage gestellt, wenn statt der möglichen Therapie durch Naturheilmittel, Honig oder Pflanzenextrakte, oft von vornherein zu sehr intensiv wirkenden Arzneimitteln gegriffen wird.
Die empirischen Berichte der APIMONDIA sollen in diesem Kapitel nicht weiter berücksichtigt werden. Hier soll der Versuch unternommen werden, auf wissenschaftlich fundierte Berichte hinzuweisen.
Die Arbeit zu diesem Kapitel begann daher mit einer intensiven Literaturrecherche. Mit Hilfe einer computergestützten Auswertung der Datenbank der Zeitschrift Medical Abstracts wurde versucht, einen umfassenden und hochaktuellen Zustandsbericht über die Arbeiten im Zusammenhang Honig und Gesundheit zu erhalten. Dabei wurde die Literatur ab Januar 1966 bis Dezember 1990 berücksichtigt.
Die Durchsicht der aktuellen Literatur ergab die in folgender Tabelle aufgeführten Hauptanwendungsgebiete für Honig.

Tab. 82: *Anwendungen von Honig in der Medizin*

Wundheilung äußerer Verletzungen
Entzündliche Magen-, Darmerkrankungen
Lepra-Erkrankungen
Bronchial-Erkrankungen
Organ-Konservierung

Die in dieser Tabelle aufgeführten Gebiete sollen im folgenden noch etwas verdeutlicht werden.

11.2.1 Wundheilung äußerer Verletzungen

Diese Wirkung ist die bekannteste und beruht auf den Inhibinen (Hemmstoffe) des Honigs.
In den vorliegenden Arbeiten von Cavanagh et al. (358) werden im großen Rahmen Bakterienstämme aufgeführt, die durch den Einsatz von Honig in ihrem Wachstum gebremst werden konnten.
Dies belegt deutlich die starke bakterizide und fungizide Wirkung des Honigs. Die Tabelle 83 zeigt die Liste der Organismen, die von Honig im Wachstum gehemmt werden. In dieser in vitro Studie wird dokumentiert, daß bis auf wenige Ausnahmen viele pathogene Organismen durch Honig im Wachstum gehemmt werden.

Tab. 83: *Wachstumshemmung verschiedener Organismen durch Honig*

Organismus	Honig	50%ige Höniglösung
B-haemolytic streptococcus, Lancefield group C	0	0
Coagulase positive staphylococcus	0	0
Proteus mirabilis	0	0
Escherichia coli	0	0
Bacillus spp.	0	0
Candida albicans*	0	+
Candida stellatoidea*	0	0
Candida tropicalis*	0	0
Candida pseudotropicalis	0	0
Candida parapsilosis*	+	+
Candida krusei*	+	+
Candida guilliermondii*	±	+
Candida reukaufii**		
Inkubiert u. subkultiviert bei 37 °C	0	0
Inkubiert u. subkultiviert bei RT	0	0
Torulopsis glabrata	+	+
Saccharomyces cerevisiae	+	+

+ Wachstum, ± Wachstum gering, 0 kein Wachstum, * pathogener Pilz, ** eine Nektar-Hefe

Desweiteren zeigt sich in einer klinischen Studie, daß durch den Einsatz von Honig als Infektionshemmer bei großflächigen Wunden innerhalb von 3–6 Tagen eine bakteriologisch völlig sterile Wunde vorliegt.
Wird die Wunde mit den »normalen« klassischen Präparaten behandelt, wird eine geringere Effektivität im Heilungsprozeß beobachtet.
In einer Veröffentlichung von Obaseiki-Ebor und Afonya (359) wird ein Honig-Destillat direkt mit handelsüblichen antimycotischen Präparaten verglichen. Ein Wachstumshemmtest wurde an 72 klinisch isolierten Organismen durchgeführt. Dabei zeigt sich, daß dieses Honig-Destillat in der Mehrzahl der Fälle den handelsüblichen Arzneipräparaten überlegen ist.
Die hier aufgeführten Wirkungen des Honigs werden durch weitere Arbeiten und Fallstudien aus dem klinischen Bereich bestätigt (360–362).
Ein guter Übersichtsartikel zu antibiotischen Anwendungen in der Medizin ist die Arbeit von Zumla und Lulat (363). Diese Publikation führt 25 Arbeiten der letzten Jahre auf und ist damit zur Zeit auf dem aktuellsten Stand.

11.2.2 Entzündliche Magen- und Darmerkrankungen

Mit der Wirkung des Honigs bei Durchfall-Erkrankungen befaßt sich die Arbeit von Haffejee und Moosa (364). Es wurden 169 Patienten mit unterschiedlichen Methoden behandelt. Das Ergebnis zeigt, daß bei bakteriell bedingten Erkrankungen, ausgelöst durch Salmonellen oder E. coli, die Krankheitsdauer bei Honigbehandlung gegenüber konventioneller Behandlung verkürzt wird.

11.2.3 Lepra-Erkrankungen

Diese seit alters her gefürchtete Erkrankung verfolgt die Menschheit seit einigen tausend Jahren. Neueste Publikationen geben Anlaß zur Hoffnung, daß Honig von bereits geschleuderten Bienenwaben oder Honig mit Propolis eine heilende Wirkung bei dieser Erkrankung zeigt. Das würde bedeuten, ein leicht zugängliches und preiswertes Mittel gefunden zu haben. Zumla und Lulat (363) berichten, daß Desoxyfructose-Seretonin gewonnen von Kaffee-Wachs einen Anti-Lepra-Effekt zeigt. Honig bzw. die Fructose des Honigs, gewonnen von bereits geschleuderten Bienenwaben, enthält diese Fructose-Verbindungen gleichfalls. Daher könnte dieser Honig eventuell einen gleichen Effekt zeigen. Die Arbeit von Grange weist darauf hin, daß Honig mit Propolislösung Wirkung bei Lepra-Erkrankungen zeigt (365).

11.2.4 Bronchial-Erkrankungen

Die Anwendung von Honig bei Husten, Heiserkeit, Halsschmerzen und Erkältungskrankheiten ist beim Verbraucher am weitesten verbreitet. Hierbei findet häufig das bewährte Hausmittel »warme Milch mit Honig« Verwendung. Wohlgemerkt, warme Milch, nicht heiße Milch, denn ab 40°C können bereits wertvolle Inhaltsstoffe des Honigs zerstört werden (z.B. Enzyme). Bei Halsentzündungen kann auch die Kombination Zitronensaft mit Honig eine Linderung herbeiführen. In der pharmazeutischen Industrie findet Honig nach wie vor häufig Verwendung als eine Komponente in Hustensäften. Aber auch in anderen Präparaten konnte Honig einen Platz in der Pharma-Industrie behaupten.
An dieser Stelle sei noch auf eine interessante Arbeit von Bacvarov (366) hingewiesen. Bacvarov beschreibt die Behandlungsmethode nach Mladenov. Dieser empfiehlt 2mal täglich eine Honigaerosolinhalation durchzuführen. Dabei würden antimikrobielle und weitere Inhaltsstoffe in den Honignebel übergehen und vor den Schleimhäuten resorbiert werden. Zusätzlich soll parallel dazu 6mal täglich ein Teelöffel Honig eingenommen werden. Dieser Honig soll aber nicht sofort geschluckt werden, sondern man soll ihn möglichst lange in der Mundhöhle behalten, bis er dort völlig zergangen ist. Auch hierbei geht er davon aus, daß somit eine stärkere Resorption der heilenden Substanzen erfolgt. Die Behandlungsdauer beträgt bis zu 40 Tage. Diese Behandlung testete Mladenov an 526 Patienten mit chronischer Bronchitis. Bei über 400 Fällen zeigte sich nach geraumer Zeit eine vollständige Beschwerdefreiheit. Ähnliche Ergebnisse erzielte er mit dieser Behandlung bei 312 Asthmapatienten. Über 90% dieser Fälle verzeichneten eine deutliche Besserung ihres Zustandes. In diesem Bereich der Honiganwendung wäre eine weiterführende Forschung wünschenswert.
In den nun folgenden Abschnitten wird der Vollständigkeit halber kurz auf weitere Anwendungen im medizinischen Bereich hingewiesen.

11.2.5 Organ-Konservierung

Die Arbeiten von Lavinjia (367) geben Auskunft über die Möglichkeit, Honig als Medium zur Konservierung von Transplantaten zu verwenden. Die Hornhaut des

Auges konnte im Honigmedium erfolgreicher konserviert und tiefgefroren werden als das mit anderen Mitteln möglich war.

11.2.6 Augenheilkunde

Die Möglichkeit der Heilung eines Hornhautödems zeigt die Arbeit von Beunigen (368) auf. Er kombiniert eine Honigsalbe mit einer Ahorn- und Acetylcholinsalbe und kann damit dem Auge die normale Sehschärfe zurückgeben.

11.2.7 Orthopädie

Die in der Orthopädie nach wie vor angewandte Heilanästhesie ist Grundlage zu den Versuchen von Hieber (369). Die Heilanästhesie soll eine auf dem Nervenwege übermittelte krankmachende Wirkung auf den Organismus ausschalten.
Er beschreibt Heilungserfolge bei degenerativen Erkrankungen des Skelett-Systems. Zur Therapie eingesetzt wurde eine Honig-Procain-Lösung, die intravenös injiziert wurde. Behandelt wurden 548 Patienten. Bei mehr als 84% wurde mit dieser Therapie eine Besserung der Erkrankung erzielt.

11.2.8 Herpes Zoster

Eine Behandlung des Herpes Zoster mit Honig-Procain-Lösung (intravenös) wird von Fink (370) beschrieben. Eine Therapie des Herpes Zoster (neurotrope Virusinfektion) mit einem Honig-Procain-Präparat der Pharmafirma Woelm (Melcain forte) war in allen Fällen erfolgreich.

11.2.9 Diabetis

In den Arbeiten über die Zuckerkrankheit (Diabetis Mellitus) geht es nicht um einen eventuellen Heilungserfolg, sondern um die Frage, inwieweit ein Ersatz des Rohrzuckers (Saccharose) durch Honig möglich und sinnvoll ist (371, 372).
Beide Arbeiten kommen zu dem Ergebnis, daß der Ersatz von Haushaltszucker durch Honig in der diabetischen Diät sinnvoll ist. Es ergab sich ein besserer Blutzuckerspiegel.
Es werden Blutzuckerspiegelwerte für Gesunde, insulinabhängige und nicht insulinabhängige Diabetiker aufgezeigt.
Die bisher aufgeführten Honiganwendungen sind als vorwiegend positiv anzusehen. Leider gibt es aber auch Erkrankungen, die durch Honig ausgelöst werden könnten, so z.B. der Botulismus (373). Diese durch die Toxine des Clostridium botulinum hervorgerufene Lebensmittelvergiftung ist derart selten, daß sie in diesem Rahmen keiner weiteren Erörterung bedarf. Nur soviel sei gesagt, daß es sich hierbei um ein Bakterium handelt, dessen Sporen im Erdbereich vorkommen, die bei der üblicherweise korrekten imkerlichen Arbeitsweise nicht in den Honig gelangen.

12. Honig und weitere Verwendungszwecke

12.1 Honig und Kosmetik

Englisches Honig-Gesichtswasser

Man vermischt 50 g Rosenwasser, 50 g Orangenblütenwasser und 25 g reinen Alkohol miteinander und löst in dieser Flüssigkeit 3 g Bienenhonig auf. Anschließend rührt man 3 Tropfen Melissenöl ein.

Wirkung: Dieses milde, aromatische Gesichtswasser ist besonders zur Belebung der zarten, leicht ermüdeten Haut zu empfehlen. Es ist hervorragend für die Behandlung der trockenen Altershaut, besonders als Nachreinigung.

Honig-Gelee-Straffungsmaske

3,5 g Gelatine werden mit 10 g Rosenwasser übergossen und zum Quellen gebracht, dann werden weitere 20 g Rosenwasser dazugegeben und das ganze im Wasserbad erwärmt, bis sich die Mischung verflüssigt. In einem 2. Wasserbad erhitzt man 20 g destilliertes Wasser zusammen mit 10 g Bienenhonig. Anschließend rührt man die beiden Mischungen zusammen. Sobald die Mischung geliert, wird sie dünn auf Gesicht und Hals aufgetragen, nach 30 min mit heißem Wasser abnehmen, anschließend kalt nachspülen.

Wirkung: Die Herstellung der Spannmaske ist etwas umständlich, die angegebenen Mengen sind deshalb für mehrmaligen Gebrauch gedacht. Die Mischung sollte kühl gelagert werden; vor Gebrauch im Wasserbad leicht erwärmen. Die Maske ist gut verträglich für jede Haut.

Erdbeer-Packung

Man zerdrückt einige frische, gut gewaschene Erdbeeren mit der Gabel und rührt sie mit etwas süßer Sahne und einem Teelöffel reinen Bienenhonig zu einer Paste, die man auf Gesicht und Hals etwa 20 min einwirken läßt. Erdbeeren sind ein bewährtes Schönheitsmittel, ihr hoher Schwefelgehalt wirkt sich sehr günstig auf den Teint aus. Man kann auch mit frischen, zerteilten Erdbeeren das Gesicht abreiben und den Saft eine Weile einziehen lassen.

Wirkung: Vorsicht bei allergisch reagierender Haut! Für normale, trockene und Mischhaut wirkt die Erdbeerpackung nährend und beruhigend.

Schwedische Schönheitspackung

3 Eßlöffel Quark werden mit süßer Sahne und einem Eßlöffel Bienenhonig zu einer festen Creme verrührt, die man auf Gesicht und Hals streicht. Der Honig soll nicht erwärmt werden.
Wirkung: Reinigend und glättend; wird von jeder Haut gut vertragen.

Weizenmehl-Maske

Man verrührt etwas ungebleichtes Weizenmehl mit warmer Milch und angewärmten Honig zu einem dicken Brei. Statt Milch kann man auch einen warmen Kräuterabsud aus Kamille oder Lindenblüten zugeben, wobei sich der Zusatz von Honig erübrigt. Den warmen Brei dick auftragen und nach 30 min mit warmer Milch oder Kräuterwasser abwaschen.
Wirkung: Reinigend und glättend, für die Mischhaut gut geeignet.

Eigelb-Maske

Ein Eigelb und 1 Teelöffel Bienenhonig werden mit ein paar Tropfen frischem Olivenöl verquirlt. Mit dem Pinsel auftragen und nach etwa 20 min Einwirkungszeit mit warmem Wasser abspülen.
Wirkung: Nährend und glättend, für empfindliche und trockene Haut geeignet.

Himbeer-Packung

Man zerdrückt eine Handvoll frischer Himbeeren mit der Gabel und verrührt sie mit etwas süßem Rahm und einem Teelöffel Bienenhonig zu einer streichfähigen Paste, die man auf Gesicht und Hals aufträgt. Mit feuchter Kompresse abdecken und nach 20 min warm abwaschen.
Wirkung: Nährend und glättend, bei trockener und empfindlicher Haut.

Quark-Honig-Packung

Zwei Eßlöffel Quark werden mit einem Eßlöffel erwärmten Bienenhonig verrührt. Ist die Haut sehr trocken, gibt man noch ein paar Tropfen süßes Mandelöl dazu. Nach einer Einwirkungszeit von 30 min lauwarm abwaschen.
Wirkung: Erfrischend und glättend, bei trockener und spröder Haut.

Honig-Eiweiß-Maske

Ein Eiweiß zu Schnee schlagen, 3 Eßlöffel Bienenhonig zugeben und mit ungebleichtem Weizenmehl zu einem Brei rühren. Auf Gesicht und Hals auftragen und 30 min einwirken lassen. Mit heißem und am Schluß mit kaltem Wasser abspülen.
Wirkung: Klärend und straffend, für fette, unreine und problematische Haut.

Kleie-Maske

Wegen ihres hohen Vitamingehalts und ihrer entzündungshemmenden Wirkung ist die Kleie ein ausgezeichnetes Mischmittel zur Herstellung einer Maske.
Man vermischt die feingemahlene Weizenkleie warm oder kalt zu einem Brei, indem man entweder warme Milch, Honig, süße Sahne oder ein Eigelb verwendet. Einwirkungszeit etwa 30 min.
Wirkung: Entzündungshemmend, nährend und erfrischend, gut für unreine Mischhaut, wird auch von trockener Haut gut vertragen.

Honigbrei-Maske

Zwei Eßlöffel Bienenhonig werden mit 2 Eßlöffel Gerstenmehl und einem Eiweiß vermischt und mit dem Pinsel auf Gesicht und Hals aufgetragen. Um die Paste streichfähig zu machen, wird der Bienenhonig leicht erwärmt. Warm auftragen, 30 min einziehen lassen, mit heißem Wasser abwaschen und kalt abspülen.
Wirkung: Pflegt müde und strapazierte Haut.

Bäder

Honigmilch-Bad

Dieses Rezept stammt aus Frankreich. Man bekommt durch das Milchbad mit Honig eine weiche, zarte Haut und glänzende Schultern.
Für eine Badewanne rechnet man etwa einen Liter Milch und eine Kaffeetasse voll Bienenhonig. Die Milch wird leicht erwärmt und der Bienenhonig darin aufgelöst. Sobald der Honig völlig aufgelöst ist, schüttelt man die Mischung ins Badewasser. Der Honig löst sich in der Milch und im heißen Badewasser vollkommen auf, keine Sorge also, daß ein klebriger Honigfilm auf der Haut zurückbleiben könnte.

Salz-Honigmilch-Bad

Das nachstehende Rezept stammt aus dem 17. Jahrhundert. Für das Bad braucht man ein Pfund Kochsalz (zur Entschlackung der Haut), einen Liter Milch und eine Tasse voll Bienenhonig. Man schüttet das Salz in die trockene Badewanne und läßt heißes

Wasser darauflaufen, damit es sich auflösen kann. Inzwischen hat man die Milch erwärmt und den Honig darin aufgelöst. Die Honigmilch wird nun ebenfalls ins heiße Wasser geschüttet.

Orientalisches Luxusbad

Ein Liter Milch und eine Tasse Blütenhonig werden im warmen Badewasser verrührt. Dazu kommen zwei Eßlöffel Pollen und Duftessenzen nach ihrer Wahl. Naturöle aus den verschiedensten Grundstoffen sind in Bioläden erhältlich: Amber, Gewürznelke, Sandelholz, Patchouli, Orchidee oder Zentifolie. Wenige Tropfen genügen davon. Außer seinem betörenden Duft weist das Bad noch biologische Aktivstoffe auf, wie Eiweiß, Fett, Kohlenhydrate, Vitamine, Mineralien, Hormone und Spurenelemente. Es erfrischt und ersetzt verlorengegangene Energie. Die Duftkomponenten desodorieren auf natürliche Weise, so daß schädliche Sprays unnötig werden.

Kräuterbad

Lindenblüten, Kamille, Pfefferminze, Rosmarin, Fenchel, Heublumen, Lavendel und Salbei, von jedem 1/2 Handvoll, werden mit kochendem Wasser übergossen und 1 Stunde bedeckt stehen gelassen. Die Kräuter werden ausgepreßt und der Sud in das mit 1 1/2 Tassen Honig vermischte warme Badewasser eingegeben. Dieses Bad wirkt belebend auf die Haut, fördert die Durchblutung und reinigt die Poren.

12.2 Auserlesene Honigrezepte

Hirseplätzchen mit glasiertem Frühlingsgemüse

ZUTATEN für 4 Personen

Für die Plätzchen:
1 EL Kleehonig
10 g frische Hefe
1/8 l lauwarme Milch
100 g gemahlene Hirse
1 Ei
1 Eigelb
2 EL gehackte gemischte Kräuter
2 EL Sesamsamen
Meersalz, frisch gemahlener schwarzer Pfeffer
3 EL Öl

Für das Gemüse:
200 g Kohlrabi
200 g Möhren
100 g Frühlingszwiebeln
3 EL Butter oder Margarine
Kräutersalz
schwarzer Pfeffer aus der Mühle
4 EL Akazienhonig

ZUBEREITUNG

Honig und zerbröckelte Hefe in der lauwarmen Milch auflösen, Hirse unterrühren. Ei, Eigelb, gemischte Kräuter, Sesamsamen, Salz und Pfeffer zugeben, vermengen und alles zugedeckt etwa 20 bis 30 min gehen lassen. Aus der Hirsemasse mit einem Eßlöffel kleine Portionen abstechen und im heißen Öl in einer beschichteten Pfanne daraus Hirseplätzchen backen. Auf Küchenkrepp abtropfen lassen. Für das Gemüse Kohlrabi, Möhren und Zwiebeln waschen und putzen. Kohlrabi und Möhren in feine Stifte schneiden, Zwiebeln halbieren. Im heißen Fett 15 min andünsten. Mit Kräutersalz und Pfeffer würzen. Honig über das Gemüse gießen. Dabei das Gemüse in der Pfanne hin und her schwenken, damit sich der Honig gleichmäßig verteilt.

Kalorien/Joule pro Portion: ca. 377 kcal/1583 kJ

Sommersalat mit Käsedressing

ZUTATEN für 4 Personen

1 kleine Stange Staudensellerie (150 g)
1 kleiner Kopfsalat
1 Bund Radieschen
1 rote Zwiebel
2 Pfirsiche (250 g)
2 Eier

Für das Dressing:
100 g Roquefortkäse
100 g süße Sahne
100 g Magermilchjoghurt
2 bis 3 EL Apfelessig
Saft von 1/2 Zitrone
1 EL Heidehonig
Meersalz, weißer Pfeffer aus der Mühle
2 EL Sonnenblumenkerne

ZUBEREITUNG

Gemüse putzen und waschen. Staudensellerie in feine Streifen schneiden, Kopfsalat in mundgerechte Stücke zerpflücken, Radieschen in dünne Scheiben schneiden, Zwiebel fein hacken. Pfirsiche häuten, entkernen und in Stücke teilen. Eier hartkochen, schälen und achteln. Für das Dressing den Käse mit einer Gabel zerdrücken und mit Sahne, Joghurt, Essig, Zitronensaft und Honig zu einer glatten Soße verrühren. Mit Salz und Pfeffer abschmecken. Salatzutaten in einer Schüssel dekorativ anrichten. Das Dressing darübergießen und den Salat mit Sonnenblumenkernen bestreuen.

Kalorien/Joule pro Portion: ca. 347 kcal/1457 kJ

Überbackener Kürbis

ZUTATEN für 4 Personen

1 kg gelber Kürbis
Meersalz, schwarzer Pfeffer aus der Mühle
Saft von 1/2 Zitrone
1 rote Paprikaschote (200 g)
1 Bund Petersilie
1 Zwiebel
30 g Butter oder Margarine
1/8 l Gemüsebrühe (Instant)
1/2 TL getrockneter Thymian
1 TL Waldhonig
200 g körniger Frischkäse
Fett für die Auflaufform
1 EL geröstete Kürbiskerne

ZUBEREITUNG

Kürbis wie eine Melone in Segmente schneiden. Die Teile schälen, dann die Fasern und Kerne herauskratzen. 1 EL Kerne aufheben. Das Kürbisfleisch würfeln, mit Salz und Pfeffer bestreuen und mit Zitronensaft beträufeln. Paprikaschote waschen, putzen und würfeln. Petersilie waschen, fein hacken. Zwiebel schälen, ebenfalls würfeln. Das Fett in einem Topf zerlassen. Zwiebel und Paprika darin andünsten. Kürbisfleisch, Gemüsebrühe, Thymian und Honig zugeben. Im offenen Topf etwa 20 bis 30 Minuten garen, bis die Flüssigkeit so gut wie verdampft ist. Salzen und pfeffern. Den Frischkäse unterheben. Alles in eine gefettete Auflaufform füllen und im vorgeheizten Backofen bei 200 °C/Gas Stufe 3 auf der mittleren Schiene etwa 30 bis 40 Minuten überbacken. Mit gehackter Petersilie und den gerösteten Kürbiskernen bestreuen.

Kalorien/Joule pro Portion: ca. 236 kcal/989 kJ

Kichererbsen-Eintopf

ZUTATEN für 4 Personen

300 g Kichererbsen
1 1/2 l Wasser
200 g Zwiebeln
2 Knoblauchzehen
3 kleine Möhren (150 g)
1 gelbe Paprikaschote (125 g)
1 Zucchini (200 g)
4 EL kaltgepresstes Olivenöl
Meersalz, weißer Pfeffer aus der Mühle
1 EL Tannenhonig
etwas gemahlener Koriander
1 El gehackte Pistazienkerne

ZUBEREITUNG

Kichererbsen über Nacht wässern. Am nächsten Tag in diesem Wasser zum Kochen bringen und zugedeckt etwa 70 Minuten bei mittlerer Hitze garen. Eventuell noch etwas Wasser nachgießen. Zwiebeln und Knoblauch schälen und würfeln. Möhren, Paprika und Zucchini waschen, putzen und würfeln. Öl erhitzen. Zwiebeln und Knoblauch darin andünsten. Abgetropfte Kichererbsen zugeben und mit Salz und Honig würzen. Etwa 5 Minuten bei mittlerer Hitze garen. Dann das Gemüse dazugeben, pfeffern und alles zugedeckt 20 bis 30 Minuten garen. Eintopf mit Koriander abschmecken und mit Pistazienkernen bestreuen.

Kalorien/Joule pro Portion: ca. 411 kcal/1724 kJ

Rohkost-Müsli mit Honig

Zutaten für 4 Personen

8 EL Vollkornhaferflocken
8 EL Sahne
2–3 Möhren (400 g)
2 säuerliche Äpfel (300 g)
Saft von 1/2 Zitrone
250 g Weintrauben
2 Handvoll Sprossen (z.B. Alfalfa)
4–6 EL flüssigen Honig
(z.B. Tannen- oder Heidehonig)
etwa 1/2 l Milch (3,5%) oder
4 Becher Joghurt

Zubereitung

Vollkornhaferflocken mit der Sahne übergießen und 2–3 Stunden einweichen. Möhren schälen und raspeln. Äpfel gründlich waschen und ebenfalls raspeln. Mit den Möhren locker mischen und mit Zitronensaft beträufeln. Weintrauben waschen, gut abtropfen lassen, halbieren (falls nötig, die Kerne entfernen). Sprossen mit kaltem Wasser abbrausen und auf ein Sieb zum Abtropfen geben. Vollkornhaferflocken unter die Möhren-Apfelmasse mischen und dekorativ auf einem tiefen Teller anrichten. Weintrauben und Sprossen darüber verteilen. Honig mit der Milch (oder Joghurt) verrühren und über das Müsli gießen. Die Honigmilch kann auch getrennt zum Müsli gereicht werden.

Übrigens: Aus 1 1/2 EL Alfalfasamen erhalten Sie 3 Tassen Sprossen. Ernten kann man die Sprossen nach 5 Tagen. Einfach und schnell geht das in einem Keimgerät.
Alfalfa ist reich an Vitamin A, C, D und E. Dazu kommt viel hochwertiges Eiweiß (35%). Eine Tasse Alfalfakeimlinge enthält so viel Vitamin C wie 12 Gläser Orangensaft.

Kalorien/Joule pro Portion: ca. 388 kcal/1620 kJ

Honig-Walnuß-Parfait mit bunten Früchten

Zutaten für 10 Personen
6 Eigelb
100 g Zucker
100 g (ca. 5 EL) Honig
(am besten schmeckt Waldhonig)
1/4 l Milch
Mark einer Vanilleschote
1 Prise Salz
350 g Schlagsahne
50 g grob gehackte Walnußkerne
1 Kastenform von 1,5 l (gefriertauglich)
400 g Erdbeeren
100 g (ca. 5 EL) Honig
2 TL Zitronensaft
1 El Orangenlikör
1 Mango (ca. 350 g)
2 Kiwi à 100 g
evtl. Zitronenmelisse

Zubereitung
Eigelb, Zucker und Honig solange mit dem Schneebesen verrühren, bis sich der Zucker gelöst hat. Nicht schaumig schlagen. Milch mit Vanillemark und Salz aufkochen. Nach und nach heiß unter die Eimasse rühren. In einen Topf geben. Bei geringer Temperatur unter ständigem Rühren auf dem Topfboden bis kurz vorm Aufkochen erhitzen, so daß eine sämige Soße entsteht. In eine Schüssel mit kaltem Wasser stellen. Mit dem Schneebesen kaltrühren. Im Kühlschrank auskühlen lassen. Die Schlagsahne steif schlagen, die gehackten Walnußkerne zugeben und unter die Creme ziehen. In die gekühle Form füllen und über Nacht einfrieren. Die geputzten Erdbeeren durch ein Sieb passieren. Püree mit dem Honig süßen, mit Zitronensaft und Orangenlikör abschmecken. Die Mango schälen. Fruchtfleisch in dünne Scheiben vom Stein schneiden. Noch anhängendes Fruchtfleisch lösen, pürieren und zum Erdbeermark geben. Kiwi schälen und in Scheiben schneiden. Parfaitform kurz in warmes Wasser halten. Parfait auf ein Brett stürzen und in 10 Scheiben schneiden. Auf Tellern anrichten. Hübsch mit den Fruchtscheiben garnieren. Jeweils mit dem Erdbeermark überziehen. Nach Wunsch noch mit Zitronenmelisse garnieren.

Kalorien/Joule pro Person: ca. 350 kcal/1465 kJ

Biskuittorte mit Ananas

Zutaten für 12 Stück
5 Eier
200 g Honig
200 g Weizenmehl
1/2 TL Backpulver
1 EL Butter oder Margarine
1/2 l süße Sahne
2 Päckchen Sahnesteif
1 Päckchen Vanillinzucker
1 große Dose Ananasringe
(490 g Abtropfgewicht)
1 große Dose Ananasstücke
(490 g Abtropfgewicht)
1 TL gehackte Pistazien

Zubereitung
Eine Springform (ca. 20 cm Durchmesser) mit Backpapier auslegen. Den Ofen auf 175 Grad vorheizen.
Die Eier trennen. Das Eigelb mit dem Honig in eine Rührschüssel geben und cremig rühren. Das Eiweiß in einem getrennten Rührbecher zu steifem Schnee schlagen. Das Mehl mit dem Backpulver mischen. Die Butter am besten im Wasserbad zerlassen (nicht heiß werden lassen). Die Eigelb-Honig-Creme und die Mehlmischung auf den Eischnee geben und unterziehen. Zum Schluß die flüssige Butter einrühren.

Die Teigmasse in die Springform füllen und glattstreichen. Auf der zweituntersten Schiene im vorgeheizten Backofen 20 bis 30 Minuten backen. Den Kuchen aus der Form lösen und auf einem Kuchenrost erkalten lassen.
Die Ananasstücke und -ringe abtropfen lassen. Die Ananasstücke im Mixer pürieren. Die Sahne mit Sahnesteif und Vanillinzucker in einer Rührschüssel mit dem elektrischen Rührhaken zu steifem Schnee schlagen.
Den erkalteten Kuchen zweimal quer durchschneiden, so daß drei Böden entstehen. Den untersten Boden auf eine Kuchenplatte legen und mit 2 EL Sahne bestreichen. Ca. 3 EL Ananaspüree daraufgeben und wieder Sahne über das Püree geben. Den zweiten Boden darauflegen und ebenso mit Sahne und Püree bestreichen. Mit dem dritten Boden abdecken. Die Torte rundum mit Sahne bestreichen und mit den Ananasringen garnieren. Zum Schluß mit dem Spritzbeutel kleine Sahnerosetten auf Ananas und Torte setzen. Mit Pistazien bestreuen. Kühl stellen.

Kalorien/Joule pro Stück: ca. 390 kcal/1633 kJ

Fitness-Drink zum Frühstück

Zutaten für 4 Gläser
einige Eiswürfel
4 EL Honig
3/8 l Grapefruitsaft
4 Spritzer Angostura
1/2 l gut gekühltes Mineralwasser

Zum Verzieren
Zitronenspirale

Zubereitung
Eiswürfel in vier Gläser verteilen. Honig, Grapefruitsaft und Angostura gut verrühren. Über die Eiswürfel gießen. Mit Mineralwasser auffüllen. Mit einer Zitronenspirale verzieren.

Kalorien/Joule pro Glas: 120 kcal/500 kJ

Hühnerkeule mit geschmorter Tomate

Zutaten für 1 Person
1 Hühnerkeule (150 g)
1 TL Öl (4 g)
Pfeffer, Salz
2 Tomaten (à 100 g)
1 EL Honig
etwas Kresse

Außerdem
1 Roggenbrötchen (40 g)

Zubereitung
Hühnerkeule im heißen Fett von beiden Seiten anbraten, würzen und 20 Minuten weiterbraten. Gewaschene Tomaten über Kreuz einritzen und in den letzten fünf Minuten mitbraten. Hühnerkeule mit Honig einpinseln, Tomate mit Kresse bestreuen. Dazu 1 Brötchen.

Kalorien/Joule: ca. 250 kcal/1050 kJ

Französische Honigsauce

Zutaten
3 EL Honig
3 El Olivenöl
1 1/2 EL Apfel- oder Weinessig
1/2 TL Kräutersenf
frisch gemahlener Pfeffer

Zubereitung
Geben Sie die Zutaten in die Rührschüssel eines Mixgerätes und mixen Sie sie auf kleiner Stufe eine Minute lang. Dann können Sie die Soße in einen Behälter gießen und im Kühlschrank aufbewahren. Verwenden Sie die Soße zusammen mit grünem Salat, kaltem grünen Spargel oder Broccoli.

Fruit-King

Zutaten für 4 Gläser
2 EL Honig
2 Bananen, geschält und in Scheiben geschnitten
2 Tassen Ananassaft
2 Tassen Orangensaft
8 große Erdbeeren

Zubereitung
Alle Zutaten in einen Mixer geben und zu einer glatten Mischung rühren. Vor dem Servieren kühl stellen.

Bananen-Shake

Zutaten für 3 Gläser
2 EL Honig
2 Tassen kalte Milch
½ Tasse gekühlter Orangensaft
1 Banane, geschält und in Scheiben geschnitten
¼ Tasse Pflaumensaft

Zubereitung
Alle Zutaten in einen Mixer geben und auf hoher Stufe glatt rühren.

Nußplätzchen

Zutaten für ca. 40 Stück

Für den Honigteig:

125 g Honig
60 g braunen Zucker
50 g Margarine
1 Ei
1 Päckchen Citro-back
je 1 TL Zimt, Kardamon
und gemahlene Nelken
50 g brauner Kandis
250 g Mehl
2 gestrichene TL Backpulver

Zum Verzieren:

150–200 g Haselnußkerne
200 g Halbbitterkuvertüre oder Honig

Zubereitung

Honig, Zucker und Fett in einen Topf geben und langsam erwärmen, bis der Zucker gelöst ist. Erkalten lassen. Ei, Gewürzzutaten und zerstoßenen Kandis unterrühren. Mehl und Backpulver mischen, eine Hälfte unterrühren, den Rest unterkneten. 1 Stunde ruhen lassen. Dann ca. ½ cm dick ausrollen und ca. 6 cm große Taler ausstechen. Mit halbierten Haselnußkernen belegen. Auf ein gefettetes oder mit Backpapier belegtes Backblech setzen. Im vorgeheizten Backofen bei 190 Grad (Elektro) oder 160 Grad (Umluft) oder Stufe 2–3 (Gas) ca. 15 Minuten backen. Erkalten lassen. Zum Verzieren die Plätzchen mit flüssiger Halbbitterkuvertüre oder Honig je zur Hälfte bestreichen. Eine Haselnuß in die Mitte setzen.

Honigwein

Honig allein gärt nicht, weil die Zuckerkonzentration zu hoch ist.
Nach Verdünnung mit Wasser auf etwa 30% Zuckergehalt kann eine Gärung optimal vorgenommen werden. Es können bis 17% Vol. Alkohol entstehen – praktisch gärt Honigwein langsamer als andere Fruchtweine, und der Endalkoholgehalt liegt beim Honigwein meist niedriger (etwa 12–14% Vol.) Während für gewerbliche Honigweinbereiter ein vorgeschriebenes Ausmischungsverhältnis von 1 Teil Honig mit 2 Teilen Wasser eingehalten werden muß, ist für den Hausweinbereiter ein wesentlich erweitertes Ausmischungsverhältnis von 1:3 bis 1:3,5 möglich, wobei dann die Vergärung leichter ist. Solche Weine gären vollkommen durch, und man kann zur späteren Nachsüßung – je nach Geschmack – wieder Honig verwenden.

Rezeptur für 10 l Weinansatz
3 kg Honig (mild aromatisch)
1 l Apfel- oder Traubensaft
7 l Wasser
5 Tabletten Hefenährsalz (= 4 g)
40 g Milchsäure 80%ig (bei Eigenverbrauch)
10 g Weizenmehl
1 Kultur Reinzuchthefe, Südweinrasse (Portwein, Samos, Malaga, Tokaj, Sherry)

Damit der Honig sich besser mit dem Wasser vermischt, soll sowohl der Honig (im Wasserbad) als auch das Wasser auf etwa 50° C erwärmt werden. Bei dieser Temperatur wird die Vermischung vorgenommen. Nach Abkühlung auf etwa 25–20° C gibt man die im Rezept angegebene Milchsäure, das Hefenährsalz, die Reinzuchthefe und das Weizenmehl dazu. Da Honig keine natürlichen Trübstoffe enthält, die gärfördernd wirken, muß ersatzweise ein feingeriebener Apfel oder etwas Weizenmehl (geschmacklos) hinzugefügt werden, das sich nach der Gärung zusammen mit den Hefezellen absetzt.
Ein Zusatz von 1 Liter frischem oder pasteurisiertem Apfel- oder Traubensaft fördert die Gärung. Es ist sinnvoll, wenn man in diesem Saft etwa 4–6 Tage vor dem Ansetzen des Weines eine Kultur Reinzuchthefe vermehrt, wobei diese Flasche mit einem Wattebausch verschlossen wird.
Zur Geschmacksabrundung, -verfeinerung oder um einen neuen Typ zu schaffen, können entweder vor, besser aber nach der Gärung, Gewürze (Nelken, Ingwer, Muskatnuß, Kalmus, Zimt, Hopfen u. ä.) oder andere Kräuter und Kräuterauszüge zugesetzt werden.
Das Gärgefäß wird nur gärvoll (mindestens 10% Steigraum belassen) befüllt, mit Gäraufsatz verschlossen und bei gleichbleibender Zimmertemperatur vergoren. Gegen Ende der Gärung täglich einmal schütteln. Nach vollständigem Gärende kühl stellen, bald von der Hefe abziehen und mit 1 g Kaliumpyrosulfit auf 10 l schwefeln.
Sollte nach 2–4 Monaten keine Selbstklärung eintreten, kann mit dem Schönungsmittel Kieselsol – je nach Stärke der Trübung setzt man auf 10 l Wein 10–40 ml zu und rührt gleichmäßig ein – eine vollkommene Klärung erreicht werden.
Falls der Wein zu herb ist, kann mit Honig (20–50 g/l) nachgesüßt werden.

Berechnung der Öchslegrade und des Alkoholgehaltes:

3 kg Honig enthalten bei 80% Zuckergehalt	*= 2400 g Zucker*
1 l Apfelsaft enthält bei 50° Oe (50° × 2,6 – 30)	*= 100 g Zucker*
7 l Wasser enthalten	*= 0 g Zucker*
10 l Ansatz	*= 2500 g Zucker*

1 l Ansatz enthält	= 250 g Zucker
250 : 2,6	= 96° Oe
250 g × 0,47 (theoretisch)	= 117,5 g/l Alkohol
praktisch aber nur etwa	= 109,0 g/l Alkohol = 14,0% Vol.

Frische Beerensuppe

Zutaten für 4 Personen

4 Tassen Beeren, je nach Saison (auch tiefgekühlte Beeren)
2 Tassen Wasser
1 Tasse Apfelsaft
½ Tasse Honig
¼ Tasse Zitronensaft

Zum Verzieren
Zitronenmelisse

Zubereitung

Das Wasser und die Beeren mischen und in einem Kochtopf zum Kochen bringen. Zugedeckt köcheln lassen, bis die Beeren weich sind. Das Gemisch in den Mixer geben, Apfelsaft, Honig und Zitronensaft zufügen. Solange mixen, bis die Mischung glatt wird. Die Suppe in die Tassen gießen und mit Zitronenmelisse bestreuen. Diese Suppe kann heiß oder kalt serviert werden.

13. Anhang

13.1 Gesetzliche Bestimmungen im Zusammenhang mit Honig (BRD)

13.1.1 Lebensmittel- und Bedarfsgegenständegesetz

§ 15 Stoffe mit pharmakologischer Wirkung
§ 16 Kenntlichmachung
§ 17 Verbote zum Schutz vor Täuschung
§ 18 Verbot der gesundheitsbezogenen Werbung
§ 31 Übergang von Stoffen auf Lebensmittel

§ 15 Stoffe mit pharmakologischer Wirkung

(1) Es ist verboten, vom Tier gewonnene Lebensmittel gewerbsmäßig in den Verkehr zu bringen, wenn in oder auf ihnen Stoffe mit pharmakologischer Wirkung oder deren Umwandlungsprodukte vorhanden sind, die nach Absatz 3 Nr. 1 Buchstabe a festgesetzte Höchstmengen überschreiten.
(2) Sind Stoffe mit pharmakologischer Wirkung, die als Arzneimittel *zugelassen oder*[1] registriert oder als Zusatzstoffe zu Futtermitteln zugelassen sind, dem lebenden Tier zugeführt worden, so dürfen von dem Tier gewonnene Lebensmittel gewerbsmäßig nur in den Verkehr gebracht werden, wenn die bei der Registrierung oder Zulassung festgesetzten Wartezeiten beachtet worden sind. Sind Stoffe mit pharmakologischer Wirkung zugeführt worden, für deren Anwendung als Arzneimittel Wartezeiten noch nicht festgesetzt sind und deren Zufuhr auch nicht entsprechend futtermittelrechtlichen Vorschriften erfolgt, so dürfen Lebensmittel, die früher als fünf Tage nach der Zufuhr dieser Stoffe gewonnen worden sind, gewerbsmäßig nicht in den Verkehr gebracht werden; dies gilt nicht, soweit diese Stoffe oder ihre Umwandlungsprodukte in oder auf Lebensmitteln nicht vorhanden sind oder soweit für sie nach Absatz 3 Nr. 1 Buchstabe a Höchstmengen festgesetzt oder nach Absatz 3 Nr. 1 Buchstabe b andere Wartezeiten vorgeschrieben sind.
(3) Der Bundesminister wird ermächtigt, im Einvernehmen mit dem Bundesminister für Ernährung, Landwirtschaft und Forsten durch Rechtsverordnung mit Zustimmung des Bundesrates,

1. soweit es zum Schutz des Verbrauchers erforderlich ist,
   a) für Stoffe mit pharmakologischer Wirkung oder deren Umwandlungsprodukte Höchstmengen festzusetzen, die in oder auf Lebensmitteln beim gewerbsmäßigen Inverkehrbringen nicht überschritten sein dürfen,
   b) bestimmte Stoffe mit pharmakologischer Wirkung, ausgenommen Stoffe, die als Zusatzstoffe zu Futtermitteln in den Verkehr gebracht oder verwendet werden dürfen, von der Anwendung bei Tieren ganz oder für bestimmte Verwendungszwecke oder innerhalb bestimmter Wartezeiten auszuschließen und zu verbieten, daß entgegen solchen Vorschriften gewonnene Lebensmittel oder für eine verbotene Anwendung bestimmte Stoffe in den Verkehr gebracht werden,

[1] Worte »zugelassen oder« eingefügt mit Wirkung vom 1. 1. 1978

c) bestimmte Stoffe oder Gruppen von Stoffen, ausgenommen Stoffe, die als Futtermittel oder Zusatzstoffe zu Futtermitteln in den Verkehr gebracht oder verwendet werden dürfen, den Stoffen mit pharmakologischer Wirkung gleichzustellen, sofern Tatsachen die Annahme rechtfertigen, daß diese Stoffe in von Tieren gewonnene Lebensmittel übergehen;
2. soweit es mit dem Schutz des Verbrauchers vereinbar ist, Ausnahmen von dem Verbot des Absatzes 2 zuzulassen.

§ 16 Kenntlichmachung

(1) der Gehalt der Lebensmittel an den in Rechtsverordnungen nach § 12 Abs. 1 Nr. 1 zugelassenen Zusatzstoffen und die Anwendung der in Rechtsverordnungen nach § 13 Abs. 2 Nr. 1 zugelassenen Bestrahlung sind kenntlich zu machen. Der Bundesminister wird ermächtigt, in diesen Rechtsverordnungen die Art der Kenntlichmachung zu regeln sowie Ausnahmen von der Verpflichtung zur Kenntlichmachung zuzulassen, soweit es mit dem Schutz des Verbrauchers vereinbar ist.
(2) Der Bundesminister wird ermächtigt, im Einvernehmen mit den Bundesministern für Ernährung, Landwirtschaft und Forsten und für Wirtschaft durch Rechtsverordnung mit Zustimmung des Bundesrates, soweit es zum Schutz des Verbrauchers erforderlich ist,
1. Vorschriften über die Kenntlichmachung der in oder auf Lebensmitteln vorhandenen Reste von nicht zulassungsbedürftigen Zusatzstoffen im Sinne des § 11 Abs. 2 Nr. 1 sowie von Stoffen im Sinne der §§ 14 und 15 zu erlassen.
2. vorzuschreiben, daß diesen Lebensmitteln bestimmte Angaben, insbesondere über die Anwendung der Stoffe oder über die weitere Verarbeitung der Lebensmittel beizufügen sind.

§ 17 Verbote zum Schutz vor Täuschung

(1) Es ist verboten,
1. zum Verzehr nicht geeignete Lebensmittel oder Lebensmittel, die entgegen den Vorschriften des § 31 hergestellt oder behandelt worden sind, als Lebensmittel gewerbsmäßig in den Verkehr zu bringen;
2. a) nachgemachte Lebensmittel,
   b) Lebensmittel, die hinsichtlich ihrer Beschaffenheit von der Verkehrsauffassung abweichen und dadurch in ihrem Wert, insbesondere in ihrem Nähr- oder Genußwert oder in ihrer Brauchbarkeit nicht unerheblich gemindert sind oder
   c) Lebensmittel, die geeignet sind, den Anschein einer besseren als der tatsächlichen Beschaffenheit zu erwecken,

   ohne ausreichende Kenntlichmachung gewerbsmäßig in den Verkehr zu bringen;
3. zugelassene Zusatzstoffe oder zugelassene Bestrahlungen auch bei Kenntlichmachung so anzuwenden, daß sie geeignet sind, den Verbraucher über den geminderten Wert oder die geminderte Brauchbarkeit eines Lebensmittels zu täuschen;
4. im Verkehr mit Lebensmitteln, die zugelassene Zusatzstoffe oder Rückstände von Stoffen im Sinne des §§ 14 und 15 enthalten oder die einem zulässigen Bestrahlungsverfahren unterzogen worden sind, oder in der Werbung allgemein oder im Einzelfall für solche Lebensmittel Bezeichnungen oder sonstige Angaben zu verwenden, die darauf hindeuten, daß die Lebensmittel natürlich, naturrein oder frei von Rückständen von Schadstoffen seien;
5. Lebensmittel unter irreführender Bezeichnung, Angabe oder Aufmachung gewerbsmäßig in den Verkehr zu bringen oder für Lebensmittel allgemein oder im Einzelfall mit irreführenden Darstellungen oder sonstigen Aussagen zu werben. Eine Irreführung liegt insbesondere dann vor,

a) wenn Lebensmittel Wirkungen beigelegt werden, die ihnen nach den Erkenntnissen der Wissenschaft nicht zukommen oder die wissenschaftlich nicht hinreichend gesichert sind,
b) wenn zur Täuschung geeignete Bezeichnungen, Angaben, Aufmachungen, Darstellungen oder sonstige Aussagen über die Herkunft der Lebensmittel, ihre Menge, ihr Gewicht, über den Zeitpunkt der Herstellung oder Abpackung, über ihre Haltbarkeit oder über sonstige Umstände, die für ihre Bewertung mitbestimmend sind, verwendet werden,
c) wenn Lebensmitteln der Anschein eines Arzneimittels gegeben wird.

(2) Der Bundesminister wird ermächtigt, durch Rechtsverordnung mit Zustimmung des Bundesrates Ausnahmen von dem Verbot des Absatzes 1 Nr. 4 zuzulassen, soweit es mit dem Schutz des Verbrauchers vereinbar ist.

§ 18 Verbot der gesundheitsbezogenen Werbung

(1) Unbeschadet der Vorschrift des § 17 Abs. 1 Nr. 5 ist es verboten, im Verkehr mit Lebensmitteln oder in der Werbung für Lebensmittel allgemein oder im Einzelfall

1. Aussagen, die sich auf die Beseitigung, Linderung oder Verhütung von Krankheiten beziehen,
2. Hinweise auf ärztliche Empfehlungen oder ärztliche Gutachten,
3. Krankengeschichten oder Hinweise auf solche,
4. Äußerungen Dritter, insbesondere Dank-, Anerkennungs- oder Empfehlungsschreiben, soweit sie sich auf die Beseitigung oder Linderung von Krankheiten beziehen, sowie Hinweise auf solche Äußerungen,
5. bildliche Darstellungen von Personen in der Berufskleidung oder bei der Ausübung der Tätigkeit von Angehörigen der Heilberufe, des Heilgewerbes oder des Arzneimittelhandels,
6. Aussagen, die geeignet sind, Angstgefühle hervorzurufen oder auszunutzen,
7. Schriften oder schriftliche Angaben, die dazu anleiten, Krankheiten mit Lebensmitteln zu behandeln, zu verwenden.

(2) Die Verbote des Absatzes 1 gelten nicht für die Werbung gegenüber Angehörigen der Heilberufe, des Heilgewerbes oder der Heilhilfsberufe. Die Verbote des Absatzes 1 Nr. 1 und 7 gelten nicht für diätische Lebensmitteln, soweit nicht der Bundesminister durch Rechtsverordnung mit Zustimmung des Bundesrates etwas anderes bestimmt.

§ 31 Übergang von Stoffen auf Lebensmittel

(1) Es ist verboten, Gegenstände als Bedarfsgegenstände im Sinne des § 5 Abs. 1 Nr. 1 gewerbsmäßig so zu verwenden oder für solche Verwendungszwecke in den Verkehr zu bringen, daß von ihnen Stoffe auf Lebensmittel oder deren Oberfläche übergehen, ausgenommen gesundheitlich, geruchlich und geschmacklich unbedenkliche Anteile, die technisch unvermeidbar sind.

(2) Der Bundesminister wird ermächtigt, durch Rechtsverordnung mit Zustimmung des Bundesrates, soweit es mit dem Schutz des Verbrauchers vereinbar ist, für bestimmte Stoffe die Anteile festzusetzen, die als unbedenklich und unvermeidbar im Sinne des Absatzes 1 anzusehen sind. Der Bundesminister kann die Ermächtigung durch Rechtsverordnung mit Zustimmung des Bundesrates auf den Präsidenten des Bundesgesundheitsamtes übertragen; der Präsident des Bundesgesundheitsamtes bedarf zum Erlaß solcher Rechtsverordnungen nicht der Zustimmung des Bundesrates.

13.1.2 Verordnung über Stoffe mit pharmakologischer Wirkung

1d. Verordnung über Stoffe mit pharmakologischer Wirkung

i. d. Bek. der Neufassung vom 25. September 1984 (BGBl. I S. 1251) und der ÄndV vom 11. 3. 1988 (BGBl. I S. 303)

Auf Grund des Artikels 2 der Dritten Verordnung zur Änderung der Verordnung über Stoffe mit pharmakologischer Wirkung vom 5. April 1984 (BGBl. I S. 597) wird nachstehend der Wortlaut der Verordnung über Stoffe mit pharmakologischer Wirkung in der ab 1. Januar 1985 geltenden Fassung bekanntgemacht. Die Neufassung berücksichtigt:
1. die am 1. Januar 1978 in Kraft getretene Verordnung vom 3. August 1977 (BGBl. I S. 1479),
2. die am 1. September 1979 in Kraft getretene Verordnung vom 19. Juni 1979 (BGBl. I S. 657),
3. die am 25. Oktober 1981 in Kraft getretene Verordnung vom 21. Oktober 1981 (BGBl. I S. 1136),
4. die nach ihrem Artikel 4 in Kraft getretene bzw. in Kraft tretende eingangs genannte Verordnung.

Die Rechtsvorschriften wurden erlassen auf Grund des § 15 Abs. 3 Nr. 1 Buchstaben a, b und c des Lebensmittel- und Bedarfsgegenständegesetzes vom 15. August 1974 (BGBl. I S. 1945, 1946).

§ 1
Die in Anlage 1 aufgeführten Stoffe dürfen den in der Anlage bezeichneten Tieren für die dort genannten Anwendungsgebiete nicht zugeführt werden.

§ 2
(1) Stoffe mit östrogener, androgener oder gestagener Wirkung, deren Anwendung nicht nach § 1 ausgeschlossen ist, dürfen Tieren, die der Gewinnung von Lebensmitteln dienen, nur zugeführt werden, wenn sie
1. a) zur Behandlung einer durch den Tierarzt diagnostizierten Fruchtbarkeitsstörung bei einzelnen geschlechtsreifen Tieren oder
   b) zur Brunstsynchronisation, zur Unterbrechung einer unerwünschten Trächtigkeit, zur Verbesserung der Fruchtbarkeit, zur Vorbereitung von Spender- oder Empfängertieren für den Embryotransfer oder zur Induzierung der Laichreife bei Fischen

   bestimmt sind,
2. als Fertigarzneimittel für diese Anwendungsgebiete zugelassen sind und
3. entsprechend einer Gebrauchsinformation, die dem Bundesgesundheitsamt bei der Zulassung vorgelegen hat, durch den Tierarzt, oder, soweit es sich um die Brunstsynchronisation oder die Vorbereitung von Spender- oder Empfängertieren für den Embryotransfer oder die Induzierung der Laichreife bei Fischen handelt, unter tierärztlicher Aufsicht angewendet werden.

Zur Behandlung einer Fruchtbarkeitsstörung im Sinne des Satzes 1 Nr. 1 Buchstabe a dürfen nur Östradiol 17 β, Testosteron oder Progesteron oder solche Folgeerzeugnisse dieser Stoffe verwendet werden, bei denen sich bei Hydrolyse nach Resorption an der Verabreichungsstelle die Ausgangsverbindung ohne Schwierigkeit ergibt; diese Stoffe dürfen nur durch Injektion und nicht bei Masttieren angewendet werden.

§ 3
(1) Lebensmittel, die von Tieren gewonnen wurden, denen Stoffe entgegen § 1 in Verbindung mit den Nummern 1 bis 4 der Anlage 1 oder entgegen § 2 zugeführt worden sind, dürfen nicht in den Verkehr gebracht werden. Milch, die von Tieren gewonnen wurde, denen Stoffe entgegen § 1 in Verbindung mit Nummer 6 der Anlage 1 zugeführt worden sind, darf nicht in den Verkehr gebracht werden.

(2) Die in § 2 und in Anlage 1 genannten Stoffe dürfen für eine nach den Vorschriften dieser Verordnung verbotene Anwendung nicht in den Verkehr gebracht werden.

§ 3a
Für die in Anlage 2 aufgeführten Stoffe mit pharmakologischer Wirkung werden die dort angegebenen Höchstmengen festgesetzt, die in oder auf den dort bezeichneten Lebensmitteln bei deren gewerbsmäßigen Inverkehrbringen nicht überschritten sein dürfen.

§ 4
Die in Anlage 1 aufgeführten Stoffe werden, soweit sie nicht Stoffe mit pharmakologischer Wirkung sind, den Stoffen mit pharmakologischer Wirkung gleichgestellt.

§ 5
Nach § 52 Abs. 1 Nr. 7 des Lebensmittel- und Bedarfsgegenständegesetzes wird bestraft, wer
1. entgegen § 1 in Anlage 1 aufgeführte Stoffe den in der Anlage bezeichneten Tieren für die dort genannten Anwendungsgebiete zuführt,
2. entgegen § 2 Stoffe mit östrogener, androgener oder gestagener Wirkung Tieren zuführt, die der Gewinnung von Lebensmitteln dienen,
3. entgegen § 3 Abs. 1 Lebensmittel in den Verkehr bringt oder
4. entgegen § 3 Abs. 2 dort bezeichnete Stoffe für eine verbotene Anwendung in den Verkehr bringt.

Wer eine in Satz 1 bezeichnete Handlung fahrlässig oder leichtsinnig begeht, handelt nach § 53, Abs. 1, 2 Nr. 2 des Lebensmittel- und Bedarfsgegenständegesetzes ordnungswidrig.

§ 6
Unberührt bleiben futtermittelrechtliche Vorschriften, nach denen Stoffe als Futtermittel oder als Zusatzstoffe zu Futtermitteln in den Verkehr gebracht oder verwendet werden dürfen.

§ 6a
Der Tierarzt darf abweichend von § 2 Fertigarzneimittel mit östrogener, androgener oder gestagener Wirkung, deren Zulassung vom Bundesgesundheitsamt nicht widerrufen ist, bis zum Widerruf der Zulassung nach Maßgabe der bis zum 24. März 1988 geltenden Vorschriften weiter anwenden, dies gilt nicht für die Anwendung bei Masttieren.

§ 7
Diese Verordnung gilt nach § 14 des Dritten Überleitungsgesetzes in Verbindung mit Artikel 11 des Gesetzes zur Gesamtreform des Lebensmittelrechts vom 15. August 1974 (BGBl. I S. 1945) auch im Land Berlin.

§ 8
Diese Verordnung tritt am 1. Januar 1978 in Kraft.

Anlage 1 (zu den §§ 1, 3 und 4)

lfd. Nr.	Stoffe (allein oder als Bestandteil von Zubereitungen)	Tiere	Anwendungsgebiete, für die die Anwendung ausgeschlossen ist
1	2	3	4
1	Stoffe mit antimikrobieller Wirkung wie Antibiotika und Sulfonamide sowie sonstige Stoffe mit konservierender oder antioxydierender Wirkung	Einhufer, Rinder, Schweine, Schafe, Ziegen, Kaninchen, Geflügel, Haar- und Federwild, Speisefische:	Beeinflussung der Haltbarkeit der von ihnen gewonnenen Lebensmittel
2	Papain und andere Stoffe mit proteolytischer Wirkung (Zartmacher)	Einhufer, Rinder, Schweine, Schafe, Ziegen, Kaninchen, Geflügel, Haar- und Federwild:	Beeinflussung der Beschaffenheit der von ihnen gewonnenen Lebensmittel
3	a) Östrogenwirksame Stilbene und Stilbenderivate sowie deren Salze und Ester	Einhufer, Rinder, Schweine, Schafe, Ziegen, Kaninchen, Geflügel, Haar- und Federwild, Speisefische:	alle Anwendungsgebiete
	b) Andere Östrogene, deren orale Wirksamkeit im Mäuse-Uterus-Test die Wirksamkeit des Diethylstilböstrol nicht mindestens um den Faktor 5 unterschreitet	Einhufer bis 1 1/2 Jahre:	alle Anwendungsgebiete*
		Einhufer über 1 1/2 Jahre:	Beeinflussung der Beschaffenheit des Fleisches oder Fettansatzes
		Rinder bis 1 1/2 Jahre:	alle Anwendungsgebiete*
		Rinder über 1 1/2 Jahre:	Beeinflussung der Beschaffenheit des Fleisches oder des Fleisch- oder Fettansatzes, hormonale Sterilisation
		Schweine bis 6 Monate:	alle Anwendungsgebiete*
		Schweine über 6 Monate:	Beeinflussung der Beschaffenheit des Fleisches oder des Fleisch- oder Fettansatzes, hormonale Sterilisation, Beseitigung des Ebergeruchs
		Schafe und Ziegen bis 6 Monate:	alle Anwendungsgebiete*
		Schafe und Ziegen über 6 Monate:	Beeinflussung der Beschaffenheit des Fleisches oder des Fleisch- oder Fettansatzes, hormonale Sterilisation

lfd. Nr.	Stoffe (allein oder als Bestandteil von Zubereitungen)	Tiere	Anwendungsgebiete, für die die Anwendung ausgeschlossen ist
1	2	3	4
		Kaninchen bis 12 Wochen:	alle Anwendungsgebiete*
		Kaninchen über 12 Wochen:	Beeinflussung der Beschaffenheit des Fleisches oder des Fleisch- oder Fettansatzes, hormonale Sterilisation
		Geflügel:	alle Anwendungsgebiete*
		Haar- und Federwild:	alle Anwendungsgebiete*
		Speisefische:	alle Anwendungsgebiete*
4	Stoffe mit thyreostatischer Wirkung wie Thiourazile, Thiomimidazole, Thiohydantoine	Einhufer, Rinder, Schweine, Schafe, Ziegen, Kaninchen, Geflügel, Haar- und Federwild:	alle Anwendungsgebiete*
5	a) In der Pflanzenschutzmittel-Höchstmengenverordnung genannte Chlorkohlenwasserstoffe, ausgenommen 1, 2, 3, 4, 5, 6-Hexachlorcyclohexan, gamma-Isomere (Lindan) mit mindestens 99% Reinheit in flüssiger Zubereitung	Pferde, Rinder, Schweine, Schafe, Ziegen:	Bekämpfung von Parasiten, Schädlingen und Lästlingen
	b) 1, 2, 3, 4, 5, 6-Hexachlorcyclohexan, gamma-Isomere (Lindan) mit mindestens 99% Reinheit in flüssiger Zubereitung	Pferde, Rinder, Schafe, Ziegen:	Bekämpfung von Parasiten, Schädlingen und Lästlingen bei laktierenden Tieren, die der Milchgewinnung dienen
	c) In der Pflanzenschutzmittel-Höchstmengenverordnung genannte Chlorkohlenwasserstoffe	Mastgeflügel, Legehennen:	Bekämpfung von Parasiten, Schädlingen und Lästlingen
	d) Salben, Pasten, Melkfette und ähnliche Zubereitungen, die in Pflanzenschutzmittel-Höchstmengenverordnung genannte Chlorkohlenwasserstoffe, bezogen auf die fertige Zubereitung, über die Höchstmengen hinaus enthalten, die dort für Milch und Milcherzeugnisse festgesetzt sind	Pferde, Rinder, Schafe, Ziegen:	Anwendung am Euter laktierender Tiere

lfd. Nr.	Stoffe (allein oder als Bestandteil von Zubereitungen)	Tiere	Anwendungsgebiete, für die die Anwendung ausgeschlossen ist
1	2	3	4
6	Nicotin (L-3-1[1-Methyl-pyrrolidin-2-yl]-pyridin) und nicotinhaltige Zubereitungen	Pferde, Rinder, Schafe, Ziegen:	Bekämpfung von Parasiten, Schädlingen und Lästlingen bei laktierenden Tieren, die der Milchgewinnung dienen
7	Chloramphenicol	a) Pferde, Rinder, Schafe, Ziegen, die der Milchgewinnung dienen, während der Laktation und zwischen den Laktationsperioden	alle Anwendungsgebiete
		b) Geflügel, das der Eiergewinnung dient, ab Beginn der Legereife, ausgenommen Zuchttiere, deren Eier nicht als Lebensmittel verwendet werden	alle Anwendungsgebiete

* Ausgenommen sind Versuche in wissenschaftlich geleiteten Forschungs- oder Untersuchungseinrichtungen.

Anlage 2 (zu § 3a)

lfd. Nr.	Stoffe	Höchstmengen in Milligramm pro Kilogramm (ppm)	Lebensmittel
1	2	3	4
1	Chloramphenicol	0,001	Eier (ohne Schale), Eiprodukte, Milch, Milcherzeugnisse
		0,01	Fische, Fischerzeugnisse
2	Malachitgrün einschließlich Leukobase	0,01	Fische, Fischerzeugnisse.

13.1.3 Pflanzenschutzmittel-Höchstmengenverordnung, PHmV

7. Verordnung über Höchstmengen an Pflanzenschutz- und sonstigen Mitteln sowie anderen Schädlingsbekämpfungsmitteln in oder auf Lebensmitteln und Tabakerzeugnissen (Pflanzenschutzmittel-Höchstmengenverordnung – PHmV)
i.d. Neufassung vom 16. Oktober 1989
(BGBl. I S. 1862)
geändert durch Lösungsmittel-HöchstmengenVO vom 25.7.1989 (BGBl. I S. 1568) und durch ÄndV vom 9.3.1990 (BGBl. I S. 481)

Auf Grund des Artikels 2 der Dritten Verordnung zur Änderung der Pflanzenschutzmittel-Höchstmengenverordnung vom 5. Mai 1989 (BGBl. I S. 882) wird nachstehend der Wortlaut der Pflanzenschutzmittel-Höchstmengenverordnung in der seit 13. Mai 1989 geltenden Fassung bekanntgemacht. Die Neufassung berücksichtigt:
1. die am 1. Juli 1982 in Kraft getretene Verordnung vom 24. Juni 1982 (BGBl. I S. 745).
2. den am 29. April 1984 in Kraft getretenen Artikel 1 der Verordnung vom 18. April 1984 (BGBl. I S. 635).
3. den am 30. April 1988 in Kraft getretenen Artikel 1 der Verordnung vom 25. April 1988 (BGBl. I S. 563, 601).
4. den am 13. Mai 1989 in Kraft getretenen Artikel 1 der eingangs genannten Verordnung.

Die Rechtsvorschriften wurden erlassen auf Grund des § 6 Abs. 2 des DDT-Gesetzes vom 7. August 1972 (BGBl. I S. 1385), des § 14 Abs. 2 Nr. 1 Buchstabe a und Nr. 2, auch in Verbindung mit § 23, des § 15 Abs. 3 Nr. 1 Buchstabe a, des § 16 Abs. 2 Nr. 2 und des § 44 Nr. 2 des Lebensmittel- und Bedarfsgegenständegesetzes vom 15. April 1974 (BGBl. I S. 1945, 1946) sowie auf Grund des gemäß Artikel 2 der Dritten Zuständigkeitsanpassungsverordnung vom 26. November 1986 (BGBl. 1 S. 2089) eingefügten § 9 Abs. 4 des Lebensmittel- und Bedarfsgegenständegesetzes, der durch § 16 Abs. 1 des Gesetzes vom 19. Dezember 1986 (BGBl. I S. 2610) geändert worden ist.

§ 1 Höchstmengen für Lebensmittel

(1) Als Höchstmengen, die in oder auf Lebensmitteln beim gewerbsmäßigen Inverkehrbringen nicht überschritten sein dürfen, werden festgesetzt
1. für die in Anlage 1 aufgeführten Stoffe die dort für Lebensmittel tierischer Herkunft jeweils angegebenen Mengen,
2. für die in Anlage 2 aufgeführten Stoffe die dort für Lebensmittel tierischer Herkunft jeweils angegebenen Mengen,
3. für die in Anlage 3 aufgeführten Stoffe die dort für Lebensmittel pflanzlicher Herkunft jeweils angegebenen Mengen,

(2) Sind bei den in Anlage 3 Liste A aufgeführten Stoffe für die nachstehend bezeichneten Lebensmittel keine Höchstmengen angegeben, so wird
1. für Gewürze, Rohkaffee, Tee, teeähnliche Erzeugnisse und Ölsaat die höchste bei dem Stoff jeweils angegebene Menge,
2. für andere Lebensmittel pflanzlicher Herkunft, ausgenommen Hopfen, ein Zehntel der niedrigsten bei dem Stoff jeweils angegebenen Menge, mindestens jedoch 0,01 Milligramm je Kilogramm des Lebensmittels,

als Höchstmenge festgesetzt.

(3) Soweit für Pflanzenschutzmittel im Sinne des Pflanzenschutzgesetzes, die nicht zugelassen sind oder bei deren Zulassung die Anwendung bei Lebensmitteln oder deren Ausgangsstoffen nicht vorgesehen ist, keine Höchstmengen festgesetzt sind, wird für sie allgemein eine Höchstmenge von 0,01 Milligramm in einem Kilogramm des Lebensmittels festgesetzt. Endet die Zulassung eines Pflanzenschutzmittels, bei dessen Zulassung die Anwendung bei Lebensmitteln oder deren Ausgangsstoffen vorgesehen war und für das in den Anlagen 1 bis 3 keine Höchstmengen

festgesetzt sind, so dürfen Lebensmittel, in oder auf denen es in einer Menge von mehr als 0,01 Milligramm je Kilogramm vorhanden ist, noch bis zum Ablauf des zweiten auf das Ende der Zulassung folgender Kalenderjahre in den Verkehr gebracht werden.
(4) Lebensmittel, in oder auf denen Stoffe über die in Absatz 1 in Verbindung mit Anlage 2 oder 3 oder in Absatz 2 oder 3 festgesetzten Höchstmengen hinaus vorhanden sind, dürfen gewerbsmäßig auch dann nicht in den Verkehr gebracht werden, wenn ihr Gehalt an diesen Stoffen ganz oder teilweise auf Verunreinigungen der Luft, des Wassers oder des Bodens zurückzuführen ist. Dies gilt nicht, soweit in der Schadstoffmengenverordnung für diese Stoffe Höchstmengen festgesetzt sind, sowie für Rückstände von Arsen, Blei, Cadmium, Quecksilber und Selen und deren Verbindungen.

§ 2 Zusammengesetzte Lebensmittel
Die Höchstmengenfestsetzungen nach § 1 Abs. 1 bis 3 und das Verkehrsverbot nach § 1 Abs. 4 gelten für die in den Anlagen 1 bis 3 aufgeführten Lebensmitteln auch, wenn diese als Zutat eines anderen Lebensmittels in den Verkehr gebracht werden, sofern für den betreffenden Stoff für das andere Lebensmittel als Ganzes keine Höchstmenge festgesetzt ist. Läßt sich die Herkunft der in oder auf dem anderen Lebensmittel vorhandenen Menge des Stoffes nicht mehr auf einzelne Zutaten zurückführen, so gilt für das andere Lebensmittel insgesamt die Höchstmenge als festgesetzt, die sich aus der Summe der für den Stoff für die einzelnen Zutaten festgesetzten Höchstmengen entsprechend dem Anteil der Zutaten an dem Lebensmittel ergibt.

§ 3 *(weggefallen)*

§ 4 Lebensmittel mit überhöhten Rückständen
(1) Lebensmittel, in oder auf denen Stoffe über die durch diese Verordnung festgesetzten Höchstmengen hinaus vorhanden sind, dürfen vorbehaltlich der Absätze 2 und 3 an Betriebe abgegeben werden, die ihnen die Stoffe so weit entziehen, daß bei der Abgabe an den Verbraucher die Höchstmengen nicht überschritten werden.
(2) Absatz 1 gilt mit Ausnahme von Fischrohöl nicht für Lebensmittel tierischer Herkunft.
(3) Getreide, in oder auf dem Stoffe der Anlage 5 vorhanden sind, sowie Rohkaffee und Rohkakao dürfen an Betriebe abgegeben werden, die diese Lebensmittel so behandeln, be- oder verarbeiten, daß bei der Abgabe an den Verbraucher die Höchstmengen nicht überschritten werden.
(4) Lebensmittel nach Absatz 1 müssen unter Angabe der Bezeichnung der Stoffe durch folgende Angaben kenntlich gemacht werden:
»Ware mit überhöhten Rückständen an . . . Nicht an Verbraucher abgeben.«
Bei der Lagerung und Aufbewahrung sind diese Angaben auf einem Schild auf oder neben der Ware oder in sonstiger, eine Verwechslung mit anderen Lebensmitteln ausschließender Weise anzubringen. Bei der Abgabe müssen die Angaben deutlich sichtbar auf der Außenfläche der Behältnisse angebracht werden und zusätzlich in den Begleitpapieren vermerkt werden.

§ 5 Probenahme
Bei der amtlichen Kontrolle der Rückstände von Pflanzenschutzmitteln in und auf Obst und Gemüse sind die Proben nach dem Verfahren zu nehmen, das in der Amtlichen Sammlung von Untersuchungsverfahren nach § 35 des Lebensmittel- und Bedarfsgegenständegesetzes* unter der Gliederungsnummer L 29.00–1 (EG), Stand Januar 1981, beschrieben ist.

§ 6 Höchstmengen für Tabakerzeugnisse
(1) Für in Anlage 4 aufgeführte Stoffe werden die dort bezeichneten Höchstmengen festgesetzt, die in oder auf Tabakerzeugnissen beim gewerbsmäßigen Inverkehrbringen nicht überschritten sein dürfen.

* Zu beziehen durch Beuth-Verlag GmbH, Berlin und Köln

(2) Tabakerzeugnisse dürfen abweichend von § 23 in Verbindung mit § 14 Abs. 1 Nr. 2 des Lebensmittel- und Bedarfsgegenständegesetzes gewerbsmäßig in den Verkehr gebracht werden, wenn in oder auf ihnen nicht zugelassene Pflanzenschutzmittel vorhanden sind, sofern die vorhandene Menge der Pflanzenschutzmittel nicht geeignet ist, die Gesundheit zu schädigen.

§ 7 Straftaten und Ordnungswidrigkeiten

(1) Nach § 52 Abs. 1 Nr. 1 des Lebensmittel- und Bedarfsgegenständegesetzes wird bestraft, wer entgegen § 1 Abs. 4 Satz 1. auch in Verbindung mit § 2 Lebensmittel in den Verkehr bringt.
(2) Wer eine Handlung nach Absatz 1 leichtfertig begeht, handelt nach § 53 Abs. 2 Nr. 2 des Lebensmittel- und Bedarfsgegenständegesetzes ordnungswidrig.
(3) Ordnungswidrig im Sinne des § 54 Abs. 2 Nr. 1 des Lebensmittel- und Bedarfsgegenständegesetzes handelt, wer vorsätzlich oder fahrlässig entgegen § 4 Abs. 4 Lebensmittel nicht oder nicht in der vorgeschriebenen Weise kenntlich macht.

§ 8 Berlin-Klausel

Diese Verordnung gilt nach § 14 des Dritten Überleitungsgesetzes in Verbindung mit Artikel 11 des Gesetzes zur Gesamtreform des Lebensmittelrechts vom 15. August 1974 (BGBl. I S. 1945) auch im Land Berlin.

§ 9 *(Inkrafttreten, Übergangsvorschrift)*

Anlage 1 (zu § 1 Abs. 1 Nr. 1)

	Stoff		Höchstmengen in mg pro kg	Lebensmittel[5]
DDT	1,1,1-Trichlor-2,2-bis (4-chlorphenyl)-ethan		1,0[1]	Fleisch, Fleischerzeugnisse, tierische Speisefette
			3,5[2]	Aal, Lachs und Stör sowie daraus hergestellte Erzeugnisse mit Ausnahme von Rogenerzeugnissen dieser Fische
DDE	1,1-Dichlor-2,2-bis (4-chlorphenyl)-ethylen	insgesamt berechnet als DDT	2,0[2]	Sonstige Fische und andere wechselwarme Tiere, Krusten-, Schalen- und Weichtiere sowie daraus hergestellte Erzeugnisse, mit Ausnahme von Leber- und Rogenerzeugnisse dieser Fische
DDD und Isomere	1,1-Dichlor-2,2-bis (4-chlorphenyl)-ethan		5,0[3]	Fischleber-, Fischrogenerzeugnisse
			1,0[1]	Milch, Milcherzeugnisse
			0,5[4]	Eier (ohne Schale), Eiprodukte

Anlage 2 (zu § 1 Abs. 1 Nr. 2)

Stoff			Höchstmengen in mg pro kg	Lebensmittel[5]
Aldicarb	2-Methyl-2-(methylthio)-propionaldehyd-O-(methylcarbonyl)oxim	insgesamt berechnet als Aldicarb	0,01	alle Lebensmittel tierischer Herkunft
Aldicarbsulfoxid	2-Methyl-2-(methylsulfrin)-propionaldehyd-O-(methylcarbonoyl)oxim			
Aldoxycarb	2-Methyl-2-(methylsulfonyd)-propionaldehyd-O-(methylcarbonyl)oxim			
Aldrin	1,2,3,4,10 10-Hexachlor-1,4,4a,5,8,8a-hexahydro-1,4-endo-5,8-exodimethanonaphthalin	ingesamt berechnet als Dieldrin	0,2[1]	Fleisch, Fleischerzeugnisse, tierische Speisefette
			1,0[1]	Aal, Lachs und Stör sowie daraus hergestellte Erzeugnisse, Fischleber, Fischrogenerzeugnisse
Dieldrin	1,2,3,4,10,10-Hexachlor-6,7-epoxy-1,4,4a,5,6,7,8,8a-octahydro-1,4-endo-5,8-exo-dimethanonaphthalin		0,5[1]	sonstige Fische und andere wechselwarme Tiere, Krusten-, Schalen-, Weichtiere sowie daraus hergestellte Erzeugnisse (außer Fischleber-, Fischrogenerzeugnisse)
			0,15[1]	Milch, Milcherzeugnisse
			0,1[2]	Eier (ohne Schale), Eiprodukte
2-Aminobutan	sec-Butylamin		1,0[2]	Fleisch, Fleischerzeugnisse, tierische Speisefette, Milch, Milcherzeugnisse
			0,01	andere Lebensmittel tierischer Herkunft
Asulan	N-(4-Amino-benzolsulfonyl)-carbaminsäuremethylester		0,1[3]	Rindfleisch, Rindfleischerzeugnisse, Rinderfett, Milch, Milcherzeugnisse
Brompropylat	Isopropyl-4,4-dibrombenzilat		0,1	Honig
chlor (Toxaphen siehe bei Polychlorterpene)				
Carbophenothron	O,O-Diethyl-S-(4-chlorphenylthiomethyl)-dithiophosphat		1,0[1]	Fleisch, Fleischerzeugnisse, tierische Speisefette
			0,1[1]	Milch, Milcherzeugnisse
			0,01	andere Lebensmittel tierischer Herkunft

	Stoff		Höchstmengen in mg pro kg	Lebensmittel[5]
Chlorbenzilat	Ethyl-4,4-dichlorbenzilat		0,5	Rindfleisch, Rindfleischerzeugnisse, Rinderfett, Schaffleisch, Schaffleischerzeugnisse, Schafsfett
			0,05[2]	Milch, Milcherzeugnisse
			0,01	andere Lebensmittel tierischer Herkunft
Chlordan	1,2,4,5,6,7,8,8-Octachlor-3a,4,7,7a-tetrahydro-4,7-endo-methanoidan	insgesamt berechnet als Chlordan	0,05[1]	Fleisch, Fleischerzeugnisse, tierische Speisefette, Milch, Milcherzeugnisse
Oxychlordan	1,2,4,5,6,7,8,8-Octachlor-2,3-epoxy-3a,4,7,7a-tetrahydro-4,7-endo-methanoindan		0,02[2]	Eier (ohne Schale) Eiprodukte
			0,01	andere Lebensmittel tierischer Herkunft
Chlordimeform	N-(4-Chlor-o-tolyl)-N,N-dimethylformamidin	insgesamt berechnet als Chlordimeform	0,01	Honig
Chlordimeformhydrochlorid	einschließlich Abbau- und Reaktionsprodukte, die als 4-Chlor-o-toluidin bestimmt werden können			
Chloroneb	1,4-Dichlor-2,5-dimethoxybenzol		0,2	Fleisch, Fleischerzeugnisse (außer Geflügelfleisch und Geflügelfleischerzeugnisse), tierische Speisefette
			0,05[3]	Milch, Milcherzeugnisse
			0,01	andere Lebensmittel tierischer Herkunft
Coumaphos	O,O-Diethyl-O-(3-chlor-4-methyl-7-curnannyl)-thiophosphat einschl. O,O-Diethyl-O-(3-chlor-4-methyl-7-curnannyl)-phosphat		1,0[1]	Rindfleisch, Rindfleischerzeugnisse, Rinderfett, Geflügelfleisch, Geflügelfleischerzeugnisse, Geflügelfett
			0,5[1]	Schweinefleisch, Schweinefleischerzeugnisse, Schweinefett, Schaffleisch, Schaffleischerzeugnisse, Schafsfett, Ziegenfleisch, Ziegenfleischerzeugnisse, Ziegenfett, Milch, Milcherzeugnisse
			0,05[2]	Eier (ohne Schale), Eiprodukte
			0,01	andere Lebensmittel tierischer Herkunft

	Stoff	Höchstmengen in mg pro kg	Lebensmittel[5]
Crotoxyphos	Dimethyl-cis-1-methyl-2-(1-phenylethoxycarbonyl)-vinylphosphat	0,02[3]	Fleisch, Fleischerzeugnisse (außer Geflügelfleisch, Geflügelfleischerzeugnisse, Haar- und Federwild), tierische Speisefette, Milch, Milcherzeugnisse
		0,01	andere Lebensmittel tierischer Herkunft
Crufomat	4-tert-Butyl-2-chlorphenyl-methyl-methylamidophosphat	1,0	Fleisch, Fleischerzeugnisse (außer Geflügelfleisch, Geflügelfleischerzeugnisse und Federwild), tierische Speisefette
		0,05[3]	Milch, Milcherzeugnisse
		0,01	andere Lebensmittel tierischer Herkunft
Dichlobenil	2,6-Dichlorbenzonitril	5,0[4]	Fische und andere wechselwarme Tiere, Krusten-, Schalen-, Weichtiere und daraus hergestellte Erzeugnisse
2,6-Dichlorbenzamid		0,5[4]	Fische und andere wechselwarme Tiere, Krusten-, Schalen-, Weichtiere und daraus hergestellte Erzeugnisse
Diphenamid	N,N-Dimethyl-2,2-diphenylacetamid	0,05	Fleisch, Fleischerzeugnisse, tierische Speisefette
		0,01	andere Lebensmittel tierischer Herkunft
Dipropylisocinchomeronat	Dipropylpyndin-2,5-dicarboxylat	0,1	Fleisch, Fleischerzeugnisse, tierische Speisefette
		0,01	andere Lebensmittel tierischer Herkunft

[1] Die angegebenen Höchstmengen gelten für den Stoffgehalt des im Lebensmittel enthaltenen Fettes.
Abweichend hiervon beziehen sich die Höchstmengen bei Milch und Milcherzeugnissen mit einem Fettgehalt von weniger als 2 Gewichtshundertteilen und bei anderen Lebensmitteln mit einem Fettgehalt bis zu 10 Gewichtshundertteilen auf das Gesamtgewicht des Lebensmittels. In diesen Fällen beträgt die zulässige Höchstmenge bei Milch und Milcherzeugnissen ein Fünfzigstel der angegebenen Höchstmenge, bei den anderen Lebensmitteln beträgt sie ein Zehntel der angegebenen Höchstmenge, mindestens jedoch 0,01 mg/kg.
Bei der Rückstandsbestimmung ist in den Fällen des Absatzes 2 der Stoffgehalt entsprechend dem tatsächlichen Fettgehalt des Lebensmittels auf das Gesamtgewicht des Lebensmittels umzurechnen. Bei Fleisch und Fleischerzeugnissen gilt als Gesamtgewicht das Gewicht des Lebensmittels ohne Knochen. Der Stoffgehalt des Fettes und der Fettgehalt des Lebensmittels sind analytisch zu bestimmen. Als Fettgehalt des Lebensmittels gilt jedoch, ohne daß es einer solchen Bestimmung bedarf, bei Tierkörpern von Kalb, Pferd, Kaninchen, Hähnchen, Trut-

hahn, Federwild, Haarwild mit Ausnahme von Wildschweinen sowie Tierkörperhälften und -vierteln von Kälbern und Pferden ein Anteil von 5 Gewichtshundertteilen, bei Roh- und Vollmilch von Kühen ein Anteil von 4 Gewichtshundertteilen.

[2] Bezogen auf das Frischgewicht des Lebensmittels, bei Erzeugnissen auf das Frischgewicht der zu ihrer Herstellung verwendeten Fische, anderen wechselwarmen Tieren, Krusten-, Schalen- und Weichtiere. Fußnote 1 Abs. 3 Satz 1 und 3 gilt entsprechend.

[3] Bezogen auf das Frischgewicht der zur Herstellung verwendeten Fischlebern oder Fischrogen.

[4] Bei Eiprodukten bezogen auf das Gewicht der zur Herstellung verwendeten Eier ohne Schale.

[5] Die Höchstmengenfestsetzung für Fleisch und Fleischerzeugnisse beziehen sich auf Fleisch von warmblutigen Schlachttieren und Fleisch von Haar- und Federwild sowie daraus hergestellte Fleischerzeugnisse. Die Höchstmengenfestsetzung für Fleischerzeugnisse sowie für Erzeugnisse aus Fischen, anderen wechselwarmen Tieren, Krusten-, Schalen- und Weichtieren gelten nur für solche Erzeugnise, die nicht mehr als 5 Gramm an Zutaten pflanzlicher Herkunft je 100 Gramm Lebensmittel enthalten. Die Höchstmengenfestsetzungen für tierische Speisefette gelten nicht für Milchfett. Die Höchstmengenfestsetzungen für Milch und Milcherzeugnisse beziehen sich auf Milch aller Tierarten und daraus hergestellte Erzeugnisse einschließlich Milchfett.

13.1.4 Honigverordnung

Honigverordnung
Vom 13. Dezember 1976

Auf Grund des § 19 Nr. 1, 3 und 4 Buchstaben a, b und c des Lebensmittel- und Bedarfsgegenständegesetzes vom 15. August 1974 (Bundesgesetzbl. I S. 1946), zuletzt geändert durch Artikel 6 des Gesetzes zur Neuordnung des Arzneimittelrechts vom 24. August 1976 (Bundesgesetzbl. I S. 2445), wird im Einvernehmen mit den Bundesministern für Ernährung, Landwirtschaft und Forsten und für Wirtschaft mit Zustimmung des Bundesrates verordnet:

§ 1

(1) Honig im Sinne dieser Verordnung sind die in Anlage 1 definierten Erzeugnisse. Sie unterliegen dieser Verordnung, soweit sie dazu bestimmt sind, als Lebensmittel gewerbsmäßig in den Verkehr gebracht zu werden.

(2) Die in Anlage 1 aufgeführten Bezeichnungen sind den dort definierten Erzeugnissen vorbehalten.

(3) Die Bezeichnungen anderer Lebensmittel dürfen durch das Wort »Honig« ergänzt werden, wenn diese Lebensmittel Honig enthalten, mit Honig nicht verwechselt werden können und die Ergänzung der allgemeinen Verkehrsauffassung entspricht.

§ 2

(1) Honig muß in seiner Beschaffenheit den Anforderungen der Anlage 2 entsprechen und darf

1. abgesehen von unvermeidbaren geringen Mengen – keine organischen Verunreinigungen wie Insektenteile oder Brut und keine anorganischen Verunreinigungen wie Sandkörner enthalten,
2. keinen künstlich veränderten Säuregrad besitzen,
3. nicht in Gärung (Treiben) übergegangen sein,
4. keinen artfremden Geruch oder Geschmack aufweisen.

(2) Absatz 1 Nr. 3 und 4 sowie Anlage 2 Nr. 7 gelten nicht für Backhonig und Industriehonig.

(3) Honig dürfen weder Stoffe zugesetzt noch honigeigene Bestandteile entzogen werden.

§ 3

(1) Die Packungen und Behältnisse von Honig müssen mit folgenden Angaben versehen sein

1. der Bezeichnung »Honig« oder einer anderen nach Anlage 1 für das Erzeugnis vorgesehenen Bezeichnung; bei Erzeugnissen nach Anlage 1 Nr. 2.2.1, 2.2.2 und 2.3.2 muß die dort vorgesehene Bezeichnung verwendet werden; die Bezeichnung darf in allen Fällen durch weitere Angaben ergänzt werden, soweit § 4 oder andere Rechtsvorschriften nicht entgegenstehen,
2. dem Namen oder der Firma und der Anschrift oder dem Sitz des Herstellers oder Verpackers oder eines Verkäufers, der sich in einem Mitgliedstaat der Europäischen Wirtschaftsgemeinschaft niedergelassen hat,
3. dem Füllgewicht in Gramm oder Kilogramm.

(2) Bei Packungen und Behältnissen mit einem Füllgewicht von mindestens 10 Kilogramm, die nicht im Einzelhandel in den Verkehr gebracht werden, brauchen die Angaben nach Absatz 1 Nr. 2 und 3 nur in den Begleitpapieren vermerkt zu werden.

(3) Die Angaben nach Absatz 1 sind an einer in die Augen fallenden Stelle leicht lesbar und unverwischbar anzubringen. Die Bezeichnung nach Absatz 1 Nr. 1 muß in deutscher Sprache, die übrigen Angaben müssen in einer Amtssprache der Europäischen Wirtschaftsgemeinschaft erfolgen.

§ 4

(1) Die Bezeichnung nach § 3 Abs. 1 Nr. 1 darf nur dann durch die Angabe bestimmter Blüten oder Pflanzen ergänzt werden, wenn der betreffende Honig überwiegend den genannten Blüten oder Pflanzen entstammt und entsprechende sensorische, physikalisch-chemische und mikroskopische Merkmale aufweist.

(2) Der Gebrauch eines regionalen, territorialen oder topographischen Namens ist nur dann zulässig, wenn der damit bezeichnete Honig ausschließlich die angegebene Herkunft aufweist.

§ 5

Gewerbsmäßig dürfen nicht in den Verkehr gebracht werden

1. Lebensmittel, die mit der Bezeichnung »Honig« oder einer anderen in Anlage 1 aufgeführten Bezeichnung versehen sind, ohne der betreffenden Begriffsbestimmung zu entsprechen; § 1 Abs. 3 bleibt unberührt,
2. Honig, dessen Beschaffenheit den Anforderungen des § 2 nicht entspricht,
3. Honig, dessen Bezeichnung entgegen § 4 Abs. 1 durch die Angabe bestimmter Blüten oder Pflanzen ergänzt ist,
4. Honig, der entgegen § 4 Abs. 2 mit einer Herkunftsangabe versehen ist.

§ 6

(1) Nach § 52 Abs. 1 Nr. 11 des Lebensmittel- und Bedarfsgegenständegesetzes wird bestraft, wer Lebensmittel entgegen einem Verbot des § 5 gewerbsmäßig in den Verkehr bringt. Wer eine in Satz 1 bezeichnete Handlung fahrlässig begeht, handelt nach § 53 Abs. 1 des Lebensmittel- und Bedarfsgegenständegesetzes ordnungswidrig.

(2) Ordnungswidrig im Sinne des § 54 Abs. 1 Nr. 2 des Lebensmittel- und Bedarfsgegenständegesetzes handelt, wer vorsätzlich oder fahrlässig Honig gewerbsmäßig in den Verkehr bringt, der entgegen § 3 nicht oder nicht in der vorgeschriebenen Weise gekennzeichnet ist.

§ 7

Die Lebensmittel-Kennzeichnungsverordnung in der Fassung der Bekanntmachung vom 25. Januar 1972 (Bundesgesetzbl. I S. 85), zuletzt geändert durch § 18 der Hackfleisch-Verordnung vom 10. Mai 1976 (Bundesgesetzbl. I S. 1186), wird wie folgt geändert:
In § 1 Abs. 1 Nr. 7 wird das Wort »Honig« gestrichen.

§ 8
Diese Verordnung gilt nach § 14 des Dritten Überleitungsgesetzes vom 4. Januar 1952 (Bundesgesetzbl. I S 1) in Verbindung mit Artikel 11 des Gesetzes zur Gesamtreform des Lebensmittelrechts vom 15. August 1974 (Bundesgesetzbl. I S. 1945) auch im Land Berlin.

§ 9
(1) Diese Verordnung tritt am 1. Januar 1977 in Kraft.
(2) Zum gleichen Zeitpunkt treten außer Kraft
1. die Verordnung über Honig vom 21. März 1930 (Reichsgesetzbl. I S. 101), geändert durch Artikel 23 der Verordnung vom 16. Mai 1975 (Bundesgesetzbl. I S. 1281),
2. der Runderlaß des Reichsministers des Innern vom 9. Oktober 1934 (Ministerialblatt für die innere Verwaltung S. 1252c),
3. der Runderlaß des Reichsministers des Innern vom 4. März 1941 (Ministerialblatt für die innere Verwaltung S. 425).
(3) Diese Verordnung gilt nicht für Kunsthonig im Sinne der Verordnung über Kunsthonig vom 21. März 1930 (Reichsgesetzbl. I S. 102), zuletzt geändert durch Artikel 24 der Verordnung vom 16. Mai 1975 (Bundesgesetzbl. I S. 1281).

Bonn, den 13. Dezember 1976
Der Bundesminister für Jugend, Familie und Gesundheit
Katharina Focke

Bezeichnungen und Begriffsbestimmungen

1. Honig
flüssiges, dickflüssiges oder kristallines Lebensmittel, das von Bienen erzeugt wird, indem sie Blütennektar, andere Sekrete von lebenden Pflanzenteilen oder auf lebenden Pflanzen befindliche Sekrete von Insekten aufnehmen, durch körpereigene Sekrete bereichern und verändern, in Waben speichern und dort reifen lassen;

2. Honigarten
2.1 unterschieden nach den Ausgangsstoffen
2.1.1 Blütenhonig
überwiegend aus Blütennektar stammender Honig;
2.1.2 Honigtauhonig
Honig, der überwiegend aus anderen Sekreten lebender Pflanzen oder aus auf lebenden Pflanzen befindlichen Sekreten von Insekten stammt; seine Farbe kann von hellbraun oder grünlich-braun bis fast zu schwarz hin reichen;
2.2 unterschieden nach der Art der Gewinnung oder Zusammensetzung
2.2.1 Wabenhonig oder Scheibenhonig
Honig, der sich noch in den verdeckelten, brutfreien Zellen der von Bienen selbst frisch gebauten, ganzen oder geteilten Waben befindet;
2.2.2 Honig mit Wabenteilen
Honig, der ein oder mehrere Stücke Wabenhonig enthält;
2.2.3 Tropfhonig
durch Austropfen der entdeckelten, brutfreien Waben gewonnener Honig;
2.2.4 Schleuderhonig
durch Schleudern der entdeckelten, brutfreien Waben gewonnener Honig;
2.2.5 Preßhonig
durch Pressen der brutfreien Waben ohne oder mit geringer Erwärmung gewonnener Honig;

2.3 unterschieden nach dem Verwendungszweck

2.3.1 Speisehonig
vollwertiger, zum unmittelbaren Genuß bestimmter Honig;

2.3.2 Backhonig oder Industriehonig
genießbarer, aber nicht vollwertiger Honig, der zur Weiterverarbeitung bestimmt ist.

Beschaffenheit von Honig

1 . Gehalt an reduzierenden Zuckern, berechnet als Invertzucker	
a) Blütenhonig	mindestens 65 %
b) Honigtauhonig, allein oder gelmischt mit Blütenhonig	mindestens 60 %
2. Scheinbarer Gehalt an Saccharose	
a) im allgemeinen	höchstens 5 %
b) Honigtauhonig, allein oder gemischt mit Blütenhonig; Akazien- und Lavendelhonig sowie Honig aus Banksia menziesii	höchstens 10 %
3. Gehalt an Wasser	
a) im allgemeinen	höchstens 21 %
b) Heidehonig (Calluna) und Kleehonig (trifohurn sp)	höchstens 23 %
4. Gehalt an wasserunlöslichen Stoffen	
a) im allgemeinen	höchstens C,1 %
b) Preßhonig	höchstens C,5 %
5. Gehalt an Mineralstoffen (Asche)	
a) im allgemeinen	höchstens 0,6 %
b) Honigtauhonig, allein oder gemischt mit Blütenhonig	höchstens 1 %
6. Gehalt an freien Säuren	höchstens 40 Milliäquivalent pro kg
7. Diastasezahl und Gehalt an HydroxymethyUurfurol (BW)	
a) im allgemeinen	
Diastasezahl nach Schade	mindestens 8
HMF	höchstens 40 mg/kg
b) Honig mit einem geringen natürlichen Gehalt an Enzymen (zum Beispiel Zitrushonig)	
Diastasezahl nach Schade	mindestens 3
HMF	höchstens 15 mg/kg

13.2 Leitsätze für Honig des Deutschen Lebensmittelbuches

Leitsätze für Honig

Vorbemerkungen

1. Beschaffenheit und Bezeichnung von Honig waren schon in der VO über Honig vom 21.3.1930 rechtssätzlich geregelt; s. Holthöfer-Juckenack-Nüse, 4. Aufl. Bd. II S. 448. Die VO ist durch die auf Grund des § 19 LMBG erlassene HonigVO vom 13.12.1976 (BGBl. I S. 3391) ersetzt worden. § 1 der HonigVO 1976 setzt in Verbindung mit Anlage 1 Bezeichnungen und Begriffsbestimmungen für Honig fest, während in § 2 in Verbindung mit Anlage 2 Anforderungen an die Beschaffenheit von Honig und in §§ 3 und 4 Bezeichnungsvorschriften festgelegt sind. Diese Festsetzungen sind verbindlich und können daher nicht durch die Lebensmittelbuch-Kommission ersetzt oder geändert werden.
Die von der Kommission im Jahre 1972 beschlossenen Leitsätze enthielten ergänzend zu § 4 der HonigVO von 1930 einerseits allgemeine Beurteilungsmerkmale und stellten andererseits fest, wann bestimmte Bezeichnungen und Angaben bei Honig üblich und nicht geeignet sind, den Verbraucher irrezuführen. Diese Leitsätze wurden mit Inkrafttreten der HonigVO vom 13.12.1976 am 1.1.1977 weitgehend gegenstandslos. Dementsprechend machte sie der BMJFG mit Ausnahme des Abschn. III Nr. 5, 6 und 7 durch Bek. vom 31.3 1977 (BAnz. Nr. 67 S. 2) nach § 33 Abs. 3 Satz 2 LMBG rückgängig. In seiner Bek. vom 24.4.1978 (BAnz. Nr. 82 Beil.; GMBl. 1978 S. 204, 206) hat der BMJFG darauf hingewiesen:
»Für den Verkehr mit Honig sind jedoch noch die Beschreibungen in Abschnitt III Nr. 5, 6 und 7 der Leitsätze für Honig von Bedeutung. Die dort genannten Bezeichnungen können auch weiterhin verwendet werden, wenn die dafür geforderten Voraussetzungen vorliegen.«
In ihrer Sitzung vom 6./7.7.1977 hat die Lebensmittelbuch-Kommission daher eine Neufassung der Teile dieser Leitsätze beschlossen.
2. a) Nach den Leitsätzen sind Qualitätshinweise »Auslese« und »Auswahl« an keinerlei analytisch meßbare Voraussetzungen gebunden. Ihre Verwendung setzt jedoch durch besondere Auswahl erzielte überdurchschnittliche äußere Eigenschaften wie Farbe, Aussehen, Konsistenz sowie Geschmack voraus. Es bleibt abzuwarten, ob auf diesem Wege Täuschungen des Verbrauchers über die wirkliche Qualität vermieden werden. Es ist weder in den Leitsätzen noch in der wissenschaftlichen Literatur beschrieben, welche Farbstufe eines Honigs oder der Geschmack welcher Trachtquelle einen Auslese-Honig gegenüber einem durchschnittlichen – unverfälschten und unverdorbenen – heraushebt.
b) Honige, die mit Bezeichnungen wie »kalt geschleudert«, »mit natürlichem Fermentgehalt« oder »wabenecht« auf eine besondere Qualität hinweisen, müssen besonders sorgfältig gewonnen, gelagert und abgefüllt sein; sie dürfen als Qualitätsmerkmal einen Hydroxymethylfurfurolgehalt von höchstens 20 ppm und müssen eine Saccharasezahl nach Hadorn von mindestens 7 haben.
3. Honig, der nicht den Leitsätzen entspricht, wird in der Regel als irreführend bezeichnet i.S. des § 17 Abs. 1 Nr. 5 LMBG anzusehen sein, weil er nicht der Verkehrsauffassung entspricht. Derartige Verstöße werden bei Vorsatz nach § 52 Abs. 1 Nr. 10 als Straftaten, bei Fahrlässigkeit nach § 53 Abs. 1 LMBG als Ordnungswidrigkeiten geahndet.

Leitsätze für Honig

Vom 6./7.7.1977
(BAnz. Nr. 82 a vom 29.4.1978, Beil.; GMBl. 1978 S. 206) i.d.F. vom 29./30.11.1983
(BAnz. Nr. 100 vom 26.5.1984, Beil.; GMBl. 1984 S. 228)

Qualitätshervorhebende Angaben*

1. Zusätzliche Angaben wie »Auslese«, »Auswahl« beziehen sich auf durch besondere Auswahl erzielte überdurchschnittliche äußere Eigenschaften wie Farbe, Aussehen und Konsistenz sowie auf den Geschmack.
2. Angaben wie »kalt geschleudert«, »mit natürlichem Fermentgehalt«, »wabenecht« werden nur bei besonders sorgfältiger Gewinnung, Lagerung und Abfüllung des Honigs verwendet. In diesen Fällen können auch Angaben wie »feinste«, »beste« verwendet werden.
   Honige dieser Art weisen folgende Qualitätsmerkmale auf:
   - Saccharase:
     mindestens Hadorn-Zahl 7 oder ein entsprechender Wert nach einer anderen vergleichbaren Methode[1],
   - Hydroxymethylfurfurolgehalt (HMF-Gehalt):
     nicht über 20 ppm (= 20 mg/kg) nach Winkler oder einer anderen vergleichbaren Methode[2].
3. Erreicht die Saccharasezahl den Wert 10 und mehr (nach Hadorn[1]), so kann bei diesem Honig auf den hohen Enzymgehalt durch die Angabe »fermentreich« hingewiesen werden.

* Geändert am 29./30.11.1983
1 Deutsche Lebensmittel-Rundschau 62, 195–201, (1966)
2 Zeitschrift für Lebensmitteluntersuchung und Forschung, 102, 161, (1955)
3 Diese Bezeichnung bedeutet nicht, daß dieser Honig besondere gesundheitsfördernde Eigenschaften aufweist, die ihn von anderem Honig beachtlich unterscheiden.

13.3 Qualitätsanforderungen des Deutschen Imkerbundes e.V.

13.3.1 Honig unter dem Gewährverschluß des Deutschen Imkerbundes e.V.

Das Einheitsglas des Deutschen Imkerbundes mit seiner nunmehr 60jährigen Tradition ist ein geschütztes kombiniertes Warenzeichen, das nur in der Vollständigkeit seiner drei Bestandteile – geprägtes Glas, geprägter Plastikdeckel und Gewährverschluß – in Verkehr gebracht werden darf.
Benutzungsberechtigt ohne Antrag ist jeder Imker, der Mitglied eines dem Deutschen Imkerbund über den zuständigen Landesverband angeschlossenen Imkervereins ist; ebenso zugelassene Abfüllstellen. Der Verwender haftet mit seinem Namen und mit der auf ihn eingetragenen Überwachungsnummer für *Inhalt und Aufmachung* des Einheitsglases bzw. des mit dem Gewährverschluß versehenen Verkaufseimers.

Inhalt

Der Honig muß den Qualitätsrichtlinien des Deutschen Imkerbundes und der Centralen Marketinggesellschaft der deutschen Agrarwirtschaft (CMA) für Deutschen Honig entsprechen.

Herkunft

Der Honig muß innerhalb der Bundesrepublik Deutschland oder des Gebietes Berlin (West) geerntet sein – entsprechend auch dem CMA-Gütezeichen »Markenqualität aus deutschen Landen«.

Reinheit

Der Honig darf keine durch Fütterung der Bienen beigemischten Zusätze (wie z.B. Zuckerwasser, pollenhaltige Futterteige, sirupähnliche Substanzen, Fruchtsäfte, Tees, Sojamehl, Bierhefe, Auslandshonig) enthalten.

Reife

Der Honig muß »reif« geerntet werden, das bedeutet, er muß aus ständig von Bienen belagerten, gewärmten, belüfteten und überwiegend verdeckelten Honigwaben stammen, die während der Entnahme aus dem Volk beim Abstoßen der Bienen nicht »spritzen«.

Wassergehalt

Der Wassergehalt des Honigs darf den zulässigen Höchstwert von 20% (Ausnahme Heidehonig 23%) nicht überschreiten (refraktometrische Messung, Rohrzuckerskala). Dabei ist zu berück-

sichtigen, daß schon Werte über 19% (Heide über 22%) bei Lagerung eine Gärungsgefahr bedeuten können. Die mit Nektar und Honigtau von den Bienen eingetragenen Hefesporen vermehren sich in »wasserreichen« Honigen rasch und versetzen die ganze Partie in Gärung, auch wenn der Honig schön kandiert ist.
Gäriger Honig darf nicht in den Verkehr gebracht werden, sondern kann nur noch industriellen Zwecken dienen (z.B. Gebäck- und Metbereitung oder Verwendung als Bienenfutter*).

Sauberkeit und Konsistenz

Sorgfältig gesiebter und mehrfach abgeschäumter Honig, d.h. absolut frei von Wachs- und Schmutzteilen, wird gut durchgemischt, um eine einheitliche Konsistenz – auch im Wassergehalt – zu erreichen. Danach werden Blütenhonige täglich einige Minuten gerührt, bis eine feinkristalline, dickflüssige Beschaffenheit erzielt ist.
Honige von uneinheitlicher Konsistenz, z.B. teils flüssig und teils kandiert, dürfen nicht im Einheitsglas angeboten werden.

Wärme- und/oder Lagerschäden

Der Honig, ein mit biologischen Wirkstoffen angereichertes Naturprodukt, ist äußerst wärmeempfindlich. Bei Einwirkung von Temperaturen über 40 °C über mehrere Tage werden die biologischen Wirkstoffe zerstört. Als Indikator für Wärme- und/oder Lagerschäden wird einerseits die Fermentaktivität des Honigs (Invertase) ermittelt, die 10 Einheiten nicht unterschreiten darf. Andererseits wird der Gehalt an HMF (Hydroxymethylfurfural) gemessen, eine Substanz, die sich überwiegend aus dem Fruchtzuckeranteil im Honig bildet. Frisch geschleuderter Honig enthält praktisch kein HMF. Bei einer Lagertemperatur von 15 °C nimmt der HMF-Gehalt um ca. 2 mg/kg Honig/Jahr zu, steigt die Erwärmung des Honigs über 40 °C (z.B. zwecks Verflüssigung) rasch und bei Wiedererwärmung sprunghaft an. Im Einheitsglas des Deutschen Imkerbundes beträgt der zulässige Höchstwert an HMF 15 mg/kg Honig.

Lagerung

Daß Honig nicht unbegrenzt haltbar ist, zeigen bei der Laboruntersuchung der Verlust der Fermentaktivität und der Anstieg des HMF-Gehaltes. Zur Honiglagerung sind absolut luftdichte Gefäße zu empfehlen, andernfalls nimmt der Honig an der Oberfläche Luftfeuchtigkeit auf und kann allmählich zu gären beginnen. Der Honiglagerraum muß kühl (ca. 15 °C) und frei von Fremdgerüchen (z.B. von Chemikalien, Farben, Seifen, Benzin, Heizöl) sein, die das Aroma des Honigs (seinen trachttypischen Geruch und Geschmack) beeinflussen.

Einwaage

Die auf dem Gewährverschluß des Deutschen Imkerbundes gedruckte Füllmenge für Einheitsgläser und Honigverkaufseimer ist verpflichtend und muß korrekt eingehalten werden. Die Füll-

Honig unter ständigem Rühren 30 min auf 80 °C erhitzen. Danach dicke Schaumschicht, die die Mehrzahl der Gärungshefen enthält, völlig abnehmen und bienenunzugänglich vernichten. Abgekühlt und mit Wasser verdünnt zur Fütterung von Schwärmen, Ablegern und Aufbauvölkern, nicht aber für Ertragsvölker verwenden! (s. Handbuch der Bienenkunde ZANDER/MAURIZIO »Der Honig«.)

menge darf im Mittel die Nennfüllmenge nicht unterschreiten. Abweichungen dürfen von höchstens 2 vom Hundert der Fertigpackungen unterschritten werden. Zulässige Minusabweichungen

bei Einheitsgläsern	3,0%
bei Eimern	1,5%

Aufmachung

Name und Anschrift

Die über Ortsverein und Landesverband vom Deutschen Imkerbund bezogenen Gewährverschlüsse können auf Wunsch bei Bestellung ab 1000 Stück mit Namen und Adresse des Imkers gedruckt werden. Für kleinere Imkereien ist ein für das grüne Feld passender Stempel erforderlich, der Name und Anschrift des Imkers angibt.

Deklaration

Das weiße Feld unterhalb der Überwachungsnummer ist für eine Sortendeklaration des Honigs vorgesehen. Der Deutsche Imkerbund liefert auf Bestellung Stempel und Etiketten: Blütenhonig, Waldhonig, Rapshonig, Kleehonig, Löwenzahnhonig, Lindenhonig, Tannenhonig, Akazienhonig, Heidehonig, Edelkastanienhonig. Die gewählte Sortendeklaration darf nur angewendet werden, wenn der eingefüllte Honig *überwiegend* den genannten Blüten oder Pflanzen entstammt (§ 4 Abs. 1 der Honigverordnung).

Etikettierung

Der Gewährverschluß muß gut haftend und akkurat angebracht werden, das bedeutet: der festgeschraubte Plastikdeckel wird in seinem inneren kreisrunden Feld mit einem Klebestift eingerieben, die deckelübergreifende Lasche des bereits angefeuchteten Gewährverschlusses exakt in der geprägten Rundung und parallel zu den Sechseckseiten des Deckels aufgeklebt, der Kreuzteil über den Deckelrand gezogen und waage- und senkrecht mit einem sauberen Tuch auf dem Glas angedrückt.

Zusätzliche Etiketten

Ihre Verwendung ist nur als Zusatzetiketten wie »Vom Erzeuger abgefüllt« oder als Rückenetikett, das vom Deutschen Imkerbund herausgegeben oder schriftlich genehmigt ist, zulässig.

Überwachung

Der Deutsche Imkerbund schützt seine Warenzeichen durch ständige Kontrollen. So z.B. führen Vertrauensleute Marktaufkäufe durch; der Honig wird in den Untersuchungsstellen einer strengen Prüfung nach den DIB-/CMA-Qualitätsrichtlinien unterzogen. Bei Beanstandungen und Verstößen gegen die Warenzeichensatzung wird die Rechtsabteilung des Deutschen Imkerbundes eingeschaltet, der die Verfolgung und ggf. Beitreibung der Verbandsstrafe obliegt.

13.3.2 Bestimmungen zum Warenzeichen des Deutschen Imkerbundes e.V.

I. Verbandszeichensatzung

§ 1 Verbandszeichen
Für den Deutschen Imkerbund e.V. (DIB) sind zum Schutz der Erzeugnisse und der Tätigkeit des deutschen Imkers die folgenden Warenzeichen eingetragen:
1. Bildzeichen: Imkerhonigglas Wz. Nr. 661917
2. Bildzeichen: Gewährverschluß grün Wz. Nr. 656643
3. Bildzeichen: Gewährverschluß orange Wz. Nr. 872134
4. Bildzeichen: Dosengewährverschluß grün Wz Nr. 741299
5. Bildzeichen: Zeidler Wz. Nr. 656641
6. Kennmarke mit Motiv »Adler« Wz. Nr. 656642
7. Bildzeichen »Adlermarke« DBWZ 350439

§ 2 Verband
Für die Aufrechterhaltung der Zeichen nach den gesetzlichen Bestimmungen sorgt der DIB. Er wird gerichtlich und außergerichtlich durch seinen Präsidenten, bei dessen Verhinderung durch den 2. Bundesleiter vertreten. Der DIB ist ein freiwilliger Zusammenschluß der Imkerlandesverbände des Bundesgebietes und West-Berlins und dient der Förderung der deutschen Bienenzucht und Bienenwirtschaft auf allen Gebieten.

§ 3 Verwendung der Verbandszeichen
Die Verbandszeichen dienen zur Kennzeichnung und zum Schutz von Honig aus der Bundesrepublik einschl. West-Berlin (Ziff. 1, 2 und 4) und aus Mitteldeutschland (Ziff. 3). Sie dürfen nur für vollwertigen, einwandfrei gewonnenen und behandelten, reinen und reifen Honig verwendet werden. Der DIB kann dazu Richtlinien mit den qualitativen Mindestanforderungen herausgeben. Der Honig ist mit Hilfe ordnungsgemäßer Abfüllvorrichtungen in hygienisch einwandfreier Weise abzufüllen.
Es sind die vom Deutschen Imkerbund herausgegebenen Deckeleinlagen zu verwenden.
Die Verbandszeichen dürfen nur zur Kennzeichnung der vom DIB herausgegebenen oder zugelassenen Warenverpackungen benutzt werden. Mit den Verbandszeichen versehene Warenverpackungen und Gewährverschlüsse dürfen nur zusammen in den Verkehr gebracht werden. Die zu Kontrollzwecken numerierten Gewährverschlüsse sind vom Verband zu beziehen. Die lose Abgabe von Gewährverschlüssen ist nicht zulässig. Der Benutzungsberechtigte hat die vom DIB vorgeschriebenen Aufzeichnungen über die Verwendung der Gewährverschlüsse zu führen. An den Verbandszeichen dürfen außer Namens- oder Firmenzusätzen keinerlei Veränderungen vorgenommen werden. Die Verwendung zusätzlicher Etiketten ist nur als Rückenetikett möglich, wobei diese überwiegend Informationen über Qualität und/oder Herkunft geben dürfen. Diese Etiketten dürfen eine Fläche von 22 cm^2 nicht übersteigen, sie dürfen nicht länger als 7 cm in ihrer längsten Ausdehnung sein und müssen jeweils in gleichen Abständen von den waagerechten Enden des Verbandszeichens angebracht sein. Die Verwendung der Rückenetiketten bedarf der schriftlichen Zustimmung des DIB. Ausnahmeregelungen gelten nur für die Centrale Marketing Gesellschaft der Deutschen Agrar Wirtschaft GmbH, 5300 Bonn-Bad Godesberg (CMA).
Der Benutzungsberechtigte ist dafür verantwortlich, daß die Verbandszeichen nur von ihm selbst oder unter seiner persönlichen Kontrolle benutzt werden. Die Benutzung der Verbandszeichen »Adler« (Ziff. 6), »Zeidler« (Ziff. 5) zu Werbezwecken auf Geschäftspapieren, Werbedrucksachen usw. ist dem Benutzungsberechtigten gestattet, soweit sich diese auf den Handel von in der Bundesrepublik Deutschland oder in Mitteldeutschland erzeugten Honig beziehen.

Der Benutzungsberechtigte ist in diesem Fall verpflichtet, der Geschäftsstelle des DIB je 2 Exemplare solcher Drucksachen zur Kenntnisnahme vorzulegen.
Die Benutzung des Verbandszeichens »Adler« (Ziff. 6) ist außerdem mit besonderer Erlaubnis des Verbandes zur Kennzeichnung von Bienenfutterzucker und anderer der Bienenzucht und Bienenwirtschaft dienenden Gegenstände gestattet.

§ 4 Verleihung des Benutzungsrechts

Das Benutzungsrecht für die Verbandszeichen wird durch den DIB widerruflich verliehen. Der DIB besitzt das allgemeine Verfügungsrecht über die Verbandszeichen.
Die Verleihung erfolgt auf Antrag. Anträge auf Verleihung sind an den DIB zu richten. Die Verleihung ist an eine schriftliche Erklärung des Antragstellers gebunden, daß er diese Verbandszeichensatzung und ihre Durchführungsbestimmungen anerkennt.
Das Benutzungsrecht wird nur verliehen, wenn gesichert erscheint, daß der Antragsteller Honig nur in der Weise abfüllen und mit den Verbandszeichen in Verkehr bringen wird, daß er den Anforderungen des § 3 entspricht.
Gegen die Versagung der Verleihung steht dem Antragsteller die Beschwerde zu. Sie ist innerhalb von zwei Wochen bei der Geschäftsstelle des DIB mit einer schriftlichen Begründung einzureichen. Der erweiterte Vorstand des DIB entscheidet endgültig.
Benutzungsberechtigt ohne Antrag ist jeder Imker, der Mitglied eines dem DIB über den zuständigen Landesverband angeschlossenen Imkervereins ist, soweit er die Verbandszeichen nur für den von ihm selbst geernteten Honig verwendet. Der Zukauf von Honig ist nur unter folgenden Voraussetzungen zulässig:

a) Es muß sich ausschließlich um in der Bundesrepublik und West-Berlin erzeugten Honig handeln.
b) Der Erzeuger muß Mitglied in einem Landesverband des DIB angeschlossenen Orts-/Kreisvereins sein.
c) Die Zukaufmenge darf im laufenden Kalenderjahr den Durchschnitt der eigenen Erzeugung der letzten fünf Jahre nicht übersteigen. Der Nachweis der erzeugten Menge hat durch den Benutzungsberechtigten in nachvollziehbarer Weise zu erfolgen.
d) Die Benutzungsberechtigte hat vom Zeitpunkt der Übernahme an alle Verpflichtungen nach den »Bestimmungen zu den Warenzeichen des Deutschen Imkerbundes e.V.« zu erfüllen.

Der Imker hat bei der Bestellung oder dem Empfang der zur Kennzeichnung dienenden Gewährverschlüsse die Anzahl der von ihm bewirtschafteten Bienenvölker anzugeben und sich zur Einhaltung dieser Verbandszeichensatzung und ihrer Durchführungsbestimmungen schriftlich zu verpflichten. Das Benutzungsrecht kann vom Vorstand aus wichtigem Grund mit sofortiger Wirkung widerrufen werden.

§ 5 Überwachung

Der DIB überwacht die Benutzung der Verbandszeichen.
Jeder Benutzungsberechtigte unterwirft sich der Aufsicht des DIB hinsichtlich der satzungsgemäßen Verwendung der Verbandszeichen und verpflichtet sich, den mit der Überwachung Beauftragten auf Verlangen nach bestem Wissen und Gewissen alle zweckdienlichen Auskünfte zu erteilen, schriftliche Unterlagen vorzulegen, insbesondere die Verwendungszeichennachweise, Herkunftsnachweise und Rechnungen sowie eine Besichtigung seines Betriebes zu gestatten und lose Proben zur kostenlosen Untersuchung durch eine anerkannte Untersuchungsanstalt entnehmen zu lassen.
Die Kosten für die Durchführung der Kontrollen trägt der DIB mit Ausnahme von Wiederholungskontrollen bei schwerwiegenden Beanstandungen von Abfüllstellen und Imkern.
Jeder Benutzungsberechtigte ist verpflichtet, ihm zur Kenntnis gelangende Mißbräuche der Verbandszeichen und Verstöße gegen die Zeichensatzung oder die Durchführungsbestimmungen unverzüglich dem DIB anzuzeigen.

§ 6 Verfolgung von Mißbräuchen

Der Vorstand des DIB kann jeden Benutzungsberechtigten wegen mißbräuchlicher Verwendung der Verbandszeichen

a) verwarnen,

b) mit einer Verbandsstrafe bis zu DM 20000,– im Einzelfall belegen.

Er kann außerdem

c) ihm das Benutzungsrecht vorübergehend sperren,

d) ihm in schweren Fällen das Benutzungsrecht dauernd entziehen,

e) seinen Ausschluß als Mitglied herbeiführen.

Die Entscheidungen des DIB sind dem Betroffenen durch eingeschriebenen Brief zuzustellen und schriftlich zu begründen.

Für die Strafen a) bis c) stehen dem Betroffenen Beschwerde an den erweiterten Vorstand, gegen die Strafen d) und e) Berufung an die Vertreterversammlung des DIB zu. Beschwerde oder Berufung sind innerhalb von zwei Wochen nach Zustellung der Entscheidung bei der Geschäftsstelle des DIB mit schriftlicher Begründung einzureichen. Die Beschwerde und die Berufung haben keine aufschiebende Wirkung.

§ 7 Warenzeichenänderung und Umtausch

Der DIB ist berechtigt, seine Warenzeichen innerhalb einer angemessenen Frist, die gem. § 8 Satz 1 bekanntzumachen ist, zurückzuziehen und bereits ausgegebene Verbandszeichen umzutauschen. Nach Ablauf der Frist dürfen die Verbandszeichen nicht mehr benutzt werden; sie sind auf Kosten des Benutzungsberechtigten unentgeltlich an den DIB zurückzusenden.

§ 8 Schlußbestimmungen

Alle mit dem Verbandszeichen zusammenhängenden Bestimmungen sind in den regelmäßig erscheinenden Bekanntmachungen des DIB zu veröffentlichen. Auch rechtskräftig verhängte Strafen nach § 6 können veröffentlicht werden.

Ansprüche irgendwelcher Art gegen den DIB können aus der zeitweiligen oder dauernden Entziehung des Benutzungsrechtes der Verbandszeichen oder aus der Versagung der Verleihung nicht hergeleitet werden. Änderungen dieser Zeichensatzung werden wirksam mit der Anmeldung zur Warenzeichenrolle. Gerichtsstand für alle aus der Warenzeichenbenutzung sich ergebenden Streitigkeiten ist der Sitz des Verbandes.

II. Qualitätsanforderungen für deutschen Honig

§ 1

Aufgrund § 3 der Verbandszeichensatzung darf mit dem Warenzeichen des DIB »Bildzeichen Gewährverschluß grün« nur Honig in den Verkehr gebracht werden, der über die Bestimmungen der Lebensmittelgesetze, insbesondere der Verordnung über Honig vom 13. Dezember 1976, hinaus folgenden Mindestanforderungen genügt:

1. Der Honig muß »naturbelassen« sein: Das ist im allgemeinen der Fall, wenn folgende Voraussetzungen erfüllt sind:
   a) Die Invertaseaktivität muß mindestens zehn Einheiten nach Gontarski betragen (oder eine entsprechende Aktivität nach einer anderen vergleichbaren Methode erreichen).
   b) Der Hydroxymethylfurfuralgehalt darf 1,5 mg% (nach Winkler) nicht überschreiten.
   c) Bei natürlich fermentschwachen Honigen (z.B. Gamander- oder Robiniensortenhonig) können Unterschreitungen der Invertasemindestaktivität toleriert werden.
   d) Die Festsetzung einer Diastasemindestaktivität, die über die Anforderungen hinausgeht, die üblicherweise aufgrund der Verordnung über Honig gestellt werden, erübrigt sich, da die Messung der Invertaseaktivität und des HMF-Gehalts Wärme-oder Lagerungseinflüsse empfindlicher anzeigt, als dies durch die Bestimmung der Diastasezahl möglich ist.

2. Der Wassergehalt des Honigs darf nicht mehr als 20%, der des Heidesortenhonigs nicht mehr als 23% betragen. Die Messungen erfolgen refraktometrisch durch Ablesung der Trockensubstanzprozente von der Rohrzuckerskala des Instruments.
3. Der Honig darf auch im mikroskopischen Bild keine nennenswerten Mengen vermeidbarer, nicht arteigener Bestandteile (z.B. Pollenersatzmittel, Schmutzpartikel) enthalten. Preßhonig kommt für die Abfüllung unter dem grünen Gewährverschluß nur dann in Frage, wenn es sich um Heidesortenhonig handelt.
4. Kandierter Honig muß eine einheitliche feine Körnung mit matter Oberfläche aufweisen. Eine feine weiße Schicht an der Oberfläche von kandiertem Honig und sog. »Blütenbildung« sind keine qualitätsmindernden Merkmale.

§ 2

Honig entspricht in der Regel den Voraussetzungen des § 1.
1. wenn er aus überwiegend gedeckelten Waben geschleudert wird und bei der Stoßprobe nicht mehr ausspritzt,
2. wenn er nicht während einer Volltracht geschleudert wird,
3. wenn er dickflüssig und zäh aus der Schleuder fließt, so daß der Honigstrahl kegelbildend auf das Sieb fällt,
4. wenn alle zur Honiggewinnung benutzten Geräte völlig trocken, sauber und rostfrei sind,
5. wenn er in trockene Gefäße gefüllt wird,
6. wenn er nicht länger als zwei Jahre in einem geruchfreien, möglichst trockenen Raum gelagert wird; die Temperatur sollte 15 °C nicht oder nur für kurze Zeiträume überschreiten; für längere Lagerung sind luftdicht schließende Behälter zu verwenden,
7. wenn er durch Abschäumen so lange geklärt wird, bis die Oberschicht völlig schaumfrei, glatt und glänzend ist,
8. wenn er zur Erzielung einer einheitlichen Kandierung bei Beginn der Kristallbildung sachgemäß gerührt wird,
9. wenn er ohne Erwärmung abgefüllt wird (also vor der völligen Erstarrung durch Kandierung),
10. wenn er bei einer notwendig werdenden Wiederverflüssigung nicht über 40 °C erwärmt wird und die Erwärmung so kurz wie möglich erfolgt.

Im Zweifelsfall ist vom Imker vor dem Abfüllen und Inverkehrbringen des Honigs eine Nachprüfung über die Erfüllung der Mindestanforderung gemäß § 1 bei einer vom DIB anerkannten Untersuchungsstelle zu veranlassen. Die Abfüllstellen sind dafür verantwortlich, daß der von ihnen in den Verkehr gebrachte Honig diesen Anforderungen entspricht. Imker und Abfüllstellen sind berechtigt, Untersuchungen zu den vom DIB festgesetzten Gebühren vornehmen zu lassen.

§ 3

Honig, der mit dem Warenzeichen des DIB »Bildzeichen Gewährverschluß orange« in den Verkehr gebracht wird, muß den Vorschriften der Lebensmittelgesetzgebung, insbesondere der Verordnung über Honig vom 13. Dezember 1976, genügen.

§ 4

Für Honige, die mit dem Verbandswarenzeichen des DIB in den Verkehr gebracht werden, gelten ferner die folgenden Bestimmungen:
1. Sie dürfen nicht als deutscher Honig angeboten werden, wenn die Bienen mit ausländischem Honig gefüttert wurden.
2. Zutreffende Deklarationen der botanischen oder jahreszeitlichen Herkunft (z.B. Frühjahrshonig, Sommerhonig) sind nach Maßgabe der einschlägigen Bestimmungen der Verordnung über Honig zulässig.
   Sonstige Deklarationswünsche (z.B. Bayerischer Waldhonig usw.) sind dem DIB zur Genehmigung vorzulegen.

3. Die Aufbewahrung und der Versand von deutschem Honig, der mit dem Verbandswarenzeichen angeboten werden soll, darf nur in sauberen, rost- und geruchfreien, säurebeständigen Gefäßen erfolgen.

III. Verwendungsbestimmungen für Prägezangen und Eimeretiketten mit dem Warenzeichen des Deutschen Imkerbundes e.V.

Die vom DIB zur Kennzeichnung des deutschen Honigs herausgegebenen Verschlüsse für Honigeimer mit dem gesetzlich geschützten Verbandswarenzeichen dürfen nur entsprechend den nachstehenden Bestimmungen verwendet werden:

1. Der Eimerverschluß besteht aus Bleiplombe und Etikett für verschiedene Eimergrößen. Die Bleiplombe wird mittels einer Prägezange angebracht, wobei beim Verschließen gleichzeitig das Verbandszeichen und eine Kennziffer eingeprägt werden. Jeder Benutzungsberechtigte erhält eine bestimmte Kennziffer, welche auch in die Eimeretiketten eingestanzt wird. Plombe und Etikett dürfen nur zusammen verwendet werden. Beide müssen die gleiche Kennziffer des Benutzungsberechtigten tragen.
2. Eimerverschlüsse können auf Antrag an alle nach § 4 der Verbandszeichensatzung Benutzungsberechtigten abgegeben werden, wenn die dort genannten Voraussetzungen erfüllt sind.
   Honigeimerverschlüsse dürfen vom Benutzungsberechtigten nur für selbstgeernteten Honig verwendet werden, soweit nicht eine besondere Genehmigung als Abfüllstelle vorliegt. Etiketten, welche an Abfüllstellen zur Kennzeichnung von nicht selbst geerntetem deutschen Honig geliefert werden, sind mit einer weiteren fortlaufenden Kontrollnummer versehen, über welche die vorgeschriebenen Verwendungsnachweise geführt werden müssen.
3. Prägezangen und Etiketten sind vom DIB zu beziehen. Die mit dem Verbandszeichen und der Kennziffer versehenen Einsätze in den Prägezangen bleiben Eigentum des DIB und sind nach Erlöschen des Benutzungsrechts an diesen wieder zurückzugeben.
4. Zum Verschließen der Eimer darf nur Spiraldraht verwendet werden, damit die Plombe nicht abgestreift werden kann. Zur Sicherung des Deckels muß der Eimer mit Sicherungsring oder seitlicher, einbiegsamer Krampe versehen sein.
5. Der zur Abfüllung kommende deutsche Honig muß den Qualitätsanforderungen gemäß Ziffer II entsprechen.
6. Jeder Benutzungsberechtigte, der selbstgeernteten Honig mit Eimerverschlüssen in Verkehr bringen will, ist verpflichtet, jährlich mindestens eine Probe seines Honigs zur Untersuchung an eine vom DIB anerkannte Untersuchungsstelle einzusenden. Der DIB kann die Abgabe der Etiketten von der Vorlage eines Untersuchungsbefundes abhängig machen. Für Honiguntersuchungen, die von den Abfüllstellen zu veranlassen sind, gilt § 3 der Richtlinien für Abfüllstellen.
7. Für die Benutzung von Eimerverschlüssen gelten im übrigen die Bestimmungen der Verbandszeichensatzung des DIB.

IV. Richtlinien für die Verleihung des Benutzungsrechts an Abfüllstellen

§ 1 Voraussetzungen für die Verleihung

Das Recht zur Benutzung der Verbandszeichen des DIB gemäß § 4 der Zeichensatzung für nicht selbst geernteten deutschen Honig kann nur bei Erfüllung folgender Voraussetzungen verliehen werden:

1. Persönliche Voraussetzungen:
   a) Kenntnisse des Inhabers oder des für die Abfüllung Verantwortlichen über Honig und Honigbehandlung. (Mehrere Jahre einschlägige Tätigkeit als Honighändler oder Imker.)
   b) Ausreichende Kreditfähigkeit, damit eine ordnungsgemäße Bezahlung der liefernden Imker gewährleistet ist, für die die Verleihung des Abfüllrechtes einen Vertrauensbeweis darstellt.
   c) Schriftliche Verpflichtung über die Anerkennung der verbandlichen Bestimmungen für das Verbandszeichen (Zeichensatzung und ihre Durchführungsbestimmungen, insbes. Bestimmungen des § 3 dieser Richtlinien) in der jeweils gültigen Fassung durch den verantwortlichen Firmeninhaber.
2. Sachliche Voraussetzungen:
   d) Vorliegen eines einschlägigen Fachgroßhandels (Honig- oder Lebensmittelgroßhandel) nach gewerblicher und steuerlicher Anmeldung (handelsgerichtliche Eintragung ist nicht erforderlich).
   Einzelhandelsgeschäfte können nur zugelassen werden, wenn mehrere Filialen vorhanden sind, die eine eigene Abfüllung umsatzmäßig rechtfertigen.
   e) Ein hygienisch einwandfreier, sauberer, kühler und möglichst trockener Raum, der ausschließlich zur Lagerung deutschen Honigs (nicht gleichzeitig auch für ausländischen Honig) bestimmt ist.
   f) Eine Honigauflöseeinrichtung mit einwandfrei arbeitenden Thermostaten in einem hygienisch einwandfreien, sauberen Raum.
   g) Eine Honigabfülleinrichtung, die eine ordnungsgemäße Reinigung des Honigs (Doppelsieb) und eine saubere Abfüllung (Dosierautomat, Kessel mit Quetschhahn usw.) ermöglicht.
   h) Entrichtung einer Lizenzgebühr an den DIB in der vom Vorstand festgesetzten Höhe.

§ 2 Verleihung und Widerruf

Die Verleihung des Benutzungsrechtes durch den DIB erfolgt gemäß § 4 der Zeichensatzung grundsätzlich auf die Dauer eines Kalenderjahres; das Benutzungsrecht verlängert sich jeweils um ein Jahr, wenn es nicht unter Einhaltung einer Kündigungsfrist von 6 Monaten gekündigt wird.

Über die Verleihung wird eine Urkunde erteilt.

Die vom DIB zu beziehenden Gewährverschlüsse bleiben bis zu ihrer Verwendung Eigentum des DIB. Ein Widerruf kann erfolgen, wenn

1. ein Mißbrauch der Verbandszeichen festgestellt wurde (§ 6 der Zeichensatzung),
2. die persönlichen oder sachlichen Voraussetzungen gem. § 1 nicht mehr gegeben sind,
3. die Zeichensatzung und ihre Durchführungsbestimmungen, insbesondere die in § 3 angegebenen besonderen Verpflichtungen der Abfüllstellen nicht eingehalten wurden.

Das Benutzungsrecht erlischt ohne besonderen Widerruf, wenn

1. die Abfüllstelle ganz oder teilweise auf eine andere Person als den Antragsteller übergeht,
2. die Gewährverschlüsse nach Aufforderung und Fristsetzung nicht rechtzeitig bezahlt wurden,
3. der Antrag auf Erneuerung nicht rechtzeitig vor Ablauf des Benutzungsrechts gestellt wird.

§ 3 Verpflichtungen

Der benutzungsberechtigte Abfüllstelleninhaber ist verpflichtet,

1. die Zeichensatzung und ihre Durchführungsbestimmungen einzuhalten, insbesondere nur solchen deutschen Honig mit dem Verbandszeichen des DIB in den Verkehr zu bringen, welcher den Qualitätsanforderungen entspricht,
2. Abfüll- und Lagerraum stets sauber und trocken zu halten, insbesondere aus hygienischen Gründen alle Vorkehrungen zu treffen, welche das Eindringen von Bienen in die Lager- und Abfüllräume ausschließen,

3. die zugelassenen Räumlichkeiten nur zur Lagerung und Abfüllung von deutschem Honig zu benutzen, insbesondere ausländischen Honig getrennt zu lagern,
4. Verkaufsverpackungen von ausländischem Honig so zu kennzeichnen, daß eine Irreführung oder Verwechslung mit dem Einheitsglas des DIB ausgeschlossen ist,
5. die gemäß § 3 der Zeichensatzung vorgeschriebenen Aufzeichnungen über den Einkauf und die Abfüllung des Honigs sowie über die Verwendung der Gewährverschlüsse in der vom DIB vorgeschriebenen Form zu führen,
6. vom Lieferanten eine schriftliche Garantieerklärung darüber zu erheben, daß es sich um deutschen Honig im Sinne der Warenzeichensatzung handelt, der, falls der Lieferant Imker ist, von ihm selbst gewonnen wurde, und daß er Mitglied der dem DIB angeschlossenen Landesverbände bzw. deren Vereine ist,
7. über den Einkauf des zur Abfüllung bestimmten Honigs in Durchschreibeverfahren Anlieferungsaufzeichnungen in 4facher Ausfertigung herzustellen; sie müssen mit fortlaufenden Nummern versehen sein. Es sind folgende Angaben aufzunehmen: Name und Anschrift des Abfüllstelleninhabers und des Verkäufers sowie des Landesverbandes, dem er angehört, Anzahl der von ihm bewirtschafteten Bienenvölker, Menge des Honigs, Datum der Übergabe. Weiter kann die Erklärung nach Ziffer 6 aufgenommen werden.
   Eine Durchschrift ist dem Verkäufer auszuhändigen. Zwei Durchschriften sind monatlich, spätestens bis zum 5. des folgenden Monats, dem DIB zu übersenden, der seinerseits eine Durchschrift dem Landesverband weitergibt, in dessen Bezirk der Verkäufer seinen Wohnsitz hat.
   Das Original hat der Inhaber der Abfüllstelle mindestens 3 Jahre aufzubewahren,
8. aus jeder eingehenden Honiglieferung eine Probe (mind. 50 g) zu entnehmen und so lange möglichst kühl aufzubewahren, bis angenommen werden darf, daß der in den Verkehr gebrachte Honig verkauft ist,
9. bei Differenzen über die Herkunft oder die Qualität eines Honigs sich dem Gutachten einer vom DIB anerkannten Untersuchungsanstalt zu unterwerfen,
10. an die mit der Überwachung und Kontrolle beauftragten Personen des DIB nach bestem Wissen jede von ihnen geforderte zweckdienliche Auskunft zu erteilen und dem DIB auf Anforderung die gem. Ziffer 5 vorgeschriebenen Nachweise vorzulegen,
11. im Falle des Widerrufs des Benutzungsrechtes die noch im Besitz befindlichen Gewährverschlüsse und sonstigen mit dem Verbandszeichen versehenen Verkaufspackungen sowie die Verleihungsurkunde herauszugeben.

§ 4 Veröffentlichung

Die Verleihung oder der Widerruf des Benutzungsrechtes wird in den regelmäßig erscheinenden Bekanntmachungen des DIB veröffentlicht, welche von den Abfüllstellen zu beziehen sind.

13.3.3 Honigsorten-Bezeichnungen

Zur botanischen Sortenbezeichnung des deutschen Honigs im DIB-Einheitsglas

1. Vorbemerkungen

Nach § 4 AGs 1 der Honig-VO darf die Bezeichnung »Honig« nur dann durch die Angabe bestimmter Blüten oder Pflanzen ergänzt werden, d.h. eine botanische Sortenbezeichnung erhalten, wenn er *überwiegend* den genannten Blüten oder Pflanzen entstammt *und* entsprechende sensorische, physikalisch-chemische und mikroskopische Merkmale aufweist.
Es müssen also zwei wichtige Kriterien erfüllt werden:

1. Der mit einer pflanzlichen Sortenbezeichnung deklarierte Honig (z.B. Heidehonig) muß mehr als zur Hälfte der genannten Pflanzenart (Heide) entstammen.
2. Der Geruch und Geschmack, die chemisch-physikalischen Merkmale und das mikroskopische (pollenanalytische) Bild müssen der jeweiligen Sorte entsprechen. Sind diese Kriterien lückenlos gegeben, ist der Nachweis für die gewählte Trachtherkunft erbracht. In der Untersuchungspraxis erfolgt eine solche Sortenfeststellung vor allem über die Merkmale Geruch und Geschmack, elektrische Leitfähigkeit und pH-Wert sowie die mikroskopisch durchzuführende Pollenanalyse. Weitere Merkmale (wie z.B. das Zuckerspektrum, Art der Aromasubstanzen) werden mitunter zusätzlich bestimmt. Die Merkmale müssen insgesamt ein geschlossenes, der Sorte entsprechendes Bild ergeben.

Hieraus kann man leicht ersehen, daß eine richtige Sortenfeststellung in vielen Fällen nur nach vorheriger labortechnischer Analyse des Honigs möglich ist. Imker und Abfüller müssen stets bedenken, daß bei Sortenfeststellung ohne vorherige Laboranalyse die Gefahr sehr groß ist, gegen die Vorschriften der Honig-Verordnung zu verstoßen. Diesbezügliche Fehler sollte der deutsche Imker, der seinem Honig im Einheitsglas des DIB bekanntlich ein hohes Qualitätsniveau zuspricht, unbedingt vermeiden! Es gilt jedoch zu bedenken, daß nicht jeder Imker oder Abfüller seinen jeweiligen Honig vor der Vermarktung im Labor untersuchen lassen kann. Kosten- und Zeitaufwand wären enorm, die Kapazität der Untersuchungsstellen würde bei weitem nicht ausreichen. Im Hinblick auf diese Situation ist daher der Deutsche Imkerbund bestrebt, die Auswahlmöglichkeiten der botanischen Honigsortenbegriffe einzugrenzen und nur klare, eindeutige Bezeichnungen zuzulassen, die im Einklang mit der Honig-Verordnung stehen.
Durch eine solche Beschränkung auf eindeutige Begriffe wird nicht nur die Zahl der zu untersuchenden Proben drastisch reduziert. Auch die *Gefahr, daß frei zu wählende Bezeichnungen Falschdeklarationen darstellen, verringert sich beträchtlich.* Diesbezügliche Verstöße der letzten Jahre (z.B. »Sommerhonig/Heide« bei einem Heideanteil von 10% oder »Klee/Linde«, beide Trachtanteile zusammen machten nur 35% aus) bezeugen diese Situation. Der Honigmarkt zeigt jedoch eindeutig: Der Verbraucher liebt Sortenangaben, möchte auf dem Etikett ablesen können, von welcher Tracht der Honig stammt.
So wünschenswert die Gewinnung solcher Sortenhonige und entsprechende Bezeichnungen im Hinblick auf Markt und Verbraucher auch sind: Die Struktur unserer Landschaften bedingt sehr häufig nur die Gewinnung von Mischtrachten, für die gemäß der Honig-Verordnung botanische Sortenbezeichnungen weitgehend entfallen. Nicht nur der Händler, auch der Imker ist verpflichtet, die Vorschriften der Honig-Verordnung strikt einzuhalten! So darf man Mischtrachten nicht mit der Nennung preislich interessanter Einzeltrachtanteile »aufzubessern« versuchen (Ausnahmen siehe unten). Bei vorschriftsmäßiger Gewinnung und Behandlung von Honigen aus Mischtrachten – sachgerechte Völkerbehandlung vorausgesetzt – kann in den meisten Fällen auf eine labormäßige *botanische Herkunftsbestimmung* (vor dem Zeitpunkt der Vermarktung) verzichtet werden. Falls man nicht gänzlich auf eine Zusatzbezeichnung auf dem Gewähr-

verschluß verzichten will, bietet sich für solche Honige ein allgemeiner Begriff wie »Sommertracht« oder »Blütenhonig« an.
Doppelbezeichnungen, z.B. »Linde-Akazien-Honig«, entsprechen nicht dem Sinn der Honig-Verordnung; dennoch sind sie seit vielen Jahren »handelsüblich« und weit verbreitet (vgl. B. Talpay, 1985, Deutsche Lebensmittel-Rundschau 81 (5), 148–151). Es gibt jedoch keine Rechtsvorschriften über die Höhe des jeweiligen Einzeltrachtanteils. Dementsprechend hat der Deutsche Imkerbund *botanische Doppelbezeichnungen* für Honig im Einheitsglas generell *nicht zugelassen,* mit einer einzigen Ausnahme: »Tanne/Fichte« (hier liegt ein eng assoziiertes Trachtvorkommen vor, genaue quantitative Abgrenzungen der Einzeltrachten sind sehr schwierig).
Zusätzlich hat der Deutsche Imkerbund angesichts der derzeitigen Verbrauchererwartungen und der Situation auf dem Honigmarkt am 23. April 1988 folgende Regelung beschlossen:

1. Zur Erleichterung des Honigabsatzes und um den Wünschen der Verbraucher nach einer Sortenvielfalt entgegenzukommen, wird folgende Sortendeklaration zugelassen: Allgemeine Bezeichnungen in Verbindung mit einer nachgestellten botanischen Sortentracht sind in der Bezeichnung möglich, wenn der Anteil der genannten Sorten mindestens 30% beträgt. Beispiel: *»Sommertracht mit Linde«.*
2. Eine Überprüfung dieses Beschlusses bleibt vorbehalten, sollte sich herausstellen, daß die Zulassung einer solchen Sortenbezeichnung zu einer unverhältnismäßig hohen Belastung der Untersuchungsstellen führt, darüber hinaus die Marktkontrolle erschwert und das Marktgeschehen negativ beeinflußt.

Die Frage, ob der Anteil der zu nennenden Sorte (z.B. Heide, Linde, Löwenzahn) mindestens 30% der Gesamttracht ausmacht, ist *nur aufgrund einer Laboranalyse* zu beantworten. Eine Voruntersuchung (Orientierungsprobe) ist daher unerläßlich.
Regionale, territoriale oder topographische Zusatzbezeichnungen, z.B. »Bayerischer Fichtenhonig«, »Schwarzwald-Tannenhonig« sind klar festgelegte, rechtlich einwandfreie Begriffe. Sie sind zulässig, vorausgesetzt, der Honig entstammt *ausschließlich* den genannten Regionen (§ 4 Abs. 2 der Honig-VO). Auch hier ist jedoch eine Begrenzung auf wenige Begriffe zwingend notwendig, wenn nicht die Durchführbarkeit der Honiguntersuchungen in Gefahr geraten soll.

2. Nachfolgend sind die wichtigsten, derzeit in Deutschland auftretenden Sortenhonige charakterisiert:

Bei der Auswertung des mikroskopischen Bildes (Pollenanalyse) bilden die Begriffe aus der »Methodik der Melissopalynologie« (Intern. Kommission für Bienenbotanik der I.U.B.S.) die Grundlage. Als »überwiegend« wird hierbei eine Tracht angesehen, wenn der Pollen der jeweiligen Trachtpflanze als Leitpollen auftritt (über 45% der ausgezählten Pollen – was einem Trachtanteil von mehr als 50% gleichkommt). Ausnahmen in der Bewertung des Leitpollen bilden Pflanzen, deren Pollen generell über- (z.B. Edelkastanie) bzw. unterrepräsentiert (z.B. Linde, Akazie) sind sowie Honigtautrachten.
Der Pollen-Einstäubungsgrad bei sortenreinen Honigen schwankt von ca. 100 bis über 1 Million Pollen pro g Honig (absoluter Pollengehalt). Um eine Klassifizierung der Pollenhäufigkeit vornehmen zu können, müssen *mindestens* 300–500 Pollen (je nach Pollenspekrum) ausgezählt werden.
Rapshonig (Blütenhonig aus Brassica napus ssp.) kristallisiert aufgrund seines hohen Glucosegehaltes besonders rasch, gleichmäßig und fein aus. Als sortentypische, sensorische Merkmale gelten die helle, fast weiße Farbe, ein schwach ausgeprägtes, dezentes Aroma sowie eine feinsteife bis zuweilen feste Konsistenz. Nahezu sortenreine Rapshonige sind im mikroskopischen Bild gekennzeichnet durch eine klare Dominanz von Rapspollen (bis zu 85%), begleitet von nur wenigen Einzelpollen wie z.B. von Obstgewächsen, Weide, Löwenzahn u.a.. Rapshonige weisen eine ausgesprochen niedrige elektrische Leitfähigkeit auf (bei 0,2 mS/cm).
Kleehonig (Blütenhonig aus Trifolium spec. und Melilotus spec.) kristallisiert schnell, fein und homogen aus. Als sortentypische, sensorische Merkmale gelten die hellbeige bis weiße Farbe,

ein mild-süßes Aroma mit einem delikaten Nachgeschmack sowie eine weiche Konsistenz. Nahezu sortenreine Kleehonige sind im mikroskopischen Bild gekennzeichnet durch eine klare Dominanz der Klee-Pollen (bis zu 80%), begleitet von wenigen Einzelpollen wie z.B. von verschiedenen Kreuzblütlern, Linde und Kornblume. Kleehonige weisen eine ausgesprochen niedrige elektrische Leitfähigkeit auf (bei 0,2 mS/cm).

Obstblütenhonig (Blütenhonig aus Malus spec. und Prunus spec.) ist aufgrund des erhöhten Wassergehaltes anfangs dünnflüssig, wird jedoch je nach Beitracht früher oder später fest. Als sortentypische, sensorische Merkmale gelten die zartgelbe bis gelbe Farbe sowie ein dezentes Aroma. Nahezu sortenreine Obstblütenhonige mit einem Obstpollen-Anteil von 50–60% werden nur in großen Obstanbauflächen geerntet. Ansonsten treten Beitrachten aus Raps, Weide und Löwenzahn deutlich hervor. Die elektrische Leitfähigkeit zeigt mit ca. 0,2 mS/cm einen ausgesprochen niedrigen Wert.

Löwenzahnhonig (Blütenhonig aus Taraxacum officinale) kristallisiert aufgrund seines hohen Glucosegehaltes schnell aus. Als sortentypische, sensorische Merkmale gelten die intensiv goldgelbe Farbe, ein kräftiges Aroma sowie eine u.U. sehr harte Konsistenz. Das teilweise recht scharfe, penetrante Aroma nahezu sortenreiner Löwenzahnhonige wird gemildert durch Begleittrachten von z.B. Weide, Obstgewächsen und Raps. In der mikroskopischen Analyse gelten Löwenzahnpollen als überwiegend *unterrepräsentiert* (unter 45%).

Lindenhonig (Blüten-/Honigtau-Honig aus Tilia spec.) weist im kristallisierten Zustand eine zartgelbliche bis zartgrüne Farbe auf, bei größerem Honigtau-Anteil auch wesentlich dunkler in der Farbe. Sortentypisch im sensorischen Bereich ist weiterhin das auffallend ausgeprägte, an ätherische Öle erinnernde Aroma, das durch Beitrachten aus Klee, Roßkastanie, Ahorn und Kreuzblütlern gemildert werden kann. In der mikroskopischen Analyse gelten Lindenpollen als *unterrepräsentiert* (nahezu sortenreine deutsche Lindenhonige sind gekennzeichnet durch einen niedrigen absoluten Pollengehalt mit einem Lindenpollen-Anteil von 20–30%). Der Grund hierfür ist nicht im z.T. begleitenden Honigtau-Anteil, sondern in der Morphologie der Blüte zu suchen.

Akazienhonig (Blütenhonig aus Robinia pseudoacacia) kristallisiert aufgrund seines hohen Fructosegehaltes extrem langsam aus. Als sortentypische, sensorische Merkmale gelten die wasserklare, blaßgelbe, zuweilen leicht grün schimmernde Farbe, ein mild-süßes Aroma sowie eine manchmal jahrelang flüssige Konsistenz. In der mikroskopischen Analyse gelten Robinienpollen als *unterrepräsentiert* (ca. 30%), begleitet von Pollen von z.B. Kreuzblütlern, Klee und Roßkastanie. Nahezu sortenreine, deutsche Akazienhonige sind gekennzeichnet durch einen niedrigen absoluten Pollengehalt.

Heidehonig (Blütenhonig aus Calluna vulgaris) zeigt aufgrund seines kolloidalen Eiweißgehaltes eine gelatinöse Beschaffenheit – physikalisch nachweisbar durch den Thixotropie-Test nach Louveaux. Nach zögernder Kristallisation entsteht eine schmalzige, z.T. auch grobe Konsistenz. Als weitere sortentypische, sensorische Merkmale gelten die rötlich-braune bzw. dunkelgelbe Farbe und ein spezifisches, mit anderen Trachten nicht zu verwechselndes, herbes Aroma. In der mikroskopischen Analyse kann der Pollen der Besenheide sowohl *über-* als auch *unterrepräsentiert* auftreten, abhängig von den unterschiedlichen Gewinnungsweisen dieses Honigs. Nahezu sortenreine Heidehonige weisen einen hohen Wassergehalt sowie eine elektrische Leitfähigkeit um 0,7 mS/cm auf.

Edelkastanienhonig (Blüten-/Honigtau-Honig aus Castanea sativa) bleibt aufgrund seines hohen Fructosegehaltes lange zähflüssig, kristallisiert dann weich und feinkörnig aus. Nahezu sortenreine Edelkastanienhonige zeigen als sensorische Merkmale eine braune bis rotbraune, bei gleichzeitiger Honigtautracht eine dunkelbraune Farbe sowie ein kräftiges, herbes, penetrant erscheinendes Aroma. Der fast bittere Geschmack wird gemildert durch Beitrachten von z.B. Klee, Robinie u.a. In der mikroskopischen Analyse gelten Edelkastanienpollen als *stark überrepräsentiert*, er kann das Pollenbild bis zu 99% beherrschen. Der absolute Pollengehalt ist sehr hoch. Edelkastanienhonige sind gekennzeichnet durch eine hohe elektrische Leitfähigkeit.

Tannenhonig (Honigtau-Honig von Abies alba) bleibt aufgrund seines hohen Fructosegehaltes lange flüssig. Als sortentypische, sensorische Merkmale gelten die tiefbraune, grünlich

schimmernde Farbe, das würzige, harzige Aroma sowie eine zähflüssige bzw. weiche Konsistenz. Im mikroskopischen Bild zeigen Tannenhonige keine markanten Unterscheidungsmerkmale zu den sog. Waldhonigen, die elektrische Leitfähigkeit liegt jedoch deutlich höher (bis zu 1,6 mS/cm).
Fichtenhonig (Honigtau-Honig von Picea excelsa) bleibt ähnlich wie Tannenhonig aufgrund eines hohen Fructosegehaltes lange flüssig. Als sortentypische, sensorische Merkmale gelten die dunkle, rotbraune Farbe, das malzig-würzige Aroma sowie die zähflüssige Konsistenz. Im mikroskopischen Bild zeigen Fichtenhonige keine markanten Unterscheidungsmerkmale zu den sog. Waldhonigen, die elektrische Leitfähigkeit liegt bei 1,0 mS/cm.
Zeitweilig werden in bestimmten Regionen *weitere Sortenhonige* geerntet, z.B. Gamander-, Bärenklau-, Kornblumen-, Rhododendron-, Strandflieder-, Phacelia-, Weidenhonig u.a. Solche Honige treten mehr oder weniger selten auf. Eine diesbezügl. botanische, sortenspezifische Bezeichnung entspricht durchaus den Bestimmungen des DIB (§ 4, Abs. 2), sie sollte jedoch nur nach vorheriger botanischer Herkunftsbestimmung (Pollenanalyse) angewandt werden. Da sich das Bild der bisher rein landwirtschaftlich genutzten Flächen künftig noch ändern könnte (Brachen, Stillegungen, Randstreifen), ist auch eine Veränderung der Trachtsituation für die Bienen und damit der Honigernte nicht auszuschließen. Dieses würde bedeuten, daß auch die Palette der hier vorgestellten Honigbezeichnungen ggfs. zu ergänzen wäre.
Der z.Zt. besonders propagierte Sonnenblumenanbau liefert hierfür ein erstes, willkommenes Beispiel: »Sonnenblumenhonig« – im Ausland seit langem bekannt – fällt nun auch bei uns an.

Allgemeine, nicht sortenspezifische Bezeichnungen

Blütenhonig
entstammt dem Nektar von Blütenpflanzen, wobei eine, mehrere oder zahlreiche Pflanzenarten beteiligt sein können. Geringfügige Trachtanteile aus Honigtau gelten als vertretbar. Farbe, Konsistenz, Geruch und Geschmack sind abhängig von der Art der beteiligten Blütentracht und variieren stark. Die elektrische Leitfähigkeit reicht von 0,2 bis 0,7 mS/cm).

Sommertracht
Hier gelten ähnliche Aussagen wie für Blütenhonig angegeben, jedoch mit der wichtigen Ausnahme: *Honigtau-Anteile und Nektar-Anteile* sind in ihrem *Mengenverhältnis* bei dem Begriff *»Sommertracht«* nicht festgelegt. Deshalb kann hier die elektrische Leitfähigkeit je nach Zusammensetzung des Trachtgemisches von 0,2 bis 1,0 mS/cm reichen.
Anmerkungen hierzu: Die Bezeichnung »Blütenhonig«, »Sommertracht« (= Sommerhonig) o.ä. allgemein gehaltenen Formulierungen stellen keine botanische Sortendeklaration dar.
Die Verwendung solcher Begriffe allein hat in den seltensten Fällen zu Verstößen geführt, wohl aber die Kombination mit Sortenbezeichnungen (s.o.). Ein Verstoß gegen § 4 (1) der Honig-VO wäre vor allem dann gegeben, wenn eine Verbindung des botanischen Namens einer nicht überwiegenden Einzeltracht zu dem Wort Honig hergestellt wird. So ist z.B. der Ausdruck »Heidehonig mit Sommertracht« unzulässig!

Waldhonig
(Honigtau-Honig von Nadel- und Laubbäumen) bleibt in der Regel lange flüssig. Als sortentypische, sensorische Merkmale gelten die unterschiedlich braune Farbe, ein würziges, malzartiges Aroma sowie eine zähflüssige bzw. weiche Konsistenz. Nahezu sortenreine Waldhonige sind in der mikroskopischen Analyse gekennzeichnet durch einen höheren Anteil von Windblütler-Pollen wie Wegerich, Ampfer und Gräser sowie weiteren Honigtauanzeigern (Sporen und Hyphen von Rußtaupilzen, Algenzellen u.a.) bei einem verhältnismäßig niedrigen absoluten Pollengehalt. Waldhonige zeigen eine hohe elektrische Leitfähigkeit (mindestens 1,0 mS/cm).
Abschließend werden die zu verwendenden Bezeichnungen noch einmal genannt:

I. Botanische Bezeichnungen/Sortenbezeichnungen:

Rapshonig
Kleehonig
Obstblütenhonig*)
Löwenzahnhonig*)
Lindenhonig
Akazienhonig*)
Sonnenblumenhonig*)
Heidehonig
Edelkastanienhonig*)
Tannenhonig
Fichtenhonig
Tanne/Fichte

* Um eine bessere Lesbarkeit des Sorteneindrucks auf dem Gewährverschluß zu erreichen, erscheint es ratsam, in einigen Fällen wegen der Größenverhältnisse nur den botanischen Pflanzennamen zu wählen (z.B. Edelkastanie, Löwenzahn, Sonnenblume).

II. Allgemeine Bezeichnungen:

Blütenhonig
Frühtracht
Sommertracht
Sommerhonig
Waldhonig oder
Honigtauhonig

III. Allgemeine Bezeichnungen in Verbindung mit einer botanischen Sortenangabe (Beispiele):

Sommerhonig mit Heide
Sommertracht mit Linde
Blütenhonig mit Löwenzahn
Waldhonig mit Edelkastanie

Die zu nennende *botanische Sorte* ist dabei stets *hinter die Allgemeinbezeichnung* zu setzen. Die beiden Ausdrücke sind durch das Wort »*mit*« zu verbinden.
Weitere Erläuterungen zur Trachtherkunft können u.U. auch in einem vom DIB zu genehmigenden Text des Rückenetiketts (maximale Größe 22 cm^2) zum Ausdruck gebracht werden.

IV. Zusätzliche regionale Bezeichnungen (Ausnahmen):

Bayerischer Waldhonig
Schwarzwaldhonig

Die Verwendung weiterer regionaler Bezeichnungen bedarf der Genehmigung durch den DIB.

13.4 DIN-Analysennormen

DK 638.16.047 DEUTSCHE NORM **Juli 1990**

	Untersuchung von Honig Bestimmung der Diastase-Aktivität	DIN 10 750

DK 638.162 : 620.1 : 547.72 DEUTSCHE NORM *Entwurf* **Juli 1990**

	Untersuchung von Honig Bestimmung des Gehaltes an Hydroxymethylfurfural Photometrisches Verfahren nach Winkler	DIN 10 751 Teil 1

DK 638.162 : 620.1 : 547.72 DEUTSCHE NORM *Entwurf* **Juli 1990**

	Untersuchung von Honig Bestimmung des Gehaltes an Hydroxymethylfurfural Direktphotometrisches Verfahren nach White	DIN 10 751 Teil 2

DK 638.162 : 620.1 : 543.812 DEUTSCHE NORM *Entwurf* **Juli 1990**

	Untersuchung von Honig Bestimmung des Wassergehaltes von Honig Refraktometrisches Verfahren	DIN 10 752

DK 638.162 : 620.1 : 537.311.3 DEUTSCHE NORM *Entwurf* **Juli 1991**

	Untersuchung von Honig Bestimmung der elektrischen Leitfähigkeit	DIN 10 753

DK 638.162.2 DEUTSCHE NORM *Entwurf* **Juli 1991**

	Untersuchung von Honig Bestimmung des Prolingehaltes von Honig	DIN 10 754

DK 638.162.2 DEUTSCHE NORM *Entwurf* **Juli 1991**

	Untersuchung von Honig Bestimmung der Asche	DIN 10 755

13.5 Europäische Richtlinien

Honig

Übersicht

Die **Ratsrichtlinie über Honig 74/409** (vom 22.7.1974, ABl. L 221 vom 12.8.1974, S. 10ff) unterscheidet nach der Herkunft zwischen Blütenhonig und Honigtauhonig und nach der Art der Gewinnung zwischen Wabenhonig und Scheibenhonig, Honig mit Wabenteilen, Tropfhonig, Schleuderhonig und Preßhonig. Die Vorschriften für die wertbestimmenden Gehalte sowie die Zahlen für Diastase-Index und Gehalt an Hydroxymethylfurfurol sind im Anhang zur Richtlinie festgelegt. Die Richtlinie berührt nicht bestehende einzelstaatliche Vorschriften über Gewichtsklassen, in denen Honig allein gehandelt werden darf. Die EWG will jedoch bis zum 1.1.1979 hierfür EG-einheitliche Vorschriften festlegen.
Die Deklaration der genannten Honigarten ist in Artikel 7 festgelegt. Wortzusammensetzungen mit der Silbe »Honig« sollen nach Inkrafttreten der Richtlinie verboten sein mit der Ausnahme, daß Dänemark und Deutschland die bei ihnen übliche Bezeichnung Kunsthonig für andere Produkte noch bis zum 12.8.1979 beibehalten dürfen.
Die Mitgliedstaaten wurden verpflichtet, ihr Recht der Honigrichtlinien bis zum 12.8.1975 anzupassen mit der Maßgabe, daß ihr widersprechende Produkte ab 12.8.1976 nicht mehr verkehrsfähig sind.

Richtlinie des Rates

vom 22. Juli 1974
zur Angleichung der Rechtsvorschriften der Mitgliedstaaten betreffend Honig (74/409/EWG)

Der Rat der Europäischen Gemeinschaften – gestützt auf den Vertrag zur Gründung der Europäischen Wirtschaftsgemeinschaft, insbesondere auf die Artikel 43 und 100, auf Vorschlag der Kommission, nach Stellungnahme des Europäischen Parlaments, in Erwägung nachstehender Gründe:
Die Rechts- und Verwaltungsvorschriften der Mitgliedstaaten definieren den Begriff Honig, bestimmen, welches seine verschiedenen Arten sind und legen die Merkmale fest, denen er entsprechen muß sowie ferner die Kennzeichnungsvermerke auf den Behältnissen oder Etiketten.
Die gegenwärtig zwischen diesen Vorschriften bestehenden Unterschiede behindern den freien Warenverkehr mit dem genannten Erzeugnis und können ungleiche Wettbewerbsbedingungen schaffen.
Es ist daher notwendig, auf Gemeinschaftsebene den Begriff Honig zu definieren, die verschiedenen Arten zu benennen, die unter entsprechenden Bezeichnungen in den Verkehr gebracht werden können, die allgemeinen und spezifischen Merkmale der Zusammensetzung festzulegen und die hauptsächlichen Kennzeichnungsvermerke zu bestimmen.
Die Bestimmungen der Art und Weise der Probennahme sowie der Analysemethoden zum Nachweis der Zusammensetzung und der Merkmale von Honig sind technische Durchführungsmaßnahmen; es ist daher zweckmäßig, ihren Erlaß der Kommission zu übertragen, um das Verfahren zu vereinfachen und zu beschleunigen.
In allen Fällen, in denen der Rat der Kommission Zuständigkeiten für die Durchführung der lebensmittelrechtlichen Vorschriften überträgt, ist ein Verfahren vorzusehen, durch das im Rahmen des durch den Beschluß 69/414/EWG des Rates eingesetzten Ständigen Lebensmittelaus-

schusses eine enge Zusammenarbeit zwischen den Mitgliedstaaten und der Kommission herbeigeführt wird.
Artikel 3 dieser Richtlinie beinhaltet das Verbot, das Wort »Honig« für nicht der Definition des Artikels 1 Absatz 1 entsprechende Erzeugnisse zu verwenden; die unmittelbare Anwendung dieses Verbots würde jedoch Störungen auf den Märkten hervorrufen, wo die Bezeichnungen »Kunsthonig« und »Kunsthonning« durch die früheren einzelstaatlichen Rechtsvorschriften zugelassen sind, um ein anderes Erzeugnis als Honig zu kennzeichnen; es ist deshalb eine angemessene Übergangsfrist vonnöten, um die notwendigen Anpassungen zu ermöglichen.
Bis zu einer allgemeinen Gemeinschaftsregelung über die Kennzeichnung von Lebensmitteln sollten vorübergehend verschiedene Bestimmungen der Mitgliedstaaten beibehalten werden.
Gegenwärtig wird auf den Märkten einiger Mitgliedstaaten Honig mit unterschiedlichen analytischen Merkmalen angeboten. Es dürfte deshalb schwierig sein, auf diese sämtliche im Anhang zu dieser Richtlinie festgesetzten Kriterien anzuwenden. Eine gründlichere Untersuchung müßte jedoch eine Überprüfung zu einem späteren Zeitpunkt ermöglichen –
HAT FOLGENDE RICHTLINIE ERLASSEN:

Artikel 1
(1) Im Sinne dieser Richtlinie ist »Honig« ein Lebensmittel, das von Honigbienen aus Blütennektar oder aus von lebenden Pflanzenteilen stammenden oder sich auf diesen befindlichen Sekreten gewisser Insektenarten erzeugt wird, indem sie dieselben aussaugen, mit eigenen spezifischen Stoffen verbinden und umwandeln und in den Waben des Bienenstocks aufspeichern und reifen lassen. Es kann flüssig, dickflüssig oder kristallin sein.
(2) Die hauptsächlichen Honigarten sind:
a) nach Herkunft
Blütenhonig:
der hauptsächlich aus Nektariensäften von Blüten stammende Honig;
Honigtauhonig:
der hauptsächlich aus Sekreten lebender Pflanzenteile oder sich auf solchen befindlichen Sekreten stammende Honig; seine Farbe reicht von hell- oder grünlichbraun bis zu einem fast schwarzen Ton;
b) nach der Art der Gewinnung
Wabenhonig oder Scheibenhonig:
der von den Bienen in den gedeckelten, brutfreien Zellen von diesen selbst frisch gebauter Waben aufgespeicherte Honig, der in ganzen oder geteilten Waben gehandelt wird;
Honig mit Wabenteilen:
Honig, der ein oder mehrere Stücke Wabenhonig enthält;
Tropfhonig:
der durch Austropfen der entdeckelten, brutfreien Waben gewonnene Honig;
Schleuderhonig:
der durch Schleudern der entdeckelten, brutfreien Waben gewonnene Honig;
Preßhonig:
der durch Pressen der brutfreien Waben ohne Erwärmen oder mit gelindem Erwärmen gewonnene Honig.

Artikel 2
Die Mitgliedstaaten tragen dafür Sorge, daß Honig nur in den Verkehr gebracht werden kann, wenn er den Definitionen und Bestimmungen dieser Richtlinie und ihres Anhangs entspricht.

Artikel 3
(1) Die Bezeichnung »Honig« ist dem in Artikel 1 Absatz 1 definierten Erzeugnis vorbehalten und ist beim gewerbsmäßigen Inverkehrbringen unbeschadet der Bestimmungen des Artikels 7 Absatz 1 Buchstabe a) und Absatz 2 zur Bezeichnung dieses Erzeugnisses zu verwenden.
(2) Die in Artikel 1 Absatz 2 genannten Bezeichnungen sind den dort definierten Erzeugnissen vorbehalten.

Artikel 4
Abweichend von Artikel 3 Absatz 1 kann in Dänemark noch die Bezeichnung »Kunsthonning« und in Deutschland die Bezeichnung »Kunsthonig« während eines Zeitraums von 5 Jahren nach Bekanntgabe dieser Richtlinien verwendet werden, um ein anderes Erzeugnis als Honig gemäß den zum Zeitpunkt der Bekanntgabe dieser Richtlinie für dieses Erzeugnis geltenden einzelstaatlichen Vorschriften zu kennzeichnen.

Artikel 5
Dem Honig, der als solcher gehandelt wird, darf nichts anderes als Honig zugefügt werden.

Artikel 6
(1) Honig muß beim gewerbsmäßigen Inverkehrbringen den im Anhang aufgeführten Merkmalen hinsichtlich seiner Zusammensetzung entsprechen.
Die Mitgliedstaaten können jedoch abweichend von Absatz 2 zweiter Gedankenstrich des genannten Anhangs für ihr Gebiet folgendes zulassen:
a) den Handel mit Heidehonig mit einem Wassergehalt von höchstens 25%, sofern dieser Gehalt die Folge der natürlichen Erzeugungsbedingungen ist,
b) den Handel mit »Backhonig« oder »Industriehonig« mit einem Wassergehalt von höchstens 25%, sofern dieser Gehalt die Folge der natürlichen Erzeugungsbedingungen ist.
(2) im übrigen
a) muß der Honig nach Möglichkeit frei von organischen und anorganischen Fremdstoffen wie Schimmel, Insekten und Insektenteilen, Brut und Sandkörnern sein, wenn er als solcher gewerbsmäßig in den Verkehr gebracht wird oder in einem beliebigen, für den menschlichen Verzehr bestimmten Erzeugnis verwendet wird;
b) darf der Honig nicht
  I) einen fremden Geschmack oder Geruch aufweisen;
  II) in Gärung oder Schäumen übergegangen sein;
  III) so stark erhitzt worden sein, daß seine natürlichen Enzyme zerstört oder stark geschwächt sind;
  IV) einen künstlich veränderten Säuregrad besitzen;
c) darf der Honig keinesfalls irgendwelche Stoffe in einer solchen Menge enthalten, daß sie eine Gefahr für die menschliche Gesundheit darstellen können.
(3) Abweichend von den Absätzen 1 und 2 darf unter der Bezeichnung »Backhonig« oder »Industriehonig« jedoch ein Honig gewerbsmäßig in den Verkehr gebracht werden, der zwar genußtauglich ist, aber
a) nicht den in Absatz 2 Buchstabe b) Ziffern I, II und III genannten Anforderungen entspricht oder
b) einen Diastaseindex oder einen Gehalt an Hydroxymethylfurfurol aufweist, die nicht den im Anhang genannten Merkmalen entsprechen.
In dem unter Buchstabe b) genannten Fall kann ein Mitgliedstaat jedoch auf diese obligatorische Bezeichnung verzichten und die Bezeichnung »Honig« zulassen. Der Rat entscheidet auf Vorschlag der Kommission binnen 5 Jahren nach Bekanntgabe dieser Richtlinie über Bestimmungen zur Einführung von identischen Vorschriften für die gesamte Gemeinschaft.

Artikel 7
(1) Für die Verpackungen, Behältnisse und Etikette von Honig sind nur die nachstehend aufgeführten Angaben vorgeschrieben, die gut sichtbar, deutlich lesbar und unverwischbar angebracht sein müssen:
a) Die Bezeichnung »Honig« oder eine der in Artikel 1 Absatz 2 genannten Bezeichnungen; jedoch müssen »Wabenhonig« oder »Scheibenhonig« und »Honig mit Wabenteilen« als solche gekennzeichnet werden; in den in Artikel 6 Absatz 1 Unterabsatz 2 Buchstabe b) und Absatz 3 Unterabsatz 1 genannten Fällen lautet die Bezeichnung »Backhonig« oder »Industriehonig«;
b) das in g oder kg ausgedrückte Nettogewicht;

c) der Name oder die Firma und die Anschrift oder der Sitz des Erzeugers, des Verpackers oder eines in der Gemeinschaft niedergelassenen Verkäufers.

(2) Die Mitgliedstaaten können in ihrem Hoheitsgebiet die Bezeichnung »Honigtauhonig« verbindlich für solchen Honig vorschreiben, der überwiegend aus Honigtauhonig besteht, der dessen organoleptische, physikalisch-chemische und mikroskopische Merkmale aufweist und nicht mit einer Angabe über die Herkunft aus bestimmten Pflanzen wie z.B. »Tannenhonig« versehen ist.

(3) Abweichend von Absatz 1 können die Mitgliedstaaten die einzelstaatlichen Rechtsvorschriften beibehalten, welche die Angabe des Ursprungslandes fordern; diese Angabe darf jedoch nicht mehr für aus der Gemeinschaft stammenden Honig gefordert werden.

(4) Die in Absatz 1 Buchstabe a) genannte Bezeichnung »Honig« oder eine der in Artikel 1 Absatz 2 enthaltenen Bezeichnungen dürfen unter anderem ergänzt werden

a) durch eine Angabe betreffend die Herkunft aus bestimmten Blüten oder Pflanzen, wenn das Erzeugnis überwiegend der angegebenen Herkunft entstammt und wenn es deren organoleptische, physikalisch-chemische und mikroskopische Merkmale aufweist;
b) durch einen regionalen, territorialen oder topographischen Namen, wenn das Erzeugnis insgesamt der angegebenen Herkunft entstammt.

(5) Befindet sich Honig in Verpackungen oder in Behältnissen mit einem Nettoinhalt von mindestens 10 kg und wird er nicht im Einzelhandel gewerbsmäßig in den Verkehr gebracht, so brauchen die in Absatz 1 Buchstaben b) und c) genannten Angaben nur auf den Begleitpapieren vermerkt zu sein.

(6) Die Mitgliedstaaten sehen davon ab, die Art und Weise, in der die nach Absatz 1 vorgeschriebenen Angaben anzubringen sind, näher zu regeln, als dies in Absatz 1 vorgesehen ist. Die Mitgliedstaaten können jedoch in ihrem Gebiet den Verkehr mit Honig untersagen, wenn die Angaben nach Absatz 1 Buchstabe a) nicht in der oder den Landessprachen auf einer der Flächen seiner Verpackung oder seines Behältnisses angebracht sind.

(7) Bis zum Ende der Übergangszeit, in der die Verwendung der in Anhang II der Richtlinie 71/354/EWG des Rates vom 18. Oktober 1971 über die Einheiten im Meßwesen enthaltenen Maßeinheiten des britischen Maßsystems in der Gemeinschaft zulässig ist, können die Mitgliedsstaaten vorschreiben, daß das Gewicht auch in den Maßeinheiten des britischen Maßsystems angegeben wird.

(8) Die Absätze 1 bis 7 gelten unbeschadet der von der Gemeinschaft auf dem Gebiet der Lebensmittelkennzeichnung künftig erlassenen Bestimmungen.

Artikel 8

(1) Die Mitgliedstaaten treffen alle erforderlichen Maßnahmen, damit der Verkehr mit den in Artikel 1 genannten Erzeugnissen, die den in dieser Richtlinie und ihrem Anhang vorgesehenen Definitionen und Bestimmungen entsprechen, durch die Anwendung der nicht harmonisierten einzelstaatlichen Bestimmungen über die Zusammensetzung, die Herstellungsmerkmale, die Aufmachung oder die Kennzeichnung dieser Erzeugnisse bzw. der Lebensmittel im allgemeinen nicht behindert wird.

(2) Absatz 1 findet keine Anwendung auf die nicht harmonisierten Vorschriften, die gerechtfertigt sind zum Schutze

- der Gesundheit,
- vor Täuschung, sofern diese nicht bewirken, daß die Anwendung der in dieser Richtlinie vorgesehenen Definitionen und Bestimmungen beeinträchtigt wird,
- des gewerblichen und kommerziellen Eigentums, der Herkunftsbezeichnung und Ursprungsangaben sowie vor unlauterem Wettbewerb.

Artikel 9

Die Art und Weise der Probenahme sowie die zum Nachweis der Zusammensetzung und der Merkmale von Honig erforderlichen Analysenmethoden werden nach dem Verfahren des Artikels 10 geregelt.

Artikel 10
(1) Soll das in diesem Artikel festgelegte Verfahren angewandt werden, so befaßt der Vorsitzende den durch Beschluß des Rates am 13. November 1969 eingesetzten Ständigen Lebensmittelausschuß – im folgenden »Ausschuß« genannt – von sich aus oder auf Antrag des Vertreters eines Mitgliedstaats.
(2) Der Vertreter der Kommission unterbreitet dem Ausschuß einen Entwurf der zu treffenden Maßnahmen. Der Ausschuß nimmt zu diesem Entwurf innerhalb einer Frist Stellung, die der Vorsitzende nach der Dringlichkeit der betreffenden Frage bestimmen kann. Die Stellungnahme kommt mit einer Mehrheit von einundvierzig Stimmen zustande, wobei die Stimmen der Mitgliedstaaten nach Artikel 148 Absatz 2 des Vertrages gewogen werden. Der Vorsitzende nimmt an der Abstimmung nicht teil.
(3) a) Die Kommission trifft die in Aussicht genommenen Maßnahmen, wenn sie der Stellungnahme des Ausschusses entsprechen.
b) Entsprechen die in Aussicht genommenen Maßnahmen nicht der Stellungnahme des Ausschusses oder ist keine Stellungnahme ergangen, so schlägt die Kommission dem Rat unverzüglich die zu treffenden Maßnahmen vor. Der Rat beschließt mit qualifizierter Mehrheit.
c) Hat der Rat nach Ablauf einer Frist von drei Monaten, nachdem ihm der Vorschlag übermittelt worden ist, keinen Beschluß gefaßt, so werden die vorgeschlagenen Maßnahmen von der Kommission getroffen.

Artikel 11
Artikel 10 gilt für achtzehn Monate von dem Zeitpunkt an, zu dem der Ausschuß erstmals auf Grund von Artikel 10 Absatz 1 befaßt wird.

Artikel 12
Diese Richtlinie berührt nicht die einzelstaatlichen Rechtsvorschriften über Gewichtsklassen, in denen Honig gehandelt werden muß; der Rat legt auf Vorschlag der Kommission vor dem 1. Januar 1979 die hierfür geltenden gemeinschaftlichen Rechtsvorschriften fest.

Artikel 13
Diese Richtlinie gilt nicht für die zur Ausfuhr aus der Gemeinschaft bestimmten Erzeugnisse.

Artikel 14
Innerhalb eines Jahres nach Bekanntgabe dieser Richtlinie ändern die Mitgliedstaaten, soweit erforderlich, ihre Rechtsvorschriften, um dieser Richtlinie nachzukommen, und teilen dies unverzüglich der Kommission mit. Die geänderten Rechtsvorschriften werden auf die Erzeugnisse angewandt, die zwei Jahre nach dieser Bekanntgabe in der Gemeinschaft in den Verkehr gebracht werden.

Artikel 15
Diese Richtlinie ist an die Mitgliedstaaten gerichtet.

Geschehen zu Brüssel am 22. Juli 1974.
Im Namen des Rates
Der Präsident
J. Sauvagnargues

Anhang

Merkmale der Zusammensetzung von Honig

1. Scheinbarer Gehalt an reduzierenden Zuckern, berechnet als Invertzucker	
– Blütenhonig	mindestens 65%
– Honigtauhonig, allein oder in Mischung mit Blütenhonig	mindestens 60%
2. Gehalt an Wasser	
– im allgemeinen	höchstens 21%
– Heidehonig (Calluna) und Kleehonig (trifolium sp.)	höchstens 23%
3. Scheinbarer Gehalt an Saccharose	
– im allgemeinen	höchstens 5%
– Honigtauhonig, allein oder in Mischung mit Blütenhonig; Akazien- und Lavendelhonig sowie Honig aus Banksia menziesii	höchstens 10%
4. Gehalt an wasserunlöslichen Stoffen	
– im allgemeinen	höchstens 0,1%
– Preßhonig	höchstens 0,5%
5. Gehalt an Mineralstoffen (Asche)	
– im allgemeinen	höchstens 0,6%
– Honigtauhonig, allein oder in Mischung mit Blütenhonig	höchstens 1%
6. Gehalt an freien Säuren	höchstens 40 Milliäquivalent pro kg
7. Diastaseindex und Gehalt an Hydroxymethylfurfurol (HMF) – Bestimmung nach Behandlung und Mischung	
a) Diastaseindex (Schade-Skala)	
– im allgemeinen	mindestens 8
– Honig mit einem geringen natürlichen Gehalt an Enzymen (zum Beispiel Zitrushonig) und einem Gehalt an HMF von höchstens 15 mg/kg	mindestens 3
b) HMF	höchstens 40 mg/kg vorbehaltlich Buchstabe a) 2. Gedankenstrich

13.6 Codex Alimentarius-Richtlinien

Joint FAO/WHO food standards programme
Codex alimentarius commission
eighteenth session
Rome, 29 June – 10 July 1987

Report of the eighteenth session of the codex committee on processed fruits and vegetables Washington, D.C., 10–14 March 1986

Draft international standard for honey
(Advanced to Step 8 of the Procedure)

1. Scope
1.1 This standard applies to all honeys produced by honey bees and covers all styles of honey presentation which are offered for direct consumption.
1.2 The standard also covers honey which is packed in non-retail (bulk) containers and is intended for re-packing into retail packs.

2. Description
2.1 *Definition of Honey*
Honey is the natural sweet substance produced by honey bees from the nectar of blossoms or from secretions of living parts of plants or excretions of plant sucking insects on the living parts of plants, which honey bees collect, transform and combine with specific substances of their own, store and leave in the honey comb to ripen and mature.
2.2 Description
Honey consists essentially of different sugars, predominantly glucose and fructose. The colour of honey varies from nearly colourless to dark brown. The consistency can be fluid, viscous or partly to entirely crystallized. The flavour and aroma vary, but usually derive from the plant origin.
2.3 *Subsidiary Definitions and Designations*
2.3.1 *Origin*
2.3.1.1 *Blossom Honey or Nectar Honey* is the honey which comes from nectaries of flowers.
2.3.1.2. *Honeydew Honey* is the honey which comes mainly from secretions of living parts of plants or excretions of plant sucking insects on the living parts of plants. Its colour varies from very light brown or greenish to dark brown.
2.3.2. *Methods of Processing*
2.3.2.1 *Extracted Honey* is honey obtained by centrifuging decapped broodless combs.
2.3.2.2 *Pressed Honey* is honey obtained by pressing broodless combs with or without the application of moderate heat.
2.3.2.3 *Drained Honey* is honey obtained by draining decapped broodless combs.
2.3.3 *Styles* – Honey which meets all the compositional and quality criteria of Section 3 of this standard may be presented as follows:
(a) *Honey* which is honey in liquid or crystalline state or a mixture of the two;
(b) *Comb Honey* which is honey stored by bees in the cells of freshly built broodless combs and which is sold in sealed whole combs or sections of such combs;

(c) *Chunk Honey* which is honey containing one or more pieces of comb honey;
(d) *Crystallized or Granulated Honey* which is honey that has undergone a natural process of solidification as a result of glucose crystallization;
(e) *Creamed (or creamy or set) Honey* is honey which has a fine crystalline structure and which may have undergone a physical process to give it that structure and to make it easy to spread.

3. Essential Composition and Quality Factors
3.1 Honey shall not have any objectionable flavour, aroma, or taint absorbed from foreign matter during its processing and storage. The honey shall not have begun to ferment or effervesce.
3.2 Honey shall not be heated to such an extent that its essential composition and quality is impaired.
3.3 *Apparent reducing sugar content,* calculated as invert sugar:
(a) Honeys not listed below – not less than 65 percent
(b) Honeydew honey – not less than 60 percent
(c) Blackboy (Xanthorrhea preissii) – not less than 53 percent
3.4 *Moisture Content*
(a) Honeys not listed below – not more than 21 percent
(b) Heather honey (Calluna) – not more than 23 percent
(c) Clover honey (Trifolium) – not more than 23 percent
3.5 *Apparent Sucrose Content*
(a) Honeys not listed below – not more than 5 percent
(b) Honeydew honey, blends of honeydew honey and blossom honey, Robinia, Lavender, Citrus, Alfalfa, Sweet-Clover, Red Gum (Eucalyptus camaldulensis), Acacia, Leatherwood (Eucryphia Lucinda), Menzies Banksia (Banksia menziesii) – not more than 10 percent
(c) Red Bell (Calothamnus sanguineus), White stringybark (Eucalyptus scabra), Grand Banksia (Banksia grandis), Blackboy (Xanthorrhoea preissii) – not more than 15 percent
3.6 *Water Insoluble solids Content:*
(a) For honeys other than pressed honey – not more than 0,1 percent
(b) Pressed honey – not more than 0,5 percent
3.7 *Mineral Content (ash)*
(a) Honeys not listed below – not more than 0,6 percent
(b) Honeydew honey or a mixture of honeydew honey and blossom honey – not more than 1,0 percent
3.8 *Acidity*
not more than 40 milliequivalents acid per 1000 grammes
3.9 *Diastase Activity*
Determined after processing and blending in accordance with Section 7.7 – not less than 3
3.10 *Hydroxymethylfurfural Content* – not more than 80 mg/kg

4. Food Additives
4.1 Non permitted

5. Hygiene
5.1 It is recommended that the product covered by the provisions of this standard be prepared in accordance with the appropriate sections of the General Principles of Food Hygiene recommended by the Codex Alimentarius Commission (Ref. No. CAC/RCP 1-1969, Rev. 1).
5.2 Honey should be free from visible mould and as far as practicable, be free from inorganic or organic matters foreign to its composition, such as, insects, insect debris, brood or grains of sand, when the honey appears in retail trade or is used in any product for human consumption.
5.3 Honey shall not contain toxic substances arising from microorganisms or plants in an amount which may constitute a hazard to health.

6. Labelling
In addition to Sections 2, 3, 7 and 8 of the General Standard for the Labelling of Prepackaged Foods (Codex STAN 1-1985)* the following specific provisions apply:

*Hereafter referred to as »The General Standard«

6.1 *The Name of the Food*
6.1.1 Subject to the provisions of 6.1.4 products conforming to the standard shall be designated »honey«.
6.1.2 No honey may be designated by any of the designations in section 2.3 unless it conforms to the appropriate description contained therein. The Styles in 2.3.3 (b), (c), (d) und (e) shall be declared.
6.1.3 Honey may be designated by the name of the geographical or topographical region if the honey was produced exclusively within the area referred to in the designation.
6.1.4 Honey may be designated according to floral or plant source if it comes wholly or mainly from that particular source and has the organolepetic, physicochemical and microscopic properties corresponding with that origin.
6.1.5 Honey complying with Sections 3.3 (b) and (c), 3.4 (b) and 3.5 (b) and (c) shall have in close proximity to the word »honey« the common name or the botanical name of the floral source of sources.
6.2 *Net Contents*
The net contents shall be declared by weight in metric units (»Systeme Internationale«), in accordance with sections 4.3.1 and 4.3.2 of the General Standard.
6.3 *Name and Address*
The name and address shall be declared in accordance with Section 4.4 of the General Standard.
6.4 *Country of Origin*
The country of origin shall be declared in accordance with Section 4.5 of the General Standard.
6.5 *Lot Identification*
Lot identification shall be declared in accordance with Section 4.6 of the General Standard.
6.6 *Instructions for Use*
In accordance with Section 4.8 of the General Standard.
6.7 *Exemptions from Mandatory Labelling Requirements*
In accordance with Section 6 of the General Standard.
6.8 *Labelling of Non-Retail Containers*
In addition to Sections 2, 3 and 5.2 of the General Standard the following specific provision applies:
6.8.1 Information of labelling as specified in Sections 6.1–6.6 shall be given either on the container or in accompanying documents, except that the name of the product, lot identification, and the name and address of the manufacturer or packer shall appear on the container.
6.8.2 Lot identification, and the name and address of the manufacturer or packer may be replaced by an identification mark provided that such a mark is clearly identifiable with the accompanying documents.
6.8.3 Outer containers holding prepackaged foods in small units (see Section 6 of the General Standard) shall be fully labelled.

7. Methods of analysis and sampling 1
7.1 *Determination of reducing sugar content* (Defining Method)
7.1.1 *Principle of method*
The method is a modification of the Lane and Eynon (1923) procedure involving the reduction of Soxhlet's modification of Fehling's solution by titration at boiling point against a solution of reducing sugars in honey using methylene blue as an internal indicator.
The maximum accuracy for this type of determination is attained by ensuring that the reduction of the Fehling's solution during the standardization step and in the determination of the

reducing sugars in the honey solution are carried out at constant volume. A preliminary titration is, therefore, essential to determine the volume of water to be added before the determinations are carried out to satisfy this requirement.

7.1.2 *Reagents*

7.1.2.1 *Soxhlet's Modification of Fehling's Solution*

Solution A: Dissolve 69.28 g copper sulphate pentahydrate ($CuSo_4 . 5H_2O$; MW = 249.71) with distilled water to 1 litre. Keep one day before titration.

Solution B: Dissolve 346 g sodium potassium tartrate ($C_4H_4K\,NA\,O_6.4\,H_2O$; MW = 282.23) and 100 g sodium hydroxide (NaOH) with distilled water to 1 litre. Filter through prepared asbestos.

7.1.2.2 *Standard Invert Sugar Solution* (10 g/1. aq.)

Weigh accurately 9.5 g pure sucrose, add 5 ml hydrochloric acid (ca. 36.5 percent w/w pure HCI) and dilute with water to about 100 ml, store this acidified solution for several days at room temperature (ca. 7 days at 12° to 15°C, or 3 days at 20° to 25°C), and then dilute to 1 litre. (N.B. Acidified 1.0 percent invert sugar remains stable for several months). Neutralize a suitable volume of this solution with 1N sodium hydroxide solution (40 g/l) immediately before use and dilute to the required concentration (2 g/l) for the standardization.

7.1.2.3 *Methylene Blue Solution*

Dissolve 2 g in distilled water and dilute to 1 litre.

7.1.2.4 *Alumina Cream*

Prepare cold saturated solution of alum ($K_2So_4Al_2\ (SO_4)_3.24H_2O$) in water. Add ammonium hydroxide with constant stirring until solution is alkaline to litmus, let precipitate settle and wash by decantation with water until wash-water gives only slight test for sulfate with barium chloride solution. Pour off excess water and store residual cream in stoppered bottle.

7.1.3 *Sampling*

7.1.3.1 *Liquid or Strained Honey*

If sample is free from granulation, mix thoroughly by stirring or shaking; if granulated, place closed container in water-bath without submerging, and heat 30 min. at 60°C; then if necessary heat at 65°C until liquefied. Occassional shaking is essential. Mix thoroughly and cool rapidly as soon as sample liquefies. Do not heat honey intended for Hydroxymethylfurfural or diastatic determination.

If foreign matter, such as wax, sticks, bees, particles of comb, etc., is present, heat sample to 40°C in water-bath and strain through cheesecloth in hot-water-funnel before sampling.

7.1.3.2 *Comb Honey*

Cut across top of comb, if sealed, and separate completely from comb by straining through a sieve the meshes of which are made by so weaving wire as to form square opening of 0.500 mm by 0.500 mm.[1, 2] When portions of comb or wax pass through sieve, heat sample as in 6.1.3.1 and strain through cheesecloth. If honey is granulated in comb, heat until wax is liquefied; stir, cool and remove wax.

7.1.4 *Procedure*

7.1.4.1 *Preparation of Test Sample – First Procedure*

(applicable to honeys which may contain sediment)

(a) Transfer an accurately weighed sample of approximately 25 g *(W_1)* from the homogenized honey to 100 ml volumetric flask, add 5 ml alumina cream (6.1.2.4) dilute to volume with water at 20°C and filter.

(b) Dilute 10 ml of this solution to 500 ml with distilled water (diluted honey solution).

OR

7.1.4.2 *Preparation of Test Sample – Second Procedure*

(a) Weigh accurately a representative quantity of about 2 g *(W_2)* of the homogeneous honey sample, dissolve in distilled water and dilute to 200 ml in a calibrated flask (honey solution).

(b) Dilute 50 ml of the honey solution to 100 ml using distilled water (diluted honey solution).

[1] Ref. ISO Recommendation R 565

[2] Such sieve could be replaced by U.S. sieve with No. 40 Standard screen (size of opening 0.420 mm)

7.1.4.3 *Standardization of the Modified Fehling's Solution*
Standardize the modified Fehling's solution A so that exactly 5 ml (pipette), when mixed with approximately 5 ml of Fehling's solution B, will react completely with 0.050 g invert sugar added as 25 ml dilute invert sugar solution (2 g/l).
7.1.4.4 *Preliminary Titration*
The total volume of the added reactants at the completion of the reduction titration must be 35 ml. This is made up by the addition of a suitable of water before the titration commences. Since the compositional criteria of the honey standard that there should be more than 60 percent reducing sugars (calculated as invert sugar) a preliminary titration is necessary to establish the volume of water to be added to a given sample to ensure the reduction is carried out at constant volume. This volume of water to be added is calculated by subtracting the volume of diluted honey solution consumed in the preliminary titration (× ml) from 25 ml.
Pipette 5 ml Fehling's solution A into a 250 ml Erlenmeyer flask and add approximately 5 ml Fehling's solution B. Add 7 ml distilled water, a little powdered pumice or other suitable anti-bumping agent, followed by about 15 ml diluted honey solution from a burette. Heat the cold mixture to boiling over a wire gauze, and maintain moderate ebullition for 2 min. Add 1 ml 0.2 percent aqueous methylene blue solution whilst still boiling and complete the titration within a total boiling time of 3 minutes, by repeated small additions of diluted honey solution until the indicator is decolourixed. It is the colour of the supernatant liquid that must be observed. Note the total volume of diluted honey solution used (× ml).
7.1.4.5 *Determination*
Calculate the amount of added water necessary to bring the total volume of the reactants at the completion of the titration to 35 ml by subtracting the preliminary titration (× ml) from 25 ml. Pipette 5 ml Fehling's solution A into a 250 ml Erlenmeyer flask and add approximately 5 ml Fehling's solution B.
Add (25-x) ml distilled water, a little powdered pumice or other suitable anitbumping agent and, from a burette, all but 1.5 ml of the diluted honey solution volume determined in the preliminary titration. Heat the cold mixture to boiling over a wire gauze and maintain moderate ebullition for 2 min. Add 1.0 ml 0.2 percent methylene blue solution whilst still boiling and complete the titration within a total boilling time of 3 min. by repeated small additions of diluted honey solution until the indicator is decolourized. Note the total volume of diluted honey solution (y ml). Duplicate titrations should agree within 0.1 ml.
7.1.5 *Calculation and Expression of Results*
Where the First Procedure (6.1.4.1) has been used:

$$C = \frac{25}{W_1} \times \frac{1000}{Y_1}$$

Where the Second Procedure (6.1.4.2) has been used:

$$C = \frac{2}{W_2} \times \frac{1000}{Y_2}$$

Where C = g invert sugar per 100 g honey
W_1 = weight (g) of honey sample taken according to sub-section 6.1.4.1
W_2 = weight (g) of honey sample taken according to sub-section 6.1.4.2
Y_1 = volume (ml) of *diluted honey solution* consumed in the determination carried out according to the First Procedure (6.1.4.1)
Y_2 = volume (ml) of *diluted honey solution* consumed in the determination carried out according to the Second Procedure (6.1.4.2)
7.1.6 *Notes on the Procedure*
It is essential to the accuracy and repeatability of the determination that the volume of water necessary to bring the reactant mixture to a total volume of 35 ml be determined for each individual sample; the following table gives typical volumes which may be encountered at the preliminary titration stage for the incremental contents of invert sugar shown, assuming the test sample (6.1.4.1) weighs about 25 g or test sample (6.1.4.2) weighs about 2 g.

Invert Sugar Content %	Volume of Distilled Water to be Added ml
60	8.3
65	9.6
70	10.7
75	11.6

7.2. *Determination of Apparent Sucrose Content* (Defining Method)
7.2.1 *Principle of the Method*
Based on the Walker (1917) inversion method.
7.2.2 *Reagents*
7.2.2.1 *Soxhlet modification of Fehling's solution* (7.1.2.1)
7.2.2.2 *Standard invert sugar solution* (7.1.2.2)
7.2.2.3 *Hydrochloric acid* (6.34 N aqueous)
7.2.2.4 *Sodium hydroxide solution* (5 N aqueous)
7.2.2.5 *Methylene blue solution* 2 g/l litre (7.1.2.3)
7.2.3 *Sampling*
The honey is prepared for sampling as in 7.1.3
7.2.4 *Procedure*
7.2.4.1 *Preparation of test sample*
Prepare the honey sample as in 7.1.4.1(a). Dilute 10 ml of this solution to 250 ml with distilled water: honey solution (for sucrose determination) OR prepare the honey solution as in 7.1.4.2(a).
7.2.4.2 *Hydrolysis of the test sample*
The honey solution (50 ml) is placed in a 100 ml graduated flask, together with 25 ml distilled water; heat the test sample to 65 °C over a boiling water-flask. The flask is then removed from the water-bath and 10 ml of 6.34 N hydrochloric acid added. The solution is allowed to cool naturally for 15 minutes, and then brought to 20 °C and neutralizing with 5 N sodium hydroxide, using litmus paper as indicator, cooled again, and the volume adjusted to 100 ml (diluted honey solution).
7.2.4.3 *Titration*
As in 7.1.4.4 and 7.1.4.5
7.2.5 *Calculation and expression of results*
Calculate percent invert sugar (g invert sugar per 100 g honey) after inversion using the appropriate formula as for percent invert sugar before inversion in 7.1.5.
Apparent sucrose content = (invert sugar content after inversion minus invert sugar content before inversion) X 0.95
The result is expressed as g apparent sucrose/100 g honey
7.3 *Determination of Moisture Content* (Defining Method)
7.3.1 *Principle of Method*
Based on the refractometric method of Chataway (1932), revised by Wedmore (1955).
7.3.2 *Apparatus*
Refractometer
7.3.3 *Sampling*
The honey is prepared for sampling as in 7.1.3
7.3.4 *Procedure*
7.3.4.1 *Determination of the Refractive Index*
Determine the refractive index of the test sample using a refractometer at a constant temperature near 20 °C. Convert the reading to moisture content (percent m/m) using the table given below. If the determination is made at a temperature other than 20 °C, convert the reading to standard temperature of 20 °C, according to the temperature corrections quoted. The method used is to be noted in the test report.

Table for the estimation of moisture content

Refractive Index (20 °C)	Moisture Content (%)	Refractive Index (20 °C)	Moisture Content (%)	Refractive Index (20 °C)	Moisture Content (%)
1.5044	13.0	1.4935	17.2	1.4830	21.4
1.5038	13.2	1.4930	17.4	1.4825	21.6
1.5033	13.4	1.4925	17.6	1.4820	21.8
1.5028	13.6	1.4920	17.8	1.4815	22.0
1.5023	13.8	1.4915	18.0	1.4810	22.2
1.5018	14.0	1.4910	18.2	1.4805	22.4
1.5012	14.2	1.4905	18.4	1.4800	22.6
1.5007	14.4	1.4900	18.6	1.4795	22.8
1.5002	14.6	1.4895	18.8	1.4790	23.0
1.4997	14.8	1.4890	19.0	1.4785	23.2
1.4992	15.0	1.4885	19.2	1.4780	23.4
1.4987	15.2	1.4880	19.4	1.4775	23.6
1.4982	15.4	1.4875	19.6	1.4770	23.8
1.4976	15.6	1.4870	19.8	1.4765	24.0
1.4971	15.8	1.4865	20.0	1.4760	24.2
1.4966	16.0	1.4860	20.2	1.4755	24.4
1.4961	16.2	1.4855	20.4	1.4750	24.6
1.4956	16.4	1.4850	20.6	1.4745	24.8
1.4951	16.6	1.4845	20.8	1.4740	25.0
1.4946	16.8	1.4840	21.0		
1.4940	17.0	1.4835	21.2		

7.3.4.2 *Temperature Corrections – Refractive Index:*
Temperatures above 20 °C – Add 0.00023 per °C
Temperatures below 20 °C – Subtract 0.00023 per °C
7.4 *Gravimetric Determination of Water-insoluble Solids Content* (Reference Method)
7.4.1 *Sampling*
The honey is prepared for sampling as in 7.1.3
7.4.2 *Procedure*
7.4.2.1 *Preparation of Test Sample*
Honey (20 g) is weighed to the nearest centigram (10 mg) and dissolved in a suitable quantity of distilled water at 80 °C and mixed well.
7.4.2.2 *Gravimetric Determination*
The test sample is filtered through a previously dried and weighed fine sintered glass crucible (pore size 15.40 microns) and washed thoroughly with hot water (80 °C) until free from sugars (Mohr test). The crucible is dried for one hour at 135 °C, cooled and weighed to 0.1 mg.
7.4.3 *Expression of Results*
The result is expressed as percent water-insoluble solids (m/m).
7.5 *Determination of Mineral Content (ash)* (Defining Method)
7.5.1 *Sampling*
Honey is prepared for sampling as in 7.1.3.
7.5.2 *Procedure*
7.5.2.1 *Ignition of the Honey*
Honey (5–10 g) is weighed accurately into an ignited and pre-weighed platinum or silica dish and gently heated in a muffle furnace until the sample is black and dry and there is no danger of loss by foaming and overflowing. An infra-red lamp may also be used to char the sample before inserting into the furnace. If necessary, a few drops of olive oil may be added to prevent frothing. The sample is then ignited at 600 °C to constant weight. The sample is cooled before weighing.

7.5.3 *Expression of Results*
The result is expressed as percent ash (m/m)
7.6.1 *Sampling*
The honey is prepared for sampling as in 7.1.3
7.6.2 *Reagents*
7.6.2.1 *Sodium hydroxide 0.1 N* (carbonate-free)
7.6.2.2 *Phenolphtalein indicator* 1 percent (m/v) in ethanol, neutralized.
7.6.2.3 *distilled Water* made carbon dioxide free by boiling and subsequent cooling.
7.6.3 *Procedure*
7.6.3.1 *Preparation of Test Sample*
Honey (10.0 g) is weighed accurately and dissolved in 75 ml distilled water (7.6.2.3).
7.6.3.2 *Titration*
The test sample is titrated against carbonate-free 0.1N sodium hydroxide solution using 4–5 drops of neutralized phenolphthalein indicator. The end-point colour should persist for 10 seconds. For darkly coloured samples, a smaller weight should be taken. As an alternative, a pH meter may be used and the sample titrated to pH 8.3.
7.6.4 *Calculation and Expression of Results*
The result is expressed as millival (milliequivalents) acid/kg honey and is calculated as follows:
Acidity = 10 v
where v = the number of ml 0.1N NaOH used in the neutralization of 10 g honey.
7.7 *Determination of Diastase Activity* (Defining Method)
7.7.1 *Principle of the Method*
Based on the method of Schade et al. (1985) modified by White et al. (1959) and Hadorn (1961).
7.7.2 *Reagents*
7.7.2.1 *Iodine Stock Solution:*
Dissolve 8.8 g of iodine analytical grade, in 30–40 ml water containing 22 g potassium iodine, analytical grade, and dilute to 1 litre with water.
7.7.2.2 *Iodine solution* 0.0007 N:
Dissolve 20 g potassium iodine, analytical grade, in 30–40 ml water in a 500-ml volumetric flask. Add 5.0 ml iodine stock solution and make up to volume. Make up a fresh solution every second day.
7.7.2.3 *Acetate Buffer* – pH 5.3 (1.59 M):
Dissolve 87 g sodium acetate. $3H_20$ in 400 ml water, add about 10.5 ml glacial acetic acid in a little water and make up to 500 ml. Adjust the pH to 5.3 with sodium acetate or acetic acid as necessary, using a pH meter.
7.7.2.4 *Sodium Chloride Solution* 0.5 M:
Dissolve 14.5 g sodium chloride, analytical grade, in boiled-out distilled water and make up to 500 ml. The keeping time is limited by mould growth.
7.7.2.5 *Starch Solution:*
(a) *Preparation of soluble starch*
In a conical flask immersed in a water-bath and fitted with a reflux condenser, boil 20 g of potato starch for one hour in the presence of a mixture of 100 ml of 95 percent ethanol and 7 ml of 1 *N* hydrochloric acid. Cool, filter through a filtering crucible (pore sitze 90–150 microns) and wash with water until the wash/water ceases to give any chloride reaction. Drain thoroughly and dry the starch in air at 35 °C. The soluble starch must be stored in a well stoppered flask.
(b) *Determination of moisture content of soluble starch*
Accurately weigh a quantity of approximately 2 g of soluble starch and spread in a thin layer over the bottom of a weighing bottle (diameter 5 cm). Dry for one and a half hours at 130 °C. Allow to cool in a dessicator and re-weigh. The weight loss with respect to 100 g represents the moisture content. The moisture content of such starch should be 7–8% m/m depending on the humidity of the air in which the sample has been dried.

(c) *Preparation of starch solution*
Use a starch with a blue value between 0.5–0.55 using a 1 cm cell, as determined by the method below. Weigh out that amount of starch which is equivalent to 2.0 g anhydrous starch. Mix with 90 ml of water in a 250-ml conical flask. Bring rapidly to the boil, swirling the solution as much as possible, heating over a thick wire gauze preferably with an asbestos centre. Boil gently for 3 min., cover and allow to cool spontaneously to room temperature. Transfer to a 100-ml volumetric flask, place in a water bath at 40 °C to attain this temperature and make up to volume at 40 °C.
Method for determining blue value of starch
The amount of starch equivalent to 1 g anhydrous starch is dissolved by the above method, colled and 2.5 ml acetate buffer added before making up to 100 ml in a volumetric flask.
To a 100-ml volumetric flask add 75 ml water, 1 ml N hydrochloric acid and 1.5 ml of 0.02 N iodine solution. Then add 0.5 ml of the starch solution and make up to volume with water. Allow to stand for one hour in the dark and read in 1 cm cell using a spectrophotometer at 660 nm against a blank containing all the ingredients except the starch solution. Reading on the absorbance scale = Blue value.
7.7.3 *Apparatus*
7.7.3.1 Water-bath at 40 ± 0.2 °C.
7.7.3.2 Spectrophotometer to read at 660 nm.
7.7.4 *Sampling*
The honey sample is prepared as in 7.1.3 without any heating.
7.7.5 *Procedure*
7.7.5.1 *Preparation of test samples*
Honey solution: 10.0 g honey is weighed into a 50-ml beaker and 5.0 ml acetate buffer solution is added, together with 20 ml water to dissolve the sample. The sample is completely dissolved by stirring the cold solution. 3.0 ml sodium chloride solution as added to a 50-ml volumetric flask and the dissolved honey sample is transferred to this and the volume adjusted to 50 ml.
N.B. It is essential that the honey should be buffered before coming into contact with sodium chloride.
Standardization of the starch solution
The starch solution is warmed to 40 °C and 5 ml pipetted into 10 ml of water at 40 °C and mixed well. 1 ml of this solution is pipetted into 10 ml 0.0007 N iodine solution, diluted with 35 ml of water and mixed well. The colour is read at 660 nm against water blank using a 1 cm cell.
The absorbance should be 0.760 ± 0.020. If necessary the volume of added water is adjusted to obtain the correct absorbance.
7.7.5.2 *Absorbance determination*
Pipette 10 ml honey solution into 50 ml graduated cylinder and place in 40 ° ± 2 °C water bath with flask containing starch solution. After 15 minutes, pipette 5 ml starch solution into the honey solution, mix, and start stop-watch. At 5 minute intervals remove 1 ml aliquots and add to 10.00 ml 0.0007 N iodine solution. Mix and dilute to standard volume (see 6.7.5.1). Determine absorbance at 660 nm in spectrophotometer immediately using 1 cm cell. Continue taking 1 ml aliquots at intervals until absorbance of less than 0.235 is reached.
7.7.6 *Calculation and expression of results*
The absorbance is plotted against time (min) on a rectilinear paper. A straight line is drawn through at least the last three points on the graph to determine the time when the reaction mixture reaches an absorbance of 0.235. Divide 300 by the time in minutes to obtain the diastase number (DN). This number expresses the diastase activity as ml 1 percent starch solution hydrolysed by the enzyme in 1 g of honey in 1 h at 40 °C. This diastase number corresponds with the Gothe-scale number.
Diastase activity = DN = ml starch solution (1 percent) / g honey / H at 40 °C.
7.8 *Photometric determination of hydroxymethylfurfural (H.M.F.) content*[1] (Reference Method)
7.8.1 *Principle of the Method*
Based on the method of Winkler (1955).

7.8.2 *Reagents*
7.8.2.1 *Barbituric acid solution:*
Weigh out 500 mg barbituric acid and transfer to a 100-ml graduated flask using 70 ml water. Place in a hot water bath until dissolved, cool and make up to volume.
7.8.2.2 *p-toluidine solution:*
Weigh out 10.0 g p-toluidine, analytical grade, and dissolve in about 50 ml isopropanol by gentle warming on a water bath. Transfer to a 100 ml graduated flask with isopropanol. Keep the solution in the dark. Do not use for at least 24 hours.
7.8.2.3 *Destilled water* (oxygen free)
Nitrogen gas is passed through boiling distilled water. The water is then cooled.
7.8.3 *Apparatus*
7.8.3.1 *Spectrophotometer to read at 550 nm*
7.8.4 *Sampling*
The honey is prepared as in 7.1.3 without any heating.
7.8.5 *Procedure*
7.8.5.1 *Preparation of test sample*
10 g of honey sample is weighed and dissolved without heating in 20 ml oxygen-free distilled water (7.8.2.3). This is transferred to a 50-ml graduated flask and made up to volume (honey solution). the sample should be tested after preparation without delay.

[1] This method may be replaced at sometime in the future by a spectrophotometric method.

7.8.5.2 *Photometric determinations*
2.0 of honey solution is pipetted into each of two test tubes and 5.0 ml p-toluidine solution is added to each. Into one test tube 1 ml water is pipetted and into the other 1 ml barbituric acid solution and both mixtures are shaken. The one with added water serves as the water blank. The addition of the reagents should be done without pause and should be finished in about 1–2 minutes.
The extinction of the sample is read against the blank at 550 nm using a 1-cm cell immediately the maximum value is reaches.
7.8.6 *Calculation and expression of results*
The method may be calibrated by using a standard solution of hydroxymethylfurfuraldehyde (H.M.F.) standardized by dissolving commercial or laboratory prepared HMF and assaying spectrophotometrically where E = 16,830 (J.H. Turner 1984) at 284 nm; using 0–300 ug standards. An equation is given by which results may be roughly worked out:

$$\text{mg}/100\text{ g HMF} = \frac{\text{Absorbance} \times 19.2}{\text{Thickness of layer}}$$

Results are expressed as mg HMF/kg honey.
7.9 *Literature references*
Chataway H.D. (1932) Canad. J. Res. 6, 540; (1933) Canad. J. Res. 8, 435; (1935) Canad. Bee J. 43 (8) 215 only.
Hadorn H. (1961), Mitt. Gebiete Lebensm. u. Hyg., 52, 67
Kiermeier F., Köberlein W. (1954), Z. Unters. Lebensmitt., 98, 329
Lane J.H. Eynon L. (1923), J. Soc. Chem. Ind. 42, 32 T, 143 T, 463 T
Schade J.E., Marsh G.L., Eckert J.E. (1958), Food Research, 23, 446
Turner J.H., Rebers P.A., Barrick P.L., Cotton R.H. (1954), Anal. Chem. 26, 898
Walker H.S. (1917), J. Ind. Eng. Chem. 2, 490
Wedmore E.B. (1955), Bee World, 36, 197
White J.W., Kushnir I., Subors M.H. (1964), Food Technol. 18, 555
White J.W., Pairent F.W., (1959), J.A.O.A.C., 42, 344
Winkler O. (1955), Z. Lebensm. Untersuch. u. Forsch, 102, 161

13.7 Güte- und Prüfbestimmungen der CMA

Einführung

Die Bestrebungen zur Schaffung deutscher landwirtschaftlicher Markenware sind bereits in den 30er Jahren von Landwirtschaftskammern ausgegangen. Zur Durchsetzung der Markenware im Handel wurde ein Verbandszeichen für deutsche landwirtschaftliche Markenware entwickelt, das schließlich für den Verband der Landwirtschaftskammern beim Deutschen Patentamt eingetragen wurde.
Dieses Zeichen mit dem stilisierten Adler gehört zu den ältesten deutschen Gütezeichen und wurde bereits in der Gütezeichenliste von 1932 als vom RAL anerkanntes Gütezeichen aufgeführt.
Ziel der vom Verband der Landwirtschaftskammern durchgeführten Gütesicherung war von jeher, auf der einen Seite dem Verbraucher unter einem von neutraler Seite überwachten Zeichen Gewähr für Qualitätsware zu bieten und auf der anderen Seite den Erzeuger und Verarbeiter durch die Anforderungen, die mit der Verleihung des Zeichens verbunden sind, zur Qualitätserzeugung zu erziehen.
Nach der Gründung der Centralen Marketinggesellschaft der deutschen Agrarwirtschaft mbH (CMA) mit dem Ziel einer zentralen Förderung des Absatzes und der Verwertung von Erzeugnissen der deutschen Land-, Forst- und Ernährungswirtschaft wurde zwischen dem Verband der Landwirtschaftskammern und der CMA eine Überleitung der Zeichenarbeit auf die CMA vereinbart, und nach entsprechenden Vorklärungen konnte das von der CMA entwickelte Qualitätszeichen als Gütezeichen für Agrarprodukte, die den festgelegten Bestimmungen nachweislich entsprechen, anerkannt werden.
Für die Verleihung und Führung des Gütezeichens im Rahmen der einzelnen Produktgruppen wurden einheitliche Durchführungsbestimmungen erarbeitet, die zusammen mit dem Vertragstext und der Gütezeichen-Satzung unter der Nummer RAL-RG 164/1 veröffentlicht sind.

Honig
Gütesicherung
RAL-RG 164/5

Als Gütegrundlage für die Gütesicherung von Honig bestimmter Sorten haben die im zuständigen Produktausschuß der

Centrale
Marketinggesellschaft
der deutschen Agrarwirtschaft
Koblenzer Straße 148
5300 Bonn–Bad Godesberg
Telefon (02221) 8361

vertretenen Mitglieder die bereits durch den Verband der Landwirtschaftskammern praktizierten »Einheitsbestimmungen« überarbeitet und den inzwischen geänderten EG-Verordnungen angepaßt.
Die Güte- und Prüfbestimmungen werden hiermit unter der Nr. RAL-RG 164/5 veröffentlicht.
Für die Durchführung der Gütesicherung sind die unter der Nr. RAL-RG 164/1 veröffentlichten Durchführungsbestimmungen für die Verleihung und Führung des Gütezeichens maßgebend.

Das abgebildete Gütezeichen wird gemäß den vom RAL gebilligten Zeichenunterlagen für solche Erzeugnisse geführt, die den Güte- und Prüfbestimmungen entsprechen.

Frankfurt/Main, im Dezember 1976
RAL
Ausschuß für Lieferbedingungen und Gütesicherung

I. Geltungsbereich

Die Güte- und Prüfbestimmungen gelten für Honig, der mit dem CMA-Gütezeichen gekennzeichnet ist.

II. Gütebestimmungen

1. Anforderungen an Ware und Verpackung

1.1 Das CMA-Gütezeichen darf nur zur Kennzeichnung für folgende Honigsorten benutzt werden:
  Blütenhonig (Heidehonig, Rapshonig)
  Honigtauhonig (Waldhonig, Tannenhonig)
  (Begriffsbestimmungen siehe »Verordnung über Honig«)
Soweit andere Sorten regionale Bedeutung haben, können diese nach vorheriger Genehmigung durch die CMA ebenfalls mit dem CMA-Gütezeichen gekennzeichnet werden.
1.2 Es dürfen nur Honigsorten mit dem CMA-Gütezeichen gekennzeichnet werden, die aus inländischer Erzeugung (Bundesrepublik Deutschland und Westberlin) stammen. Zu diesem Zweck sind die Etiketten auf den Verpackungen fortlaufend durchzunumerieren. Die Verwendung der Etiketten ist in einem Kontrollbuch festzuhalten, damit der Ein- und Verkauf vom Produzenten bis zum Letztverkauf lückenlos nachgewiesen werden kann.
1.3 Die Honigerzeuger bzw. Honiganbieter haben die einwandfreie Qualität bei Lieferung an die Abfüllbetriebe gemäß Formblatt zu erklären.
1.4 Der mit dem CMA-Gütezeichen gekennzeichnete Honig muß der Verordnung über Honig, den Leitsätzen für Honig sowie den Bestimmungen des Deutschen Imkerbundes in der jeweils gültigen Fassung entsprechen.
1.5 Der Honig muß mindestens 23 Punkte entsprechend den Bestimmungen für die Qualitätsprüfung von Honig erreichen.

2. Anforderungen an den Betrieb

2.1 Das CMA-Gütezeichen darf nur von Unternehmen sowie Vermarktungsgemeinschaften verwendet werden, die mindestens 2 t deutschen Honig jährlich produzieren oder vermarkten und ihren Sitz und Betrieb im Inland (Bundesrepublik Deutschland und Westberlin) haben.
2.2 Die mit dem CMA-Gütezeichen zu kennzeichnenden Sorten müssen im eigenen Betrieb bzw. in den Betrieben der Vermarktungsgemeinschaften gewonnen bzw. abgefüllt werden.
2.3 Der Abfüllbetrieb muß über ausreichende, saubere und zweckentsprechende räumliche, technische und hygienische Voraussetzungen und Einrichtungen verfügen, um Honig der geforderten Qualität gewinnen bzw. abfüllen zu können.
2.4 Der Gütezeichenbenutzer erkennt mit dem Abschluß des Benutzungsvertrages den Inhalt der Zeichensatzung, der Durchführungsbestimmungen sowie der Güte- und Prüfbestimmungen mit den zugehörigen Anlagen ausdrücklich an. Ausreichende fachliche Kenntnisse der Betriebsleitung werden vorausgesetzt.

III. Prüfbestimmungen

1. Erst- bzw. Zulassungsprüfung

1.1 Die Erstprüfung wird von einem Mitarbeiter der CMA und/oder einem Beauftragten der für die laufenden Überwachungsprüfungen benannten Kontrollstellen durchgeführt.
1.2 Die Erst-, wie auch die laufenden Überwachungsprüfungen werden von den Untersuchungsinstituten Stuttgart-Hohenheim oder Celle durchgeführt. Sie können entfallen, wenn bei einer der vorgenannten Stellen ein positives Prüfzeugnis für die beantragte Sorte vorliegt, das nicht älter als drei Monate ist und der CMA zugeleitet wird.
1.3 Die Erstprüfung erstreckt sich auf die Prüfung des gesamten Betriebes (einschließlich des Verpackungsvorganges) sowie die zur Kennzeichnung vorgesehenen Produke.

2. Überwachungsprüfungen

2.1 Die Zahl der Probeziehungen richtet sich nach der Jahresabfüllmenge, und zwar je 3 t Abfüllmenge je eine Probe. Es werden jedoch jährlich mindestens zwei, höchstens aber 12 Proben gezogen.
2.2 Für etwa die Hälfte der vorgesehenen jährlichen Prüfungen sind die Proben im Abfüllbetrieb zu ziehen.
2.3 Die zuständige Kontrollstelle kann jederzeit ohne Voranmeldung Probeziehungen im Produktionsbetrieb oder im Handel vornehmen.
2.4 Der Leiter des Produktionsbetriebes oder einer seiner Mitarbeiter muß bei der Probeziehung zugegen sein.
2.5 Die CMA behält sich zusätzliche Prüfungen dann vor, wenn Anlaß zu der Annahme besteht, daß bei den gekennzeichneten Sorten eine Qualitätsminderung eingetreten ist bzw. Zuwiderhandlungen gegen die Zeichensatzung, den Benutzungsvertrag oder die Durchführungsbestimmungen sowie Güte- und Prüfbestimmungen zu befürchten sind. Diese Prüfungen können über Art und Umfang der laufenden Qualitätskontrollen hinausgehen.
2.6 Entspricht die gekennzeichnete Ware nicht den vorgeschriebenen Gütebestimmungen, so werden innerhalb eines Monats nach Bekanntgabe des Prüfergebnisses bis zu zwei Nachprüfungen vorgenommen. Die Probeziehung für die zweite Nachprüfung erfolgt in Gegenwart eines Mitarbeiters der CMA.
2.7 Führen auch diese Nachprüfungen zu unzureichenden Ergebnissen, wird gemäß Abschnitt V. 3 der Durchführungsbestimmungen die weitere Benutzung des CMA-Gütezeichens untersagt.
2.8 Dem Gütezeichenbenutzer bleibt freigestellt, über die vorgeschriebenen Qualitätsprüfungen hinaus weitere Qualitätsprüfungen durch die zuständigen Stellen vorzunehmen. Diese Prüfergebnisse sollten der CMA zur Verfügung gestellt werden.
2.9 Die CMA legt den Zeitpunkt für alle in Frage kommenden Prüfungen fest. Dabei erfolgt eine Abstimmung mit den in die Prüfungen eingeschalteten Stellen.
2.10 Sämtliche für die vorgesehenen Prüfungen anfallenden Kosten regeln sich gemäß den Abschnitten II.3 und IV.3 der Durchführungsbestimmungen. Bei Verwendung des DIB-Einheitsglases ergibt sich eine gesonderte Regelung zwischen DIB und Gütezeichenbenutzer.

IV. Kennzeichnung

1. Das CMA-Gütezeichen darf nur zur Kennzeichnung von solchen Erzeugnissen verwendet werden, die unter Bezeichnung oder Marken in den Verkehr gelangen, die eindeutig auf die inländische Herkunft des Honigs schließen lassen.
Bei Gemeinschafts-, Fremd- und Handelsmarken muß der Abfüllbetrieb eindeutig erkennbar

sein, und zwar entweder durch Namen und Anschrift oder durch eine Code-Nummer, die vorher mit der CMA abzustimmen ist.
2. Das CMA-Gütezeichen ist auf der Verpackung in ausreichender Größe, an deutlich sichtbarer Stelle und in der vorgeschriebenen Form gemäß dem verbindlichen Gestaltungskatalog anzubringen. Dabei ist darauf zu achten, daß das CMA-Gütezeichen integrierter Bestandteil der gesamten Verpackungsgestaltung ist.
3. Die Kleinverpackungen und Umverpackungen müssen neu und hygienisch einwandfrei sein.
4. Falls der Gütezeichenbenutzer in vom DIB zugelassenen Verpackungen und Verpackungsaufmachungen (Einheitsglas sowie Honigeimer mit DIB-Banderole) vermarktet, werden die für diese Verpackungen gültigen Bestimmungen Bestandteil dieser Bedingungen.
5. Auf Umverpackungen (Sammelverpackungen) ist die Verwendung des CMA-Gütezeichens nur dann zulässig, wenn die darin befindlichen Erzeugnisse selbst mit dem CMA-Gütezeichen gekennzeichnet sind.

V. Schlußbemerkungen

1. Die Güte- und Prüfbestimmungen für Honig sind von der CMA nach eingehender Beratung in ihrem Produktausschuß »Eier, Geflügel, Honig« nach Abstimmung mit dem Allgemeinen Ausschuß »Qualitätsverbesserung und Zeichenarbeit« festgelegt worden. Sie sind auch von RAL anerkannt und können in Abstimmung mit diesen Gremien geändert werden.
2. Änderungen werden jeweils am 1. Januar oder 1. Juli eines Kalenderjahres wirksam und sind ein halbes Jahr zuvor bekanntzugeben.

Lfd. CMA-Prüfungs-Nr.:

CMA-Partner-Nr.:

Prüfungsbefund für Honig mit dem CMA-Gütezeichen

Anschrift des Betriebes:

Probe abgerufen am: ....

Prüfungszeitraum: ....

Untersuchte Sorte: ....

Gebinde: ... .

Probe eingegangen am: ....

Art der Prüfung: ....

Zu prüfende Merkmale und Eigenschaften		erzielbare Punkte	Mindest-punktzahl	erreichte Punkte
Kennzeichnung, Verschluß, Aufmachung **Mängel**		3	2	
Sinnenprüfung Konsistenz		3	2	
Farbe		2	2	
Sauberkeit		3	2	
Geruch		2	2	
Geschmack		3	2	
Chemisch-physikalische Untersuchung Wassergehalt	%	3	2	
Invertasezahl (n. Gontarski)		2	2	
HMF (colorim. n. Winkler)	mg %	5	3	
Mikroskopische Untersuchung* Fremdkörper, Stärke, Hefen usw.		2	2	
Pollen und Honigtauelemente Auslandspollen		2	2	
Gesamtpunktzahl		30	23	

Beurteilung: Der Honig entspricht den Anforderungen der DIB/CMA-Qualitätsrichtlinien:

ja ☐ / nein ☐ leichte Fehler ☐
mittlere Fehler ☐
schwere Fehler ☐

...., den .... Stempel ....
(Ort und Datum der Prüfung) Unterschrift (Prüfer)

* Detailergebnisse können beim Untersuchungsinstitut erfragt werden

13.8 Wichtige Anschriften

Bienenwissenschaftliche Institute

Institut für Zoologie der Freien Universität Berlin
Abt. Bienenkunde: Prof. Dr. B. Schricker
1000 Berlin 33, Königin-Luise-Str. 1–3
Tel.: (030) 8383915

Institut für Landwirtschaftliche Zoologie und Bienenkunde
Abt. Bienenkunde: Prof. Dr. W. Drescher
5300 Bonn 1, Melbweg 42,
Tel.: (0228) 285005

Institut für Angewandte Zoologie der Universität Bonn
Direktor: Prof. Dr. W. Kloft
5300 Bonn 1, An der Immenburg 1,
Tel. (0228) 735123

Untersuchungsstelle für Bienenvergiftungen:
Biologische Bundesanstalt für Land- und Forstwirtschaft
3300 Braunschweig, Messeweg 11/12
Tel. (0531) 399–390

Niedersächsisches Landesinstitut für Bienenkunde
Leitung: Prof. Dr. J.H. Dustmann
3100 Celle, Wehlstr. 4a
Tel. (05141) 6054

Bayerische Landesanstalt für Bienenzucht
Leitung: Dr. Mautz
8520 Erlangen, Burgbergstr. 70
Tel. (09131) 20031

Tierhygienisches Institut Freiburg
Leitung: Dr. H. Bölle – Abt. Bienenkunde: Dr. W. Ritter
7800 Freiburg i. Br., Moosweiher 2
Tel. (0761) 16011–16014

Hessische Landesanstalt für Tierzucht
Leitung: Dr. W. Schlolaut – Abteilung für Bienenzucht: Dr. V. Maul
3575 Kirchhain, Erlenstr. 9
Tel.: (06422) 3083 u. 3084

Obstbauversuchsanstalt Jork der Landwirtschaftskammer Hannover
Leitung: Dr. K.H. Tiermann
Abt. Bienenkunde: H. Hauschildt (nur im Rahmen Pflanzenschutz)
2155 Jork
Tel.: (04162) 7004

Landesanstalt für Bienenzucht – Mayen
Leitung: Dr. A. Schulz
5440 Mayen, Im Bannen 38–54
Tel.: (02651) 2588

Institut für Pflanzenschutz, Saatgutuntersuchung und Bienenkunde der Landwirtschaftskammer Westfalen-Lippe
Leitung: Ltd. Landwirtschaftsdirektor Dr. T. Kock
Wiss. Referent für das Referat Bienenkunde: Dr. W. Pinsdorf
4400 Münster, Nevinghoff 40,
Postfach 59 25
Tel.: (0251) 2376–663, 662, 626

Institut für Bienenkunde (Polytechnische Gesellschaft)
Fachbereich Biologie der J.W. Goethe-Universität Frankfurt a.M.
Leitung: Prof. Dr. N. Koeninger
6370 Oberursel 1, Karl-von-Frisch-Weg 2
Tel.: (06171) 21278, Telefax: 49–6171–25769

Landesanstalt für Bienenkunde der Universität Hohenheim
Leitung: Prof. Dr. G. Vorwohl
7000 Stuttgart 70, August von Hartmann-Str. 13
Tel.: (0711) 459–2661
Telefax: 0711/459/2233

Deutscher Imkerbund e.V.
Hauptstraße 3
5307 Wachtberg-Villip
Tel.: 0228/321006

Institut für Honigforschung – Bremen
Leitung: Dr. C. Lüllmann
2800 Bremen 1, Schlachte 15/18
Tel.: 0421/12449
Telefax: 0421/170676

Honigverband der Bundesrepublik
Deutschland e.V.
Am Wall 146
2800 Bremen 1
Tel.: 0421/3397511

14. Literaturverzeichnis

1. Statistisches Landesamt Bremen: Ausfuhr über bremische Häfen im Generalhandel, 1990
2. Madeline, L.: Development of the French honey consumer (1965–1990), a traditional market. Abeilles et Fleurs, 393, 2–5 (1990)
3. Statistisches Bundesamt Wiesbaden: Fachserie 7 – Reihe 2, Außenhandel, 1990
4. Zander, E.; Maurizio, A.: Der Honig. Eugen Ulmer Verlag, Stuttgart (1984)
5. Talpay, B.: Jahresbericht Institut für Honigforschung, Bremen (1981)
6. Lüllmann, C.: Jahresbericht Institut für Honigforschung, Bremen (1990)
7. Örösi-Pal, Z.: Physiologie des glandes nourricières. Chauvin, Traité de Biologie l'Abeille 1, 263–290. Masson, Paris (1968)
8. Zimmermann, M.; Ziegler, H.: Transport in plants. Part I: Phloem transport. List of sugars and sugaralcohols in sievetube exudates. Zimmermann, M.H.; Milburn, J.A.; Appendix III, 480–503. Springer, Berlin–Heidelberg–New York (1975)
9. Ziegler, H.: La sève des tubes criblés. Chauvin, Traité de Biologie de l'Abeille, Vol. III, 205–217 (1968a)
10. Dehn, M. von: Untersuchung zur Ernährungsphysiologie der Aphiden. Die Aminosäuren und Zucker im Siebröhrensaft einiger Krautgewächse und im Honigtau ihrer Schmarotzer. Z. vergl. Physiol. 45, 88–108 (1961)
11. Mittler, T.E.: Studies on the feeding and nutrition of Tuberolachnus salignus (Gmelin, Homoptera, Aphididae). The nitrogen and sugar composition of ingested phloem sap and excreted honeydew. J. exp. Biol. 35, 74–84 (1958)
12. Ziegler, H.: Untersuchungen über die Leitung und Sekretion der Assimilate. Planta 47, 447–500 (1956)
13. Zimmermann, M.: Der Nachweis von Aminosäuren im Siebröhren- und Blutungssaft einiger Bäume. Staatsex. arb. TH Darmstadt (1961)
14. Eschrich, W.: Beziehungen zwischen dem Auftreten von Callose und der Feinstruktur des primären Phloems bei Cucurbita ficifolia. Planta 59, 243–261 (1963a)
15. Eschrich, W.: Der Phloemsaft von Cucurbita ficifolia. Planta 60, 216–224 (1963b)
16. Ziegler, H.; Schnabel, M.: Über Harnstoffderivate im Siebröhrensaft. Flora, Jena 150:306–317 (1961)
17. Kluge, M.: Untersuchungen über die Zusammensetzung von Siebröhrensäften. Universität Darmstadt, Dissertation 1964
18. Peel, A.J.; Weatherley, P.E.: Composition of sieve-tube sap. Nature, London 184, 1955–1956 (1959)
19. Ziegler, H.; Kluge, M.: Die Nucleinsäuren und ihre Bausteine im Siebröhrensaft von Robinia pseudoacacia L. Planta 58, 144–153 (1962)
20. Ziegler, H.; Ziegler, I.: Die wasserlöslichen Vitamine in den Siebröhrensäften einiger Bäume. Flora, Jena 152:257–287 (1962)
21. Gietl, Chr.; Ziegler, H.: Affinity chromatography of carbohydrate binding proteins in the phloem exudate from several tree species. Biochem. Physiol. Pflanzen 175, 50–57 (1980)
22. Maurizio, A.; Grafl, I.: Das Trachtpflanzenbuch. Nektar und Pollen – die wichtigsten Nahrungsquellen der Honigbiene. Ehrenwirth Verlag, München, Band 4 (1980)
23. Demianowicz, Z.; Hlyn, M.: Vergleichsuntersuchungen der Nektarsekretion bei 17 Lindenarten. Pszcz. Zesz. Nauk. 4, 133–152 (1960)

24. DEMIANOWICZ, Z.; JABLONSKI, B.; OSTROWSKA, W.; SZYBOWSKI, S.: Honigergiebigkeit wichtiger Honigtrachtpflanzen unter den in Polen herrschenden Bedingungen. Pszcz. Zesz. Nauk. 7, 95–111 (1963)
25. JABLONSKI, B.: Die Nektarsekretion und die Honigergiebigkeit der wichtigsten Honigpflanzen in Polen. Pszcz. Zesz. Nauk. 12, 117–126 (1968)
26. KROPACOVA, S.; HASLBACHOVA, H.: A study of the honeybee work (Apis mellifica L.) on sainfoin plants (Onobrychis viciaefolia s. sativa Thell.). Acta Univ. agric. Brno XVIII, 71–82 (1970)
27. FOSSEL, A.: Die Bienenweide der Ostalpen, dargestellt am Beispiel des steirischen Ennstals. Mittlg. naturwiss. Ver. Steiermark 104, 87–118 (1974)
28. VORWOHL, G.: Veränderungen im Pollenbild der Honige der Bundesrepublik. Bienenvater 111 (4), 143–147 (1990)
29. LÜTTGE, U.: Über die Zusammensetzung des Nektars und den Mechanismus seiner Sekretion. Planta 56, 189–212 (1961)
30. LÜTTGE, U.: Die Nektarsekretion. Dt. Bienenwirtsch. 15, 238–243 (1964)
31. LÜTTGE, U.: Aktiver Transport. Springer, Wien (1969)
32. SCHNEPF, E.: Sekretion und Exkretion bei Pflanzen. Protoplasmatologie, VIII/8, Springer, Wien (1969)
33. ZIEGLER, H.: La sécrétion du nectar. Chauvin, Traité de Biologie de l'Abeille, Vol. III, 218–248 (1968b)
34. ZIEGLER, H.; LÜTTGE, U.: Über die Resorption von 14C-Glutaminsäure durch sezernierende Nektarien. Naturwiss. 47, 305 (1960)
35. BEUTLER, R.: Nectar. Bee World 34, 106–116, 128–136, 156–162 (1953)
36. GEISSLER, G.; STECHE, W.: Natürliche Trachten als Ursache für Vergiftungserscheinungen bei Bienen und Hummeln. Z. Bienenforsch. 6, 77–92 (1962)
37. MAURIZIO, A.: Untersuchungen über die Nektarsekretion einiger polyploider Kulturpflanzen. Arch. J. Klaus-Stift. Vererb.-Forsch. XXIX, 340–346 (1954)
38. MAURIZIO, A.: Papierchromatographische Untersuchungen an Blütenhonigen und Nektar. Ann. Abeille 2, 291–341 (1959b)
39. BERGNER, K.G.; HAHN, H.: Zum Vorkommen und zur Herkunft der freien Aminosäuren im Honig. Apidologie 3, 5–34 (1972)
40. HAHN, H.: Zum Gehalt und zur Herkunft der freien Aminosäuren im Honig. Diss. Stuttgart 1970
41. LÜTTGE, U.: Über die Zusammensetzung des Nektars und den Mechanismus seiner Sekretion. Planta 59, 108–114 (1962)
42. LÜTTGE, U.: Über die Zusammensetzung des Nektars und den Mechanismus seiner Sekretion. Planta 59, 175–194 (1962)
43. MOSTOWSKA, J.: Amino acids in nectar and honey. Zesz. Nauk. W.S.R. Olsztyn 20 (3), 417–432 (1965)
44. LÜTTGE, U.: Über den Vitamin-C-Gehalt von Bienenhonig. Z. Lebensmitt. Unters. und Forsch. 117 (4), 289–296 (1962c)
45. GOTO, M.: Studies on useful components in natural sources. XV. Studies on crude drugs and oriental crude drug preparations by bioassay. Vitamin B group in crude drugs. J. pharm. Soc. Japan 77 (5), 474–477 (1957)
46. FAHN, A.: Studies in the ecology of nectar secretion. Palest. J. Bot. Jerusalem, Ser. IV, 207–224 (1949)
47. ZIMNA, J.: Phacelia tanacetifolia. Pszcz. Zesz. Nauk. 3, 77–102 (1959)
48. GULYAS, S.: Zusammenhang zwischen Struktur und Produktion in den Nektarien einiger Lamium-Arten. Acta Biol. Univ. Szeged 13, 1–10 (1967)
49. BOND, D.A.: Variation between tetraploid red clover plants in corolla tube length and height of nectar. J. Agr. Sci. Camb. 71, 113–116 (1968)
50. MAURIZIO, A.: Nouvelles recherches sur la sécrétion nectarifère de plantes cultivées polyploides: Nicotiana. 10th Internat. Congr. Ent. Montreal 4, 1025 (1958)
51. BEUTLER, R.; WAHL, O.: Über das Honigen der Linden in Deutschland. Z. vergleich. Physiol. 23, 301–331 (1936)

52. HASLER, A.; MAURIZIO, A.: Die Wirkung von Bor auf den Samenansatz und Nektarsekretion bei Raps (Brassica napus L.). Phytopath. Z. 15, 193–207 (1949)
53. PERCIVAL, M.S.: Observations on the flowering and nectar secretion of Rubus fruticosus. New Phytol. 45, 111–123 (1946)
54. BAILEY, M.; FIEGER, E.A.; OERTEL, E.: Paper chromatographic analyses of some southern nectars. Gleanings B. C. 82, 401–403, 472 (1954)
55. MOMMERS, J.: Die Nektarabsonderung bei verschiedenen Rassen von Obstbäumen. Z. Bienenforsch. 8, 203–204 (1966)
56. OERTEL, E.: Nectar production by white clover. Gleanings B.C. 84, 461–463, 552 (1956)
57. SHAW, F.R.; SHAW, M.; WEIDHAAS, J.: Observations on sugar concentration of cranberry nectar. Gleanings B.C. 84, 150–151 (1956)
58. VANSELL, G.H.: The sugar concentration of Western nectars. J. econ. Ent. 32, 666–668 (1939)
59. BEUTLER, R.: Biologisch-chemische Untersuchungen am Nektar von Immenblumen. Z. vergleich. Physiol. 12, 72–176 (1930)
60. BOETIUS, J.: Über den Verlauf der Nektarabsonderung einiger Blütenpflanzen. Beihefte zur Schweiz. Bienenzeitg. 2 (17), 257–317 (1948)
61. DIETZ, F.: Über den Einfluß der Umweltfaktoren auf den Tagesgang der Nektarsekretion. Diss. Bonn (1966)
62. HUBER, H.: Die Abhängigkeit der Nektarsekretion von Temperatur, Luft- und Bodenfeuchtigkeit. Planta 48, 47–98 (1956)
63. BEUTLER, R.; SCHÖNTAG, A.: Über die Nektarabscheidung einiger Nutzpflanzen. Z. vergleich. Physiol. 28, 255–285 (1940)
64. DEMIANOWICZ, Z.; RUSZKOWSKA, B.: Buchweizen als Trachtpflanze. Pszcz. Zesz. Nauk. 3, 11–24 (1959)
65. HASLER, A.; MAURIZIO, A.: Über den Einfluß verschiedener Nährstoffe auf Blütenansatz, Nektarsekretion und Samenertrag von honigenden Pflanzen, speziell von Sommerraps (Brassica napus L.). Schweiz. Landwirtsch. Mh. 28, 201–211 (1950)
66. RYLE, M.: The influence of nitrogen, phosphate and potash on the secretion of nectar. J. Agr. Sci. 44, 400–407, 408–419 (1954)
67. EWERT, R.: Die Förderung der Nektarausscheidung bei Raps, Buchweizen und Rotklee durch Kalidüngung. Dt. Imkerführer 9, 64–66 (1935)
68. EWERT, R.: Honigen und Samensatz des Rotklees. Dt. Imkerführer 10, 476–480 (1936)
69. JOHNSON, L.H.: Nectar secretion in clover. N. Z. J. Agric. 73, 111 (1946)
70. SHUEL, R.W.; PEDERSON, M.W.: The effect of environmental factors on nectar secretion as related to seed production. 6th Internat. Grassland Congr. 867–871 (1953)
71. SHAW, F.R.; BOURNE, A.J.; MIGLIORINI, R.: The effect of various levels of fertilizers on the growth and nectar secretion of snapdragons (Antirrhinum majus). Gleanings B.C. 85, 598–599 (1957)
72. SHUEL, R.W.: Nectar secretion in relation to nitrogen supply, nutritional status and growth of the plant. Can. J. Agric. Sci. 35, 124–138 (1955)
73. SHUEL, R.W.: Some aspects of the relation between nectar secretion and nitrogen, phosphorus and potassium nutrition. Can. Plant. Sci. 37, 220–236 (1957)
74. SHUEL, R.W.: L'influence des facteurs externes sur la production du nectar. Ann. Abeille 7, 5–12 (1964)
75. SHUEL, R.W.: Some factors affecting nectar yield in red clover. Plant. Physiol. 27, 95–110 (Lancester, 1952)
76. SHUEL, R.W.: World nectar research. Bee World 51, 63–69 (1970)
77. VANSELL, G.H.: Nectar secretion in Poinsettia blossoms. J. econ. Ent. 33, 409–410 (1940)

78. PEDERSEN, M.W.: Environmental factors affecting nectar secretion and seed production in alfalfa. Agron.J. 45, 359–361 (1953)
79. SHUEL, R.W.: Studies of nectar secretion in excised flowers. II. The influence of certain growth regulators and enzyme inhibitors. Can. J. Bot. 37, 1167–1180 (1959)
80. MACLACHLAN, R.G.: The starch content of honey plants in relation to honey flows. Bee World 21, 85–88 (1940)
81. JAMIESON, C.A.; AUSTIN, G.H.: Preference of honeybees for sugar solutions. 10th Internat. Congr. Ent. Montreal 4, 1059 (1958)
82. WYKES, G.: The preferences shown by honey-bees for certain nectars. Ann. Appl. Biol. 38, 546 (1951)
83. WYKES, G.: The preferences of honeybees for solutions of various sugars which occur in nectar. J. Exp. Biol. 29, 511–518 (1952)
84. KLEBER, E.: Hat das Zeitgedächtnis der Bienen biologische Bedeutung? Z. vergl. Physiol. 22, 221–262 (1935)
85. WHITE, J.W.: Natural honey toxicants. Bee World 62 (1), 23–28 (1981)
86. GRUCH, W.: Zur Frage der Giftwirkung gewisser Honige. Z. Bienenforsch. 4 (2), 47–57 (1957)
87. POLTEV, V.I.: Food toxicosis of bees and their diagnosis. XVI Int. Beekeep. Congr. Vienna 73–74 (1956)
88. MAURIZIO, A.: Les plantes toxiques. Chauvin, Traité de biologie de l'abeille; Vol. 4, 279–287; Masson, Paris (1968b)
89. PLUGGE, P.C.: Giftiger Honig von Rhododendron ponticum. Arch. exp. Path. Pharmak. 229, 552–554 (1891)
90. WHITE, J.W.; RIETHOF, M.L.: The composition of honey. Part III: Detection of acetylandromedol in toxic honeys. Arch. Biochem. 79 (1/2), 165–167 (1959)
91. TOKUDA, Y.; SUMITA, E.: Studies on poisonous honey in Japan. Bee World 7, 4–5 (1925)
92. FÜHNER, H.: Über den giftigen Honig des pontischen Kleinasiens. Naturwissenschaften 14, 1283 (1926)
93. HOWES, F.N.: Poisoning from honey. Fd. Mf. 24, 459–462 (1949)
94. PALMER-JONES, T.: A recent outbreak of honey poisoning. Part 1. Historical and descriptive. N. Z. J. Sci. Technol. 29A, 107–114 (1947a)
95. PALMER-JONES, T.: A recent outbreak of honey poisoning. Part 3. The toxicology of the poisonous honey and the antagonism of tutin, mellitoxin, and picrotoxin by barbiturates. N. Z. J. Sci. Technol. 29, 121–125 (1947b)
96. CAREY, F.M.; LEWIS, J.J.; MAC GREGOR, J.L.; MARTIN-SMITH, M.: Chemical and pharmacological observations on some toxic nectars. J. pharm. Lond. Suppl. 11, 269T–274T (1959)
97. MAJAK, W.; NEUFELD, R.; CORNER, J.: Toxicity of Astragalus Miser V. Serotinus to the honeybee. J. Apic. Research 19 (3), 196–199 (1980)
98. HAZSLINSKY, B.: Toxische Wirkung des Honigs der Tollkirsche (Atropa belladonna L.). Z. Bienenforsch. 3 (5), 93–96 (1956)
99. ROBINSON, F.A.; OERTEL, E.: Sources of nectar and pollen. Zitiert aus: The hive and the honeybee (283–302) Eds. Dadant and Sons, Inc. Hamilton, IL, USA (1975)
100. SHARMA, O.P.; DESH, R.; RAJESH, G.: Toxicity of nectar of tea (Camellia Thea L.) to honeybees. J. Apic. Research 25 (2), 106–108 (1986)
101. PECHHACKER, H.: Zur Populationsentwicklung der Physokermes-Arten. Dissertation an der Universität für Bodenkultur, Wien 1984
102. KLOFT, W.: Die Quirlschildläuse der Fichte. Dt. Bienenwirtschaft 10, 12–13 (1959)
103. LEUENBERGER, F.: Die Biene. 3. Auflage, Sauerländer, Aarau (1954)
104. FOSSEL, A.: Melezitoselieferant auf der Fichte. Alpenländische Bienenzeitung (Innsbruck) 63, 196–201 (1975)
105. GÖLZ, H.: Der Melezitosegehalt im Honigtau verschiedener Lachnidenarten. Apidologie 13 (1), 89–91 (1982)
106. RUTTNER, R.: Waldtracht und Waldtrachtbeobachtungen in Österreich. Bienenvater 81, 196–203 (1960)

107. Rihar, J.: Periodizität in der Sekretion des Honigtaues auf der Tanne. Verh. XI. Int. Kongr. Entomol. Wien 1960, 2, 551–555 (1962)

108. Haragsim, O.: Honigtau und seine Ausnutzung in der Imkerei. Ved. Prace; Vyzk. Ust. Vcelarskeho v Dole: 277–318 (1963) (Tschech. dt. Zusammenfassung)

109. Schels, J.: Von den Honigtau-Erzeugern der Tanne. Die Bienenpflege 6, 121–124 (1964)

110. Geinitz, B.: Die Entstehung des Tannenhonigs. Arch. f. Bienenkunde 9, 308 (1930)

111. Kloft, W.: Unsere Honigtau-Erzeuger. 8. Die Honigtau-Erzeuger der Weißtanne. Dt. Bienenwirtschaft 12, 186–188 (1961)

112. Heimbach, U.W.: Aufruf an die Imker. Nordwestdeutsche Imkerzeitung 32, 119–120 (1980)

113. Scheurer, S.T.: Materialien zur Verbreitung der auf Pinus silvestris L. lebenden Cinarinen im Gebiet der DDR. Hercynia 6, 319–337 (1969)

114. Schmutterer, H.: Beobachtungen über Honigtau-Erzeuger und Honigtautrachten im Frühling und Frühsommer 1957 in Oberhessen. Z. f. Bienenforsch. 4, 102–106 (1958a)

115. Bauer, H.F.: Die Bienenzucht in Bayern als geographisches Problem. Palm und Enke, Erlangen 1958

116. Müller, H.: Die biologischen Grundlagen der Honigtautracht, p. 151–204. In: Berner, U.: Die Bienenweide. Verlag E. Ulmer, Stuttgart, 1967

117. Wellenstein, G.: Weitere Beiträge zur Waldtrachterkundung. Dt. Imker 18, 265–270 (1966)

118. Santas, L.: Marchalina hellenica (Gennadius), bedeutendes Insekt für die Bienenzucht Griechenlands. 27. Intern. Congr. Agriculture, Athen 1979, pp. 445–448; Apimondia Verlag Bukarest, Rumänien (1980)

119. Santas, L.: Insects producing honeydew exploited by bees in Greece. Apidologia 14, 93–103 (1983)

120. Crane, E.; Walker, P.: Important honeydew sources and their honeys. Bee World 66 (3), 105–112 (1985)

121. Schmutterer, H.: Aphiden und Cocciden als Honigtau-Erzeuger auf Laubhölzern. Z. f. angew. Entomol. 34, 607–612 (1953)

122. Schmutterer, H.: Die Honigtau-Erzeuger Mitteleuropas. Z. f. angew. Entomol. 42, 409–419 (1958b)

123. Fossel, A.: Die Honigtauerzeuger des steierischen Ennstales. Mitt. d. Abt. Zool. u. Botanik am Landesmuseum »Johanneum« Graz 16, 1–21 (1963)

124. Halmagyi, L.: Die honigtauerzeugenden Blattläuse (Aphidoidea) der Eichen in Ungarn. Opusculum Zoologicae Budapest 9, 97–105 (1969)

125. Cirnu, I.; Texe, E.: Biologie und imkerliche Bedeutung der Braunen Eichenrindenlaus (Lachnus roboris L.). Der XXIII. Internationale Bienenkongreß Moskau (UdSSR) 587–589 (1971), Apimondia-Verlag, Bukarest (1972)

126. Zoebelein, G.: Der Honigtau als Nahrung der Insekten. Z. f. angew. Entomol. 38, 369–416 (1956)

127. Zoebelein, G.: Der Honigtau als Nahrung der Insekten. Z. f. angew. Entomol. 39, 129–167 (1956)

128. Bacon, J.S.D.; Dickinson, B.: The origin of melezitose: a biochemical relationship between the lime tree (Tilia ssp.) and an aphid (Eucallipterus tiliae L.). Biochem. J. 66, 289–299 (1957)

129. Rietschel, P.: Welche Blattläuse erzeugen den Ahorn-Honigtau? Z. f. Bienenforsch. 1, 51–55 (1951)

130. Dixon, A.F.G.; Logan, M.: Leaf size and availability of space to the sycamore aphid Drepanosiphum platanoides. Oikos 24, 58–63 (1973)

130. Kloft, W.: Die wichtigsten Lachniden der Fichte. Dt. Bienenwirtschaft 11, 84–86 (1960a)

131. Schmutterer, H.; Kloft, W.: Coccoidea, Schildläuse, Scale Insects, Cochenilles. Handbuch der Pflanzenkrankheiten V. 5. Auflage, 403–520 (1957)

132. Cook, V.A.: The history of the utilisation of New Zealand beech honeydew. Honeydew Seminar 10, August 1978; Christchurch, 1–6 (1978)

133. Cook, V.A.: New Zealand honeydew from beech. Beeworld 62 (1), 20–22 (1981)

134. KUNKEL, H.; KLOFT, W.: Fortschritte auf dem Gebiet der Honigtau-Forschung. Apidologie 8, 369–391 (1977)
135. SCHMUTTERER, H.: Saugschäden an Eichen und Buchen durch Lachniden in Abhängigkeit von Ameisen-Trophobiose. Z. f. angew. Entomol. 39, 178–185 (1956)
136. ZWÖLFER, W.: Die Waldbienenweide und ihre Nutzung als forstentomologisches Problem. Verh. Dt. Ges. f. ang. Entomol. 12. Mitgliedervers., Frankfurt 1952, 164–168 (1954)
137. WELLENSTEIN, G.: Honigtaubildende Forstinsekten und ihre wirtschaftliche Bedeutung. Forstwiss. i. Dienste der Praxis. Vortr. Forstl. Hochschulwoche Freiburg 1961. BLV Verlagsges. München, Basel, Wien, 184–199 (1961)
138. HEIMBACH, U.W.: Freilanduntersuchungen zur Honigtauabgabe zweier Zierlausarten (Aphidina). Zeitschrift für angew. Entomologie 101 (4), 396–413 (1986)
139. DUSPIVA, F.: Der Kohlenhydratumsatz im Verdauungstrakt der Rhynchoten, ein Beitrag zum Problem der stofflichen Wechselbeziehungen zwischen saugenden Insekten und ihren Wirtspflanzen. Mitt. Biol. Zentralanst. Berlin-Dahlem 75, 82–89 (1953)
140. DUSPIVA, F.: Enzymatische Prozesse bei der Honigtaubildung der Aphiden. Verh. dt. Zool. Ges. Tübingen, 440–447 (1954)
141. DUSPIVA, F.: Weitere Untersuchungen über stoffwechselphysiologische Beziehungen zwischen Rhynchoten und ihren Wirtspflanzen. Mitt. Biol. Zentralanst. Berlin-Dahlem 80, 155–162 (1954)
142. LIEBIG, G.: Gaschromatographische und enzymatische Untersuchungen des Zuckerspektrums des Honigtaus von Buchneria pectinatae (Nördl.). Apidologie 10, 213–225 (1979)
143. ERHARDT, P.: Untersuchungen zur Stoffwechselphysiologie von Megoura viciae Buckt., einer phloemsaugenden Aphide. Z. vergl. Physiol. 46, 169–211 (1962)
144. ERHARDT, P.: Untersuchungen zum Nahrungsbedarf einer Siebröhren-saugenden Aphide und die Bedeutung der Endosymbionten für die Ernährung. XXII. Apimondia-Kongreß, München, 401–404 (1969)
145. GRAY, R.A.: Composition of honeydew excretion by pineapple mealybugs. Science 115, 129–133 (1952)
146 LAMB, K.P.: Composition of the honeydew of the aphid Brevicoryne brassicae (L.) feeding on swedes (Brassica napobrassica dc.). J. Ins. Physiol. 3, 1–13 (1959)
147. TOURN, M.L.; LOMBARD, A.; BELLIARDO, F.; BUFFA, M.: Quantitative analysis of carbohydrates and organic acids in honeydew, honey and royal jelly by enzymatic methods. J. Apic. Res. 19, 144–146 (1980)
148. KLOFT, W.: Die Trophobiose zwischen Waldameisen und Pflanzenläusen mit Untersuchungen über die Wechselwirkungen zwischen Pflanzenläusen und Pflanzengeweben. Entomophaga 5, 43–54 (1960b)
149. SRIVASTAVA, P.N.; AUCLAIR, J.L.: Characteristics and nature of protease from the alimentary canal of the pea aphid, Acyrthosiphon pisum Harr. (Homoptera, Aphididae). J. Insect. Physiol. 9, 469–474 (1963)
150. ZIEGLER, H.; PENTH, S.: Zur Kenntnis der Zusammensetzung des Honigtaus. Apidologie 8, 419–426 (1977)
151. EHRHARDT, P.: Die anorganischen Bestandteile des Honigtaus von Megoura viciae Buckt. Experimentia 21, 472–473 (1965)
152. BRISCOE, D.A.: Toxic honeydew of the North Island. Honeydew Seminar 10, August 1978, Christchurch, 71–80 (1978)
153. LECOMTE, J.: Le comportement agressif des ouvrières d'Apis mellifica L. Ann. Abeille 4 (3), 165–270 (1961)
154. DELLVERT-SALLERON, F.: Etude, au moyen de radio-isotopes, des échanges de nourriture entre reines, males et ouvrières d'Apis mellifica L. Ann. Abeille 6, 201–227 (1963)

155. GÖSSWALD, K.; KLOFT, W.: Einblicke in das Staatenleben auf Grund radiobiologischer Studien. Der Imkerfreund 16, 7–12 (1961)
156. PERSHAD, S.: Analyse des différents facteurs conditionnant les échanges alimentaires dans une colonie d'abeilles Apis mellifica L. au moyen du radioisotope P-32. Ann. Abeille 10 (3), 139–197 (1967)
157. PARK, O.W.: The storing and ripening of honey by honeybees. J. econ. Ent. 18, 405–410 (1925)
158. PARK, O.W.: Studies on the evaporation of nectar. J. econ. Ent. 20, 510–516 (1927)
159. PARK, O.W.: Further studies on the evaporation of nectar. J. econ. Ent. 21, 882–887 (1928)
160. PARK, O.W.: Studies on the rate at which honeybees ripen honey. J. econ. Ent. 26, 188–193 (1933)
161. PARK, O.W.: How bees make honey. Dadant & Sons, Hamilton III, The hive and the honeybee, 125–152 (1949)
162. DEIFEL, A.: Zur Kenntnis der Saccharose im Honig. Dissertation, Hohenheim 1985
163. DEIFEL, A.: Die Chemie des Honigs. Chemie in unserer Zeit 23 (1), 25–33 (1989)
164. DUISBERG, H.: Honig und Kunsthonig. Handbuch der Lebensmittelchemie, Band V, 1. Teil, Springer Verlag, Berlin–Heidelberg–New York, 1967
165. MAURIZIO, A.: From the raw material to the finished product: honey. Bee world 43, 66–81 (1962)
166. MAURIZIO, A.: Honigtau-Honigtauhonig. In: KLOFT/MAURIZIO/KAESER: Das Waldhonigbuch, 159–185. Ehrenwirth, München, 1965
167. MAURIZIO, A.: La formation du miel. Chauvin, Traité de Biologie de l'Abeille 3, 264–276. Masson, Paris (1968a)
168. GONTARSKI, H.; HOFFMANN, I.: Über die Aufnahme und Verarbeitung der zukkerhaltigen Nahrung bei der Honigbiene. Z. Bienenforsch. 6, 184–198 (1963)
169. RHEINHARDT, J.F.: Ventilating the bee colony to facilitate the honey ripening process. J. econ. Ent. 32, 654–660 (1939)
170. WOZNICA, J.: Some factors influencing the ripening of stores from syrup of different concentrations. Roczn. Nauk. Poln. 89b, 223–238 (1966)
171. CHATAWAY, H.D.: The determination of moisture in honey. Canadian J. of Research 6, 532–547 (1932)
172. CHATAWAY, H.D.: The determination of honey by the hydrometer method. Canadian J. of Research 8, 435–439 (1933)
173. HORN, H.: Die Bestimmung des Wassergehaltes im Honig mittels Handrefraktometer. Allg. Deutsche Imkerzeitung 10, 11–14 (1990)
174. ÖSTERLUND, E.; LAGERMAN, B.: Swedish »Free Bee System« advocates frameless supers. American Bee J. 126 (5), 338–342 (1986)
175. WALLNER, K.: Entdeckeln ohne Entdecklungswachs. Allg. Deutsche Imkerzeitung 25 (8), 28–29 (1991)
176. SPÜRGIN, K.N.: Melitherm: Ein Verfahren zum Behandeln von Bienenhonig und Gerät zur Durchführung. Allg. Deutsche Imkerzeitung 11 (3), 70–71 (1977)
177. ZANDER, E.; MAURIZIO, A.: Der Honig. Eugen Ulmer Verlag, Stuttgart (1984)
178. SIDDIQUI, I.R.; FURGALA, B.: Isolation and characterisation of oligosaccharides from honey. Part I: Dissaccharides. Journal of Apicultural Research 6 (3), 139–145 (1967)
179. SIDDIQUI, I.R.; FURGALA, B.: Isolation and characterisation of oligosaccharides from honey. Part II: Trisaccharides. Journal of Apicultural Research 7 (1), 51–59 (1968)
180. KALOYEREAS, S.A.; OERTEL, E.: Crystallization of honey. The effect of ultrasonic treatment, the effect of the rate of freezing; and new inhibitor of crystallization for honey. Proceedings of 10th International Congress of Entomology, Montreal, 1007–1013 (1956)

181. AUSTIN, G.H.: Maltose content of Canadian honeys and its probable effects on crystallization. X. Int. Congr. Ent. 4, 1001–1006 (1958)
182. WHITE, J.W.; RIETHOF, M.L.; SUBERS, M.H.; KUSHNIR, I.: Composition of American honeys. Tech. Bull. U.S. Dep. Agric. No. 1261, 1–124 (1962)
183. DYCE, E.J.: Fermentation and crystallization of honey. Bull. Cornell agric. Exp. Sta. No. 528 (1931a)
184. DYCE, E.J.: Crystallization of honey. J. econ. Ent. 24, 597–602 (1931b)
185. AUSTIN, G.H.: Maintaining high quality in liquid and recrystallized honey. Can. Bee Journal 61 (1), 10–12, 20–23 (1953)
186. DE BOER, H.W.: Kristallisatie van honig en het verhitten van gekristalliseerden honig. Chem. Weekblad 28, 282–286 (1931)
187. HADORN, H.; ZÜRICHER, K.: Zuckerspektrum und Kristallisationstendenz von Honigen. Mitt. Gebiete Lebensm. Hyg. 65, 407–420 (1974)
188. SCHLEY, P.; BÜSKES-SCHULZ, B.: Die Kristallisation des Bienenhonigs: Grundlegende Zusammenhänge. Die Biene 1, 5–11 (1987)
189. GEKELER, W.: Hohenheim – die Schule für Honigfachleute. In: Hohenheim aktuell, 31–60 (1989). Dr. Brodbeck und Maier GmbH, Bietigheim-Bissingen
190. GONNET, M.: La Technologie du Miel. Bull. Tech. Apicole 2 (1), 23–28 (1975)
191. GONNET, M.; JEANNE, F.: La cristallisation dirigée du miel. Bull. Tech. Apic. 6 (3), 33–36 (1979)
192. SCHLEY, P.; BÜSKES-SCHULZ, B.: Die Kristallisation des Bienenhonigs: Verschiedene Verfahren der Beeinflussung: Entzug und Zusatz von Stoffen, Impfen und mechanische Bearbeitung. Die Biene 3, 114–118 (1987)
193. LOTHROP, R.E.; PAINE, H.S.: A new method of processing honey. American Bee Journal 74 (12), 542–543 (1934)
194. WHITE, J.W.; WALTON, G.P.: Flavour modification of low grade honey. U.S. Bur. agric. ind. Chem. Circ. No. AIC 272 (1950)
195. GONTARSKI, H.: Zur Verflüssigung kandierten Honigs. Deutsche Bienenwirtschaft 13, 11–15 (1962)
196. RICHTER, W.: Verfahren zum Behandeln von Bienenhonig und Vorrichtung zum Durchführen des Verfahrens. Bundesrepublik Deutschland Patent, Offenlegungsschrift DE 34 11 738 A1
197. SCHLEY, P.; BÜSKES-SCHULZ, B.: Die Kristallisation des Bienenhonigs: Verarbeitungsmöglichkeiten zur Beeinflussung des Kristallisationsverhaltens. Die Biene 2, 47–51 (1987)
198. BÜDEL, A.; GRZIWA, J.: Die Erwärmung des Honigs im Heizschrank. (Beiträge zur Honigphysik II). Deutsche Bienenwirtschaft 10 (2), 30–35 (1959a)
199. BÜDEL, A., GRZIWA, J.: Die Erwärmung des Honigs im Wasserbad. (Beiträge zur Honigphysik III). Deutsche Bienenwirtschaft 10 (7), 134–139 (1959b)
200. BÜDEL, A.; GRZIWA, J.: Vorgänge innerhalb des Honigs bei Erwärmung (Beiträge zur Honigphysik VIII). Deutsche Bienenwirtschaft 11 (3), 43–52 (1960)
201. HEROLD, J.: Wie macht man Honig flüssig? Imkerfreund 18, 43–45 (1963)
202. VORWOHL, G.: Zitiert aus »Melitherm«. Allg. Deutsche Imkerzeitung 11 (3), 71–72 (1977)
203. LACKETT, J.J.; WILSON, W.T.: Liquefying crystallized honey with a microwave oven. American Bee Journal 111 (8), 300–301 (1971)
204. DETTLING, A.: Versuche zur Anwendung von Mikrowellen zur Verflüssigung von kandiertem Honig. Diplomarbeit, Universität Hohenheim, 1987
205. REUTER, H.: Das dielektrische Erwärmen von Lebensmitteln (Teil 1). Zeitschr. f. Lebensm.-technol. u. Verfahrenstechnik 30 (6), 242–246 (1979)

206. TOWNSEND, G.F.: Time and temperature in relation to the destruction of sugartolerant yeasts in honey. J. econ. Ent. 32 (5), 650–654 (1939)
207. CRANE, E.: Honey: a comprehensive survey. Heinemann Ltd., London, 1975
208. LOCHHEAD, A.G.: Factors concerned with the fermentation of honey. Zentbl. Bakt. ParasitKnde II. Abt. 88, 296–302 (1933)
209. WILSON, H.F.; MARVIN, G.E.: The effect of temperature on honey in storage. J. econ. Ent. 24, 589–597 (1931)
210. WILSON, H.F.; MARVIN, G.E.: Relation of temperature to the deterioration of honey in storage. A progress report. J. econ. Ent. 25, 525–528 (1932)
211. MARVIN, G.E.: The occurrence and characteristics of certain yeasts found in fermented honey. J. econ. Ent. 21 (2), 363–370 (1928)
212. MARTIN, C.E.: Some aspects of hygroscopic properties and fermentation of honey. Bee World 39 (7), 165–178 (1958)
213. WHITE, J.W.; SUBERS, M.H.; KUSHNIR, I.: Effect of storage and processing temperatures on honey quality. Fd. Technol. 18 (4), 153–156 (1964)
214. DUISBERG, H.; HADORN, H.: Welche Anforderungen sind an Handelshonig zu stellen? Z. Mitt. Lebensmittelunters. Hyg. Bern 57, 386–407 (1966)
215. VORWOHL, G.: Der Hydroxymethylfurfuralgehalt in deutschen Honigen. Z. Bienenforsch. 9, 504–508 (1969)
216. VORWOHL, G.: Der Hydroxymethylfurfuralgehalt in Honigen der Bundesrepublik Deutschland. Auswertung der Messungen in den Jahren 1970 bis 1979. Apidologie 11 (4), 375–383 (1980)
217. WHITE, J.W.; SUBERS, M.H.; KUSHNIR, I.: How processing and storage affect honey quality. Gleanings B.C. 91, 422–425 (1963)
218. DUISBERG, H.: Entgegnung auf einen Beitrag zur Beurteilung von Bienenhonig von R. Hallenmeyer. Gordian 69 (8), 338–389 (1969)
219. HANSSON, A.: Honungens absorption av luftfuktighet (Absorption by honey of moisture from the air). K. fysiogr. Sällsk. Lund. Förh. 11, 18–41 (1942)
220. WAHL, R.; TONNIER, M.: Abfüllen von Honig: richtige Waage, richtiges Gewicht. Bienenpflege 6, 213 (1991)
221. HORN, H.; VORWOHL, G.: Radioaktive Rückstände im Honig – eine Zwischenbilanz. Allg. Deutsche Imkerzeitung 20 (11), 345–348 (1986)
222. HORN, H.; VORWOHL, G.: Radioaktive Rückstände im Honig. Belastung mit Caesium-137 im Verlauf der Honigsaison 1986. Allg. Deutsche Imkerzeitung 21 (7), 213–216 (1987)
223. HORN, H.; VORWOHL, G.: Caesium-137 in den Honigen des Jahres 1987. Allg. Deutsche Imkerzeitung 22 (8), 265–267 (1988)
224. DUSTMANN, J.H.; VON DER OHE, W.: Radioaktivität in Honig aus niedersächsischen Trachtgebieten. Nordwestdeutsche Imkerzeitung 40 (5), 129–131 (1988)
225. KLEPSCH, A.; MOLZAHN, D.: Die radioaktive Belastung des Honigs in Hessen nach dem Reaktorunglück in Tschernobyl. Die Biene 3, 109–114 (1987)
226. HORN, H.: Ergebnisse der Badischen Honigprämierung des Jahres 1989: physiko-chemische Eigenschaften. Allg. Deutsche Imkerzeitung 10, 34–36 (1990)
227. DONER, L.W.: The sugars of honey. J. of the Science of Food and Agriculture, 28, 443–456 (1977)
228. BOGDANOV, S.; BAUMANN, E.: Bestimmung von Honigzuckern mit HPLC. Mitteilungen a.d. Gebiete der Lebensm.-untersuchung und Hygiene, 79, 198–206 (1988)
229. LOW, N.H.; SPORNS, P.: Analysis and quantitation of minor di- and trisaccharides in honey, using capillary gas chromatography. Journal of food Science, 53, 558–561 (1988)
230. Honigverordnung der Bundesrepublik Deutschland vom 13. Dezember 1976, Anlage 2 (zu § 2) Beschaffenheit von Honig

231. EDELHÄUSER, M.; BERGNER, K.-G.: Proteine des Bienenhonigs, VIII. Honigsaccharase, Isolierung, chromatographisches Verhalten und Eigenschaften. Z. f. Lebensmittel-Untersuchung und -Forschung, 184, 189–194 (1987)
232. STADELMEIER, M.; BERGNER, K.-G.: Proteine des Bienenhonigs. VII. Eigenschaften und Herkunft der Honigamylase. Z. f. Lebensmittel-Untersuchung und -Forschung, 182, 196–199 (1986)
233. HADORN, H.; ZÜRCHER, K.: Eine verbesserte polarimetrische Methode zur Saccharasebestimmung im Honig. Deutsche Lebensmittel-Rundschau 62, 195–201 (1966)
234. GONTARSKI, H.: Eine Halbmikromethode zur quantitativen Bestimmung der Invertase im Bienenhonig. Z. Bienenforschung 4, 41–45 (1957)
235. SIEGENTHALER, U.: Eine einfache und rasche Methode zur Bestimmung der alpha-Glucosidase (Saccharase) im Honig. Mitt. Gebiete Lebensm. Hyg. 68, 251–258 (1977)
236. DUSTMANN, J.H.: Messung von Wasserstoffperoxid und Enzymaktivität in mitteleuropäischen Honigen. Z. Bienenforsch. 9, 66–73 (1971)
237. DUSTMANN, J.H.: Über die Katalaseaktivität in Bienenhonig aus der Tracht der Heidekrautgewächse (Ericaceae). Z. Lebensm. Unters. Forsch. 145, 292–295 (1971)
238. TEGGE, G.: Stärke und Stärkederivate. Behr's Verlag, Hamburg (1984)
239. DUISBERG, H.; GEBELEIN, H.: Über die Kontrolle von Erhitzungsschäden bei Honigen. Z. Lebensm. Unters. Forsch. 107, 489–501 (1958)
240. WINKLER, O.: Beitrag zum Nachweis und zur Bestimmung von Oxymethylfurfurol im Honig. Z. Lebensm. Unters. Forsch. 102, 161–167 (1955)
241. WHITE, J.W.: Spectrophotometric method for Hydroxymethylfurfural in honey. J. Assoc. Off. Anal. Chem. 62, 509–514 (1979)
242. WHITE, J.W. jr.: Honey. Adv. Food Res. 24, 287–375 (1978)
243. SPEER, K.; MONTAG, A.: Verteilung freier Aminosäuren in Honigen unter besonderer Berücksichtigung der deutschen und der französischen Heidehonige. Deutsche Lebensmittel-Rundschau 82, 248–253 (1986)
244. LÜLLMANN, C : unveröffentlichte Ergebnisse. Institut für Honigforschung, Bremen (1990)
245. BERGNER, K G.; HAHN, H.: Isolierung und Bestimmung der freien Aminosäuren in Honig. Deutsche Lebensmittel-Rundschau 68, 5–8 (1972)
246. BERGNER, K.G.; HAHN, H.: Zum Phenylalaningehalt von Honigen. Zeitschrift für Ernährungswissenschaft 11, 47–54 (1972)
247. PÉREZ-ARQUILLUÉ, C.; HERRERA-MARTEACHE, A.: Análisis de aminoácidos proteinicos en mieles de Los Monegros (Espana). Alimentaria 24, 67–71 (1987)
248. SPEER, K.; MONTAG, A.: Abbauprodukte des Phenylalanins als Aromakomponenten in Honig. Deutsche Lebensmittel-Rundschau 83, 103–107 (1987)
249. STEEG, E.; MONTAG, A.: Minorbestandteile des Honigs mit Aroma-Relevanz. I. Aromatische Carbonsäuren und Ester aromatischer Carbonsäuren. Deutsche Lebensmittel-Rundschau 84, 103–108 (1988)
250. STEEG, E.; MONTAG, A.: Minorbestandteile des Honigs mit Aroma-Relevanz. II. Sensorisch aktive Abbauprodukte aromatischer Carbonsäuren und glykosidisch gebundene Aromaten. Deutsche Lebensmittel-Rundschau 84, 147–150 (1988)
251. WHITE, J.W. jr.: Methyl-anthranilate content of citrus honey. Journal of food Science 31, 102–104 (1966)
252. RIEDMANN, M.: Theoretische und experimentelle Beiträge zur Gaschromatographie. Identifizierung von Honigaromastoffen. Dissertation, Universität Innsbruck (1964)
253. FELLER-DEMALSY, M.J.; VINCENT, B.; BEAULIEU, F. Teneur en minéraux et origine géographique des miels du Canada. Apidologie 20, 77–91 (1989)

254. SCHLETTWEIN-GSELL, D.; MOMMSEN-STRAUB, S.: Übersicht Spurenelemente in Lebensmitteln. VI. Kupfer. Internat. Z. Vit.-Ern.-Forschung 41, 554–581 (1971)
255. SOUCI, S.W.; FACHMANN, W.; KRAUT, H.: Die Zusammensetzung der Lebensmittel; Nährwert-Tabellen 1981/82, 2. Auflage. Wissenschaftliche Verlagsgesellschaft mbH, Stuttgart (1981)
256. TALPAY, B.: Inhaltsstoffe des Honigs – Citronensäure (Citrat). Deutsche Lebensmittel-Rundschau 84, 41–44 (1988)
257. TALPAY, B.: Inhaltsstoffe des Honigs – Ameisensäure (Formiat). Deutsche Lebensmittel-Rundschau 85, 143–147 (1989)
258. BOGDANOV, S.: Determination of pinocembrin in honey using HPLC. J. of Apicultural Research 28, 55–57 (1989)
259. JERMINI, M.F.G.; GEIGES, O.; SCHMIDT-LORENZ, W.: Detection, isolation and identification of osmotolerant yeasts from high-sugar products. Journal of Food Protection 50, 468–472 (1987)
260. LOUVEAUX, J.: Die französischen Heidehonige. Z. Bienenforschung 9, 211–215 (1968)
261. BOGDANOV, S.: Honigkristallisation und Honigqualität. Schweizerische Bienen-Zeitung 3, 84–92 (1987)
262. TABOURET, T.; CARTERON, A.; LHERITIER, J.: La tendance des miels a cristalliser: Un essai d'approche statistique. Apidologie 18, 11–26 (1987)
263. TOWNSEND, G.F.: Optical density as a means of colour classification of honey. J. of Apicultural Research 8, 29–36 (1969)
264. HELVEY, T.C.: Study on some physical properties of honey. Food. Res. 19, 282–292 (1954)
265. VORWOHL, G.: Die Messung der elektrischen Leitfähigkeit des Honigs und die Verwendung der Meßwerte zur Sortendiagnose und zum Nachweis von Verfälschung mit Zuckerfütterungshonig. Z. Bienenforschung 7, 37–47 (1964)
266. VORWOHL, G.: Die Beziehungen zwischen der elektrischen Leitfähigkeit der Honige und ihrer trachtmäßigen Herkunft. Ann. Abeille 7, 301–309 (1964)
267. TELLERIA, M.C.: Analisis polinico de mieles de Buenos Aires. Vida Apicola 38, 41–44 (1989)
268. TELLERIA, M.C.: Analyse pollinique des miels du nord-quest de la province de Buenos Aires. Apidologie 19, 275–289 (1988)
269. PERSANO-ODDO, L.; PIAZZA, M.G.; ACCORTI, M.: Diagnosis of unifloral honeys. I. Present knowledge and problems. Apicoltura 4, 1–11 (1988)
270. STEFANINI, R.: Diagnosis of unifloral honeys. II. Numerical taxonomy of honey and statistical diagnostic test of its botanical origin. Apicoltura 4, 13–26 (1988)
271. PERSANO-ODDO, L.; STEFANINI, R.; PIAZZA, M.G.; ACCORTI, M.: Diagnosis of unifloral honeys. III. Application of a statistical approach to honey classification. Apicoltura 4, 27–38 (1988)
272. FELLER-DEMALSY, M.-J.; PARENT, J.; STRACHAN, A.A.: Microscopic analysis of honey from Saskatchewan Canada. J. Apicultural Research 26, 247–254 (1987)
273. FELLER-DEMALSY, M.-J.; PARENT, J.; STRACHAN, A.A.: Microscopic analysis of honey from Manitoba, Canada. J. Apicultural Research 28, 41–49 (1989)
274. LOUVEAUX, J.: Annexes Microphotographiques, Tome III. Atlas Photographiques d'Analyse Pollinique des Miels. Service de la Répression des Fraudes et du Controle de la Qualité (1970)
275. OUSTUANI, A.M.: Das mikroskopische Bild der Honige des östlichen Mittelmeergebietes. Dissertation, Universität Hohenheim (1976)
276. STANLEY, R.G.; LINSKENS, H.F.: Pollen. Springer Verlag, Berlin–Heidelberg–New York (1974)
277. DUSTMANN, J.H.; BOTE, K.: Rasterelektronenmikroskopische Studien an Pollen aus Bienenhonig. Gartenbauwissenschaft 52, 271–278 (1987)

278. BELITZ, H.-D.; GROSCH, W.: Lehrbuch der Lebensmittelchemie. 3. überarbeitete Auflage. Springer Verlag, Berlin–Heidelberg–London–New York–Tokyo–Paris (1987)
279. RICHTER, K.; WOELK, H.U.: Die Hochdruck-Flüssigkeitschromatographie als Methode zur Untersuchung von Stärkehydrolysaten. Die Stärke 29, 273–277 (1977)
280. BROBST, K.M.; SCOBELL, H.D.: Modern chromatographic methods of the analysis of carbohydrate mixtures. Starch/Stärke 34, 117–121 (1982)
281. CHEETHAM, N.W.H.; SIRIMANNE, P.; DAY, W.R.: High performance liquid chromatographic separation of carbohydrate oligomers. J. Chromatogr. 207, 439–444 (1981)
282. FITT, L.E.; HASSLER, W.; JUST, D.E.: A rapid and high-resolution method to determine the composition corn syrups by liquid chromatography. J. Chromatogr. 187, 381–389 (1980)
283. SCOBELL, H.D.; BROBST, K.M.: Rapid high-resolution separation of oligosaccharides on silver form cation – exchange resins. J. Chromatogr. 212, 51–64 (1981)
284. Dionex Applikationsreport 03/88/6. Analyse von Mono-, Di- und Oligosacchariden in Sirup
285. WHITE, C.A.; CORRAN, P.H.; KENNEDY, J.F.: Analysis of underivatised d-gluco-oligosaccharides (d.p. 2–20) by high pressure liquid chromatography. Carbohydrate Research 87, 165–173 (1980)
286. MÜLLER, H.; SIEPE, V.: Quantitative Bestimmung einiger Mono- und Oligosaccharide in Lebensmitteln mit Hilfe der Hochdruckflüssigkeitschromatographie. Deutsche Lebensmittel-Rundschau 5, 156–161 (1980)
287. SILWAR, R.; LÜLLMANN, C.: The determination of mono- and disaccharides in green arabica and robusta coffees using high performance liquid chromatography. Cafe Cacao The 32, 319–325 (1988)
288. IVERSON, J.L.; BUENO, M.P.: Sugars and sugar products. Evaluation of high pressure liquid chromatography and gas liquid chromatography for quantitative determination of sugars in foods. J. Assoc. Off. Anal. Chem. 64, 139–143 (1981)
289. UGRINOVITS, M.: Zuckeranalyse mit GC, HPLC, DC und enzymatisch. Ein Vergleich der Methoden. Chromatographia 7, 386–394 (1980)
290. ARMSTRONG, D.W.; JIN, H.L.: Evaluation of the liquid chromatographic separation of monosaccharides, disaccharides, trisaccharides, tetrasaccharides, deoxysaccharides, and sugar alcohols with stable cyclodextrin bonded phase columns. J. Chromatogr. 462, 219–232 (1989)
291. MACRAE, R.; DICK, J.: Analysis of carbohydrates using the mass detector. J. Chromatogr. 210, 138–145 (1981)
292. DE VRIES, J.W.; HEROFF, J.C.; EGBERG, D.C.: High pressure liquid chromatographic determination of carbohydrates in food products: Evaluation of method. J. Assoc. Off. Anal. Chem. 62, 1292–1296 (1979)
293. Association of Official Analytical Chemists. Official Methods of Analysis. Sidney Williams (Editor) 14, 593–594 (1984)
294. WINKLER, F.J; SCHMIDT, H.-L.: Einsatzmöglichkeiten der 13-C-Isotopen-Massenspektrometrie in der Lebensmitteluntersuchung. Z. Lebensm. Unters. Forsch. 171, 85–94 (1980)
295. WHITE, J.W.; WINTERS, K.: Honey protein as internal standard for stable carbon isotope ratio detection of adulteration of honey. J. Assoc. Off. Anal. Chem. 72, 907–911 (1989)
296. DONER, L.W; KUSHNIR, I.; WHITE, J.W.: Assuring the quality of honey: Is it honey or syrup? Anal. Chem. 51, 224A–226A (1979)
297. NIKOLOV, Z.L.; JAKOVLJEVIC, J.B.; BOSKOV, Z.M.: High performance liquid chromatographic separation of oligosaccharides using amine modified silica columns. Starch/Stärke 36, 97–100 (1984)

298. Lipp, J.; Ziegler, H.; Conrady, E.: Detection of high fructose- and other syrups in honey using high-pressure liquid chromatography. Z. Lebensm. Unters. Forsch. 187, 334–338 (1988)
299. Hammelmann, N.; Lüllmann, C.: Verfälschung von Honig durch Invertzukkercreme. Forschungsbericht Nr. 702/81/31/7/27. Institut für Honigforschung, Bremen (1990)
300. Arnon, S.S.; Midura, T.F.; Damus, K.; Thompson, B.; Wood, R.M.; Chin, J.: Honey and other environmental risk factors for infant botulism. J. Pediatr. 94, 331–336 (1979)
301. Häusler, M.; Montag, A.: Minorbestandteile des Honigs mit Aroma-Relevanz. Deutsche Lebensmittel-Rundschau 87 (2), 35–36 (1991)
302. Rexilius, L.: Rückstände von Pflanzenbehandlungsmitteln in Rapshonig der Ernte 1984 aus Schleswig-Holstein – eine Statusuntersuchung. Nachrichtenblatt des Dt. Pflanzenschutzdienstes 38, 49–56 (1986)
303. Chawla, B.P.; Goyal, N.P.: Occurrence of DDT and BHC residues in honey collected from apiaries and market of Punjab (India). Indian Bee Journal 50, 96–97 (1988)
304. Jones, K.C.: Honey as an indicator of heavy metal contamination. Water, Air, and Soil Pollution 33, 179–189 (1987)
305. Stein, K.; Umland, F.: Spurenbestimmung von Blei, Cadmium und Mangan in Honigen und Zuckern. Zeitschrift für Analytische Chemie 323, 176–177 (1986)
306. Celli, G.; Porrini, C.; Frediani, D.; Pinzauti, M.: Bees and lead in towns. Quality of the air: biological indicators, bees and plants. Pisa, Italy. Italian Association for Culture and Sport, 13–47 (1987)
307. Sapunar, J.; Jusio, M.: Copper, iron and zinc levels in honey. Prehrambeno-Tehnoloska Tevija 24, 169–171 (1986)
308. Hagler, J.R.; Waller, G.D.; Lewis, B.E.: Mortality of honeybees (Hymenoptera: Apidae) exposed to permethrin and combinations of permethrin with pieronyl butoxide. Journal of Apicultural Research 28, 208–211 (1989)
309. Rillaer, W. van; Beernaert, H.: Determination of residual bromopropylate and coumaphos in honey and honeycomb by capillary gas chromatography. Z. f. Lebensmittel-Untersuchung und -Forschung 188, 135–137 (1989)
310. Binder, H.; Krainer, W.; Bretschko, J.: Einsatz von 1,4-Dichlorbenzol gegen Varroatose, Rückstandsanalysen an Wachs und Honig. Z. f. Lebensmittel-Untersuchung und -Forschung 186, 223–224 (1988)
311. Hansen, H.; Guldborg, M.: Residues in honey and wax after treatment of bee colonies with formic acid. Tidsskrift for Planteavl 92, 7–10 (1988)
312. Taccheo, M.B.; Paoli, M. de; Spessotto, C.: Determination of total amitraz residue in honey by electron capture capillary gas chromatography - a simplified method. Pesticide Science 23, 59–64 (1988)
313. Taccheo, M.B.; Paoli, M. de; Spessotto, C.: The determination of coumaphos residues in honey by HPTLC with insitu fluorimetry. Pesticide Science 25, 11–15 (1989)
314. Stoya, W.; Wachendörfer, G.; Kary, I.; Siebentritt, P.; Kaiser, E.: Milchsäure als Therapeutikum gegen Varroatose und ihre Auswirkung auf den Honig. Deutsche Lebensmittel-Rundschau 83, 283–286 (1987)
315. Poncini, L.; Wimmer, F.L.; Sheridan-Poncini, G.F.: An unusual honey colour resulting from bees feeding on factory wastes. Journal of Apicultural Research 26, 255–260 (1987)
316. Thrasyavoulou, A.T.; Pappas, N.: Contamination of honey and wax with malathion and coumaphos used against the Varroa mite. Journal of Apicultural Research 27, 55–61 (1988)

317. WACHENDÖRFER, G.; KEDING, H.: Beurteilung von Rückständen im Honig aus der Sicht der amtlichen Lebensmittelüberwachung nach Anwendung von Varroatose-Bekämpfungsmitteln. Allgemeine Deutsche Imkerzeitung 22, 414–421 (1988)
318. HEMMERLING, C.: Zur gaschromatographischen Rückstandsbestimmung von Amitraz in Bienenhonig. Nahrung 31, 835–836 (1987)
319. LAUB, E.; METZLER, B.; PÜTZ, A.; ROTH, M.: Zur Rückstandssituation zugelassener Varroatosebekämpfungsmittel in Honig. Lebensmittelchemie und Gerichtliche Chemie 41, 107–109 (1987)
320. BOGDANOV, S.: Bestimmung von Amitraz und seine Metaboliten in Honig durch HPLC. Forschungsanstalt für Milchwirtschaft, Liebefeld 3, 9–14 (1988)
321. KLEIN, E.; WEBER, W.; HURLER, E.; MAYER, L.: Gaschromatographische Bestimmung von Isopropyl-4,4'-dibrombenzilat (Brompropylat), 4,4'-Dibrombenzophenon und verschiedenen Akariziden in Honig und Wabenwachs. Deutsche Lebensmittel-Rundschau 82, 185–188 (1986)
322. STOYA, W.; WACHENDÖRFER, G.; KARY, I.; SIEBENTRITT, P.; KAISER, E.: Ameisensäure als Therapeutikum gegen Varroatose und ihre Auswirkungen auf den Honig. Deutsche Lebensmittel-Rundschau 82, 217–221 (1986)
323. PAMPLONA, B.: Honey as an indicator of environmental pollution: first analysis in Brazil. Apidologie 20, 494–496 (1989)
324. WALLNER, K.; VORWOHL, G.: Unveröffentlichte Ergebnisse. Landesanstalt für Bienenkunde, Universität Hohenheim (1990)
325. LÜLLMANN, C.: Jahresbericht Institut für Honigforschung, Bremen (1990)
326. AMIOT, M.J.; AUBERT, S.; GONNET, M.; TACCHINI, M.: Les composés phénoliques des miels: étude préliminaire sur l'identification et la quantification par familles. Apidologie 20, 115–125 (1989)
327. OGAWA, H.; SUZUKI, J.; OCHIAI, S.; NISHIJIMA, M.; NISHIMA, T.: Gasliquid chromatographic determination of phenol in commercial honeys. Annual Report of Tokyo Metropolitan Res. Lab. of Public Health 36, 174–179 (1985)
328. SOLOMON, M.G.; HOOKER, K.J.M.: Chemical repellents for reducing pesticide hazard to honeybees in apple orchards. Journal of Apicultural Research 28, 223–227 (1989)
329. KWAN, S.; SPORNS, P.: Analysis of bee repellents in honey. Journal of Apicultural Research 27, 162–168 (1988)
330. HAMANN, K.; ZENDER, C.; WALD, B.: Bestimmung von 1,4-Dichlorbenzol in Honig mittels GC. Lebensmittelchemie 44 89–90 (1990)
331. OKA, H.; IKAI, Y.; KAWAMURA, N.; UNO, K.; YAMADA, M.; HARADA, K.-I.; UCHIYAMA, M.; ASUKABE, H.; MORI, Y.; SUZUKI, M.: Improvement of chemical analysis of antibiotics. IX. A simple method for residual tetracyclines analysis in honey using a tandem cartridge clean-up system. Journal of Chromatography 389, 417–426 (1987)
332. OKA, H.; IKAI, Y.; KAWAMURA, N.; UNO, K.; YAMADA, M.; HARADA, K.-I.; SUZUKI, M.: Improvement of chemical analysis of antibiotics. XII. Simultaneous analysis of seven tetracyclines in honey. Journal of Chromatography 400, 253–261 (1987)
333. NEIDERT, E.; BARANIAK, Z.; SAUVE, A.: Rapid quantitative thin layer chromatographic screening procedure for sulfathiazole residues in honey. J. of the Association of Off. Analy. Chemists 69, 641–643 (1986)
334. ROTH, L.A.; KWAN, S.; SPORNS, P.: Use of a disc-assay system to detect oxytetracycline residues in honey. Journal of Food Protection 49, 436–441 (1986)
335. SPORNS, P.; KWAN, S.; ROTH, L.A.: HPLC analysis of oxytetracycline residues in honey. Journal of Food Protection 49, 383–388 (1986)
336. DROESE, W.; STOLLEY, H.: Honig. Dtsch. Med. Wochenschr. 104, 1031 (1979)
337. NODA, H.; SUGITA, K.; KOIKE, A.; NASU, T.; TAKAHASHI, M.: Infant Botulism in Asia Am. J. Dis. 141, 125–126 (1988)

338. KLEIN, E.: Rückstände des Akarizids Chlordimeform in Honig. Poster zum Dt. Lebensmittelchemikertag, Bremen (1988)
339. SAWYER, R.W.: Pollen identification for bee keepers. University College Cardiff Press, 1981
340. TALPAY, B.: Honigtau und andere Klebeerscheinungen bei Baumwolle. Melliand Textilberichte 64, 251–254 (1983)
341. TALPAY, B.: Spezifikationen für Trachthonige. Deutsche Lebensmittel-Rundschau 81, 148–151 (1985)
342. LOUVEAUX, J.; MAURIZIO, A.; VORWOHL, G.: Methodik der Melissopalynologie. Apidologie 1, 193–209 (1970)
343. ZANDER, E.: Beiträge zur Herkunftsbestimmung bei Honig. I. Pollengestaltung und Herkunftsbestimmung bei Blütenhonig. Verlag der Reichsfachgruppe Imkerei e.V., Berlin (1935)
344. ROWLEY, D.; HARDY, D.: Infant Botulism-Statements. The Australasian Beekeeper 81 (4), 79–80 (1979)
345. Der XXV. Internationale Bienenzüchterkongreß, Grenoble/Frankreich, Sept. 1975. Apimondia-Verlag, Bukarest/Rumänien, S. 536–540
346. LOVE, J.L.: Toxic honey – a New Zealand story. Analytical proceedings 27, 87–89 (1990)
347. CULVENOR, C.C.J.: Paterson's Curse and toxic alkaloids. Search, Australia 16, 219–223 (1985)
348. LOVE, J.L.; SWALLOW, W.H.; MAISTERS, S.G.: The determination of tutin and hyenanchin in honey by HPLC. New Zealand Journal of Technology 2, 179–182 (1986)
349. DEINZER, H.L.; THOMPSON, P.A.; BUNGETT, D.M.; ISAACSON, D.L.: Pyrrolizidine Alkaloids: their occurrence in honey from tansy ragwort (Senecio jacobaea L.). Science 195, 497–499 (1977)
350. GÖSSINGER, H.; HRUBY, K.; POHL, A.; DAVOGG, S.; SUTTERLÜTTI, G.; MATHIS, G.: Vergiftungen mit andromedotoxinhaltigem Honig. Dtsch. med. Wschr. 108, 1555–1558 (1983)
351. LAMPE, K.F.: Rhododendrons, Mountain Laurel, and Mad Honey. JAMA 259, 2009 (1988)
352. PALMER-JONES, T.: Poisonous honey overseas and in New Zealand. N. Z. med. J. 64, 631–637 (1965)
353. Der XXX. Internationale Bienenzüchterkongreß, Nagoya/Japan, 1985. Apimondia-Verlag, Bukarest/Rumänien, S. 449 ff.
354. MOLAN, P.C.; RUSSELL, K.M.: Non-peroxide antibacterial activity in some New Zealand honeys. Journal of Apicultural Research 27, 62–67 (1988)
355. SABATIER, S.; AMIOT, M.-J.; AUBERT, S.; TACCHINI, M.; GONNET, M.: Importance des flavonoides dans les miels de tournesol. Bulletin Technique Apicole 15, 171–178 (1988)
356. BOGDANOV, S.: Characterisation of antibacterial substances in honey. Lebensmittel-Wissenschaft und -Technologie 17, 74–76 (1984)
357. ROSSMANN, A.; LÜLLMANN, C.; SCHMIDT, H.-L.: Massenspektrometrische Kohlenstoff- und Wasserstoff-Isotopen-Verhältnismessung zur Audenthizitätsprüfung bei Honigen. Z. Lebensmittelunters.forsch. 195, S. 1639–1643 (1992)
358. CAVANAGH, D.; BEAZLEY, J.; OSTAPOWICZ, F.: Radical operation for carcinoma of the vulva. J. Obstetrics a. Gynaecology Brit. Commonw. 77, 1037–1040 (1970)
359. OBASEIKI-EBOR, E.E.; AFONYA, T.C.A.: In-vitro evaluation of the anticandidiasis activity of honey distillate (HY-1) compared with that of some antimycotic agents. J. Pharm. Pharmacol 36, 283–284 (1984)
360. EFEM, S.E.E.: Clinical observations on the wound healing properties of honey. Br. J. Surg. 75, 679–681 (1988)
361. MRCOG, P.J.A.: The use of honey in the treatment of infected wounds. Tropical Doctor 10, 91 (1980)
362. BOSE, B.: Honey or sugar in treatment of infected wounds? The Lancet, 963 (1982)

363. ZUMLA, A.; LULAT, A.: Honey – a remedy rediscovered. J. of the Royal Society of Medicine 82, 384–385 (1989)
364. HAFFEJEE, I.E.; MOOSA, A.: Honey in the treatment of infantile gastroenteritis. British Medical Journal 290, 1866 (1985)
365. GRANGE, J.M.: Honey and propolis as possible promotors of the healing of ulcers in leprosy. Lepr. Rev. 61, 195 (1990)
366. BACVAROV, V.J.: Zur Bienenhonigbehandlung der chronischen Bronchitis und des Bronchialasthmas. Ther. d. Gegenw., 260–268 (1970)
367. LAVINJIA, B.: Honey dextran medium in preservation of cornea. Ind. J. Ophthalmol 31, 671–673 (1983)
368. BEUNIGEN, E. von: Medikamentöse Behandlung der Hornhautdystrophie. Klin. Mbl. Augenheilkunde 162, 518–520 (1973)
369. HIEBER, F.: Beitrag zur lokalen und intravenösen Honig-Procain-Therapie in der Orthopädie. Hippokrates 38, 564–567 (1967)
370. FINK, G.: Der Herpes Zoster und seine Behandlung mit Honig-Procain. Zeitschrift für Allgemeinmedizin/Der Landarzt 23, 1052–1053 (1972)
371. SAMANTA, A.; BURDEN, A.C.; JONES, G.R.: Plasma Glucose responses to glucose, sucrose and honey in patients with diabetis mellitus. Diabetic Medicine 2, 371–373 (1985)
372. SHAMBAUGH, P.; WORTHINGTON, V.; HERBERT, J.H.: Differential effects of honey, sucrose and fructose on blood sugar levels. J. Manipul. Physiol. Therap. 13, 322–325 (1990)
373. OTTE, H. EMMRICH, P.: Diagnostische und therapeutische Probleme des Botulismus im Kindesalter. Klin. Pädiat. 194, 18–22 (1982)
374. FUSSNEGGER, B.: Aminozucker im Honig. Dissertation, Universität Stuttgart (1983)
375. LINDNER, E.: Toxikologie der Nahrungsmittel. Georg Thieme Verlag, Stuttgart, New York, 4. Auflage (1990)
376. KOCKOVA-KRATOCHVILOVA, A.: Yeasts and yeast-like organisms. VCH Verlagsgesellschaft Weinheim (1990)
377. CLASSEN, H.-G.; ELIAS, P.S.; HAMMES, W.P.: Toxikologisch-hygienische Beurteilung von Lebensmittelinhalts- und -zusatzstoffen sowie bedenklicher Verunreinigungen. Verlag Paul Parey, Berlin, Hamburg (1987)
378. THIER, H.-P.; FREHSE, H.: Rückstandsanalytik von Pflanzenschutzmitteln. Georg Thieme Verlag, Stuttgart, New York
379. PELLET, F.C.: American honey plants. Dadant & Sons, Hamilton, Illinois (1976)
380. HODGES, D.: The pollen loads of the honeybee. International Bee Research Association, London (1984)
381. ERDTMAN, G.: An introduction to pollen analysis. Chronica Botanica Company, Waltham, Mass. (1954)
382. SAWYER, R.: Honey identification. Cardiff Academic Press, Cardiff, Wales (1988)
383. PETERSON, T.: Honey bees as monitors of industrial pollution: The work of Dr. Jerry Bromenshenk. American Bee Journal, 466–467 (1984)
384. KIRCHGESSNER, M.: Ernährungsphysiologische Grundlagen der Spurenelementversorgung. Deutsche Apotheker Zeitung 130, 2715–2720 (1990)
385. GÜLZOW, H.-J.; STRÜBIG, W.: Über den Abbau von Honig durch Mikroorganismen der menschlichen Mundhöhle. Dtsch. Zahnärztl. Z. 42, 598–600 (1987)
386. EDGAR, W.M.; JENKINS, G.N.: Solubility-reducing agents in honey and partly-refined crystaline sugar. Brit. dent. J. 136, 7–14 (1974)
387. MAGA, J.A.: Honey Flavor. Lebensm.-Wiss. u. -Technol. 16, 65–68 (1983)
388. HADORN, H.; ZÜRCHER, K.; DOEVELAAR, F.H.: Über Wärme- und Lagerschädigungen von Bienenhonig. Mitt. Gebiete Lebensm. Hyg. 53, 191–229 (1962)
389. GÜNTHER, F.; BURCKHART, D.: Bestimmung der sauren Gesamtphosphatase in Honig. Deutsche Lebensmittel-Rundschau 63, 41–43 (1967)
390. DAVIES, A.M.C.: Amino acid analysis of honey from eleven countries. J. Apic. Res. 14, 29–39 (1975)

391. WIESER, G.: Nektar und Honigtau (I). Die Bienenpflege 5, 109–114 (1963)
392. WIESER, G.: Nektar und Honigtau (II). Die Bienenpflege 6, 130–137 (1963)
393. WIESER, G.: Nektar und Honigtau (III). Die Bienenpflege 7, 155–159 (1963)
394. HORN, H.: Die Kristallisation des Bienenhonigs. Grundlegende chemisch-physikalische Zusammenhänge. Die Bienenpflege 11, 323–326 (1991)
395. HORN, H.: Die Kristallisation des Bienenhonigs. II. Möglichkeiten zur Beeinflussung der Kristallstruktur eines Honigs. Die Bienenpflege 12, 361–363 (1991)
396. HORN, H.: Die Kristallisation des Bienenhonigs. III.I. Verschiedene Möglichkeiten der Verflüssigung von Honig. Die Bienenpflege 1, 9–13 (1992)
397. HORN, H.: Die Kristallisation des Bienenhonigs. III.II. Großtechnische Möglichkeiten und die Verwendung von elektrischen und magnetischen Feldern. Die Bienenpflege 2, (1992)
398. HORN, H.: Vergleich der Physiko-chemischen Eigenschaften von Honigen, untersucht anläßlich der Badischen Honigprämierungen 1989 und 1991. Allgemeine Deutsche Imkerzeitung 2, (1992)
399. HERNANDEZ-PACHECO, E.: Las pinturas prehistoricas de las cuevas de la arana (Valencia). Mem. Com. Invest. Paleont., Mad. No 34 (1924)
400. JOSHI, C.G.; GODBOLE, N.N.: The composition and medical properties of natural honey as described in Ayurveda. Indian Bee J. 32, 77 (1970)
401. RANSOME, H.M.: The sacred bee in ancient times and folklore. George Allen & Unwin Ltd., London (1937)
402. WILSON, C.A.: Food and drink in Britain: From the Stone Age to recent times. London: Constable (1973)
403. ARISTOTELES: Natural history. D.A.W. Thompson (ed.) University Press, Oxford (1910).

15. Namensregister

16. Sachregister

KOSMOS

Faszination Bienen

Lesespaß und Sehgenuss pur!

Brillante und beeindruckende Großaufnahmen zeigen das geheimnisvolle, geschäftige Treiben der Bienen und die einzigartige Organisation ihrer Gemeinschaft aus nächster Nähe. Anne und Jacques Six haben mit viel Wissen, Neugierde, Geduld und Einfühlungsvermögen ein Buch geschaffen, in dem man das faszinierende Reich der Bienen bis ins kleinste Detail entdecken kann.

Anne und Jacques Six
Im Reich der Bienen

100 Seiten
81 Abbildungen

ISBN 3-440-09105-8

www.kosmos.de